U0865986

普通高等教育“十一五”国家级规划教材
国家级精品在线开放课程教材
中宣部“学习强国”推荐课程教材
国家级一流本科课程教材

国际贸易学

GUOJI MAOYIXUE （第四版）

范爱军 主编

科学出版社
北 京

内 容 简 介

本教材为适应风靡全国的网课教学和慕课（MOOC）学习，突出了慕课特色，将线下线上混合教学方式通过新版教材有机地结合在了一起，主要讲解国际贸易的基本理论和基本政策。全书共16章，主要内容包括：国际分工与世界市场，自由贸易理论与保护贸易理论，关税与非关税壁垒政策，出口鼓励与出口管制政策，WTO与区域经济一体化问题，国际服务贸易、技术贸易与产业内贸易问题，中国的外贸发展与外贸体制。每章都配有授课视频、客观测验题和标准答案，学生可以自测每章的学习效果，通过手机扫描二维码实施，既方便又实用。

本教材案例多，经贸热点分析多，既适合普通"国际贸易学"课程教学和学生学习使用，也可以作为慕课学习教材使用，而且也适合各类干部培训班作为参考书使用，以及供立志自学成才的青年人自学阅读。

图书在版编目（CIP）数据

国际贸易学 / 范爱军主编. —4版. —北京：科学出版社，2021.9

普通高等教育"十一五"国家级规划教材　国家级精品在线开放课程教材　中宣部"学习强国"推荐课程教材　国家级一流本科课程教材

ISBN 978-7-03-068360-1

Ⅰ. ①国…　Ⅱ. ①范…　Ⅲ. ①国际贸易-高等学校-教材　Ⅳ. ①F74

中国版本图书馆CIP数据核字（2021）第045273号

责任编辑：郝　静 / 责任校对：王晓茜

责任印制：霍　兵 / 封面设计：楠竹文化

科学出版社 出版

北京东黄城根北街16号

邮政编码：100717

http://www.sciencep.com

三河市骏杰印刷有限公司 印刷

科学出版社发行　各地新华书店经销

*

2009年5月第　三　版　开本：787×1092　1/16

2021年9月第　四　版　印张：24 1/2

2023年11月第二十九次印刷　字数：547 000

定价：58.00元

（如有印装质量问题，我社负责调换）

前言
FOREWORD

党的二十大报告特别强调了加快深层次对外开放、发展高标准自由贸易的重要性，明确且具体的指出“我们实行更加积极主动的开放战略，构建面向全球的高标准自由贸易区网络，加快推进自由贸易试验区、海南自由贸易港建设，共建‘一带一路’成为深受欢迎的国际公共产品和国际合作平台”。正因为坚持了高水平开放，中国作为全球货物贸易第一大国的地位才不断得到巩固，持续成为全球贸易发展的主要动力和引擎。因此，推进高水平对外开放是中国自身发展的需要。习近平总书记在 2022 年 12 月召开的中央经济工作会议上进一步强调要“坚持推进高水平对外开放，稳步扩大规则、规制、管理、标准等制度型开放”。这些重要论述，为我们《国际贸易学》教材的进一步修订工作指明了目标和方向，提供了根本的理论依据。

《国际贸易学（第四版）》是普通高等教育“十一五”国家级规划教材，本次修订在保持前几版教材基本风格和内容稳定性的基础上，又有了明显特色。与前几版及其他同类书相比，我们在写作和修改中主要突出了四个新特点：①配合日新月异的线下线上混合式教学浪潮，把普通《国际贸易学》教材的特点与 MOOC（慕课）学习的特点加深融合。我们在编写中注意加入了很多慕课学习的资料，如授课视频等，在书中通过二维码进行关联。②本教材每章都配有“客观测验题”和标准答案，学生可以自测每章的学习效果，通过手机扫描二维码实施，既方便又实用。③本教材与两套教学视频及各种课件紧密结合、配套使用。本教材作者在爱课程网站中建有国家精品资源共享课“国际贸易学”和MOOC（慕课）“国际贸易学”，里面各种学习和辅导材料一应俱全。网站包含有统一制作的两套不同风格的教学录像、电子版教材、模拟试题及教学用的 PPT 等，为线下线上混合式教学，特别是 MOOC（慕课）学习提供了充足资料，能够使“国际贸易学”课程的教学手段更加现代化、教学内容更加多样化，可以较好地提高教师教学和学生复习与自学的实际效果。④本教材是中宣部“学习强国”平台唯一一门“国际贸易学”慕课（范爱军讲授）的配套教材，非常符合党员自学和干部培训的特点与要求：案例多，外经贸热点问题分析多。

本教材既适合普通“国际贸易学”课程教学和学生学习使用，也可以作为 MOOC（慕课）学习教材使用。本教材的阅读人群包括：经济类专业的高校本科生和专科生，从事经济管理工作的管理干部，外经贸活动有关岗位上的业务人员。本教材也适合各类经理培训班和外经贸干部培训班作为参考书使用，以及供立志自学成才的青年人自学阅读。

2020 年春季开始的疫情影响了正常的教学秩序，很多学校开始普及网课教学。我们的“国际贸易学”慕课课程和配套教材也受到更多学校教师和学生的喜爱。自 1995 年我们编写的国际贸易教材正式出版发行以来，被多所大学的经济学专业特别是国际贸易专业作为教科书使用，并且被若干经济管理干部培训班作为培训教材使用。随着时代的发展，国际贸易理论研究、国际贸易实践活动及国际贸易政策与规则也都在发展变化。为了及时准确地反映这些发展与变化，我们再次对教材的内容做了大幅度调整和补充，以满足人们学习国际贸易新理论和新知识的需要。

本书的写作人员以山东大学国际贸易专业的教授为主。各章执笔人：第一章至第十一章为范爱军（山东大学教授、博导、国际贸易研究所所长）；第十二章和第十六章为刘强（山东大学博士、对外经济贸易大学博士后、山东师范大学教授、硕士生导师）；第十三章为孔庆峰（山东大学教授、博导）；第十四章为张宏（山东大学教授、博导）；第十五章为林琳（山东大学副教授、硕士生导师）。本书修订大纲由范爱军总体设计，各章初稿完成后由范爱军统一修改、定稿。

受笔者水平所限，书中难免有不足之处，敬请广大读者批评指正。

目 录

CONTENTS

第一章　导　论

导读

近几年，从中美两国日趋激烈的贸易摩擦，到中国“一带一路”的建设与推进，人们越来越感觉到学习掌握国际贸易知识的重要性和迫切性。国家与国家之间的贸易像纽带一样将世界各国的经济紧密地连成了一体。尤其到了近代，一国经济要想保持较快的发展速度，已越来越离不开国际贸易的支持与襄助。通过本门课程的学习，要求学生能够奠定扎实的国际贸易理论基础，不仅要熟悉与国际贸易有关的各种基本概念，而且要了解古典的和当代的各种西方国际贸易理论以及当前在各国通行的国际贸易政策，包括保护贸易政策和自由贸易政策，同时要求学生系统熟悉和掌握世界贸易组织、国际服务贸易中的各类规则和区域经济一体化的发展趋势等问题。

学习国际贸易这门课首先应了解一些综合性的基本问题，如什么是国际贸易？它有哪些基本概念和主要分类？国际贸易与国内贸易有什么不同？它对经济发展会起到哪些影响作用？本章主要对这些最基本的问题进行介绍、分析和探讨，以便为后面章节的学习奠定扎实的基础。

本章学习重点

1. 国际贸易学的研究对象
2. 国际贸易的种类
3. 国际贸易的特点
4. 国际贸易与经济发展的相互促进关系

本章教学要求

◀ 请扫描左侧二维码

第一节　国际贸易的基本概念

一、国际贸易学

国际贸易学是研究国际商品与劳务交换过程中的生产关系及有关上层建筑发展规律的科学。作为一门学科，它的任务是要研究国际贸易产生与发展的原因和贸易利益在各国间进行分配的制约因素，并要揭示其中的特点与运动规律。

历史上每一代著名的经济学家都把国际贸易问题作为其经济理论的重要组成部分进行研究和探讨。资本主义原始积累时期的重商主义研究如何通过对外贸易带来财富，资本主义经济大危机之后的凯恩斯主义研究如何通过对外贸易创造就业机会；英国古典学派的代表亚当·斯密和大卫·李嘉图研究自由贸易能对各国经济发展带来何种利益，德国历史学派的代表费里德里希·李斯特研究保护贸易会对经济相对落后的国家带来何种好处；马克思论证对外贸易是阻止一国利润率下降手段的理论，列宁提出资本主义发展离不开国外市场的学说。这些经济学家和经典作家们的理论与学说，为国际贸易学奠定了理论基础。

国际贸易学是一门部门经济学，是经济学科中一个不可缺少的组成部分。它的研究对象既包括国际贸易的基本理论，也包括国际贸易政策以及国际贸易发展的具体历史过程和现实情况。一般认为，国际贸易学的研究对象包括以下四个方面：①国际贸易发展的一般规律；②各国对外贸易发展的特殊规律；③国际贸易理论与学说；④国际贸易政策与措施。

二、国际贸易的主要概念

（一）国际贸易与对外贸易

国际贸易（international trade）是指世界各国之间进行的商品和劳务的买卖与交换活动。它既包括本国与他国之间的贸易活动，也包括其他国家之间的贸易活动。国际贸易是由各国的对外贸易所构成，它是世界各国对外贸易的总和。因此，国际贸易通常也被称作世界贸易（world trade）。

对外贸易（foreign trade）是指一个国家（或地区）与其他国家（或地区）进行的商品和劳务的买卖与交换活动。因为这是从一个国家（或地区）的角度来看待的贸易活动，所以称其为对外贸易，也常常被人们称为“国外贸易”、“海外贸易”或“进出口贸易”。

可以看出，国际贸易与对外贸易属于同一类活动，只是从国际角度看时，称其为国际贸易，而从一个国家的角度看时，则称其为对外贸易。

（二）出口与进口

出口（export）也称“输出”，是指从本国输出商品和劳务的贸易活动。进口（import）也称“输入”，是指从国外输入商品和劳务的贸易活动。但各国在编制对外贸易统计时，并不是把所有运出国境的货物都列为出口，也不是把所有运入国境的货物都列为进口。凡不是因为外销和外购而运出和运进国境的物品或服务，都不包括在进出口之列。例如，本国向国外馈赠的物品，就不能算作本国的出口。

在国际贸易值的统计中，国际货币基金组织曾规定，各国的进出口商品价格均应按离岸价格计算。但现实中，大多数国家却不是这样做的，而是将出口商品按出口国离岸价格（free on board，FOB）计算，进口商品按进口国到岸价格（cost insurance and freight，CIF）计算。按照这种方法计算同一批商品时，出口国在出口时的价格要低于进口国在进口时的价格。二者之间的差额为国际贸易中的运费和保险费。

很多国家在同类商品上既有出口又有进口。一国在一定时期内（如一年）将某种商品的出口数量与进口数量相比较，如果出口量大于进口量，叫作净出口（net export）；反之，则叫作净进口（net import）。这类指标反映一国的某类商品在国际贸易中所处的地位是有利还是不利。例如，中华人民共和国成立后的七十多年中既进口石油也出口石油，20 世纪 90 年代之前出口大于进口，属于石油的净出口国；90 年代之后，进口超过了出口，中国成为石油的净进口国。

（三）贸易额与贸易量

贸易额又称贸易值（value of trade），是以货币表示的反映贸易规模的经济指标。各国一般都用本国货币表示。由于美元长期以来是国际主要货币，为了便于贸易额的国际比较，多数国家同时通行美元计量的方法。

一个国家的出口额与进口额之和，即该国的对外贸易总额。从世界范围来看，一国的出口即意味着其他国家的进口。如果把世界各国的进出口额相加作为国际贸易总额，就必然会出现重复计算。因此，一般是把各国出口额的总和作为国际贸易额。

贸易量（quantity of trade）是指以数量、重量、面积、体积等计量单位表示的反映贸易规模的指标。由于国际市场上的物价经常变动，各国货币的币值也经常波动，因此，用价值表示的国际贸易额并不能真实地反映国际贸易的实际规模。如果用贸易量，即用进出口商品的数量、重量等来表示，则可以避免这种缺陷。就某一种商品来说，用计量单位表示十分容易，但就一个国家的全部进出口商品来说，就无法直接用计量单位表示，因商品不同，计量单位也不同，难以直接相加。为了准确反映国际贸易的实际规模，各国通常都采用以某一年份为基期计算的进口或出口价格指数除统计年份的进口额或出口额的方法，得到相当于按不变价格计算的进口额或出口额。由于消除了价格变动的影响，由此得出的贸易值反映的是量

的变化，所以就称为国际贸易量。其计算公式为

$$进（出）口贸易量=\frac{进（出）口额}{进（出）口价格指数}\times 100$$

例如，以 2020 年为基期，某国该年的进出口价格指数均定为 100。2021 年该国进口贸易额为 1 170 亿美元，出口贸易额为 1 200 亿美元。2021 年该国出口产品价格平均下跌 5%，出口价格指数为 95；2021 年该国进口产品价格平均上涨 3%，进口价格指数为 103。把这些数值代入上面的公式，便可得出该国 2021 年剔除了价格变动因素后的贸易额，即实际的进出口贸易量：

$$进口贸易量=\frac{1170}{103}\times 100=1\ 135.9（亿美元）$$

$$出口贸易量=\frac{1\ 200}{95}\times 100=1\ 263.15（亿美元）$$

可见，该国 2021 年的进口贸易额虽然达到 1 170 亿美元，但剔除价格变动因素后的实际进口贸易量只有 1 135.9 亿美元；该国 2021 年的出口贸易额虽然只有 1 200 亿美元，但剔除价格变动因素后的实际出口贸易量却高达 1 263.15 亿美元。

我们把某一年份的贸易量作为基期，各个年份的贸易量与之相比较，就可以看出贸易规模变动的实际情况。例如，根据联合国统计，1970 年的世界出口额为 2 800 亿美元，1978 年的世界出口额为 11 736 亿美元。1970 年的出口价格指数定为 100，1978 年为 265。用上述公式可得出 1978 年全世界的实际出口量为 4 429 亿美元（$\frac{11\ 736}{265}\times 100=4\ 429$）。由此可见，1978 年与 1970 年相比，全世界的出口额如果不排除物价因素，增长了 3 倍多，而剔除了物价因素后，则只增长 58%。

（四）贸易差额

贸易差额（balance of trade）是指一个国家（或地区）在一定时期内（通常为一年）出口贸易总额与进口贸易总额相比的差额。如果出口额大于进口额，叫作“贸易顺差”或“贸易盈余”，又称“出超”；如果出口额小于进口额，叫作“贸易逆差”或“贸易赤字”，又称“入超”。一个国家（或地区）在一定时期内的贸易表现为顺差还是逆差，主要取决于其进出口的商品种类、数量、价格水平及当时的国际经济局势。贸易差额是衡量一个国家对外贸易状况的重要指标，也是反映一个国家国际收支状况和宏观经济状况好坏的重要标志。

（五）贸易条件

贸易条件（terms of trade）是指一国在一定时期内的出口商品价格与进口商品价格之间的比率，所以贸易条件又被称为“进出口交换比价”。由于一个国家的进出口商品种类繁多，难以直接用进出口商品的价格进行比较，因此人们通常用一国在一定时期（如一年）内的出

口商品价格指数同进口商品价格指数对比进行计算。其计算公式如下：

$$贸易条件指数=\frac{出口价格指数}{进口价格指数}\times 100$$

由此计算出的贸易条件指数如果大于 100，则表明贸易条件改善了；反之，则是恶化了。计算时，需要先通过进出口统计资料了解进出口商品价格变化情况，确定进出口价格指数，然后便可求出贸易条件指数。例如，某发展中国家，其出口商品主要是初级产品，进口商品主要是工业制成品，这两类商品的价格在国际市场上的变化是不同的。以 2020 年为基期，其进口、出口价格指数均为 100，到 2021 年，出口商品价格下跌 5%，进口商品价格上涨 3%。这样，2021 年该国的出口价格指数为 95，进口价格指数为 103，由此得出贸易条件指数为 92.23（$\frac{95}{103}\times 100$）。可见，该国 2021 年的贸易条件与上年相比恶化了 7.77%。贸易条件的恶化是指对外贸易中的交换比价下降，即用相同数量的出口商品换回的进口商品比以前少了。如果出现相反的情况，则视为贸易条件改善。

（六）贸易的商品结构

贸易的商品结构（trade by commodities）是指一定时期内各类商品在进出口总额中所占的比重。贸易的商品结构状况可以从全世界范围和一国范围这两个角度进行考察。

世界范围里贸易商品结构发生的变化，是世界各国经济结构变化的反映。国际贸易商品一般分为初级产品和工业制成品两大类。前者是指未经加工或只是简单加工过的农矿产品；后者则是指经过完全加工的产品，如机械设备、家用电器等。为了便于统计，联合国秘书处 1950 年出版了《国际贸易商品分类》，并被联合国经社理事会正式通过采用。它把所有的贸易商品分为十大类，其中前五类为初级产品，后五类为工业制成品。据有关资料统计，早期的世界贸易商品结构的特点是初级产品在贸易总额中所占比重较大。例如，19 世纪初级产品在国际贸易总额中约占 2/3。进入 20 世纪后，工业制成品在国际贸易中所占比重逐步上升，60 年代，其比重已超过了初级产品。到了 80 年代，工业制成品在国际贸易中的比重已占到国际贸易总额的 2/3。到 2019 年，工业制成品在全球国际贸易中的比重已经高达 86%。2020 年，中国工业制品占出口总额的 95.5%，占比较 2019 年提升 1.1 个百分点，初级产品在出口中的占比仅 4.5%。这种状况反映出了近些年人类科学技术的巨大进步，并反映出了世界各国在工业化道路上所取得的进展。

分析一个国家的贸易商品结构，可以看出这个国家的经济发展水平和在国际分工中的地位。因为一个国家的对外贸易商品结构，主要是由这个国家的科学技术状况、资源条件、生产力水平和国内人民生活需要等条件决定的。一般情况下，发达国家主要出口工业制成品和进口初级产品，而发展中国家则正好相反，他们主要出口初级产品和进口工业制成品。

（七）贸易的地理方向

贸易的地理方向（direction of trade）是指国际贸易的地区分布和商品流向，即各地区或各国在国际贸易中所占的地位。

就某一个国家而言，对外贸易的地理方向是指该国对外贸易额的地区分布和国别分布。它表示该国的出口商品流向和进口商品来自哪些国家或地区，并反映着该国同世界各国和各地区的经济贸易联系的程度。就中国 2020 年对外贸易的地理分布来看，按洲排列的顺序为：亚洲第一，欧洲第二，美洲第三，拉丁美洲第四；按国家或地区排列的顺序为：东盟第一，欧盟第二，美国第三，日本第四。

就国际贸易而言，贸易的地理方向表示各洲、各国在国际贸易中所占的地位。由于各洲各国政治经济发展的不平衡性，它们在国际贸易中所占的地位也大不相同。第二次世界大战以前，整个国际贸易是以欧洲占统治地位为特征的；战后经过几十年的发展，美洲和亚洲飞速崛起，在国际贸易中的地位越来越重要。

（八）自由贸易与保护贸易

自由贸易（free trade）又称贸易自由化，是指主张放松乃至取消国家间的贸易限制，以使商品和劳务在各国市场上自由流动的一种理论或政策。就一个国家而言，自由贸易是指政府对企业经营对外贸易业务不多加干预，没有明显的限制或鼓励措施，任其自由地参与国际市场竞争；同时，对来自国外的进口商品也不过多地进行限制。以自由贸易为基点的国际贸易政策，在资本主义的发展史上曾长期占有明显的主导地位。特别是那些经济较发达的资本主义国家，依靠自己的经济实力，在自由贸易的旗帜下不断加强对国际市场的渗透和控制。

客观地说，自由贸易理论与政策对全球贸易和经济的发展起到了积极的推动作用。但是自 20 世纪 70 年代以来，由于资本主义世界性经济危机的影响，贸易保护主义又重新抬头。尤其是 2017 年至 2020 年美国特朗普总统执政期间，出台了一系列贸易保护措施，以实现其“美国优先”的经济发展战略，在国际贸易领域掀起了一股逆流。

保护贸易（protective trade）又称贸易保护主义，是指主张由国家采取措施来管理和干预进出口贸易的一种理论或政策。资本主义发展初期的保护贸易措施，主要是国家借助于关税壁垒的作用来阻挡外国商品的进口，并给本国出口商提供各种优惠与补贴，鼓励他们把更多的产品打入国外市场。近些年，保护贸易的措施形式越来越多样化，逐渐由经济手段向行政手段发展，具体表现在各种非关税壁垒措施的大量出现，如配额制、进口许可证制等。保护贸易的消极作用在于加重了各国的闭关自守，减弱了国际分工的效益；其积极作用在于，一方面保护了发展中国家的幼稚工业，另一方面又使发达国家的夕阳工业不致过快地遭淘汰，保护了一部分劳动者的就业。但是，作为人类社会发展的一种进步趋势，保护贸易会逐渐被自由贸易所取代。

（九）对外贸易依存度

对外贸易依存度也称外贸系数，是指一国在一定时期内的对外贸易总额（出口额与进口额之和）在该国国内生产总值中所占的比重。一国的外贸依存度越大，表明该国的对外开放度越高，同时也表明对外贸易在该国国民经济发展中的地位越重要。例如，中国的外贸依存度 1980 年只有 12.8%，2019 年达到 31.3%。

外贸依存度可以细分为出口贸易依存度和进口贸易依存度。前者是指一国在一定时期内的出口贸易额占国内生产总值的比重；后者是指一国在一定时期内的进口贸易额占国内生产总值的比重。例如，1950~1980 年，发达资本主义国家的出口依存度从 7.7%增长到 26.8%。苏联及东欧国家的出口依存度从 4.6%增长到 9.3%。

外贸依存度还可以细分为对某些国家或地区的贸易依存度。例如，中国台湾对美国的贸易依存度 1986 年时达到 48.8%，这表明台湾当年的外贸总额中有 48.8%的进出口贸易是与美国进行的。近些年，台湾商品对大陆市场的依存度越来越高，2020 年台湾对大陆（包含香港）的出口额占台湾总出口总额的 43.8%，创下十年来的新高。

第二节　国际贸易的分类与特点

一、国际贸易的分类

国际贸易发展到今日，形式越来越多样化，其分类也较繁杂。下面从不同的角度对其主要分类进行介绍。

（一）按商品流向划分：出口贸易、进口贸易和过境贸易

出口贸易（export trade）又称输出贸易，是指一国将自己生产或加工的商品输往国外市场销售。

进口贸易（import trade）又称输入贸易，是指一国从国外市场购入商品用以生产或消费。

输入本国的商品未经加工再输出，称为复出口；反之，输往国外的商品未经加工再输入本国称为复进口。

过境贸易（transit trade）又称通过贸易，当某种商品从甲国经由乙国输往丙国销售时，对乙国来说，就是过境贸易。这种贸易对乙国来说既不是进口，也不是出口，仅仅是商品过境而已。早期，各国曾对过境贸易征收过境税，限制了过境贸易的发展。由于过境贸易对于过境国家的市场和生产不仅不会带来冲击，反而会产生一定积极作用，带动本国的运输、物流等服务业的发展，因而各国目前已取消了过境税，并采取各种措施来吸引过境贸易。

（二）按商品形态划分：有形贸易和无形贸易

有形贸易（visible trade）是指买卖那些看得见、摸得着的物质性商品的活动，也称其为货物贸易。有形商品的种类繁多，按照联合国《国际贸易标准分类》（第4次修订），国际贸易中的有形商品分为10大类：①食品及活动物；②饮料及烟类；③非食用原料（燃料除外）；④矿物燃料、润滑油及有关原料；⑤动植物油脂及蜡；⑥化学成品及有关产品；⑦按原料分类的制成品；⑧机械及运输设备；⑨杂项产品；⑩未分类产品。

无形贸易（invisible trade）是指买卖那些不具有物质形态的商品的活动，也称其为劳务贸易。

无形贸易活动涉及的内容比较广泛，一般包括两个方面：一是从属于有形贸易的各种活动，如运输、保险、加工、装卸、船只修理等；二是与有形贸易无直接关系的各种活动，如金融、输出劳务、旅游等。

从统计的角度看，有形贸易和无形贸易的区别主要是：有形贸易的进出口要经过海关，显示在海关的贸易统计表上，它是一国国际收支的主要构成部分；无形贸易尽管也是一国国际收支的重要构成部分，但由于其无须经过海关办理手续，所以一般不显示在海关的统计表上。

（三）按贸易有无第三国参加划分：直接贸易、间接贸易和转口贸易

直接贸易（direct trade）是指商品生产国与商品消费国不通过第三国进行买卖商品的行为。商品从生产国直接销售到消费国，对生产国来说是直接出口，对消费国来说是直接进口。

间接贸易（indirect trade）是指商品生产国与商品消费国没有直接发生贸易关系，而是通过第三国买卖商品的行为。商品通过第三国销售到消费国，对生产国来说是间接出口，对消费国来说是间接进口。例如，美国市场上的很多中国商品就是通过间接贸易的方式从中国流入美国的。

转口贸易（entrepot trade）是指某国进口商品后，对该类商品不做加工或只做轻微加工，再把这些商品出口到另一国的贸易行为。商品生产国与商品消费国通过第三国进行间接贸易，对第三国来讲属于转口贸易。例如，新加坡的商人每年都从事大量的转口贸易活动，从中国和东南亚各国购入商品，然后卖到欧美市场上去。即使有些商品是直接从生产国运到消费国去的，但只要两国之间并未直接发生贸易关系，而是由第三国商人分别同生产国与消费国发生的贸易关系，这种活动仍然属于转口贸易。

（四）按统计标准划分：普通贸易和边境贸易

普通贸易（special trade）也称为专门贸易，是以关境为标准划分和统计的进出口贸易。世界上很多国家的关境和国境并不完全一致。虽然海关一般都设在国家的边境上，但如果一

国建有自由贸易区或保税区，其海关则会撤到边境以内。目前大多数国家规定，当外国商品已进入国境但还未进入关境时（如暂存在保税区内），一律不列为进口。只有从国外进入关境或从保税区进入关境的商品，才列为进口，统计到进口贸易总额中。与此相反，从国内运入关境的商品（即使没有运出国境）则列为出口，统计到出口贸易总额中。这二者相加就是普通贸易总额。

边境贸易（frontier trade）是指两个毗邻国家通过协议，在两国的边境接壤地区（一般为边境两边各 15 千米内）准许当地居民在指定的集市和边境口岸上，按照规定的金额、品种进行生活必需品和生产资料的小额贸易。这种贸易一般是由历史传统而自然形成的，贸易的目的一般不是为了赚取外汇，而是为了使边境两边的居民互通有无，满足他们生活和生产上的某些需要。因此，从历史上看，边境贸易一般不计入双方当事国的对外贸易总额。近些年，由于边境贸易可以享受国家提供的减免关税、简化海关手续等优惠待遇，吸引来一些非当地居民和贸易公司从事边境贸易活动，违背了边境贸易发展的初衷。因此，有些国家把一些较大宗的、以赚取外汇为目的的边境贸易也列入了国家对外贸易的范围。

（五）按经济发展水平划分：水平贸易和垂直贸易

水平贸易（horizontal trade）是指经济发展水平比较接近的国家之间开展的贸易活动。例如，各个发达国家之间及各个发展中国家之间所进行的贸易。各发达国家之间的生产力发展水平尽管很接近，但仍存在各种差异，如技术水平各有短长，各国工业部门发展不平衡，资源供应也各不相同。他们通过国际贸易来取长补短，弥补不足。各发展中国家之间存在的水平贸易，则是它们在相互支持、相互弥补民族工业部门的短缺和在与不平等的南北分工状况的斗争中形成的。

垂直贸易（vertical trade）是指经济发展水平不同的国家之间开展的贸易活动。发达国家与发展中国家之间所进行的贸易，大多属于这种类型。发达国家从发展中国家进口农产品和工业原料，并向其出口工业制成品，这主要是由生产力水平上的差距造成的。

（六）按清偿工具划分：自由结汇贸易和易货贸易

自由结汇贸易（free-liquidation trade）又称现汇贸易，是指以货币作为清偿工具的国际贸易。在当今的国际贸易中，能作为清偿工具的货币主要有美元、日元、欧元、英镑等。

易货贸易（barter trade）是指以经过计价的货物作为清偿工具的国际贸易，也就是两国间直接以货物交换货物的贸易，所以又称换货贸易。这种贸易方式的特点是进口与出口相结合，贸易双方均有进有出，这样既可以节省外汇，又可以保持双方的贸易平衡。易货贸易本来是一种古老的贸易方式，在货币出现以前被广泛采用。近些年易货贸易又有重新兴盛的趋势，其原因主要是：很多国家外汇短缺，国际性的债务危机，某些发达国家为了减少外贸逆差。

二、国际贸易的特点

国际贸易的特点是与国内贸易相比较而言的。它们作为社会生产与社会消费之间的一个不可缺少的中间环节，具有很多共同之处。只是由于国际贸易活动所处的环境与所接触的对象与国内贸易活动不尽相同，从而使国际贸易又表现出了一些不同之处。这主要反映在以下几个方面。

（一）语言与风俗习惯不同

语言不同，这是从事国际贸易活动首先遇到的障碍。世界各国的语言文字十分复杂。据统计，目前世界上超过 5 000 万人使用的文字有 13 种之多。其中英语使用的范围最广，有 30 多个国家将其作为官方语言，英语也是当今国际贸易活动中各国最通行的商业语言。如果不能克服语言上的障碍，国际贸易活动将无法开展，即使制定出宏伟的对外贸易规划，也只能是纸上谈兵，得不到较好的贯彻和落实。

各个国家和民族的风俗习惯、宗教信仰和价值观念都有很大差别，这也会对国际贸易活动产生一定程度的影响。例如，各国对于商品外形、商品包装和商品本身所显示出的颜色、数字及复杂的图形有着非常不同的好恶，这使得在甲国非常畅销的商品，到了乙国就可能由于颜色等原因而滞销。西方人和东方人的价值观念也不一样。西方人在“时间就是金钱”的传统观念影响下更喜欢使用效率高、节省时间的商品，不太计较商品的价格和耐用性。与此相反，东方人在“勤俭节约”的传统观念影响下，较喜欢物美价廉、经久耐用的商品，而不太计较商品的效率性和是否有节约时间的特点。这种西方人“用时间来挣钱”和东方人“用节约来省钱”的价值观念，对商品的跨国经营产生着较大的影响。

（二）面对的经济环境不同

国内贸易活动面对的是本国单一的平面经济环境，包括本国的经济体制、经济政策、市场规模、消费水平和基础设施等因素，这些都相对稳定并比较容易熟悉和掌握。从事国际贸易活动面对的则是一种双层的立体经济环境，相对来说比较复杂多变，并且不太容易把握。第一层是国际经济大环境。把商品打入国际市场，会受到各种国际性经济因素的影响和制约。例如，世界性经济周期的波动，国际性贸易保护主义的抬头，各主要金融市场的动荡与主要货币的汇率起伏，波及几十个发展中国家的债务危机，等等。这些经济因素都可能会使一国的对外贸易受到极大冲击。第二层是国别经济环境。在从事国际贸易活动时，无论与哪个国家交往，都会受到这个国家特定经济环境的影响。例如，某个国家实施较为严格的进口替代政策，外国商品进入就比较困难；又如，某个国家正在制订一项经济振兴计划，并希望得到来自国外的帮助，如果能抓住这种机遇，便可将大量机器设备及劳务输出到该国市场。

（三）各国的政法制度不同

各国的政治制度与法律制度差异很大，会对国际贸易活动产生一定的影响。例如，有的政府只对外贸活动进行适当的宏观调控，与这种国家做贸易，所受到的限制就比较少；而有的政府对外贸活动的控制和参与过深，与其打交道就困难重重。法律制度的影响亦是如此。有些国家法制比较健全，只要依据法律从事正常的外贸活动，外商的利益就会受到保护；而有些国家的法律很不完善，即便正式制定和公布了很多法律条文，其贯彻和执行也很不严格，使外商在正常的业务活动中没有安全感。特别是当外贸活动中出现商标侵权、专利纠纷、倾销裁决等贸易摩擦时，健全完善的商业法规就显得尤为重要。

（四）各国的货币制度不同

在国际市场上买卖商品，一般要使用各国所普遍接受的货币作为支付手段，如美元、日元、欧元、英镑等。在交易双方签有支付协议的条件下，双方也可以互相以对方国家的货币作为支付手段。在多种货币流通的国际贸易活动中，各国货币制度的差异、国际金融市场的动荡和所使用的货币汇率的波动，都会对贸易当事人的经济利益产生冲击和影响。可能仅仅会由于一种货币对另一种货币的汇率大幅升值，某些从事外贸的企业瞬间暴富，同时也将另一些企业推向了破产的边缘。

（五）手续与操作较复杂

与国内贸易相比，从事国际贸易活动手续相当复杂，这主要表现在出入海关的手续上。以商品进入一国海关为例，一般要向海关提交进口许可证、产地证明书、卫生检疫证书、海运提货单、进口报单、商业发票等。其中，如果有一项不完备，全部进口商品都将被卡住。

国际贸易活动操作上的复杂性表现在诸多方面。例如，市场调查方面，国际市场受多种因素的影响，变化很快，由于受空间和时间的限制，准确掌握它的动态比掌握国内市场困难和复杂得多。又如，交易磋商方面，要与交易的另一方谈判并最终签署买卖合同，不仅要熟悉和掌握国际贸易领域中的各种国际条约和通行的国际贸易惯例，而且要了解对方国家的各种贸易规定，以便减少贸易纠纷。至于国际贸易货款支付中的信用证、承兑交单等方式操作上的复杂性，更是国内贸易所无法比拟的。

（六）面临的风险较大

由于从事国际贸易活动面对的是一种相对陌生且多变的经营环境，因而其面临的风险也较大。这主要表现在：①信用风险。由于资信调查上的困难和间接性，交易一方可能会由于另一方的违约而遭受重大损失。②价格风险。国际市场价格变幻莫测，一项买卖合同已经签署，价格仍可能会在合同执行中出现大的变化。如果商品的市场价格比合同价格大幅度下跌，合同的买方就会遭受损失；反之，合同的卖方则会遭受损失。③汇兑风险。用于国际货款支付的货币经常发生汇率波动，势必会增加经营国际贸易的风险程度。④运输风险。国际贸易商品需要长途运输，往往还要跨洋越海，因各种原因引起风险的概率相当大。虽然多数风险损失会由保险公司给予赔偿，却仍然会影响当事者正常业务的开展。⑤政治风险。某些国家的政权更迭、民族纠纷、军事政变，以及国际社会对某些国家实行的经济封锁和物资禁运，都会使国际贸易活动受到影响，给贸易当事人造成意想不到的损失。

（七）对业务人员的素质要求较高

从事国际贸易工作的业务人员，除了要学习和掌握商业流通理论、商品知识、市场学和谈判技巧等基本理论与技能外，还要学习和掌握与对外贸易有关系的一些专门知识：①外语。应至少熟练地使用一门外语。②外贸实务知识。应该通晓从与外商签订合同，到组织货源，再到办理通关手续和跨国运输手续等一系列的进出口业务知识。③国际金融知识。应掌握如何选择和使用恰当的货币，如何采取措施减轻汇率风险，如何利用银行融通资金及利用银行渠道进行国际货款的支付。④国际商法。在当今的外贸领域，既存在若干多边签署的国际商务规则和约定俗成的国际贸易惯例，也存在各种国家制定和实施的商事法规。外贸人员只有熟悉和了解各种法规，才能保障外贸业务的正常开展。

第三节　国际贸易与经济发展的关系

一、国际贸易促进经济发展的一般作用

国际贸易的产生与发展是建立在经济发展的基础之上的。国际贸易出现后，它对经济的发展产生了积极的促进作用。随着经济的发展和社会的进步，国际贸易在经济成长中的作用日益明显。

（一）利用国际分工，节约社会劳动，生产更多的使用价值

经济发展史上那些极力推崇自由贸易的经济学家们在分析国际贸易的作用时，首先谈到的往往是利用国际分工节约社会劳动的问题。一个国家无论大小，在生产上都有其所长，也有其所短，因此从提高社会经济效益的角度考虑，不应试图去生产本国所需要的一切产品，而应集中国内的生产资源努力生产本国最具优势的产品，也就是生产那些利益较大或不利较小的产品。然后，去与别国交换那些在国内生产不具优势的产品，来满足本国居民多样化消费的需求。这样做的结果是，在资本、土地和劳动力等生产要素不变的情况下，

能通过节约劳动时间来增加生产总量，提高社会生产力，使参加国际分工的各国都能得到更多的使用价值。

一个国家即使在各种产品的生产上都不占绝对优势，也同样应该积极参加国际分工和国际贸易，去生产和出口那些具有相对优势的产品，而进口那些不具相对优势的产品。同理，一个国家即使在所有的产品生产上都具绝对优势，也决不应所有的产品都自己生产，而应去生产和出口那些优势更大的产品（即具有相对优势的产品），并进口那些优势较小的产品（即不具相对优势的产品）。这样做的结果是可以生产出更多的使用价值，通过对外贸易，既使本国受益，也使别国受益，并对全世界劳动生产率的提高产生积极的促进作用。

（二）利用国际市场，使一部分商品的价值得以实现

随着现代社会化大生产的发展，人类的劳动生产率在飞速提高。各种各样的产品，特别是工业制成品，被源源不断地从工厂中制造并输送出来。这些产品要在市场中寻找消费者以实现其价值。作为产品生产者的企业，也在等待着其产品价值的实现，以便按时收回资金，使企业资金的循环与周转得以循序完成，从而使企业的再生产和扩大再生产得到保障。然而，资本主义大生产的发展，使生产和消费的矛盾日益尖锐化，产品产量已远远超出了国内市场的容量，出现了大批过剩产品，不得不依靠国外市场来保障国内再生产的顺利进行。

一些后起的发展中国家和地区，在国内和地区内市场尚未饱和以前，便主动采取出口导向政策，在经济发展的初期就把目光瞄向了国际市场，利用国际分工和国际贸易的带动作用促进本国和本地区经济的发展。例如，亚洲“四小龙”中的中国台湾地区，1990 年时人口才达到 2 000 万人，仅依靠十分狭小的内部市场很难实现经济的高速增长。在过去的几十年中，台湾地区有关部门制定了各种优惠措施鼓励企业把产品销向国际市场，赚取大量的外汇资金用于经济建设。1981 年，台湾地区的出口依存度（出口总额/国民生产总值）高达 48%，1986 年又增长到 54.3%，1990 年更是增长到 67.7%。可以看出，台湾地区经济当年之所以能快速发展，在很大程度上是借助于国际市场和出口业的兴旺而实现的。

（三）有利于生产要素的充分利用

进行生产离不开生产要素。生产要素主要包括劳动、土地、矿产资源、资本、技术等。不同的生产要素在各个国家的供给比例是很不同的，现实生活中普遍存在某类生产要素在 A 国大量充斥却得不到充分利用，在 B 国则十分稀缺以致抑制经济发展的现象。通过开展国际贸易，可以在较大程度上解决这一问题。一般地说，生产要素的国际流动会遇到很多障碍，而商品的国际流动则要容易得多。于是，人们便通过生产过程，将各种不同的生产要素转化为商品，然后在国与国之间进行商品交换，出口生产要素充裕的商品，进口生产要素稀缺的商品。这样做的结果，是使各国的各不相同的生产要素都得到充分开发和利用。

经济发达国家的生产要素优势是资本和技术，所以它们往往更多地生产和出口资本密集

型产品及技术密集型产品。发展中国家的生产要素优势是劳动力和矿产资源，所以它们通常更多地生产和出口劳动密集型产品和资源密集型产品。这种国际贸易和国际分工格局尽管有若干不尽合理之处，但它在充分利用各种生产要素方面却起着十分积极的作用。

（四）有利于发挥规模效益

现代化生产企业越来越讲究生产的规模效益，努力使生产产量达到规模效益的最佳点。因为只有如此，才能使产品的生产投入最小，产出最大，成本最低，竞争力最强。这种结果的取得，主要依靠规模经济本身使机器设备得到充分利用，使劳动力得到合理分工，使生产组织得到合理配置与协作。据统计，生产小汽车的企业，最佳规模效益是年产小汽车 30 万辆左右，而且一个汽车集团往往有很多家如此规模的汽车生产企业，只有如此，才能在竞争激烈的市场中站稳脚跟。这就产生了一个问题：如此大规模的生产量，一个国家的国内市场怎么能容纳得下？因此，就要借助于国际市场。把世界各国连为一体的国际市场，使生产摆脱国内市场的局限，极大地刺激各国出口产业的发展，使生产能够获得规模效益，有力地促进生产率的提高。

（五）有利于解决劳动力就业问题

随着人口的增加和劳动生产率的提高，解决过剩人口的就业问题已经成为世界各国政府必须优先考虑和解决的重要问题之一。各国政府所制定的种种鼓励出口和限制进口的政策与措施，在很大程度上是为了解决本国劳动力的就业问题。对外贸易的发展，为产品寻到了新的市场与销路，因而能为各行各业带来大量劳动就业机会。特别是那些人口较多、劳动力严重过剩的国家和地区，更应该大力发展出口产业，尤其是发展那些劳动密集型的出口产业。从我国的统计数字看，每出口 1 亿元人民币的工业品，就可直接为 1.2 万劳动力创造就业机会，如果再加上间接创造的就业机会，这一数字还会增加若干倍。可以看出，积极参与国际贸易，大力发展出口产业，对于解决劳动力就业问题有着特别重要的意义。

（六）有利于提高国民的多样化消费水平

国民生产的目的是为了国民的消费。一国受国内自然资源和生产技术水平的限制，难以生产出多样化的产品来满足本国国民多样化的需求。而且，一个较少参加国际贸易的封闭型国家，其国民的消费也会是单调的和低水平的。只有积极参与国际贸易，才能带来国内所没有的新商品，使消费者的偏好向这些新商品转移，这样既扩大了消费的范围，提高了消费水平，又在国内引发出了新的社会需求。这种新需求便成为国内新工业建立和发展的刺激因素。一系列新工业的发展和新产品的大量供应，又在更大的范围中满足了社会的需求，从而进一步提高了全社会的国民消费水平。

（七）国际贸易是世界经济兴衰的重要传递渠道

国际贸易把世界各国的经济紧紧地连为了一体。于是，世界性的经济繁荣或经济衰退便沿着进出口贸易的渠道传向了各个国家。当然，其影响程度会由于各国对外开放程度的不同而有所不同。

这种传递渠道的运行过程是：当世界经济呈现普遍的繁荣时，国际市场上各类商品普遍好销，且价格看涨，盈利率上扬。这种状况首先对一国的出口产业部门产生刺激和带动作用，使这些部门增加投资，扩大招工，提高生产量。出口产业部门的繁荣能够将与其密切相关的部门的生产带动起来，进而又会把全社会各行各业的部门相继带动起来，使它们走向繁荣。这样，该国经济的发展，在传递渠道的作用下，便与世界经济发展的总步伐协调了起来。同理，世界性的经济衰退也会沿着这一传递渠道传向参与国际贸易的各个国家。衰退引起的世界市场物价下跌和产品滞销，会对一国的出口产业部门的生产产生抑制作用，其产品不得不"出口转内销"，这又会引起国内同行业产品的滞销与积压，进而会引起全社会性的产品过剩和经济恐慌。

当然，这种经济传导机制的作用和影响程度在各国是很不相同的。影响程度大小的主要制约因素是一个国家的对外开放程度和进出口商品总值在国民生产总值中所占比重的大小。例如，亚洲"四小龙"的经济开放度很高，经济运行与世界经济紧密挂钩，尤其是与美国和日本的经济紧紧地连在了一起。这种状况就使得"四小龙"的经济深深受着美国、日本经济发展兴衰的影响。20 世纪 50 年代以来，美、日经济发展较快，因而也把"四小龙"经济促了上去。这期间，美、日经济出现的每一次危机，也都把"四小龙"卷了进去。

二、国际贸易与发展中国家经济

国际贸易对发展中国家经济的影响作用，除了上述的一般作用之外，还包括下面几点。

（一）国际贸易是获得外国先进技术的主要渠道

技术落后是制约发展中国家经济成长的一大障碍。在国际市场竞争中，由于技术落后，发展中国家的产品很难与发达国家的产品相抗衡，只有依靠价格优势去争一席之地。当代世界各国经济发展所取得的实绩表明，劳动生产率的提高已在越来越大的程度上依靠科学技术的进步。所以说，经济竞争的实质是科学技术的竞争。哪个国家在科学技术上领先，并能有效地把技术应用到生产实践中去，哪个国家的经济增长就会在世界上处于领先地位。

科学技术的发展和在生产中的广泛应用，一方面要依靠本国的力量去实现，另一方面也要依靠国外的力量。科学技术是人类的共同财富，只是出于某些历史的和现实的原因，国与国之间在科学技术的进步上处于了不同的发展阶段。这就要求世界各国在技术上相互交流，以共同享受人类文明发展的成果。技术相对落后的发展中国家更应该注意学习和借鉴别国的先进科学技术。但在现代条件下，科学技术又是一种特殊商品，它的使用与转让也要像其他商品一样，须通过市场与贸易，以等价交换的方式进行。这种技术贸易的发展，已成为当代国际贸易的一个重要组成部分，也成为发展中国家争取时间、赶超发达国家的一条重要捷径。

（二）国际贸易增强了国内企业竞争压力，能够刺激生产效率的提高

发展中国家为了保护民族工业的发展，对外开放的程度往往不如发达国家高。这就很容易产生一种负效应，即政府颁布的各种各样的保护性政策和措施，在保护了民族工业发展的同时，往往也保护了保守和落后。在一个缺乏外来商品竞争的较为封闭的社会中，各种原始、陈旧的生产工具和经营方式能较容易地维持下去；低质量、高价格的商品在短缺经济的状态中仍能有较好的销路。所以说，一国政府执行过分的保护性政策会导致低效率、高成本，无利于民族经济的发展。

积极参与国际贸易，把国内企业推向国际市场，是刺激民族工业发展的一条有效途径。一方面，把国内产品出口到国际市场上去接受竞争和检验。在公平竞争的市场规则面前，国内商品存在的缺陷会暴露无遗。厂商们只有痛下决心改进生产工具和经营方式，才能拿出质优价廉的商品参与竞争，才能在国际市场中站住脚。另一方面，让适量的国外产品进入国内市场与消费者见面并与国内同类产品进行公平竞争。对于发展中国家来说，这将会在更大的范围内对国内产业和厂商们起到震动的作用。消费者是产品优劣的最终评判者，他们在市场上的取舍，便是对各类商品和各类企业的裁决。那些低效率的企业和厂商们，在进口商品的强有力竞争面前，即使不被马上淘汰掉，也会逼迫他们立即想方设法改进技术、改进管理以扭转落后的被动局面。可见，随着进出口贸易的开展，市场竞争的新观念和新手段如同一股强心剂注入了落后国家经济发展的肌体中，促使落后国家设法改善其经济条件。

（三）国际贸易是保障经济协调发展的重要环节

发展中国家由于经济落后，国民经济发展中存在很多空白点和薄弱环节，工业体系不能成龙配套，再生产所需的多种物资国内生产不出来，这种状况又进一步加剧了国家的经济落后程度。

一国经济要想稳定地向前发展，首先要求其发展的协调性，要求使社会生产各大部类之间的比例，以及它们内部的比例关系保持平衡状态，不仅要求在价值形态上平衡，而且在实物形态上也必须保持平衡。为实现这种平衡，国家的协调机构会努力挖掘和动员国内的各种资源，使其通过市场机制得到最佳配置。然而，由于自然条件的限制和各国经济发展与技术进步上的差异，一个国家，特别是一个经济落后的发展中国家，单靠国内各种资源的供应和配置，很难充分满足社会再生产各个环节对生产资源的需求，可能某些环节会成为经济发展的“瓶颈”，因而很难较好地实现社会再生产的按比例协调发展。通过开展对外贸易，借助

于国际市场的作用，与世界各国互通有无，调剂余缺，便可以较好地解决这一问题。

三、经济发展对国际贸易的影响

从前面的分析中可以看出，参与国际贸易会对本国的经济发展产生积极的推动作用，那么，一国的经济发展又会对国际贸易产生什么影响呢？这主要可以从以下几个方面进行分析。

（一）经济发展水平影响着一国在国际贸易中的地位

经济发展水平较高的发达国家在国际贸易格局中处于较有利的地位，而经济落后的发展中国家则处于较不利的地位。尽管参与国际贸易会使参加国从中受益，获得比较利益，但所获利益的多少是很不均衡的。发展中国家由于经济发展水平较低，尤其是工业发展水平远远落后于发达国家，在国际贸易中多是以农矿产品与发达国家的工业制成品相交换。在国际市场上，工业制成品价格较高，而农矿产品价格相对较低，使国际贸易的利益分配更多地偏向于发达国家。

20 世纪 80 年代以来，国际经济领域开展的“南北对话”和“南南合作”，使发展中国家在国际贸易中的地位有所改善。但是，这些改善很快便被汹涌澎湃的科技革命浪潮所吞没。因为，一方面，发源于发达国家的科技革命把一批又一批的新技术产品推向了市场，这些产品虽然销路较好，但其附加价值也很高，而且其价格中往往包含较大成分的技术垄断性因素。另一方面，科技革命的发展使新材料、新能源不断涌现，各种初级产品逐渐有了替代品（如化纤对棉麻的替代等），发达国家对发展中国家初级产品的依赖程度开始下降，国际市场上初级产品的价格呈现出长期下跌的趋势。上述两个方面，使经济落后的发展中国家在进口工业制成品时要多支付外汇，而出口农矿产品时却又少收进外汇，它们在国际贸易中的地位呈现出明显的下降趋势。与此相反，经济发展水平较高的发达国家，在国际贸易中的地位则呈现出上升的势头。

当然，各国在国际贸易格局中的地位不是一成不变的，而是随着经济发展水平的变化而变化。例如，中国、韩国、巴西、墨西哥等新兴工业化国家，近些年在国际贸易格局中的地位不断上升。

（二）经济发展水平影响着一国进出口贸易的商品结构

一国的经济发展水平制约着国民的消费结构，而消费结构又对进出口贸易的商品结构起着重要的影响作用。发达国家的工业加工水平较高，国民的消费水平也较高，因此，其进口商品是以初级产品和生活消费品为主，而且进口的消费品中还包括相当数量的高档消费品；其出口产品则是以工业制成品为主。发展中国家的工业水平落后，国民的消费水平也较低，因此，其进口商品是以生产资料和普通生活消费品为主，其出口产品则是以初级产品及轻纺产品为主。

这种进出口贸易的商品结构随着一国经济发展水平的变化而变化。以发展中国家为例，随着经济的发展，人均国民收入也不断提高，国民的消费结构会发生变化，从而影响进出口商品的结构。在发达国家高消费的示范下，发展中国家的人均国民收入达到一定水平时，也会去学习和模仿各种时尚的消费方式，但这个阶段很多高档的生活消费品国内还生产不出来，不得不依赖从国外进口，使进口商品中高档消费品的比重逐渐增多起来。此时，国内消费中的攀比效应使得进口已难以满足普遍成熟起来的社会消费水平，而且政府也会对高档消费品进口严加控制。于是，档次提高后的社会需求便引发和推动了国内生产领域中的一场小小的“革命”：大量仿制的和改进的高档消费品涌入了消费市场。在需求的刺激下，国内生产企业会不断改进技术或引进技术，快速提高这类产品的生产效率。此类工业会逐渐从幼稚走向成熟。在这一过程中，生产企业也开始把目光盯向国际市场，以发展中国家的后起优势（如低工资等），用自己的产品与发达国家的产品进行较量。这样，发展中国家在国际贸易中的出口商品结构也逐渐得到了改善。

（三）经济发展水平影响着一国对外贸易政策的制定

国际贸易利益的分配是不均等的，发达国家依靠其劳动生产率优势往往会获得比发展中国家更多的利益。再加上保护国内幼稚工业的因素和保护劳动就业的因素等，就使得经济发展水平不同的国家在对外贸易政策的制定上存在着很大差异。

一般地说，经济发展水平较高的国家往往推行自由贸易政策，而经济发展水平较低的国家则往往推行保护贸易政策。但这也不是一成不变的，一个国家的政府常常会调整自己的外贸政策。例如，经济大国美国，依靠自己的经济实力，长期推行自由贸易政策，力主各国拆除各种贸易壁垒。但近些年，由于美国经济实力相对下降，对外贸易存在巨额逆差，政府的贸易政策开始出现了变化。例如，美国 2017~2020 年执政的特朗普政府就改变了多年来倡导的自由贸易政策，提出了保护主义色彩甚浓的“公平贸易”口号，以期改变美国在国际贸易领域中的不利地位。

（四）经济发展水平影响着一国国际贸易发展的深度和广度

这里主要是指从事国际贸易的基础条件问题，如运输、通信等条件。在一个经济发展水平十分落后的国家，没有高等级公路，没有深水码头，没有现代化通信设施，大量的商品运不进来也输不出去，市场信息的取得既不方便又不及时，在此种环境中，进出口贸易的开展是很困难的。此外，一个国家中各种与进出口贸易有关的机构（如保险、商检、仲裁等）是否健全，也直接影响这个国家国际贸易业务发展的深度与广度。

重要术语

国际贸易学	国际贸易	对外贸易	贸易额	贸易量
贸易差额	贸易条件	自由贸易	保护贸易	对外贸易依存度
出口贸易	进口贸易	过境贸易	有形贸易	无形贸易
直接贸易	间接贸易	转口贸易	边境贸易	水平贸易
垂直贸易	自由结汇贸易	易货贸易		

▶ 重要术语解释请扫描右侧二维码

授课录像

第一章精彩视频请扫描二维码

客观测验题

客观测验题及答案请扫描二维码

复习题

1. 国际贸易主要有哪些分类?
2. 国际贸易的特点有哪些?
3. 国际贸易对经济发展的促进作用有哪些?
4. 发展中国家参与国际贸易有什么好处?
5. 经济发展水平对国际贸易有何影响?
6. 从事国际贸易活动所面临的风险主要有哪些?
7. 什么是贸易条件? 如何改善一国在国际贸易中的贸易条件?

第二章 国际分工与世界市场

导 读

一个国家在国际分工中处于何种地位，会直接影响该国在国际贸易中的获益程度和经济发展水平。国际贸易的产生和发展是与国际分工及世界市场的产生和发展密切相关的。有了国际分工才有了以国际专业化生产为纽带的世界市场，随之产生了日益发达的国际贸易。本章介绍了国际分工与世界市场的产生与发展、类型与作用，分析了第二次世界大战后国际分工与世界市场的新特点及世界市场价格的形成、种类和影响世界市场价格变化的主要因素，分析了世界“自由市场”价格和“封闭市场”价格的不同与特点。在此基础上系统阐述和探讨了有关国际贸易的基本问题，特别是价值规律在国际分工及世界市场中发挥作用的内在机制，让大家深入了解“看不见的手”是如何在世界各国进入国际分工体系过程中起调节作用的。

本章学习重点

1. 影响国际分工与世界市场产生和发展的因素
2. 当代国际分工与世界市场的新特点
3. 国别价值、国际价值及国际市场价格的含义和相互关系
4. 影响商品国际价值量变化的因素
5. 价值规律在国际贸易中的作用

本章教学要求

◀ 请扫描左侧二维码

第一节 国际分工

一、国际分工的产生与发展

（一）国际分工的含义

国际分工是指世界上各国之间的劳动分工，是生产国际专业化的分工。它是社会生产力发展的产物，是社会分工发展到一定阶段，国民经济内部分工超越国家界限发展的一种必然结果。

国际分工不同于社会分工，它是在社会分工发展的基础上产生的。人类发展史上曾出现过三次社会大分工：农业和畜牧业的分工，手工业和农业的分工，商业和手工业的分工。这三次社会大分工促进了生产力的发展，促进了人类文明的进步。但这时的社会分工却受地域、民族和国家界限的限制，因而只是一种较低层次的分工。随着社会生产力的进一步发展，特别是随着资本主义经济制度的确立与扩张，社会分工开始超越国家的界限，从经济上把整个世界联为一体，形成了国际专业化生产与合作，这便是国际分工。

由上可见，国际分工首先反映社会生产力的发展水平。因为通过分工“造成了社会生产过程的质的划分和量的比例，从而创立了社会劳动的一定组织，这样就同时发展了新的、社会的劳动生产力”[①]。分工所表现的生产力超越了单个劳动力的局限，而国际分工所表现的生产力则不仅超越了个人能力的局限，而且超越了单个劳动群体和单个国家能力上的局限。其次，国际分工还反映着一定的社会生产关系。这里的社会生产关系主要表现为国家与国家之间的关系，因为国家是一定社会经济利益的代表。各个国家代表着不同群体的经济利益，并通过国际分工和专业化生产的纽带联结为一个整体。国际分工反映着国家之间的经济利益，并受国际政治关系的影响和制约。各个国家之间政治关系和政治地位的不平等，将会导致它们之间在国际分工中的不平等关系，从而使各国的经济利益受到不同程度的影响。在社会主义经济体系中，国际分工依然存在，并在某些方面比资本主义的国际分工更加完善，能更好地体现出平等互利和共同发展的原则与精神。对此问题，恩格斯早就指出过：“摆脱了资本主义生产的局限性的社会，可以在这方面大大地向前迈进”[②]。

（二）影响国际分工产生与发展的因素

国际分工的产生与发展受到多种因素的影响，其中主要的影响因素有：生产力发展水平、

① 马克思 K H. 资本论. 第一卷. 北京：人民出版社，2004.

② 马克思 K H，恩格斯 F. 马克思恩格斯全集. 第20卷. 北京：人民出版社，2001.

自然条件、跨国公司、资本输出和上层建筑等。

1. 生产力是国际分工产生与发展的决定性因素

这种决定性因素主要体现在以下几个方面：

（1）国际分工是生产力发展的必然结果。生产力伴随着人类社会的发展而不断发展和提高，并促进人类社会的生产与流通逐渐突破了民族和国界的限制。科学技术的革命在生产力的发展中起着决定性的作用，推动和加速了国际分工的产生与发展。18 世纪下半叶，蒸汽动力的发明和蒸汽机应用于生产，使人类社会从手工劳动时代进入了大机器工业时代，并使资本主义制度最终战胜了封建制度。此后，在不到 100 年的时间内，人类社会创造的财富超过了过去所有世纪创造的财富总和。19 世纪后半期，电力发明并应用于生产，使人类进入了电气时代。此后 100 年，全世界的工业总产值增加了近 20 倍。生产力的这种高速发展，使各个国家的生产都难以继续囿于国界的限制，从资源的供应到产品的销售，都开始在广阔的世界范围里寻找最佳组合和最优配置。在这种科技革命和生产力发展浪潮的推动下，各国古老的、独成一体的民族工业慢慢被侵蚀、被整合，从而使一切国家的生产都逐渐变成了世界性的，它们自觉或不自觉地加入进了国际分工的一体化之中。

（2）生产力的发展为国际分工的深化创造了条件。一方面，生产力的发展为国际分工的深化不断创造新的部门和领域，为各国参与国际分工创造了新的机会与条件。随着科技革命的发展，电子工业、宇航工业、高分子合成工业等新兴工业部门不断涌现，并使得国际的技术合作、资金合作、劳务合作不断深化。另一方面，生产力的发展使交通运输和通信事业的进步日新月异，大大缩短了世界各国在空间与时间上的距离，整个世界正在变为一个“地球村”，国际分工也随之深化和发展。欧洲中世纪横跨大西洋的运输需要在海路上走几十天，而当今的新型运输机在几小时内便可完成。现代通信业的发展，使人们不出门便可在几分钟内了解世界各地的市场行情，为跨国生产和国际贸易做出迅速、准确的经营决策。

（3）各国的生产力水平决定了其在国际分工中的地位。一个国家在国际大分工中处于何种地位，主要取决于该国的生产力发展水平。生产力发展水平较高的国家，往往以其雄厚的资金和高精的技术在国际分工体系中处于主导地位，并影响和制约着整个国际分工和国际经济秩序。例如，最早发生产业革命的英国，以及紧随其后的欧美各主要国家，由于生产力远远领先于其他各国，便在国际分工中处于十分主动的地位，以其机器大工业生产出的质优价廉的商品做“炮弹”，轰开了各个闭关自守国家的民族经济的大门，把它们拉进了国际分工的体系。但后者由于生产力水平落后，在国际分工中只能处于从属地位，受到各种不公正的待遇。第二次世界大战后，为改变这种状况，各发展中国家不仅在政治上努力从旧的殖民体系中挣脱出来，在经济上也努力发展生产力，以便改善它们在国际分工体系中的地位。有些国家和地区，已在这种奋争中获得了较大的成功。例如，亚洲“四小龙”，通过提高自身的生产力水平，目前在国际分工体系中正处于越来越有利的地位。

（4）生产力的发展决定着国际分工的内容与形式。从内容看，随着生产力的发展，国际贸易中的工业制成品比重不断提高，初级产品比重不断下降。此外，各种中间产品、技术贸易和劳务贸易也开始成为国际分工和发展的重要内容。从国际分工的形式看，各种新的分工形式不断出现，国际分工已越出部门经济的分工，发展到了企业内部、工种、工艺间的分工。特别是随着欧盟、东盟等地区性经济贸易集团的出现，地区性的分工合作在加深，各国参加国际分工的形式也逐渐从垂直型向水平型和混合型发展。

2. 自然条件是影响国际分工产生与发展的重要因素

自然条件，主要包括资源、气候、土壤、地理环境、国土面积等，它对于国际分工的产生与发展起着十分重要的影响作用，在国际分工发展的早期尤其如此。劳动是财富之父，土地是财富之母，离开自然条件，任何生产劳动都难以进行。然而，自然条件在不同国家中的差异是相当大的。马来西亚盛产橡胶，古巴盛产蔗糖，赞比亚盛产铜矿，南非盛产钻石，这些都受各种自然条件的制约，而这些条件绝不是任何国家都能具有的。但一个国家的国土面积再大，自然资源再丰富，也难以满足经济发展对各种原材料品种与数量的全部需求。因此，各国之间需要交换、需要分工，为了各自的利益，走上了同一条分工协作的道路。

各个国家和地区的自然条件不同，在一定程度上决定和影响着其在国际分工中的地位。例如，地处热带地区的东南亚各国，利用该地区的有利气候，生产占世界总产量90%以上的天然橡胶，使这些国家在早期的国际分工中处于十分有利的地位。近些年，世界人口膨胀，食品供应已成为人类面临的重大问题之一。在这种形势下，利用自然条件大量出口粮食的澳大利亚、加拿大、阿根廷等国，在国际分工中的地位显得日益重要起来。

随着科学技术的进步和生产力的飞速发展，自然条件对国际分工的影响作用正在不断下降。因为，新技术的发展，使各种人工合成的新材料和各种替代品大量涌现，自然条件在国际分工中的作用受到极大冲击，其作用也就开始明显降低。

3. 跨国公司和资本输出对国际分工的推动作用

资本的国际流动是推动国际分工向较深层次发展的一个重要条件。第二次世界大战结束后，跨国公司的大发展，使资本在国际的流动从规模到速度都有了明显的增长。一方面，某些发达国家的厂商，为了降低产品的成本，提高产品的竞争能力，把公司的某些零部件转移到了一些发展中国家去进行生产。这种跨国生产，既可以利用当地廉价的劳动力和丰富的自然资源，又可以绕开关税壁垒，将一部分产品当地生产当地销售。另一方面，很多发展中国家，为了发展民族经济，积极实行对外开放政策，大力引进国外资本。它们借助于外资的力量，特别是借助外商直接投资的方式，发挥本国和本地区的优势，生产一些有比较利益的产品，努力在国际市场中争得一席之地。

通过跨国公司和资本输出的推动，国际分工在第二次世界大战后有了较深层次的发展。

如今，发展中国家已不再仅仅是国际分工体系中的农矿产品生产者了，而是从发达国家手中接过了大部分的劳动密集型工业品的生产和一部分高技术的加工工业品的生产，开始逐步改变以往在国际分工体系中所处的被动地位。跨国公司通过国际资本移动和各分公司之间的内部贸易，正在将世界各国紧紧联结成一个不可分离的经济上的统一体。

4. 上层建筑对国际分工的影响

上层建筑既可以促进也能够阻碍国际分工的发展。各国政府经常借用上层建筑的力量推行各种对外政策，以改善本国在国际分工体系中的地位。历史上，一些经济较发达的国家，曾多次发动商业战争，强迫别国接受不平等条约，组成国际性的分工体系。第二次世界大战以后，许多国家加入了地区性的经济一体化组织，在经济政策和国际分工上相互协调，以促进经济的共同稳定发展。苏联和东欧各国成立的“经互会”就曾是这种类型的地区性经济组织。

为加强自己在国际分工中的地位，各国普遍采用的方法是推行“奖出限入”的外贸政策。利用各种关税壁垒和非关税壁垒政策挡住外来产品，并利用各种出口补贴政策把本国的产品打入国际市场。这些政策对国际分工的发展产生着相当大的影响作用。例如，韩国在 20 世纪六七十年代从日本手中接过了大量劳动密集型产品的生产，以此为契机，使本国经济得以迅猛发展。到了 80 年代，韩国已不满足这种低级别的分工席位，开始通过各种出口补贴政策努力将自己的高技术产品挤入国际市场，如韩国出口到美国的彩色电视机以质优价廉受到消费者欢迎。美国政府则认为，出口产品实行政府补贴违反了公平竞争原则，因而采取措施加以抵制。1984 年，美国对来自韩国的彩电进行了反补贴调查，并确定征收反补贴税。韩国随之改变了出口策略，1985 年开始向美国出口彩电的显像管和印刷线路板，然后通过设在美国的分公司组装成彩电在美国销售，数量每月几乎达到 10 万套。针对这一情况，美国商务部决定把对彩电征收反补贴税的规定扩展到彩电的组装件上。韩国政府和美国政府实行的这些补贴与反补贴政策，都是为了使本国在国际分工体系中争取一个比较有利的地位。

（三）国际分工产生与发展的阶段

我们知道，影响国际分工产生与发展的决定性因素是社会生产力的发展水平，因此，国际分工的发展阶段也与代表生产力发展水平的科技革命的发展阶段基本一致。只是在第一次科技革命前，就已有了萌芽状态的国际分工。这样，国际分工基本上经历了四个发展阶段。

1. 地理大发现开始了国际分工的初期阶段

生产力的发展，势必会带动商品经济的发展，并使新的生产方式渐次突破地域的限制。

15世纪末至16世纪初的地理大发现，便是在当时西欧资本主义生产方式开始产生和商品货币关系进一步发展的推动下发生的。新大陆的发现和新航线的开辟，扩大了世界市场的范围，为新兴的资产阶级提供了更广阔的活动场所。从这个时期起，西欧新兴资产阶级的贸易区域从地中海沿岸扩大到了大西洋沿岸，这既拓展了国际商品贸易的范围和规模，也带动了西欧经济从家庭手工业向工场手工业的过渡。这时西欧的资本主义开始了它的资本原始积累时期，利用“火与剑”的手段，对亚洲、非洲和美洲进行残酷的掠夺。它们在这些地区开矿山，建立甘蔗、烟草、咖啡等农作物的种植园，发展起了以奴隶劳动为基础的种植园制度，为本国生产和提供自己不能生产的农矿产品，当时盛行的三角贸易就是宗主国与殖民地之间的一种简单的国际分工形式。

2. 第一次科技革命开始了国际分工的形成阶段

18世纪60年代在英国开始的工业革命（第一次科技革命）使资本主义制度在这里最终战胜了封建制度。以蒸汽机和纺织机为代表的工业革命，使社会生产力获得了惊人的进步，人类社会也因此向前迈进了一大步。继英国之后，美国、法国、德国、俄国等欧美国家也都相继完成了工业革命，资本主义生产从工场手工业过渡到了机器大工业。科学技术的大发展使生产出现了快速的增长，这些欧美国家的国内市场和资源都已难以适应这种新的生产发展状况，需要在更大程度上向外部扩张，从而促进了资本主义国际分工的形成。

这一时期国际分工的一个主要特点，是在世界范围里初步形成了工业国和农业国的分工。欧美国家借助大机器工业的力量，把大量质优价廉的工业品销向落后的亚、非、拉国家，很快便冲垮了这些国家民族工业的根基，把它们纳入了资本主义国际分工体系中，使它们沦为只提供农副产品的农业国。这时期的世界经济，是农业国完全围绕着欧美国家，特别是围绕着英国这个工业中心运转。因为英国最早开始工业革命，“英国是农业世界的伟大的工业中心，是工业太阳，日益增多的生产谷物和棉花的卫星都围着它运转”[1]。这种发展状况，使原本在第一阶段就已出现的宗主国与殖民地之间的“工业欧美、原料亚非拉”的国际分工进一步加深和固定化。

3. 第二次科技革命开始了国际分工的发展阶段

19世纪70年代，人类社会又发生了以电力为代表的第二次科技革命。此后，各种新的生产手段相继产生，如发电机、电动机、蒸汽涡轮机、内燃机、汤姆士炼钢法等。各种新兴工业部门也随之出现，如电力、电器、石油、机车、汽车等，社会生产力被大大地向前推进了一步。19世纪末20世纪初，自由资本主义过渡到了垄断资本主义，社会经济生活的各个方面都罩上了垄断的色彩。帝国主义通过资本输出，把资本主义生产方式和国际分工形式进一步扩大到世界各个国家。这个时期的国际分工表现出了一些新的特点。

---

① 马克思 K H，恩格斯 F. 马克思恩格斯选集. 第4卷. 北京：人民出版社，1972.

（1）新的运输和通信方式把世界更紧密地联为一体，从而促进了国际分工的发展。铁路运输的发明和使用，电话与电报的发明和使用，宗主国在亚、非、拉各殖民地、半殖民地国家大规模地兴建铁路，在人类历史上第一次真正把各国的国内市场联结成为统一的世界市场，因而也就在更大程度上把更多的国家卷入了以欧美为中心的国际分工体系中。

（2）国际生产的专业化倾向进一步发展。以往的国际分工主要是工业国和农业国的分工，工业国的工业生产主要还是一些轻工业，农业国的生产则主要是食品和作为轻工原料的农产品。而在这一阶段中，由于各种新兴部门的出现，特别是电力、机车、炼钢等工业部门的兴起，重工业在原来的工业国中占据了主导地位。各工业国之间也由于科技发展上的差异而在不同工业部门中的地位很不相同。例如，英国由于发明了转炉炼钢技术，在钢铁工业方面领先于别国，美国在电力工业方面具有优势，德国在机械、造船方面成绩突出，日本的纺织工业则较发达。以前的农业国，为适应工业国家发展重工业的需要，在原来生产食品和轻工原料的基础上，进一步发展了各类矿产品的采掘工业。

（3）世界各国对国际分工的依赖性加深了。农业国只有生产农矿产品的能力，其他所需产品都要依靠从工业国输入。工业国的情况亦是如此，庞大的基础工业和加工工业，既离不开农业国为其提供原材料，又要以农业国为其重要的产品销售市场。罗萨·卢森堡曾对当时的德国做过这方面的描述，指出德国的产品大部分要输往其他国家，如手套输往英国，皮革输往法国，铁制品输往南美洲与大洋洲。另外，德国不管在生产上或日常消费上，都要依赖其他国家的产品，如从印度获得胡椒，从非洲获得可可豆，从中国获得茶叶，从巴西获得烟草，等等。

4. 现代科技革命开始了国际分工的深化阶段

20 世纪中叶，发生了以原子能、计算机、航天工业为主要标志的第三次科技革命。飞速发展的生产力把国际分工推入了一个崭新的阶段。此外，第二次世界大战之后世界政治经济形势发生的巨大变化，也对国际分工体系产生了较深的影响。这一时期国际分工的特点，主要表现在以自然资源为基础的世界范围的工业与农业的分工已经削弱，以现代科学技术为基础的世界范围的工业分工成为国际分工发展的基本趋势。这一新特点具体表现在以下两个方面。

一方面，各国工业部门间的分工开始向部门内部和企业内部的分工发展。以前各个工业国的分工，主要是在各国不同的工业部门之间进行的，如英国的钢铁、美国的电力、德国的机械等，而现在的分工则深化成在不同的国家间进行产品的专业化、零部件的专业化和工艺的专业化。产品专业化，是指同类产品但不同品种、不同规格和不同特征，在几个不同的国家中进行分工生产。当然，这种国际分工主要是靠长期优胜劣汰的市场竞争自然形成的。欧美各国都生产并相互出口各不相同的汽车、轮船、拖拉机。例如，在汽车市场上，美国小汽车以豪华型取胜，日本小汽车则以节能型领先。零部件专业化，是指一件产品由多个国家提供零部件组装完成。这样可以发挥各国的技术优势，使产品质量高而成本低。例如，协和式飞机就是由西欧几个主要工业国联合完成的。工艺专业化，是指锻件、铸件、模压件、毛坯等中间产品的国际专业化。这种专业化主要是在跨国公司的各分公司之间进行的，虽然范围还不是很大，但作为一种发展趋势已日益明显。

另一方面，经济发达国家与发展中国家的分工格局发生了变化。它们之间旧式的工业国、农业国、矿业国的分工格局在逐渐弱化，而新式的工业分工格局在不断成长。随着科技革命的发展和各种新兴工业部门的出现，发达国家不断把一些“夕阳产业”向发展中国家转移。这些被转移出来的产业主要是使用劳动力多、在高工资的发达国家已不具竞争力的部门。这样，在发达国家与发展中国家之间出现了一种新的分工格局，即高精尖工业与一般工业的分工、技术密集型产品与劳动密集型产品的分工。

此外，跨国公司的大发展和跨国公司的内部分工也是这一时期国际分工的一个特点。跨国公司在世界范围里进行专业化生产和协作，它们的内部分工已成为国际分工的一个相当重要的组成部分。

二、国际分工的类型与作用

（一）国际分工的类型

在社会生产力发展水平的制约下，在国际市场竞争规律的作用下，以及在各国对外政策的影响下，国际分工在发展过程中出现过各种各样的类型。一般地说，可以归纳为三大类型，即垂直型、水平型和混合型的国际分工。

1. 垂直型国际分工

这类国际分工主要发生在发达国家与发展中国家之间，其特征主要表现为工业与农业的分工和加工工业与原料工业的分工。

早期的国际分工就是以这种垂直型国际分工为主要形式。在旧的殖民统治之下，少数资本主义强国成为经济发达的工业国，它们利用技术和资本，向外进行扩张，把世界上大多数落后国家纳入了殖民体系和国际分工体系之中。发达的工业国主要生产和出口工业制成品，而落后的农业国则主要生产和出口农产品及矿产品。

第二次世界大战后，随着殖民体系的瓦解和发展中国家民族工业的兴起，这种旧的分工格局已经有所改变，但从总体看，发达国家与发展中国家之间的国际分工仍然是以垂直型国际分工为主要形式。发达国家从发展中国家进口农产品和工业原料，并向其出口工业制成品。这种状况主要是由生产力水平上的差距造成的。从有关统计资料中可以看出，一直到20世纪80年代，绝大多数的发展中国家经济发展仍然畸形，只能依靠一两种农产品或矿产品进行国际贸易，参与国际竞争。例如，1980年布隆迪的咖啡和棉花出口占其出口贸易总额的91%；马来西亚的天然橡胶、锡和木材的出口占其出口贸易总额的72%；几内亚的铝和糖的出口占其出口贸易总额的79%。另外，发达国家的生产力水平第二次世界大战后发展更快，工业制成品的出口在战后仍然占据其出口贸易总额的绝大部分，1970年此项指标为65.7%，1984年为68.3%，1996年为85%。中国1978年初级产品出口比重为53.5%，工业制成品出口占46.5%，2000年以后工业制成品比重一路上升，2020年此项指标达到96%。

2. 水平型国际分工

这类国际分工主要发生在各个发达国家之间，但同时，在发展中国家之间、发达国家与发展中国家之间也存在。其特征主要表现为各个国家在不同的工业产品上的分工。

存在于各发达国家之间的水平型国际分工，是由这些国家经济发展上的差异引起的。尽管它们之间的生产力发展水平很接近，但仍存在各种差异，如工业发展有先有后，技术水平有高有低，各国工业部门发展不平衡，资源供应也不相同。这种经济上的差异，导致各发达国家在工业发展上各有短长，并通过国际分工和国际贸易取长补短。例如，当前的各发达国家都有自己的优势工业，如美国的宇航工业和汽车工业、日本的电子工业和造船工业、比利时的钢铁工业等。它们都以自己的优势工业产品去换取别国的优势工业产品，以便在这种优势互补中共同前进。发达国家间的水平型国际分工还表现在同一工业产品在不同的国家间进行分工协作上。各国利用自己的优势设备和技术生产某一产品的某一部件，以便使最终产品质优价廉。例如，欧美联合生产的“R-1800”载重汽车是在英国装配的，它的零部件却来自很多国家：发动机是瑞典生产的，控制设备是德国生产的，车身是意大利生产的，汽车的底盘和弹簧则来自大洋彼岸的美国。

各发展中国家之间存在水平型国际分工，这是它们在相互支持、相互弥补民族工业部门的短缺和在与不平等的南北分工状况的斗争中形成的。除了少数石油输出国和新兴工业化国家外，大多数发展中国家的经济发展水平都很接近。它们从总体上看，有着资源丰厚、人口众多、市场广阔等发展优势，但从单个国家来看，却普遍存在经济部门单一、资源种类不全、市场容量狭小等发展劣势。为改变这种状况，使发展中国家的整体优势发挥出来，第二次世界大战后越来越多的发展中国家走上了南南合作的道路。它们各自发挥本国的相对优势，互相提供工业产品。在某些地区一体化组织内，它们还经常为生产一种具有国际竞争力的产品而在配件和工艺上联手合作。

水平型国际分工，一般是在同等生产力水平的国家间展开的。但在近些年，这种类型的国际分工又出现了新的特点，即在发达国家与某些发展中国家也展开了大规模的不同工业产品上的分工生产。这主要表现为发达国家生产和出口技术密集型产品，新兴工业化国家和地区生产和出口劳动密集型产品。例如，中国、韩国及东盟各国，20世纪80年代以来，它们通过发展出口工业，经济迅速崛起，接过了从发达国家转移出来的劳动密集型产业，把大量工业制成品打入了发达国家的市场，从而改变了水平型国际分工只在同等级生产力水平国家之间进行的分工发展史。

水平型国际分工，在各种分工类型中占据首要地位。第二次世界大战后，世界各国间的贸易迅速增长也是以水平型国际分工的发展为基础的。

3. 混合型国际分工

这种类型的国际分工是就一国的情况来看的，指一个国家参加国际分工既采取垂直型分工方式，又采取水平型分工方式。

世界上多数国家参加国际分工所采取的方式，实际上都属于混合型的国际分工。例如，发展中国家，它们向发达国家出口原材料并进口工业制成品时，属于垂直型分工；而在与其他发展中国家或发达国家互相出口工业制成品时，则属于水平型分工。发达国家参与国际分工的情况亦是如此，它们同发达国家交换产品，多属于水平型分工；而与发展中国家交换产品，则多属于垂直型分工。例如，日本，它既向美国出口汽车和彩电，又从美国进口不同型号的汽车和彩电，进行水平型国际分工活动；同时，日本也从发展中国家大量进口原材料并出口工业制成品，从事垂直型国际分工活动。

除了以上三种主要的国际分工类型外，在社会主义国家之间还存在过另一种国际分工类型，这种类型以前“经互会”国家之间的分工最为典型。这种分工类型的特点主要表现为分工的计划性和组织性。“经互会”解散前曾建立过 22 个部门常设委员会和 6 个部门领导人会议，这种跨国家的组织机构专门有计划地协调各成员国之间的国际分工关系。各社会主义国家之间由于生产力发展水平的不同，在国际分工中的地位也不尽相同。苏联和东欧各国的生产力水平相对较高，在社会主义国家分工中的地位也相对较有利；而越南、古巴、蒙古等国家的生产力水平相对较低，在国际分工中也就处于较被动的地位，主要出口农矿产品，来换取自己所需要的工业制成品。社会主义国家间经济发展水平的这种不均衡性，使它们之间的国际分工也具有前面所述的垂直分工、水平分工和混合分工的各种基本特性。

（二）国际分工的作用

国际分工对世界经济的发展具有双重作用，既有积极的一面，也具有消极的一面。

1. 国际分工对世界经济的积极作用

这主要表现在通过国际分工可以使各国发挥自己的优势，有利于生产要素的合理利用，可以节约全世界的劳动时间，从而提高国际社会的生产力，并能增加各国生产的规模效益，促进国际贸易的发展。

（1）各国可以通过分工来扬长避短，发挥优势，以利于生产要素的合理利用。进行生产离不开生产要素，生产要素在各个国家的供给比例是很不相同的，从而决定了各个国家在生产不同商品上的优势各不相同。根据商品所包含的要素密集程度的不同，可以把商品大致分为劳动密集型的、资本密集型的、技术密集型的、土地密集型的和资源密集型的。一个国家不可能在各种生产要素上都具优势，所以应该积极参加国际分工，出口生产要素充裕的商品，进口生产要素稀缺的商品，这样才能使各国的各不相同的生产要素都得到充分利用。

（2）国际分工可以节约全世界的劳动时间，提高社会生产力，生产出更多的使用价值。李嘉图著名的比较成本学说，就是主要分析这一问题的。李嘉图认为，各个国家不一定生产各种商品，而应集中力量生产那些利益较大或不利较小的商品，然后，通过对外贸易来相互交换商品。这样做的结果是，在资本和劳动力等生产要素不变的情况下，通过节约劳动时间来增加生产总量，提高社会生产力，使参加国际分工的各国都能得到更多的使用价值。一个国家即使在各种产品的生产上都不占绝对优势，也应该积极参加国际分工和贸易，这不仅会使本国受益，而且也会对全世界生产力水平的提高产生促进作用。

（3）国际分工的普及与深化促进了世界市场的扩大和国际贸易的增长。我们从国际分工的发展史中可以看到，资本主义大机器生产的商品像重型炮弹一样轰开了一个又一个闭关自守的国家，把它们拉入了国际分工体系之中，世界市场的规模随之扩大，国际贸易的总量也随之增长。特别是当国际分工的深化使国家间的分工协作超越了部门的界限，并在部门内部、企业内部乃至不同的工序间展开的时候，国际贸易更是出现了快速发展的趋势。例如，1987 年世界贸易量比上年增长 5.5%，1988 年增长 8.5%。世界贸易总额 1988 年为 2.85 万亿美元，到 1990 年就猛增到 3.47 万亿美元。尽管这里面有海湾危机导致石油价格剧升的因素，但国际分工所起的作用仍然具有决定性意义。据世界贸易组织（World Trade organization，WTO）的统计，2018 年世界贸易总额达到 39.34 万亿美元。

2. 国际分工对世界经济的消极作用

国际分工的消极作用主要是由不平等的国际分工体系造成的，而不平等的国际分工体系则主要表现在发达国家与发展中国家之间的不合理分工上。这种不合理分工产生出以下消极作用：

（1）国际分工使多数发展中国家出现经济的单一化和依附性。第二次世界大战后，尽管绝大多数发展中国家摆脱了殖民统治，取得了政治独立，但在很大程度上却没有实现经济独立。原因之一就是，不平等的国际分工体系使这些国家在经济上仍然是发达国家的附属国，为发达国家提供农矿产品，从发达国家购进工业制成品。发达国家从自身的利益考虑也并不急于改变这种现状。发展中国家想改变这种依附性经济，却苦于缺乏资金与技术。于是，直到目前，世界上大多数发展中国家经济的单一化程度仍然很高。一些中东国家百分之百地依靠石油出口赚取外汇，另外一些发展中国家则主要依靠一两种农矿产品支撑经济发展。

（2）国际分工使发展中国家经济受到剥削和控制。发达国家利用发展中国家经济的依附性，通过价格手段来对其进行剥削。从 19 世纪 70 年代起到第二次世界大战前，发达国家的劳动生产率虽然大大高于发展中国家，但其出口的工业制成品价格却比发展中国家出口的农矿产品价格提高了 30%~40%。第二次世界大战以后，发达国家出口的工业制成品价格指数从 1950 年的 100 上升到 1973 年 202；与此相比，发展中国家出口的初级产品价格指数从

1950 年的 100 仅上升到 1973 年的 157，大大低于前者。发达国家还利用发展中国家急于改变落后面貌的心态，通过跨国公司等方式来对发展中国家进行经济渗透和控制，以便把这些国家紧紧束缚在不平等的国际分工体系之中。

三、当代国际分工发展的新特点

当前，世界新技术革命仍在以日新月异的速度迅猛向前发展。特别是进入 20 世纪 80 年代以来，人类社会在信息技术、生物技术、新材料技术和宇航技术方面取得了突破性的进展。随着技术的发展，一方面，产生出一批新兴工业部门；另一方面，也使一些传统部门，如农业、食品工业、化学工业、汽车工业等发生了革命性的变化。在这种新技术革命的推动下，当代的国际分工出现了一些新的特点。

（一）新技术的推广应用使传统的国际分工格局进一步削弱

传统的国际分工格局主要是指发达国家生产和出口工业制成品，发展中国家生产和出口农矿产品。随着各种新技术的发明、应用和转移，这种格局目前正在逐渐改变。这主要表现在以下几方面。

1. 农业中的技术革命使发达国家成了世界农产品的主要出口国

生物技术在农业生产中的应用，加上农业的机械化、化学化和电气化，使发达国家的农业劳动生产率得到大幅度提高，它往往比发展中国家的农业劳动生产率要高几倍到几十倍。结果，目前发达国家成了世界农产品的主要出口国。一项统计资料表明，1961~1963 年，发展中国家在世界食用农林牧副产品出口中的份额为 44.8%，到 1982~1984 年降到了 34.2%，而发达国家的情况则正相反，同期由 46.2%上升到 62.7%，变成了世界农产品的主要出口国。另据 WTO 的统计数据，2000 年世界农产品出口国排名前 5 位的国家均是发达国家，依次为：美国、法国、加拿大、荷兰、德国。再以美国 2007 年的统计数字为例，当年美国的棉花出口量占世界棉花出口总量的 34.9%，小麦出口量占世界出口总量的 32.1%，大豆出口量占世界出口总量的 39.4%，而玉米出口量占世界出口总量的比重竟高达 64.5%。

2. 新材料技术的发展减少了工业化国家对自然资源的依赖

新型材料可以成为工业发展的原料替代品。目前，随着新材料技术的应用，已出现了各种新的合成材料和替代性材料。例如，用强化陶瓷代替高强度合金钢，用石墨纤维强化塑料代替铅，等等。此外，化纤工业的发展，使纺织行业减少了对棉、毛、丝、麻等天然纤维的依赖。

3.一些发展中国家和地区从国外引进资本和先进技术，经济迅速崛起，开始大量出口工业制成品和出口一部分高技术产品

20世纪70年代，巴西经济飞速发展，被称为“巴西奇迹”。同时，韩国经济飞速发展，被称为“汉江奇迹”。这期间，新加坡、墨西哥、中国香港、中国台湾、泰国、马来西亚等国家和地区的经济都先后取得了长足的进展。它们从发展中国家和地区中脱颖而出，为改变传统的国际分工格局发挥着积极作用。这些国家和地区的一个共同特点是，一方面，大量引进外资和国外先进技术；另一方面，开展自主创新，提高生产力水平和出口能力。例如，韩国1999年专门成立国家科学技术委员会，由总统任委员长，推动制定科学技术政策。韩国企业积极引进国外先进技术并开展自主创新，注重根据市场需要确定研发项目，新技术产业化、商品化能力位居世界领先水平。据统计，韩国新技术转化为生产力的周期是世界上最快的。韩国外贸出口不仅速度快，而且高技术产品竞争力明显。韩国产业通商资源部资料显示，2018年韩国外贸总额为1.14万亿美元，其中出口达到了6 051亿美元，同比增长了5.5%。韩国的贸易规模、出口额和贸易顺差均创历史最高。特别是对美国、东盟和欧盟出口规模有所扩大，其中半导体、无线通信设备等主力高技术产品出口增长明显。再看中国2014年的出口数据，工业制成品占到出口总额的95.2%，其中装备制造业成为出口的重要增长点，铁路机车、通信设备出口增速均超过10%。2020年，在新冠疫情严重影响世界经济发展的大背景下，中国外贸在全球一枝独秀，出口总额中工业制成品占到96%，其中出口的笔记本电脑、平板电脑、家用电器合计增长了22.1%。

（二）各国在产业结构上的相互依赖正进一步加深

随着科学技术的进步，世界经济正逐渐联结为一个整体。各个国家的产业结构在国际市场竞争的催化和比较利益的诱导下，正在变成世界产业结构的一个密不可分的组成部分。许多国家的政府在制定产业政策时，不仅考虑本国的国情，而且也充分考虑世界各国产业结构的调整情况以便能及时抓住机遇，更好地参加到世界分工的行列中，以获取比较利益。

各国产业结构上的互相补充和互相依赖，已成为20世纪90年代以来世界产业结构调整中的一个重要特点。这一特点具体表现为，各国通过产业形态的区域性转移，使经济日益密切地联为一体。一个国家随着整体经济实力的提高，其产业结构会逐渐向高技术性产业形态倾斜。这样，随着时间的推移，产业形态就会在世界范围内和地区范围内出现跨国转移，由高度发达国家向中等程度的发达国家和欠发达国家次第转移。所转移的主要是一些传统产业形态，包括劳动密集型产业、资本密集型产业和部分普通技术密集型产业。例如，日本经过20世纪60年代的高速发展后，国家经济实力迅速提高，工人的工资收入也增加很快，这使日本失去了生产劳动密集型产品的竞争优势。于是，60年代末到70年代，日本利用对外直

接投资和扩大进口劳动密集型产品等形式将这一产业向外转移。亚洲“四小龙”抓住了这一国际产业结构调整的机遇，利用落后国家和地区的特有优势，大力发展劳动密集型产品的生产和出口，使自己的经济迅速成长了起来。进入80年代后，“四小龙”也渐渐失去了在劳动密集型产品生产上的竞争优势，并开始将这一产品向东南亚各国转移。于是，在这一区域内便出现了产业形态上的跨国分工与合作：日本主要生产和出口高新技术密集型产品，“四小龙”主要生产和出口普通技术密集型产品，东南亚国家则主要生产和出口劳动密集型产品。这种国际的产业转移和分工将这些国家的经济紧紧地连为了一体。

（三）地区性自由贸易集团内部的产业分工合作日趋紧密

各种地区性的自由贸易集团在创建初期主要是为了内部减免关税，对外统一关税，以增加集团内国家的贸易交往。但从目前所呈现出的新特点看，各个地区性自由贸易集团内部的产业分工趋势正越来越强。进入20世纪90年代后，这种地区性分工趋势在世界三个经济圈——西欧、北美和东亚经济圈内表现得尤为明显。

欧洲共同体（欧共体）已运行多年，为世人瞩目。1993年11月1日，象征欧洲政治、经济和货币联盟的《马斯特里赫特条约》正式生效，欧洲共同体从此进入了欧洲联盟阶段。在欧共体内部，传统产业多集中在希腊、葡萄牙等较落后的国家，而英国、法国等则更多地发展新兴产业。欧共体（欧盟）为了保护法国、荷兰、丹麦等国的传统农业地位，维持欧共体（欧盟）内部的产业结构均衡，不惜多次在“关贸总协定”的乌拉圭回合谈判中与美国吵翻。由于欧盟内部取消了市场壁垒，允许各种生产要素完全自由地流动，这就为欧盟内部国际分工的深化创造了良好的前提条件。从目前看，欧盟内部的分工协作更好地表现在高新技术产品的合作开发上。例如，它们联合研制的“阿丽亚娜”火箭，就是集中了几个国家的技术与财力，从设计到生产，从零配件的调拨到主机的装配，都是分工协作完成的。

于1994年1月1日正式生效的《北美自由贸易协定》，旨在15年内逐步撤销美国、加拿大、墨西哥3国间的贸易障碍，创造全球最大的自由贸易区。在该协定正式生效前，美国便已提出了几套关于自由贸易区内部的产业结构调整计划，准备把美国的一部分传统产业，如纺织、钢铁、石油化工等，转移给墨西哥。这种做法，与欧洲经济共同体（欧共体前身）1958年刚成立时仅为相互减免关税已大相径庭。与此同时，北美自由贸易区内部在产业结构调整中又出现了另一新趋势，即美国的一部分投资于墨西哥的技术性产业，如电子工业、汽车配套工业等已经开始或准备迁回美国。究其原因，主要是因为北美自由贸易区内部削减关税所致。美国的汽车部件、通信设备等技术性产品在以前由于受到高关税的限制，很难打入墨西哥市场，厂商们不得不采取到墨西哥投资设厂并以当地生产当地销售这种绕开关税壁垒的方式来占领墨西哥市场。如今，这种限制削弱了，这类产品可以较自由地跨国销售了，厂商们便又开始将部分该类产品迁回本国。这里需要强调的是，随着北美自由贸易区的建立，美国资本向墨西哥投资的总趋势并未减弱，尤其是像纺织业这类劳动密集型产业的转移仍在加速进行，以便充分利用墨西哥的廉价劳动力，资本回迁仅表现在美国更具优势的部分技术密集型产业上。地区分工对墨西哥的好处也是很明显的，其钢铁、水泥、陶瓷、纺织品及生鲜农产品等生产行业都因关税减让和扩大对美输出而变得更加兴旺。

2016 年正式实施的“中韩自贸区”及“东南亚国家联盟”、“十加一”合作、“十加三”合作等东亚经济合作区目前都在不断地建设完善中。尤其是 2020 年 11 月 15 日签署的“十加五合作”（Regional Com-prehensive Economic Partnership，RCEP），历时 8 年之久的区域全面经济伙伴关系协定终于正式签署，标志着当前世界上人口最多、经贸规模最大、最具发展潜力的自由贸易区正式启航。RCEP 现有 15 个成员国，除了早期东亚合作的“十加三”外，又加入了两个澳洲国家，即东盟 10 国与中国、日本、韩国、澳大利亚和新西兰。RCEP 的总人口、经济体量、贸易总额均约占全球总量的 30%。

20 世纪 80 年代以来，东亚各国的经济活动在不断向一体化发展。日本、新加坡、中国台湾的对外投资，更多地瞄向圈内国家。各类商品输出也更多地进入本地区，在较大程度上降低了对欧美市场的依赖性。东亚地区内的分工，形成了日本、“四小龙”、东南亚国家及中国内地这样三个水平不同的层次。这三个层次国家和地区间的经济发展水平近些年拉近较快，因此作为一种发展趋势，东亚地区的内部分工形式表现出了垂直型分工开始逐渐减弱而水平型分工正在逐渐增强的倾向。

除上述地区外，世界上其他地区也已建立或正在建立一些地区性自由贸易集团，以加强地区内部各个国家间的分工合作。例如，由南美洲的阿根廷、巴西、乌拉圭和巴拉圭组成的南方共同市场，是仅次于西欧、北美和东南亚的世界第四大自由贸易集团。世界上已建立和正准备建立的地区性自由贸易集团，都在努力从产业形态的分工与合作上加强集团内部国家的联系，以便充分利用地缘优势，达到相互促进、共同发展的目的。

（四）技术密集型产业正在加快向发展中国家转移

产业结构国际性调整及国际分工的总趋势，在第二次世界大战后主要表现为发达资本主义国家将劳动密集型产业向发展中国家转移。然而，进入 20 世纪 80 年代以来，产业形态的国际性转移出现了一种新的特点，即越来越多的技术密集型产业开始从发达国家向发展中国家和地区转移。例如，1976 年，韩国从发达国家引进的技术密集型投资项目只有 100 项，到 1987 年则达到了 1 637 项。1991 年，发达国家对中国台湾地区制造业的投资，劳动密集型项目的比率由 1981 年的 58.5%下降为 30%，而技术和资本密集型项目的比率则由 41.5%上升到 70%。

技术密集型产业加快向发展中国家转移的原因包括两个：一方面，这是发展中国家经济发展本身的要求。尤其是那些经济发展较快的国家和地区，如亚洲“四小龙”等，它们对国外技术性项目的引进尤为迫切。因为这些国家和地区已经历过一段经济高速增长时期，由于本国和本地区劳动力成本的上升和货币的升值，劳动密集型产业的发展已渐渐失去了竞争优势。它们要想取得经济的持续发展，要想在竞争激烈的国际市场上站住脚，就必须把发展的重点转向技术密集型产业。于是，它们建立各种高新技术开发区，既努力挖掘自己的技术潜力，又利用各种优惠政策和措施积极吸引国外的技术性投资。另一方面，这也是发达资本主义国家的需要。发达国家具有技术方面的优势，但技术的发展却有其周期性，随着技术的不断推陈出新，各种技术都会逐渐老化。为了保持技术的竞争力和获利性，一些发达国家的企业便通过到发展中国家直接投资的方式，或通过出口技术许可证的方式，向发展中国家转移各种技术。由于近些年科技水平以加速度向前发展，技术的更新周期日益缩短，技术向发展中国家的转移速度也在加快。

由于发达资本主义国家技术密集型产业的转移，再加上自身的努力，一部分发展中国家的高新技术产业迅速发展了起来。

（五）服务分工发展成为国际分工的一种重要形式

随着科学技术的进步，服务部门所包含的内容也越来越丰富，能够在国际进行分工和贸易的服务主要包括客货运输、金融保险、工程承包、通信、旅游、咨询等。随着世界经济的快速发展和人类社会生活水平的不断提高，这些服务部门也进入了国际分工的范围，并在近些年形成了日益发展的趋势。世界服务贸易比货物贸易的发展速度快，在货物贸易不景气的年份里，服务贸易仍能保持良好的发展势头。例如，据 WTO 的统计，2005~2017 年，全球服务贸易的增长速度超过了货物贸易，平均每年增长 5.4%。服务贸易占世界贸易总量的比重也一直呈上升态势，2014~2017 年占全球贸易比重分别达到 21.09%、22.51%、23.16%和23.10%。

世界各国除了在有形贸易中以比较优势参与国际分工外，在无形贸易中也都尽量发挥各自的优势，以积极的态度参与这种重要的国际分工形式。例如，美国凭借其在金融、保险、通信等方面的优势，成为世界上最大的服务出口国。1992 年的服务贸易出口额达 1 920 亿美元，并有 550 亿美元的顺差，这在一定程度上弥补了美国当年 1 060 亿美元的货物贸易逆差。2019 年，美国服务贸易总额达到 14 641 亿美元，其中，服务出口总额为 8 758 亿美元，服务进口总额为 5 883 亿美元，服务贸易顺差达 2 875 亿美元。

在服务分工方面，世界各国都有各自的优势。一般说来，发达国家凭借技术、信息和资本的优势，在金融、运输、咨询等行业上积极为各国提供服务；发展中国家则依靠人力和自然风光优势，积极发展工程承包和旅游业，在这些方面为世界各国提供服务。

（六）国际分工的机制发生了变化

国际分工形成与发展的机制，在早期主要依靠殖民统治的力量，其中包括经济手段和超经济强制；在中后期则主要依靠垄断、资本输出、跨国公司和价值规律在世界范围里自发形成的市场力量；在近些年，政府间的相互协调已构成了国际分工机制的一个重要组成部分。各国政府为了共同的利益，更为了本国的利益，出面进行协商，努力为本国在国际分工体系中争取一个较有利的位置。

例如，在20世纪80年代开展的南南合作与南北对话中，各发展中国家的政府，既从发展中国家的利益出发与发达国家进行谈判，努力为改变旧的不公平的国际分工体系进行斗争，同时也从本国利益出发，与其他发展中国家进行协商，争取建立一个使各方面都能受益的南南合作体系。它们的协调和努力，对新型国际分工的建立与发展起到了促进作用。

发达国家之间的国际分工基本属于水平型分工，相对说来是较公平的。但它们之间在贸易与分工问题上仍然存在着诸多摩擦，致使政府不得不经常出面进行干预与协调。例如，1986年9月开始的关贸总协定第八轮谈判——乌拉圭回合谈判拖了7年之久，直到1993年12月才落下帷幕，主要原因之一，就是美国政府与欧共体各国关于农产品贸易问题的谈判多次陷入僵局。美国政府要求欧共体各国减少对农产品的出口补贴，以便在国际市场上进行公平竞争，使美国的农产品能寻到更多的客户。由于美国农产品的生产与出口在当前的国际分工体系中占有相当重要的位置，一旦出口受阻，便会对美国经济产生较强的影响，所以美国希望能通过政府间谈判和国际机构的协调来解决这一问题。又如，2001年11月WTO启动的“多哈回合”谈判，在多种不确定因素下多次恢复并多次失败。2015年12月19日，162个WTO成员方的贸易部长汇聚肯尼亚首都内罗毕开会。根据会议协定，发达国家必须立即取消他们的农产品补贴政策，发展中国家必须在2018年底前终结对农产品的直接出口支持。但一些成员国被允许放宽到2023年。一位高级贸易官员表示，世贸组织的内罗毕部长级会议无异于是在通过各国政府的共同努力创建一个新的WTO。

第二节　世界市场

一、世界市场的概念与类型

1. 世界市场的概念

世界市场是商品经济范畴，不是一个地理概念。世界市场是由国际分工联系起来的各个国家和地区之间以商品流通和劳务交换为主要内容的商品交换活动的总和。

2. 世界市场的类型

世界市场是复杂多样的，依据不同的标准可以划分为不同的类型。

（1）按商品形态划分，可分为有形商品市场和无形商品市场。有形商品市场是指买卖那些看得见、摸得着的物质商品的市场，如生产资料市场和生活资料市场。无形商品市场也称劳务市场，是指买卖那些不具有物质形态商品的市场，如金融市场、保险市场、工程承包市场、技术市场、旅游市场等。

（2）按商品构成划分，可分为工业制成品市场和初级产品市场。在这两大类市场下面又可以细分为若干小类，如工业制成品市场可分为汽车市场、家电市场、服装市场等；初级产品市场可分为粮食市场、棉花市场、石油市场等。

（3）按交易进行的形式划分，可分为有固定组织形式的世界商品市场和没有固定组织形式的世界商品市场。有固定组织形式的世界商品市场，是指在固定场所，按照事先规定好的原则、规章和程序进行商品交易活动的市场，如商品交易所、国际拍卖行、国际博览会和展览会等。没有固定组织形式的世界商品市场，是指买卖双方经面谈和函电就主要交易条件达成协议或签订合同的商品购销形式，这是世界市场上最基本的和最通行的国际商品交换方式。

（4）按照不同类型的国家划分，可分为发达资本主义国家市场、发展中国家市场和社会主义国家市场。

（5）按照区域性经济集团划分，可分为欧洲联盟市场、东南亚联盟市场、北美自由贸易区市场、西非经济共同体市场、南方共同市场等。

二、世界市场产生与发展的原因

1. 国际分工是世界市场产生的基本条件

在自然经济占统治地位的前资本主义时期，由于生产力水平低下，商品生产不发达，只存在不发达的社会分工和不发达的地域分工。此时不存在普遍的国际分工，因而也不存在普遍的世界市场。当国际分工随着封建的自然经济的崩溃而发生，并随着资本主义商品经济的产生而发展时，各国的社会生产便逐渐地被吸纳到国际分工体系中来。国际分工使各国的不同生产部门所生产的产品越来越离不开其他国家的市场，世界市场普遍地产生和发展起来。

2. 地理大发现促进了世界市场的萌芽

15 世纪末至 16 世纪初的地理大发现，有力地推动了国际分工的发展，同时也使世界市场逐渐形成。马克思和恩格斯指出："美洲的发现，绕过非洲的航行，给新兴的资产阶级开辟了新的活动场所。东印度和中国的市场、美洲的殖民化、对殖民地的贸易、交换手段和一般的商品的增加，使商业、航海业和工业空前高涨。"[1]这一时期处于产业革命的前夜，新兴资产阶级在世界各地寻找新兴的商品市场，从而促成了逐渐联为一体的世界市场。

---

① 马克思 K H，恩格斯 F. 马克思恩格斯选集. 第 1 卷. 北京：人民出版社，1972.

3. 科技革命推动了世界市场的大发展

发生于1860年的第一次科技革命及19世纪末期的第二次科技革命，使社会生产力得到了极大的提高，这不仅使资本主义生产方式得以巩固和发展，而且使世界市场在更大的范围里和更深的层次上得到了发展。这主要是因为：科技革命推动的大工业，把各种产品源源不断地生产出来，国内市场已容纳不下商品的快速增长，不得不到国外去开拓新的市场；科技革命推动的大工业，不仅需要一个不断扩大的海外销售市场，而且也需要不断扩大的海外原料供应基地；科技革命的发展使先进国家的消费水平得到普遍的提高，引起了日益增多的对国外消费品的采购；科技革命推动了世界人口的移动，扩大了世界劳务市场的范围；科技革命推动了运输业和通信业的快速发展，把世界各国和各地区的市场更紧密地连为了一体。

三、第二次世界大战后世界市场的新特点

第二次世界大战后发生的第三次产业革命使国际分工和国际专业化生产更加细化，出现了各种世界性贸易协调机构和区域性经济集团，跨国公司空前发展，从而使国际市场出现了一些新的特点。

1. 世界市场的规模空前扩大

第二次世界大战后世界市场规模的扩大主要表现在两个方面:参加世界市场国家数目的增加和进入世界市场商品量的增加及种类的多样化。

第二次世界大战前的世界市场基本上是资本主义强国一统天下,其他国家即使参加世界市场的活动，也都处于边缘或附属地位。第二次世界大战后，一批社会主义国家出现在世界市场上，这些社会主义国家分布在欧洲、亚洲和拉丁美洲，成为地区市场和世界市场的新生力量。同时，随着殖民体系的崩溃，一大批亚非拉的发展中国家摆脱了殖民地、半殖民地的境地，以独立主权国家的身份加入世界市场，与发达资本主义国家展开了竞争。正是由于有了不同类型国家的参与和竞争，才有了第二次世界大战后世界市场空前的扩张和繁荣。

第二次世界大战后的世界市场，就商品结构而言，不仅保持了战前传统的发达国家的工业制成品与发展中国家初级产品相交换的构成，而且出现了后来居上的工业制成品间的相互交换，这既发生在发达国家之间，也发生在发展中国家之间。尤其是在战后科技革命的强力推动下，产品的跨国交流越来越多地出现在相同部门产品的不同零部件和不同工艺流程上，这就更促使进入世界市场的商品量和商品种类快速增加。

2. 世界市场上的垄断趋势更强，竞争也更为激烈

在第二次世界大战后的世界经济快速增长期间成长起了一些大型公司和超大型公司,这

些公司有着资金雄厚、技术领先、产量巨大和信誉良好的特点，垄断着若干行业和部门产品的世界市场。例如，彩卷行业，20 世纪 90 年代之后到数码相机普及之前，柯达公司、富士公司、爱克发公司等 6 大公司已经控制了全球的彩卷市场。又如，汽车行业，美国、日本、德国、法国的十几家大汽车公司控制了全球汽车市场的绝大部分。对世界市场的垄断一般是由几家大公司进行的，而大公司的形成除了通过自身的积累完成外，更重要的是通过公司间的合并完成的。利用合并的形式，公司能够快速增大和增强，在世界市场中的位置也会迅速提高，因此能够挤进垄断者的行列，并从中获取高额垄断利润。这一趋势近些年发展得更为明显。例如，美国仅 1996 年就发生了几次巨型公司合并案：波音飞机公司与麦道飞机公司的合并，富国银行与第一联美银行的合并，等等。

在垄断趋势加强的同时，世界市场上的竞争也更为激烈。大公司之间和以国家为背景的大公司集团之间为了占有更多的市场份额而进行着明里暗里的竞争。例如，波音公司 1996 年 12 月宣布以 133 亿美元并购麦道公司后，立即遭到欧盟国家空前一致的反对。欧盟认为，波音公司与麦道公司合并后将控制世界商用飞机近 70%的市场，这种近乎寡头垄断的格局不仅是对市场竞争规则的侵犯，而且也对欧洲的空中客车公司的生存与发展构成了威胁。更令欧盟愤怒的是，波音公司同美国的美国航空、达美航空和大陆航空签订了为期 20 年的“独家供货”合同，这等于是把空中客车公司几乎挤出了美国市场。因此，欧盟表示不能同意波音与麦道公司的合并，并明确表示将不惜与美国进行一场贸易战以抵制合并。面对欧盟的强硬态度，美国政府和公司虽然也以贸易制裁相威胁，但最终还是在谈判桌上做了重大让步，其中包括放弃同美国航空公司已签订的“独家供货”协议，并做出不再签署类似协议及开放其技术专利等承诺。鉴于竞争条件有所改善，欧盟委员会于 1997 年 7 月 30 日表示同意波音公司与麦道公司的合并，从而形成了此后世界商用飞机市场上波音公司与空中客车公司两强并立，既垄断又竞争的格局。

2018 年 10 月和 2019 年 3 月，印尼与埃塞俄比亚民航的波音 737Max 客机先后失事，导致该机型客机全球停飞。截至 2021 年 3 月依然被停飞，两年中已有 4 600 架波音 737Max 客机订单被取消或被暂停订购。这就给了空客公司快速发展的机会，尤其是空客 A320 系列客机的订单迅速增长。

3. 世界市场中的内部市场有扩大的趋势

所谓内部市场，是指世界市场中的部分区域被相对封闭起来，商品在内部交易时可以享受多种特殊优惠待遇。这种内部市场在一定程度上排斥来自外部市场的商品。目前世界市场中的内部市场主要有两类：

一类内部市场是指区域性经济集团市场。例如，欧盟市场、东盟市场、北美自由贸易区市场等。这类内部市场，无论从发展的广度还是从发展的深度看，都在逐步扩大，其内部市场的贸易量占世界市场贸易总量的比重也在逐步增加。

另一类内部市场是指在跨国公司内部开展贸易所形成的市场。例如，跨国公司母公司与国外子公司之间的贸易，以及同一母公司下各子公司之间跨越国界的贸易。这种贸易之所以被称为世界市场的内部市场部分，是因为它虽然导致了商品跨越国界的运动，但是交易行为主体实际上是同一个所有者。它们既具有国际贸易的特征，又具有公司内部商品调拨的特征。这种内部市场的形成，不仅可以防止跨国公司技术优势的散失，而且可以通过内部市场转移价格获取高额利润和取得竞争优势。

4. 世界市场信息网络逐步完善

世界市场信息网络的建立可以通过多种手段进行，如电话、电报、传真和计算机等。第二次世界大战后的计算机工业发展日新月异，出现了一代又一代的新式计算机，加上互联网的出现，使世界市场通过信息高速公路而更加紧密地连为了一体。例如，1994 年联合国贸易和发展会议（United Nations Conference on Trade and Development，贸发会议）推出了一项“贸易信息网点”计划，即利用现代化的电子信息网络系统，传递和交换世界市场信息，以简化贸易程序、提高贸易效率、减少贸易费用为目的，培育更完善的世界市场，促进更和谐的国际贸易。

如果按世界市场中的传统交易方法，一笔出口业务，从调查市场、了解客户到履行合同，需要经过十几道贸易程序，涉及一系列的当事人或关系人，大量的信息和外贸单证文件需要交换和处理。如果依靠人工操作和比较落后的传输手段，不仅费时、费工，而且差错、延误、遗失的情况也时有发生。目前市场上已推出了一套价格低廉、操作简单的微机清关系统。现已有很多国家的海关采用了该系统，收益十分显著，使海关申报时间缩短为原来的 1/5~1/10，而且减少了中间费用。未来将出现新的信息系统，集市场信息贸易及服务于一体，使与贸易有关的各部门如海关、银行、保险、运输等合署办公，一条龙式地完成各项贸易程序。这种系统将使各贸易公司，尤其是中小贸易公司进入浩如烟海的世界市场变得越来越简单和容易。

5. 世界市场的自由化趋势不可阻挡

世界市场自建立之初就存在着各种各样的人为障碍与贸易壁垒。各个国家在利用世界市场发展本国经济的同时，也制定各种限制政策与措施，在不同程度上阻拦外国产品进入本国市场，以此来保护国内市场和国内经济。虽然在不同的进展时期中，世界市场的贸易障碍的强弱程度是不同的，但世界市场与贸易障碍却总是相伴而行。

第二次世界大战结束后的 70 多年中，世界市场的贸易自由化趋势越来越明显。尽管 20 世纪 70 年代以来由于美国等国的连年外贸赤字而引发了一波又一波的全球性贸易保护主义潮流，尤其是 2017~2020 年特朗普政府执政期间推行的贸易保护政策，对很多国家的商品，特别是劳动密集型商品设置了各种类型的贸易障碍，但这并未从根本上阻挡住世界市场的自由贸易大趋势。在各种国际性贸易机构的协调下，世界市场中的各种壁垒和障碍正在一点一点地被消除，为商品和服务在各国间的自由流通铺平了道路。

第三节 世界市场价格

一、世界市场价格的含义及其构成

世界市场价格，也称国际市场价格，指在一定条件下在世界市场上形成的价格，也就是某种商品在世界市场上实际买卖时所依据的价格。它是商品国际价值的货币表现，或者说是以货币表现的商品的国际价值。

在世界市场上买卖双方所进行的价格磋商，一般都参照当时的世界市场价格。例如，能大量买到的某种大宗商品的国际贸易集散地价格，谷物的买卖一般都参照美国芝加哥谷物交易所的价格，棉花的买卖一般都参照纽约棉花交易所的价格，有色金属的买卖一般都参照英国伦敦金属交易所的价格。世界市场价格中还有一些是在特定条件下形成的价格，如拍卖价格、投标价格等。

商品的世界市场价格的构成，与商品的国内市场价格的构成一样，也是由生产成本、流通费用、税金和利润构成的。与商品的国内市场价格构成不同的是，在世界市场上，由于国际贸易需要长距离运输，需要多次装卸及储存，其间需要办理各种申请出口或进口的许可证、报关及纳税等手续，所以，在商品的世界市场价格构成中，流通费用、商业利润和税金所占的比重往往较大。

二、世界市场价格形成的基础及影响因素

（一）国际价值是决定世界市场价格的基础

1. 国际价值形成的基础是劳动价值论

商品的国际价值是在商品国别价值的基础上形成的。同任何国家所生产的商品的国别价值（即一国范围内的社会价值）的本质一样，商品的国际价值也是人类抽象劳动的凝结，是由抽象的社会劳动决定的，不过它所体现的已不是一国范围内各个商品生产者之间的关系，而是不同国家的商品生产者之间的社会生产关系。

就国别价值来说，商品的价值量是由该国生产商品时所耗费的社会必要劳动时间决定的。“社会必要劳动时间是在现有的社会正常的生产条件下，在社会平均的劳动熟练程度和劳动强度下制造某种使用价值所需要的劳动时间”[1]。这里所说的社会正常的生产条件，是指该国当时某一生产部门绝大多数产品生产已达到的技术装备水平。但在社会正常的生产条

---

① 马克思 K H. 资本论. 第一卷. 北京：人民出版社，2004.

件下，由于劳动者的劳动熟练程度和强度不同，生产同量商品所花费的劳动时间也不同，故决定商品价值量大小的劳动熟练程度和强度，只能是该国平均的劳动熟练程度和劳动强度。

2. 国际价值量由世界平均的社会必要劳动时间决定

在以各个国家作为组成部分的世界市场上，价值量的决定条件不同。由于世界各国的经济发展程度不同，决定社会必要劳动时间的平均劳动熟练程度和劳动强度也有差异，从而各国每单位社会必要劳动时间所包含的抽象劳动也就不一样，各国每单位国别价值也必然是由不相等的抽象劳动量决定的。既然不同国家每单位国别价值的“实体”——抽象劳动在量上不等，各国的国别价值也就不能简单地作为同一数量单位，在不经过折算的条件下直接发生量的关系了。也就是说，商品的国别价值是不能作为各国之间商品交换的共同基础的。尽管商品的国别价值也是一定量社会必要劳动时间的凝结，但是，商品一旦走出国界，“社会”的含义就要发生明显的变化，由原来的“某个国家”变为“这些国家的总体”。在这个更大的社会里，各国生产商品的国别社会必要劳动时间只能作为“个别劳动时间”，必须被世界劳动的平均单位重新加以计量，还原为世界平均的社会必要劳动时间之后，才能进行比较。这里的“世界劳动的平均单位”，是指在世界经济现有的正常的生产条件下，按照世界平均劳动熟练程度和平均劳动强度生产某种使用价值所需要的劳动时间，它决定商品的国际价值量。在世界市场上，各国之间的商品交换只有以世界平均的社会必要劳动时间决定的国际价值量为基础，才能顺利进行。

与商品的国别价值量的形成相比，商品国际价值量的形成发生了如下两个明显的变化。

第一，决定商品国际价值量的世界平均社会必要劳动时间，已不再是某一国生产某种商品的中等劳动强度（或平均劳动强度和熟练程度）下的劳动时间，而是在世界平均劳动熟练程度和平均劳动强度下生产某种使用价值所需要的劳动时间。这就是说，决定商品国际价值量大小的劳动强度，只能是被国际贸易所有参加国视为标准质量的那种劳动，只能是经过加权平均的世界劳动强度的平均数，这种劳动就其复杂性、强度和效率来讲，都是中等水平了。

第二，决定商品国际价值量的正常的生产条件，已不再是个别国家生产某种商品的正常的生产条件，而是世界市场上普遍的或一般的生产条件。例如，用手工生产某类商品在 A 国属于正常生产条件，而在全世界则属于落后的生产条件。

由此可见，从量的角度上讲，商品的国别价值与国际价值是有差别的。商品的国别价值是由该国生产商品时所耗费的社会必要劳动时间决定的；而商品的国际价值是由生产商品时所耗费的世界平均的社会必要劳动时间决定的。二者的关系犹如一国范围内商品的个别价值和社会价值的关系一样。那些劳动强度较大和劳动生产率较高的国家，由于其国民劳动在同一时间内生产的同种商品量大，单位商品的国别价值低于国际价值，按商品的国际价值出售，就可以得到较多的货币额；而那些劳动强度较小和劳动生产率较低的国家，由于其国民劳动在同一时间内生产的同种商品量少，单位商品的国别价值高于国际价值，按商品的国际价值出售时，所得到的货币额就少。所以，在国际贸易中，“一个国家的三个工作日也可能同另一个国家的一个工作日交换。价值规律在这里有了重大变化”[1]。在国际贸易中，一个国家的生产条件越好，劳动生产率越高，它所处的地位就越有利。

3. 影响国际价值量变化的主要因素

第一，劳动生产率。单位商品的国际价值量与劳动生产率成反比。因为商品的价值量是由凝结在商品中的社会必要劳动时间所决定的，如果劳动生产率提高，一个劳动力每天生产的商品数量增多了，单位商品中所包含的社会必要劳动时间必然减少，商品的价值量也就会减少。同样，在世界市场上，单位商品的国际价值量与劳动生产率的关系也是成反比的。如果世界各国的劳动生产率普遍提高，缩短了各国生产单位商品的社会必要劳动时间，则生产商品的世界平均社会必要劳动时间也将随之缩短，内含在每一单位商品中的国际价值量就会随之减少；反之，如果世界各国的劳动生产率普遍降低，延长了各国生产单位商品的社会必要劳动时间，则生产商品的世界平均社会必要劳动时间也将随之延长，内含在每一单位商品中的国际价值量就会相应增多。

第二，劳动强度。国际价值量还受各国劳动强度的影响。劳动强度是指劳动的紧张程度和繁重程度，即在单位时间内劳动力的消耗程度。劳动强度的大小也是影响商品国际价值量的一个重要因素。因为劳动强度越大，单位时间内消耗的劳动就越多，凝结在总商品中的国际价值量就越大；反之，劳动强度越小，单位时间内消耗的劳动就越少，凝结在总商品中的国际价值量就越小。所以，商品生产者的劳动强度与总商品的国际价值量是成正比例变化的。

第三，贸易参加国的贸易量。商品的国际价值量与各贸易参加国的贸易量之间有着密切的关系。马克思在分析商品的市场价值时曾明确指出，商品的市场价值，“一方面，应看作是一个部门所生产的商品的平均价值；另一方面，又应看作是在这个部门的平均条件下生产的、构成该部门的产品很大数量的那种商品的个别价值”[2]。这就是说，在研究商品价值的具体规定上，不能把一个部门所生产商品的平均价值，简单地看成一个算术平均数，而应当把市场价值看作是在这个部门的平均生产条件下生产的、构成该部门的产品很大数量的那种商品的个别价值。在商品国际价值的决定上，也是如此。决定商品国际价值的世界平均社会必要劳动时间，并非各国生产该商品时所耗费的社会必要劳动时间的算术平均数，而是世界市场上各国生产该商品所需要的社会必要劳动时间的加权平均数。该商品出口量越大的国家，其国别价值对商品的国际价值所起的影响作用越大，即商品的国际价值在很大程度上是受世界市场上商品主要供货国的生产条件影响的。

主要供货国的生产条件在以下几种状态中影响商品的国际价值量：

（1）当某种商品的主要供货国为中等生产条件时，上等条件供货国的企业会赚更多的

① 马克思 K H. 剩余价值理论. 北京：人民出版社，1975.

② 马克思 K H. 资本论. 第三卷. 北京：人民出版社，2004.

利润，下等条件供货国的企业则相反。如果进入世界市场的某种商品的很大数量是在具有世界中等生产条件的国家生产的，只有小部分是在具备较优或较劣的生产条件的国家生产的，则这一商品的国际价格就应根据中等生产条件国家所生产的商品的国别价值来确定。此时，生产条件较好的国家，由于其出口商品的国别价值低于国际价值，按国际价值出售后，就会实现一个额外的剩余价值；而生产条件较差的国家，由于其出口商品的国别价值高于国际价值，按国际价值出售后，其商品中所包含的一部分剩余价值就不能实现。

（2）当某种商品的国际价值由上等条件的主要供货国决定时，则下等条件国家的企业会破产，中等条件国家企业生产的商品部分价值实现不了。

（3）当某种商品的国际价值由下等条件的主要供货国决定时，则上、中、下三类生产条件国家的企业都有利润可赚。

（4）当某种商品在国际市场中供求不平衡时国际价值量的决定。上面分析的三种情况都是以假定商品供求基本平衡为条件的，而供求不平衡的情况在国际市场上经常存在。当某种商品供不应求时，商品的国际价值由下等生产条件的供货国决定，此时商品的价格普遍比较贵；当某种商品供过于求时，商品的国际价值由上等生产条件的供货国决定，此时商品的价格普遍比较便宜。

（二）影响世界市场价格变动的因素

虽然商品的国际价值是决定世界市场价格的基础，但在商品的国际交换活动中，商品的世界市场价格与商品的国际价值往往是不一致的，这主要是因为有若干因素在影响世界市场价格的变动。

1. 供求关系的影响

当世界市场价格由商品的国际价值决定后，商品的供求关系就成了影响世界市场价格上下波动的最主要因素。

（1）供求关系的变动使商品的世界市场价格与国际价值经常发生偏离。马克思在分析这个问题时曾指出："商品的价格是由什么决定的？它是由买主和卖主之间的竞争即供求关系决定的。"①供给等于某种商品的卖者或生产者的总和，需求等于这同一种商品的买者或消费者的总和。在世界市场上，只有当某种商品的供给和需求相一致时，商品的世界市场价格才与其国际价值相一致，否则，二者之间就会发生偏离。当商品的供给超过需求时，其世界市场价格就会低于国际价值；当商品的需求超过供给时，其世界市场价格就会高于国际价值。

（2）供求关系引致的偏离不会太大，会自动修正。当商品的世界市场价格与其国际价值发生偏离后，也会对商品的供求关系产生重要的影响，使商品的供求在不断变动中趋于平

---

① 马克思 K H，恩格斯 F. 马克思恩格斯选集. 第1卷. 北京：人民出版社，1972.

衡。当某种商品供过于求时，其世界市场价格必然下跌，而价格的下跌势必会使生产这种商品的一些国家利润减少或无利可图，从而减少对这种商品的生产，这种商品的供给也随之减少，进而阻止这种商品的世界市场价格进一步下降或促使其价格转为上涨；反之，当某种商品供不应求时，这种商品的世界市场价格就会上涨，许多国家受较高的利润所驱使，就会增加生产这种商品的投资，使这种商品的供给逐渐增加，从而阻止商品的世界市场价格进一步上涨或促使其价格转而下跌。所以从一个较长的时间来观察，我们就会发现，供求关系引致的世界市场价格与国际价值的偏离不会太大，会自动得到修正，使二者趋于一致。

2. 竞争的影响

在世界市场上，商品的价格竞争从三个方面表现出来：

（1）卖主之间的竞争。在世界市场上，同种商品或同类商品往往是由许多国家的卖主提供的。在其他条件相同的情况下，谁的商品价格便宜、售后服务好，其竞争力就强；反之，竞争力就弱。卖主之间这种争夺市场和销路的竞争，往往导致商品国际市场价格的下降。

（2）买主之间的竞争。在世界市场上，往往有许多买主购买同一种商品。在买主多、购买量大、买方求购心切的情况下，每一个买主都力图排挤掉另一个买主，甚至不惜出高价购买自己急需的商品。买主之间的这种竞争，往往导致商品国际市场价格的上涨。

（3）买主和卖主之间的竞争。在世界市场上，许多卖主想把商品尽快脱手并卖得好价钱，许多买主想买到价廉物美的商品。卖主和买主之间的竞争对商品国际市场价格的影响，取决于市场供求状况和竞争双方的力量对比关系。如果世界市场上商品供不应求，买主之间的竞争必然要比卖主之间的竞争激烈，此时常常导致商品价格的上涨；反之，如果市场上商品供过于求，卖主之间的竞争必然会比买主之间的竞争激烈，此时常常导致市场上商品价格的下跌。

此外，还有代用品与被替代产品之间的竞争。随着科学技术的不断发展并被广泛地应用到生产实践中，代用品的生产快速地发展起来，这在一定程度上冲击了被替代产品的需求与价格。如果代用品的价格较低，而且质量高、产量大，被替代产品的价格就会被压在较低的水平上波动。

3. 垄断的影响

国际垄断组织和跨国公司为了追求最大限度的利润，往往采取各种方法来控制世界市场价格。它们经常采取的措施有：瓜分销售市场，规定产品质量、销售数量和价格，规定购买数量和购买时间，限制新工厂和新矿山的建立，等等。

国际垄断组织所规定的垄断价格有两种形式，即垄断高价和垄断低价。垄断高价是垄断组织在销售商品时规定的大大高于国际生产价格（国际价值）的垄断价格；垄断低价是垄断组织向非垄断企业或经济发展比较落后的国家购买原材料时所规定的大大低于国际生产价格（国际价值）的垄断价格。不管是垄断高价还是垄断低价，都是垄断组织获得垄断高额利润的重要手段。

在垄断条件下，商品的国际市场价格的高低，往往取决于垄断组织对市场的垄断程度，即取决于某个垄断企业或垄断集团对某种商品的生产和销售、原料来源、许可证和专利等的控制程度，以及垄断组织和大银行的联系程度等。市场的垄断程度越高，少数垄断寡头越容易互相勾结，签订相互避免竞争、瓜分市场的协定，以确定有利于垄断组织的垄断价格；市场的垄断程度越低，意味着进入市场的组织和个人越多，竞争越激烈，市场价格的波动越剧烈、越频繁。

4. 经济周期的影响

资本主义再生产是周期性进行的，其经济周期一般要经过危机、萧条、复苏、高涨四个阶段。随着这些阶段的不断更替变化，商品的市场价格也会不断发生变动。一般来讲，在危机阶段，由于生产过剩，社会购买力急剧下降，大批商品找不到销路，存货如山，此时商品的价格会下跌；在萧条阶段，由于市场需求萎缩，价格表现为疲软；在复苏阶段，随着生产的逐渐恢复，社会对各种商品的需求不断增加，商品的市场价格又会开始上涨；在高涨阶段，由于市场需求急剧膨胀，商品价格迅速上涨。当然，在资本主义经济周期中，各种商品的价格变化幅度大小是不等的，有的幅度大些，有的小些。一般来说，如果不存在人为控制的话，初级产品的价格对经济周期变化的反应十分敏感，价格波动幅度较大；而工业制成品对经济周期变化的反应则较为迟缓，价格波动的幅度也较小。

5. 汇率波动的影响

汇率是不同国家发行的纸币以各自代表的价值量为基础而形成的交换比价。汇率波动的原因如同商品价格的波动一样，是由一国货币供给和需求的变动引起的。汇率的波动有时也直接受政府的汇率政策影响或控制。当汇率发生变化，一国货币出现升值或者贬值时，会立即对该国的进出口商品价格带来影响，并会进一步影响该国的进出口商品总量。如果受汇率波动影响的是个对外贸易大国，该国进出口商品价格的变动会引起世界市场商品价格的波动。具体讲，如果一国货币升值，该国的出口商品价格会上升，进口商品价格会下降；如果货币贬值，该国的出口商品价格会下降，进口商品价格会上升。该国进出口商品价格的变动会影响该国的进口商品量和出口商品量，进而影响世界市场上不同种类商品供给与需求的变化，从而影响世界市场的价格。

6. 政府政策的影响

第二次世界大战以后，受凯恩斯主义的影响，各国政府对经济的干预或调节作用普遍加强了。许多国家为了本国利益，采取了诸如支持价格政策、出口补贴政策、进出口管制政策、税收政策、战略物资收购政策及倾销政策等政策措施，这些政策措施的实行，对商品世界市场价格的影响也是很大的。

7. 自然灾害、政局动乱及投机等因素的影响

自然灾害、政局动乱及投机等因素，对商品国际市场价格也有很大影响，甚至在某些情况下会起到决定性的作用。例如，海湾战争期间，科威特的石油生产完全被摧毁，其他产油国的石油生产也受到了不同程度的影响。这不仅使世界市场上石油的供给处于紧张状态，而且使石油及其相关产品的价格产生了极大的波动。

此外，还有一些因素也在影响商品的世界市场价格。例如，商品包装的好坏，在一定程度上影响着商品的价格。商品销售中成交数量的多少、广告宣传的效果、名牌效应及服务质量等因素也都会影响商品的世界市场价格。

三、世界市场价格的种类

商品的国际市场价格按其形成条件和变化特征可分为两大类：一类是世界“自由市场”价格，另一类是世界“封闭市场”价格。

（一）世界“自由市场”价格

世界“自由市场”价格是指在国际上不受私人垄断或国家垄断力量干扰的条件下，由独立经营的买者和卖者之间进行交易的价格。国际供求关系是这种价格形成的客观基础。

“自由市场”是由较多的买主卖主集中在固定的地点，按一定的规则，在一定的时间进行的交易。尽管这种市场也会受到国际垄断和国家干预的影响，但是，由于商品价格在这里是通过买卖双方公开竞争而形成的，故它常常较客观地反映商品供求关系的变化。

世界“自由市场”价格一般包括以下几种。

1. 交易所价格

交易所价格是指在商品交易所交易商品时所形成的价格。交易所价格分期货价格和现货价格两种。期货价格是商品在期货交易中的成交价格。期货交易是预买、预卖、预期交割的交易形式。现货价格是指商品在现货交易中的成交价格。现货交易是一经成交立即交换的买卖行为，一般是买主即时付款，但也可以采取分期付款或延期交付的方式。由于付款方式的不同，同一现货在同一时期往往可能出现不同的价格。

商品交易所是世界市场常用的交易方式之一。许多初级产品的交易都是通过这个渠道进行的。由于交易所价格是由公开竞争形成的，因此交易所价格在国际贸易中有很大的参考价值，是许多国家签订合同确定价格的主要依据。

2. 拍卖价格

拍卖，是国际市场上出售商品的一种方式。拍卖价格是指通过拍卖方式出售商品的价格。

它是通过公开竞争形成的实际成交价格，并且是现货成交价格，因此它能反映某些商品市场行情的变化和水平。目前，国际上较著名的拍卖市场主要有：伦敦的茶叶、猪鬃市场；加尔各答、科伦坡的茶叶市场；悉尼的羊毛市场等。

3. 开标价格

开标价格是指通过招标、投标形式而成交的价格。招标是国际贸易中一种主要的贸易方式。招标人为了购买货物或是工程发包，预先招徕一批供货人或承包人进行投标，然后与递价及各方面条件对招标人最有利的投标人达成交易。采用招标方式购买货物，由于参加投标的人较多，竞争性较强，成交价格一般都比较低。

（二）世界“封闭市场”价格

世界“封闭市场”价格是买卖双方在一定的特殊关系下形成的价格。商品在国际的供求关系，一般对它不会产生实质性的影响。

世界“封闭市场”价格一般包括以下几种。

1. 调拨价格

调拨价格又称转移价格，是指跨国公司内部购买商品和劳务时规定的价格。这种价格不是按照生产成本和正常的营业利润来制定的，而是根据跨国公司的全球性经营“战略部署”和子公司所在国的具体情况，人为地制定的，以达到调节利润、减轻税负、规避风险、调拨资金及获取竞争优势的目的。例如，当子公司所在国实行外汇管制和征收较高国内税时，母公司就提高供给子公司的机器设备、原料和劳务的价格，造成子公司生产成本提高、盈利减少的虚假现象，从而减少纳税。而当子公司面临剧烈的竞争时，母公司又以大幅度降低“调拨价格”的办法，降低子公司生产成本，加强其竞争能力，用倾销价格打垮竞争对手，操纵和垄断当地市场，然后再提高价格获取高额利润。据统计，目前跨国公司内部贸易已占世界贸易的30%以上，另外，世界市场中80%的技术贸易也属于跨国公司的内部贸易。当前跨国公司进行价格转移的方式主要有三种：一是高估其从国外带来的设备的价格；二是高估其从国外进口原材料的价格；三是压低在东道国子公司产品的出口价格。

2. 垄断价格

垄断价格是垄断组织在同局外企业进行交易时采用的价格。国际垄断组织所规定的垄断价格有两种形式，即垄断高价和垄断低价。

3. 区域性经济贸易集团内的价格

第二次世界大战后，世界各地成立了若干区域性的经济贸易集团，如欧盟、北美自由贸易区、东南亚国家联盟等。在这些集团内部，形成了区域性经济贸易集团内的价格。例如，在欧盟内部对农产品实行统一价格来支持农场主的收入；规定最低的进口价格并征收进口差价税，来保证农产品价格的稳定；对过剩的农产品通过出口补贴措施鼓励出口等，这些都属于区域性集团内的价格。

4. 国际商品协定价格

国际商品协定即某些食品或原料生产国（出口国）和消费国（进口国）之间，为稳定价格和保证贸易发展而缔结的政府间多边贸易协定。国际商品协定通常采用最低价格和最高价格等办法来稳定商品价格。当有关商品价格降到最低价格以下时，就减少出口，或动用缓冲基金收购商品；当有关商品价格超过最高价格时，则采取扩大出口或抛售缓冲存货的办法来平抑物价，如澳大利亚的羊毛出口就是这样做的。

四、国际价值规律在国际贸易中的作用

在市场经济条件下，价值规律发挥着普遍的作用。在国内市场起作用的是国内价值规律，在世界市场起作用的可以称为国际价值规律。国际价值规律的基本内容可以概括为三点：①商品的价值由生产商品的国际必要劳动时间决定；②商品按照国际价值量进行等价交换；③世界市场价格受供求关系的影响，围绕国际价值上下波动。国际价值规律在国际贸易中起着十分重要的作用。

1. 调节国际分工

国际分工是指世界上各国之间的劳动分工，它是社会分工超出国家界限的结果，是国际贸易和经济联系的基础。

虽然国际分工形成和发展的决定性因素是社会生产力，但是价值规律在其中起着不可忽视的调节作用。例如，很多国家的企业都认识到生产计算机很赚钱，但如果一拥而上都去生产计算机，多数国家的企业会因为技术水平落后而在国际市场竞争中被挤垮，在价值规律的调节下，只把部分国家中适宜生产计算机的企业保留了下来。

在资本主义发展初期，价值规律的作用是使“地球的一部分成为主要从事农业的生产地区，以服务于另一部分主要从事工业的生产地区”①。

第二次世界大战以后，随着生产和资本国际化的不断发展，发达国家与发展中国家的国际分工在形式上也发生了新的变化。发达国家利用其劳动者的劳动熟练程度高和科学技术较先进的优势，主要生产高精尖的产品，发展使用原料少、污染轻、附加价值高的资本和技术密集型工业，而将那些耗费原料和能源多、污染严重的工业转移到发展中国家。形成这种新

① 马克思 K H，恩格斯 F. 马克思恩格斯全集. 第23卷. 北京：人民出版社，2001.

型国际分工的一个很重要的原因，就是前者的国际竞争力远远超过后者，在这两种类型的产品的交换中，发达国家可获得更多的利益。可见，价值规律对发达国家与发展中国家国际分工形式的变化，起着重要的作用。

2. 调节商品的供求关系

在世界市场上，商品的供求关系，商品在各国之间的流动，是受价值规律自发调节的。如前所述，受商品供求关系的影响，商品的国际市场价格要围绕商品的国际价值上下波动。而这种波动，反过来又必然会对商品的供求关系产生重要的影响。如果世界市场上对某种商品的需求减少，使这种商品的国际市场价格降到该商品国际价值以下，再生产这种商品便会无利可图或利润减少，于是各国就会纷纷抽走生产这种商品的资本，减少对这种商品的生产，使这种商品的供给减少；相反，如果世界市场上对某种商品的需求大量增加，从而引起这种商品的国际市场价格高于其国际价值，生产这种商品的盈利就会增加，于是各国就会纷纷增加生产这种商品的资本，增加对这种商品的生产，使这种商品的供给增加。当然，如果资本投入过多，生产增加到超过了需求，该商品的国际市场价格又会下降到其国际价值以下，此时，再生产这种商品就会无利可图或利润减少，于是各国又会纷纷抽走生产这种商品的资本，使这种商品的供给减少。总之，在世界市场上，价值规律通过国际市场价格围绕着国际价值这个中心上下波动，自发地调节各种商品的供求关系及商品在各国之间流动的方向和数量，其结果是，使世界市场上的供求关系从不平衡不断趋向平衡。

3. 刺激贸易各国自发地改进生产技术和降低出口商品的生产成本

由于商品的国际价值取决于生产商品的世界平均社会必要劳动时间，而不是取决于一个国家国内的社会必要劳动时间，因此，那些劳动生产率较高，生产商品的国别社会必要劳动时间少于世界平均社会必要劳动时间，即商品的国别价值低于国际价值的国家，在世界市场上按照由世界平均社会必要劳动时间决定的国际价值出售产品后，必然可以获得较多的超额利润；反之，那些劳动生产率较低，生产商品的国别社会必要劳动时间高于世界平均社会必要劳动时间，即商品的国别价值高于国际价值的国家，按照由世界平均社会必要劳动时间决定的国际价值出售产品，却只能得到较少的收入，甚至不能弥补自己的支出。因此，各贸易国为了使本国商品的国别价值低于国际价值，为了获得较多的利益，并在竞争中取得主动地位，必然会不断地改进出口商品的生产技术，不断提高劳动生产率，不断降低生产成本。

4. 加深了贸易参加国之间经济的不平衡发展

世界各国经济的发展具有不平衡性，一些国家的跳跃式发展，常常改变世界各国经济实力的对比地位。在这种情况下，争夺世界市场的斗争便成了世界各国之间特别是发达资本主义国家之间矛盾与冲突的焦点。这是因为，各国对外贸易的发展，对其经济发展有着极为重要的影响，发达的对外贸易能为其工业品开辟广阔的国外市场，为其经济发展提供充足的原料和能源，对提高本国的就业率及缓和通货膨胀也起着明显的作用。所以，一个国家如果对外贸易发展比较快，那么其经济发展速度就会加快；反之，一个国家如果对外贸易发展缓慢，其经济发展速度也会相对缓慢。而各国对外贸易发展状况如何，又是受价值规律支配的，在世界市场上，价值规律的作用只能使那些具有竞争能力的出口商品占有市场。各个国家由于所生产的出口商品的竞争能力强弱不同，各国对外贸易发展速度也就不一样，各国经济发展速度也就不同，而其最终结果，必然会加深世界各贸易国之间经济发展的不平衡。例如，第二次世界大战后的日本和德国，在世界市场上它们的商品竞争能力不断提高，就是因为采用了新技术和新的管理方法，以物美价廉的新产品取胜于世，它们在国际贸易中的地位日益增强，成了贸易大国和经济大国。改革开放以来的中国，对外贸易高速增长，商品的国际竞争力伴随着国家的国际地位在快速提高，中国在国际事务中的重要作用也开始日益显现出来。

重要术语

国际分工　垂直型国际分工　水平型国际分工　混合型国际分工
国际服务分工　国际分工机制　世界市场　有形商品市场
无形商品市场　内部市场　世界市场价格　国际价值
国际价值量　世界自由市场价格　交易所价格　拍卖价格
开标价格　世界封闭市场价格　调拨价格　垄断价格
区域性经济贸易集团内价格　国际商品协定价格　国际价值规律

▶ 重要术语解释请扫描右侧二维码

授课录像

第二章精彩视频请扫描二维码

客观测验题

客观测验题及答案请扫描二维码

复习题

1. 试述影响国际分工产生与发展的因素。
2. 为什么说生产力是国际分工产生与发展的决定性因素?
3. 简述国际分工的几种类型。
4. 国际分工对世界经济的作用有哪些?
5. 当代国际分工的发展有哪些新特点?
6. 简述世界市场的定义和类型。
7. 为什么说科技革命推动了世界市场的大发展?
8. 试述第二次世界大战后世界市场的新特点。
9. 简述世界市场价格的含义和构成。
10. 什么是国际价值?商品的国际价值量是如何确定的?
11. 国际价值与国别价值之间有什么区别与联系?
12. 影响世界市场价格变化的因素主要有哪些?
13. 世界“自由市场”价格和“封闭市场”价格各包括哪些种类?
14. 价值规律在国际贸易中有何作用?

第三章 外贸发展战略与相关政策

导读

外贸发展战略有多种分类方法，第二次世界大战后比较流行的有两种：发展经济学分类法和世界银行分类法。另外，外贸发展战略还可以分为狭义的和广义的两类。狭义的外贸发展战略是指一国政府在一定阶段内所规定的外贸发展目标以及为实现这一目标所采取的政策和措施。广义的外贸发展战略是指一国政府把本国的对外经贸事务与本国的宏观经济发展结合起来规划和运行的种种模式。本章主要介绍和分析广义的外贸战略及相关配套政策，依据世界银行分类法重点分析进口替代战略与出口导向战略的积极作用和消极作用，并且探讨不同类型的国家与地区在不同发展时期采取不同外贸战略的几个主要依据。

本章学习重点

1. 两种外贸发展战略的分类方法
2. 全面了解进口替代战略与出口导向战略的配套政策和优缺点
3. 依据国内外条件选择恰当的外贸战略

本章教学要求

◀ 请扫描左侧二维码

第一节 外贸发展战略的分类

第二次世界大战后的世界各国有着不同的经济发展经历，也曾选择了不同的外贸发展战略。经济学界在外贸战略应如何分类问题上也有不同的观点，较为流行的有以下两种分类方法。

一、发展经济学分类法

西方发展经济学把各国的外贸战略划分为三种类型：初级产品出口鼓励战略、进口替代战略和出口导向战略。

（一）初级产品出口鼓励战略

初级产品出口鼓励战略是指处于工业化以前的经济落后国家积极发展初级产品生产，鼓励初级产品出口，进口国内生产和生活所需要的工业制成品，逐渐建立适合本国条件的民族工业。

经济落后的发展中国家一般说来具有相对丰富的农副产品、矿产品等初级产品，但却缺乏资金和技术，难以对农矿产品进行加工，因而不得不在受发达国家控制的、不平等的国际贸易格局中处于较被动的地位：出口初级产品，进口制成品。但是，依据自由贸易理论中的比较优势论，这种外贸战略又是适宜的，对于落后国家获取短期的比较利益和积累工业化所需的资金起到了积极作用。这种外贸战略往往在一国由封闭走向开放时采用。此时出口初级产品可以给国民经济各个部门带来连锁反应。初级产品出口首先会带动为其提供原材料和机器设备（如采矿设备）部门的发展，就业增加和工资收入提高后，又会刺激消费品工业的发展，本国的民族工业会由此逐渐地发展起来。然而，采取这种较低级外贸战略的国家，它实现工业化的道路却是艰辛和漫长的。

（二）进口替代战略

进口替代战略是指一国适当进口国外先进的技术设备用来提高本国的生产力水平，发展和完善本国的工业化体系，以国内产品替代进口产品；在这个过程中实行保护贸易政策，以保护国内市场，扶植民族工业的成长；产品销售主要面向国内市场。这种外贸战略的目的，是以发展进口替代品工业来带动整个国民经济的增长。

实施进口替代外贸战略的国家，一般是从轻纺工业的进口替代做起，然后逐步向重化工业和机电工业延伸。在贸易壁垒的保护下，国产品会逐渐地从非耐用消费品到耐用消费品，再到机器设备，全面占领国内市场。这种外贸战略在第二次世界大战后被大多数发展中国家所采纳，并普遍地发挥出积极作用。它有利于发展中国家的工业化进程，并扭转了在单一经济结构下对发达国家过分依赖的被动局面。但是，这种战略实施一段时间后，逐渐暴露出一些缺陷。依靠政府的保护关税和补贴建立起来的民族工业缺乏效率，不开发国外市场和国外资源的国家也渐渐感觉到国内经济发展缺乏持续增长的后劲。

（三）出口导向战略

出口导向战略是指一国经济全面参与国际市场竞争，积极参加国际分工和国际贸易，实行自由贸易政策，让外国竞争者较广泛地进入本国市场，并努力把自己的企业推向国际市场。这种战略致力于出口非传统产品，以工业制成品出口代替传统的初级产品出口。这种外贸战略的目的是以出口工业的发展来推动整体经济的增长。

出口导向战略的实施是需要一定条件的，而这种条件并不是所有发展中国家都具备的。最基本的实施条件是国民经济发展已达到了一定高度，尤其是工业生产已具备了一定水平。只有这样，才能使民族工业在全面开放的市场中不仅能守住阵地，而且还能不断扩张和壮大，国民经济也才能在高度开放的外贸战略中得到快速和持续的增长。

二、世界银行分类法

这是近十几年较为流行的一种分类方法。世界银行主要依据各个国家对外开放程度的高低和政府对外经贸活动的干预方式，把各国的外贸战略划分为内向型的和外向型的。内向型的又包括坚定内向型和一般内向型；外向型的则包括一般外向型和坚定外向型。这种划分方法最早见于世界银行发表的《1987 年世界发展报告》。该报告调查了 41 个发展中国家和地区 1963~1985 年的经贸战略与政策及经济发展情况，认为这些国家从外贸战略和开放程度上可以分为四种类型。

（一）坚定内向型

这类国家的经济基本上处于自给自足的状态，对本国市场的平均保护率很高，普遍采用进口配额和许可证办法，对出口产品很少给予奖励，汇率定值高出很多。在世界银行的调查中，印度、孟加拉、阿根廷、尼日利亚、坦桑尼亚、赞比亚等 14 个国家被划入了这一类。

（二）一般内向型

这类国家对本国市场的平均保护率较高，较多采用进口配额和许可证办法，政府的奖励制度明显地对内销生产有利，对出口产品也给予一些直接奖励，汇率定值较高。在世界银行的调查中，墨西哥、菲律宾、印度尼西亚、斯里兰卡等 16 个国家被划入了这一类。

（三）一般外向型

这类国家对本国市场的平均保护率较低，有限地使用进口配额和许可证办法，政府对出口型企业给予较多奖励，本币汇率定值较低，以利于提高本国产品出口竞争力。巴西、泰国、马来西亚、智利、以色列、土耳其、乌拉圭和突尼斯被划入了这一类。

（四）坚定外向型

这类国家实行自由贸易政策，对国内市场的保护很轻，不使用或很少使用进口配额和许可证办法，各种政策对本国产品和外国产品一视同仁，对产品内销企业和外销企业的奖励程度基本一致，本币汇率受市场调节而基本符合币值。世界银行认为，在所调查的 41 个国家和地区中，只有新加坡、中国香港和韩国属于这一类。

世界银行在调查分析了这 4 种类型的国家和地区后指出，实行外向型发展战略的国家和地区所取得的经济实绩要远远优于实行内向型发展战略的国家和地区（表 3-1）。

表 3-1　不同战略经济指标的比较

类别	时间	GDP 年均增长率	人均收入年均增长率	制成品出口年均增长率
坚定外向型	1963~1973 年	9.5%	6.9%	14.8%
	1974~1985 年	7.7%	5.9%	14.2%
坚定内向型	1963~1973 年	4.1%	1.6%	5.7%
	1974~1985 年	2.5%	0.1%	3.7%

资料来源：《1987 年世界发展报告》第 85~87 页

第二节　外贸发展战略的配套政策

进口替代与出口导向战略是当今各发展中国家普遍采用的两种外贸发展战略。参考世界银行的分类方法，人们也常常把进口替代称作内向型战略，而把出口导向称作外向型战略。虽然世界银行较为推崇后者，但客观地说，这两种战略各有利弊，处于不同发展阶段上的国家应采用不同的战略，并要实施不同的配套政策。

一、进口替代战略

（一）进口替代战略的配套政策

在各国的经济发展史上，特别是在第二次世界大战后发展中国家的经济发展史上，都曾经历过或正在经历进口替代这个发展阶段。多数国家的政府认为，进口替代是一个国家由落后阶段进入发达阶段的必经之路，是难以逾越的。为了使进口替代战略的目标顺利实现，必须要有与之相适应的配套政策。虽然各国曾采用过的政策不尽相同，但普遍采用的政策却可归纳为下面几类。

1. 保护性关税政策

实施进口替代战略的国家广泛使用高关税政策，其目的是保护本国刚开始起步的民族工业。对进口产品征收了较高的关税后，其市场价格就要提高，从而削弱了进口产品的市场竞争力，使本国产品有了较大的回旋余地：可以适当提高价格以增加企业盈利，也可以保持价格不变以扩大市场占有率。各国使用较多的关税政策是分级关税制，即对不同的进口产品采用不同的税率：对国内正在发展的进口替代产业的同类产品进口征收高关税，以保护本国工业；对国内工业发展所需的机器设备和原材料征低关税，以扶植本国工业；对其他的进口产品征中等税率的关税。此外，对部分国内并无替代工业的高档非生活必需品的进口也征收高关税，其目的并不在于保护国内工业，而在于保持外汇平衡。

2. 进口配额和许可证制

有些进口产品被征收了较高的关税后仍然具有很强的市场竞争力，对国内同类工业的发展构成较大威胁。为了保护国内工业，也为了保持进出口贸易平衡，一国政府经常采用带有明显行政管理色彩的进口配额制和进口许可证制，对进口产品的数量进行严格限制。限制较多的进口产品通常有两大类：一类是易冲击国内替代工业的产品；另一类是非生活必需品。

3. 高估本币币值

一国货币币值高估的结果是有利于本国的进口，而不利于本国的出口。实行此类政策的国家的产品市场重点在国内，所以高估本币对出口的抑制不会影响进口替代战略总目标的实现。假设人民币兑换美元的汇率，早期主要受政府控制，为 4 元兑换 1 美元，后来主要受外汇市场调节，变为 8 元兑换 1 美元。可以说早期是高估人民币币值，进口 1 美元的产品只卖 4 元（现在要卖 8 元），很便宜，提高了进口产品的竞争力。相反，出口 4 元的产品在国际市场上要卖 1 美元（现在只卖 0.5 美元），很贵，降低了出口产品的市场竞争力。发展中国家实行高估本币币值政策的目的，是使进口机器设备和原材料的价格便宜，以便降低国内工业使用这些进口产品的成本。高估本币币值也会使一些日用消费品和奢侈品蜂拥而入，对此，可以利用分级关税制和非关税壁垒加以限制，也可以通过复汇率和外汇管制政策加以限制。

4. 复汇率和外汇管制政策

复汇率是指一国货币的对外汇率有两个以上。政府采用这种政策的目的，是利用汇率的差别限制或鼓励某些产品的进口和出口。例如，进口方面，对国内经济发展急需的资本品和生活必需品，使用优惠汇率；而对政府限制进口的消费品和本国能够生产的资本品，则使用非优惠汇率。外汇管制是一国政府通过法令对外汇的买卖进行严格限制，以便把有限的外汇牢牢控制在政府手中，用到经济建设最急需外汇的地方。通常的做法是规定出口企业把所创外汇按官定汇率卖给国家指定银行，并对申请购买外汇的企业和个人进行严格审查和限制，以确保外汇的合理使用。这种外汇管制政策有效地限制了非必需产品的进口。

5. 对进口替代产业实行政府补贴政策

对发展中国家来说，进口替代产业都是非传统产业。这类新兴和刚起步的产业往往缺乏竞争力，不仅缺乏与进口同类产品的抗衡能力，而且与国内其他产业和行业比较起来，也有风险大、利润率低的特点。如果没有政府的政策支持，进口替代产业难以快速发展壮大起来。于是，各发展中国家普遍采用提供优惠贷款、减免国内税、进口料件免税等间接补贴政策给予支持，有的国家甚至采用价格补贴这种易遭别国反对的直接补贴政策给予支持，以推进本国成龙配套的系列化工业的建立。

（二）进口替代战略的积极作用

实施进口替代战略对一个经济落后的发展中国家来说通常能起到以下积极作用。

1. 为弱小民族工业的成长创造一个宽松发展环境

这种战略及其配套政策要重点保护的是落后国家的幼稚工业，这种工业的产品成本高、质量低、竞争力较差，很难与外国的同类产品进行市场较量。各国的经济发展史已充分证明，在一个没有保护的市场中进行竞争，落后国家的幼稚工业会在发达国家的成熟工业面前败下阵来。实施进口替代战略的国家为本国的弱小工业提供了一个温和的成长空间，使民族工业能在这种环境里从幼稚走向成熟，从弱小走向强大。自己的国家也会在这个过程中由农业国或二流工业国发展成为新兴的工业化国家。

2. 改善了发展中国家的经济结构，增强了经济成长的独立性

发展中国家的传统经济结构是单一的、畸形的，主要依靠农产品和矿产品的生产和出口来维持国民经济的运行。通过进口替代战略的实施，这种传统的经济结构会发生明显的改善，主要表现为：①国内生产总值中工业的比重在上升；②工业生产总值中制造业的比重在上升；③制造业中重化工业和机电工业的比重在上升。这几个“上升”表明了发展中国家工业化进程的合理化与经济结构的多样化。这种多样化的经济结构使发展中国家摆脱了历史上对发达国家过分依赖的状态，增强了独立自主发展民族经济的信心和能力。

3. 扭转了发展中国家在国际分工体系中的不利地位

各种资料表明，国际分工体系对生产和出口初级产品的发展中国家是不利的，具体表现

为这类国家的贸易条件长期处于一种恶化的趋势。这种趋势在第二次世界大战后更为明显：国际市场上初级产品的相对价格不断下降，工业制成品的相对价格不断上升。实施进口替代战略的国家已经在很大程度上扭转了这种不利局面，因为它们已改变了生产和出口初级产品并进口工业制成品的传统做法，把更多的初级产品留在国内，供自己的进口替代工业使用，国内消费所需要的多数工业制成品也已经能够由本国企业来提供，使加工和销售利润更多地留在国内。

（三）进口替代战略的消极作用

进口替代战略在促进落后国家经济快速发展的同时，也产生了若干消极影响，使这些国家的经济难以长期保持快速增长的势头。

1. 保护完好的市场环境抑制了企业的积极进取精神，使经济易产生高成本和低效率

这主要是因为在严密的保护中，本国企业感受不到来自进口产品的激烈的生存竞争。对进口产品的数量限制，使本国企业的产品即使质量差、价格高，也仍然有销路，也同样有利润。在这种环境下企业就会满足于既得利益，就会失去自我完善、不断改进技术水平和管理水平的内在动力和外在压力。长期实施进口替代战略的国家所普遍存在的企业的低素质和生产的低效率就是由此产生的。

2. 经济发展难以形成规模效益

现代经济发展非常注重规模效益问题，一个企业或一项生产的产品量只有达到一定的规模，经济效益才能提高。进口替代战略下的企业生产主要面向国内市场，政府并不特别鼓励去开发国外市场，这就使产品销售受到很大限制，囿于收入水平低、消费层次浅的国内消费者群。这种状况在一定程度上制约了企业生产规模的合理扩大，并使企业的生产设备和人员常常得不到充分运用。在一些较小的国家和地区中，这种消极作用尤为明显。

3. 国际收支经常项目的逆差状况长期得不到缓解

实施进口替代战略的目标之一是想通过保护贸易政策限制产品进口，以便改善不利的国际收支状况。然而，该战略实施的结果表明，这一目标远远没能达到。实际达到的结果不是进口产品量的大幅度减少，而是进口商品结构的改变：资本品的进口代替了消费品的进口。资本品的进口，无论是机器设备还是原材料，都是为了提高国内的工业化水平，以实现用国产品代替进口品这一重大战略目标，因而这一阶段多进口些资本品是合理的和无可厚非的。问题的关键在于应如何去平衡这种进口贸易以实现外汇的收与支相等呢？解决的途径只能是出口创汇。可是这一时期的各种政策并不有利于出口创汇。一方面，政府并没有特别的优惠政策扶植企业进入国际市场，使企业更愿意留在风险小、盈利有保障的国内求发展。另一

方面，此时的保护性政策使企业普遍存在生产成本高和效益低的特点，不具备进入国际市场的竞争能力。再加上高估本币币值的汇率政策，使不利的出口局面更加被动，尤其是传统的出口强项——初级产品的出口，也受到了这种汇率政策的抑制。

4. 进口替代战略易造成市场信号扭曲，导致资源配置不合理和产业结构失衡

进口替代战略下的政府对经济运行干预较强，如过重的进口许可证限制、过多的政府补贴，都会使市场信号出现扭曲，使产品价格不能正确反映一国资源的稀缺程度，从而导致资源使用上的浪费和产业结构上的倾斜。例如，保护政策所重点培植的国内进口替代行业，会因为产品价格高、利润大而诱导企业无节制地向这类行业投资，最终会导致产品滞销、设备闲置。这一时期，为了节约外汇，国家关税政策也重点限制非生活必需品（如奢侈品）的进口，这就在国内形成了一个保护良好的该类产品的生存空间，没有国外竞争对手，稳定的卖方市场，引致国内资源大量地投入这类目前尚不应过多投入的行业。

二、出口导向战略

（一）出口导向战略的配套政策

很多发展中国家在第二次世界大战后实施了一段时期的进口替代战略后，发现这种战略在促进工业化进程的同时存在着很多弊端，不利于本国工业走过初级阶段后再继续向纵深发展。于是，一部分发展中国家或早或晚地由内向型的进口替代战略转向了外向型的出口导向战略。与出口导向战略相配套的政策主要有下面几类。

1. 降低贸易壁垒

出口导向战略的目的是通过全面参与国际市场竞争来带动和促进整个国民经济的增长，这就要求必须实行自由贸易政策，让外国产品较容易地进来，才能使本国产品较容易地出去，因为贸易壁垒往往是对等的。实施出口导向战略的国家之所以敢于大幅度、分步骤地降低贸易壁垒，背景条件是这类国家经过前一段进口替代战略的培植，本国的工业已经逐渐地成熟起来，具有了一定的参与国际市场竞争的实力。降低贸易壁垒主要包括两项内容：一是全面降低海关关税；二是拆除一部分非关税壁垒，主要是分阶段地减少配额制和许可证制的使用范围及使用程度。

2. 汇率政策由以前的高估本币币值转为低估本币币值，并逐渐过渡到单一的市场汇率

汇率高估有利于进口而不利于出口，适合进口替代时期的内向型经济。而出口导向时期的外向型经济则必须实行一种相反的政策，即用汇率低估的政策来促进出口事业的发展。为此，部分发展中国家和地区在 20 世纪 60 年代和 70 年代相继采用低估本币币值的政策来提

高产品竞争力，增加出口创汇。无论是汇率高估还是汇率低估的政策，都带有浓重的政府干预汇率的成分，尽管这会在一定时期发挥积极作用，但终归不符合经济规律本身的要求。因此，随着出口导向战略的深入发展，自由贸易、自由竞争和市场经济成分会在这类国家中不断增大，反映在汇率政策上，便是逐渐地放松政府干预和放弃复汇率制，实行政府适当调节的单一的市场浮动汇率。

3. 放松外汇管制

外向型经济的运行离不开外汇的润滑，如果政府继续严格管制外汇，只会把这种类型的经济管死。因此，实行出口导向战略的国家纷纷不同程度地放松了对外汇的管制，允许企业和个人相对自由地持有、兑换和使用外汇。

4. 鼓励出口政策

降低贸易壁垒会使进口产品猛增。为了保持出口贸易的平衡，政府除了采用汇率政策外，还适当地采用各种优惠性政策鼓励、支持本国产品打入国际市场。这些政策包括对外向型企业出口退税、使用进口原材料减免关税、减免各类国内税、提供低息贷款，以及在供水、供电、运输和各种资源的使用上给予优惠。这类政策的实施主要是为了调动厂商们的出口积极性和提高国产品的市场竞争力。

5. 利用外资政策

发展中国家普遍存在的一个难题是资金紧张，尤其是外汇短缺。这一难题在进口替代战略下难以得到解决。进入出口导向阶段后，各国政府大都采取了广泛利用外资的政策，力图借助于外部资金及与外资相联系的国外先进技术设备和先进管理方法来提高本国相对落后的生产力水平。利用外资包括两个方面：一是利用国外的直接投资，如举办“三资企业”等；二是利用国外的间接投资，如借入国外贷款等。要做好这些引资工作，就要有相应的外资鼓励政策，如放宽外商投资部门的限制、放宽外资在企业中的持股比例、放宽利润汇出的数量限制，以及简化利用外资的审批手续等。

（二）出口导向战略的积极作用

实施出口导向战略对发展中国家的积极作用主要有以下几方面。

1. 向世界开放的经济环境有利于本国生产技术和管理水平的提高

这种技术与管理水平的提高主要得益于双重因素——外贸因素和外资因素。先从外贸的因素看。当一国政府大幅度削减贸易壁垒后，就把本国市场更紧密地联入了国际市场，外国产品要进来，本国产品要出去，双方将进行面对面的直接较量。“物竞天择、适者生存”的法则将在这里得以贯彻和落实。为了能够在这种竞争中取胜，本国的厂商们会一改过去在保护政策下养成的慢节奏、低效率的生产和经营方式，努力在生产技术、经营管理、职工素质等方面进行全面改进、提高和完善，以适应新的生存环境。再从外资的因素看。本国利用外资政策使国外先进技术设备大量流入，全面促进和推动了本国生产力水平的提高。所利用的国外直接投资，会以建立外资企业的方式把外国的技术与设备直接带进来，同时也会把国外的先进经营管理方式传进来；所利用的国外贷款等间接投资，会更多地被用于购买国外的先进技术设备，或被用于国内基础设施的建设，而这些都会直接或间接地促进本国生产力水平的提高。

2. 市场机制作用的增强使比较成本原则得以贯彻，有利于资源的合理配置

实施出口导向战略的一大特点，是各种配套政策中的政府直接干预成分在减弱，而市场调节的成分在增强。如果这种趋势不走入极端，政府和市场的力量能协调运作，以往存在的市场信号扭曲状况会大为改观，利润的指挥棒会引导投资者和经营者在恰当的时机做出恰当的行为选择。其结果，必然是在一国范围里各种资源都能得到合理的使用；而在世界范围里，各国会扬长避短充分发挥自己的资源优势，在积极参加国际分工和国际贸易中获取比较利益。

3. 产品出口快速增长，既有利于提高规模效益，也在一定程度上改善了外贸的不平衡状态

这一时期的各种政策都对发展出口事业有利：汇率政策增强了本国产品的价格竞争力，补贴政策提高了本国产品的盈利和生存竞争力，降低贸易壁垒政策换取了其他国家广大的销售市场。海外市场的开拓使本国各部门、各企业的生产规模得以扩大，规模效益也因此得以提高。产品出口的增长，开始逐渐扭转进口替代时期长期存在的外贸逆差状况。当然这需要一个转变的过程。出口导向战略实施初期，国际收支表中的贸易账户仍会有一段时期的逆差，所以尚需借入外资来促进本国经济发展。逐渐地，这种状况会得到改变，国内的出口创汇快速增长，贸易账户会出现顺差，不仅能慢慢地把前期所借的外债还上，还能使经济建设更多地建立在国内资金积累的稳固基础之上。

（三）出口导向战略的消极作用

出口导向战略正越来越受发展中国家的重视和欢迎，这种潮流极易掩盖该战略的以下几种消极作用。

1. 经济发展过分依赖国际市场，国内经济易受世界性经济衰退的影响

实施出口导向战略的国家往往推行经济发展“两头在外”的做法，即原料取自国外，产

品销向国外，只把中间的加工、装配、设计、制造过程留在了国内，以便发挥本国的劳动力优势，或者资本与技术优势。这种做法的目的是想通过出口加工制造业的兴旺，以贸易立国的方式带动国民经济全行业的发展。部分发达国家（如英国、日本）曾经走通了这条路。但是，一些中小发展中国家在走这条路时却遇到了重重障碍。主要原因是这类发展中国家的内部市场狭小、资源有限，它们不得不较早地选择了外向型发展道路，把整个国民经济的发展维系在对海外市场和资源的依赖上。当国际市场风平浪静时，这类国家的经济成长确实能受益于外向型战略，而一旦国际市场出现风吹草动，首先遭受打击的便是这类缺乏抗风险能力的中小发展中国家。国际市场萧条，它们的出口产品积压严重，出口转内销又会冲击原本供需平衡的国内市场，最终导致部分企业倒闭和工人的大量失业。如何摆脱世界性经济周期波动的负面影响，已成为开放型的发展中国家急需解决的一项课题。

2. 过分追求比较利益，不利于本国重要工业部门的发展

国际贸易中的比较利益学说有其科学性，特别是在全球性资源的合理配置上能起到效果明显的指导作用。然而，对于工业相对落后的发展中国家来说，如果过分强调获取国际分工比较利益的重要性，就会在工业布局中和优惠政策上较多地扶植本国出口竞争力强、比较成本低、盈利大、创汇多的传统工业。发展中国家比较成本低的传统工业，除了初级产品外，在工业制成品中主要集中在劳动密集型的工业上。资本密集型及技术密集型的工业并不是发展中国家的强项工业，硬要发展这类工业，近期的结局只能是赔钱，甚至会在开放性政策面前被挤垮。比较利益学说指导着这些发展中国家放弃本国暂时没有优势的重要工业的保护与发展计划，使这些国家长久性地保持一种次要工业国的地位。

3. 外国资本控制了国内若干重要经济部门的发展

自由贸易政策抑制国内重要工业部门发展的同时，鼓励性地利用外资政策使国内一些重要经济部门，既包括部分高新技术型工业部门，也包括部分服务性部门，如金融、保险、运输、咨询等部门逐渐地被外资企业所控制。这不仅使大量企业利润流到国外，而且使国内的中小型企业很难在这种强手如林的环境中生存。

4. 经济运行易受债务危机困扰

部分实行出口导向战略的国家如巴西、墨西哥等，20 世纪 70 年代大量借外债，80 年代相继陷入债务危机泥坑难以自拔。负债经营是资金短缺的发展中国家摆脱贫困、走向富裕的一条捷径，这种政策选择本身是没错的。负债经营能使一个落后国家走向成功，但并不确保一定会走向成功；借外债必然形成国际负债，但并不必然陷入债务危机。成败的关键在于如何调控和操作这种负债经济。所谓债务危机，是指一国所借外债已到了还债期却无力偿还，并导致国民经济一系列指标的严重恶化。这种债务危机在 80 年代影响着整个世界经济的正常运行。债务危机深重的国家经济萧条、物价飞涨，很多已经上马的工程因

外商不愿再冒险投资而半途而废，国民经济呈现一片凋敝景象。债务危机使这类国家的经济发展遭受到相当大的挫折。其中最典型的受债务危机拖累的国家是巴西。70 年代其经济发展曾经出现光彩的“巴西奇迹”，但是国家负债经营后期的各种决策失误，导致它深陷债务泥淖难以脱身。一直到 2020 年，巴西经济依然在新冠疫情和国际债务的双重打击中低迷徘徊。

第三节　外贸发展战略的选择依据

各国国情不同，历史与发展背景不同，其外贸发展战略的选择依据必然也不同。当一个落后国家冲破了封建枷锁的禁锢，从高度闭关锁国的封闭状态中走出来后，应该选择一种什么样的发展战略才能从贫穷落后走向富裕强大呢？从理论上说，应该是先实施初级产品出口鼓励战略，再实施进口替代战略，最后转向出口导向战略，最终把本国的经济发展紧紧地联入世界整体的运行轨道之中。然而现实却是复杂的，各国国情千差万别，世界经济形势的发展也千变万化。在现有的条件下，一个国家应选择何种外贸发展战略？一种外贸战略的实施应持续多长时间？对这类问题应具体情况具体分析，而不存在一种固定的模式。

一、选择外贸发展战略的基本依据

（一）本国的市场容量和自然资源条件

一个国家国土面积小，自然资源贫乏，人口少，市场容量有限，如亚洲“四小龙”这类海岛型、半岛型和城市型的国家与地区，比较适合较早地由进口替代转入出口导向阶段。因为有限的内部市场与资源极大地约束了它们的经济成长，早一些转入“两头在外”的出口导向战略，会使这类经济在穷途末路之前及时地进入新的生存空间。海外市场的开拓，最能使这类国家或地区扬长避短，充分地发挥自己的生产潜力，在经济现代化的道路上快速前行。

一些较大的发展中国家如印度、巴西等，其条件与亚洲“四小龙”正好相反：国土面积大，自然资源丰富，人口多，市场潜力巨大。这类国家比较适合在一个相对长的时期内实施进口替代战略，依靠本国的资源和市场走经济现代化的道路。这种大国实施进口替代战略，既可以感受到该战略的积极作用，如保护性政策使弱小的民族工业得以生存和发展及经济多样化的增长和独立性的提高，同时又能在一定程度上避免进口替代战略的某些消极作用，如市场容量大使规模效益相对增强，国内各地区间的政策统一与开放使各类资源能得到相对合理的使用。所以，在较大的发展中国家里，进口替代战略有更良好的实施条件。需要特别指出的是，以上分析并不表明在一个大的发展中国家进口替代战略实施时间越长越好。合理的选择是：一旦条件和时机成熟，应逐渐转向更高一级的出口导向战略，使国民经济长期保持持续增长的势头。第二次世界大战结束以来，印度的落后和巴西的崛起就是最好的例证。两国同是发展中国家，战后初期又同时选择了内向型的进口替代战略，但巴西抓住时机在 20 世纪 70 年代逐步转向了出口导向战略，充分利用国际分工的好处和外资的力量，创造了为世人称赞的“巴西奇迹”。克服了该战略的重重消极影响后，巴西进入了新兴工业化国家和地区的行列。反观印度，长期的高保护，使进口替代战略的各种消极作用充分展现出来，经济成长受到极大抑制，一直在落后的发展中国家行列里缓缓前行。

（二）本国的生产力水平和综合经济实力

当一国的生产力水平和综合经济实力较低时，应选择保护性较强的进口替代战略。德国经济学家李斯特认为，保护贸易政策的核心就是保护生产力的发展。当年德国还处于二流工业国地位时，如果没有李斯特保护贸易理论与政策抵御着强大的英、法工业的侵袭，恐怕也不会有后来德国经济的强大。

当一国的生产力水平和综合经济实力已达到一定高度时，当本国的工业产品能在一定程度上或在适度的保护下与外国产品相抗衡时，应选择自由度较强的出口导向战略。当今世界上的一些后起发达国家和新兴工业化国家与地区的发展轨迹和经济成就，都充分地证明了这种选择的合理性。

（三）国际经济环境

一个国家能否在国内条件具备的前提下顺利地把进口替代战略转变为出口导向战略，把内向型经济演进为外向型经济，还要在一定程度上受国际经济环境的制约。这主要表现在两方面：第一个方面是国际贸易环境。当世界市场上自由贸易政策流行时，一个新对外开放的国家便比较容易进入外部市场；而当贸易保护主义抬头时，竞争力较弱的发展中国家要进入世界市场就会遇到各种障碍。第二个方面是国际产业结构调整状况。当一部分先进国家向国外转移夕阳产业时，国际市场中就出现了一种进入的较好机会。落后国家如能抓住这种机遇，及时调整发展战略，便能较容易地进入国际市场。这种机会并非时时存在，而是有规律性地出现。例如，20 世纪 70 年代就是一次良好机遇，“四小龙”及时抓住了日本向海外转移劳动密集型产业的机会，快速转向了出口导向战略，以日益增强的外向型经济模式，进入了经济高速发展的时期。

二、外贸发展战略选择的实例分析

在发展中国家或地区中选择和实施外贸发展战略较为成功的典型是亚洲“四小龙”，它们取得的经济发展成就为世界各国所称道。这里以中国的台湾地区为例，对其进口替代与出口导向发展战略选择的背景条件、配套政策及所取得的效果进行逐一分析，介绍其把理论变为实践的过程。

（一）中国台湾进口替代战略实施的背景条件、配套政策及实施效果

台湾地区的进口替代阶段是指 20 世纪 50 年代初至 60 年代初这段时间。此时的台湾地区经济发展刚刚起步，台湾当局选择了保护性较强的进口替代发展战略。

1. 背景条件

（1）需要保护基础脆弱的民族工业，解决大量劳动力失业问题。台湾地区经济刚刚从混乱中恢复起来，力量十分薄弱。特别是工业部门，除了电力、化肥等少数几个由当局重点支持的部门外，其他工业部门基本上都处于幼稚工业阶段，如果没有贸易保护政策的扶植，便会在与外来商品的竞争中走向衰败。此时的台湾地区，失业现象相当严重。解决劳动力就业的重要途径之一，便是保护和振兴自己的民族工业。

（2）出口工业竞争力不足，外汇严重短缺。由于工业基础较弱，台湾地区工业生产既缺乏资金、技术，也缺乏经营管理人才，工业产品不仅质量差，而且成本也较高，在国际市场竞争激烈的环境中很难发展。1952 年，台湾地区的工业产品只占出口总额的 3.6%，而出口的农产品和农产加工品占到出口总额的 95.2%。由于初级产品在国际市场上价格低廉，台湾地区的出口创汇额很少，1952 年的出口创汇仅为 1.19 亿美元。在外汇短缺的条件下，当局不得不把极有限的外汇用来引进国外技术设备，发展轻纺工业，以自身生产的日用品替代进口产品。

（3）岛内各类商品的供应普遍处于紧缺状态，内部市场容许进口替代战略的推行。由于连年的战争和混乱，台湾地区生产的初步恢复难以满足社会对各类商品的基本需求。据统计，1952 年各主要产品除了食品外，其他产品的供应，特别是工业产品的供应，均处于不足或严重不足的状态。因此，台湾当局这一时期的任务，主要是大力发展工农业生产，满足内部市场的需求，解决民众的基本温饱问题。

2. 配套政策与措施

（1）实施“以农业培植工业，以工业促进农业”的发展方针及政策。此时的台湾地区还是个以农业经济为主的社会，要发展系统的进口替代型工业，无论是原材料的供应还是市场的拓展，都离不开农业经济的发展和农村社会的进步。为此，台湾当局推出了以土地改革为中心的各种政策措施，大力推进农业经济发展，为工业的快速发展奠定了基础。当工业水平提高后，又会在农业的机械化、水利化、化肥化等方面促进农业的发展。

（2）积极发展劳动密集型产业，提高工业品的自给率。台湾地区这一时期的出口仍然以初级产品为主，所获外汇集中使用在进口技术设备和工业原料上。1960 年以前，资本货

物的进口每年以20%的高速度递增，由此壮大了工业发展的物质基础。台湾地区工业发展的重点是劳动密集型产业，如纺织、食品、皮革等工业部门。这类产业不仅所需资本少，而且可以使大量劳动力就业，这有利于扬长避短。台湾当局在严格控制非资本品进口的同时，努力通过民族工业的发展来替代进口。例如，普通消费品的进口，1952~1954年比重最高，年平均占进口总额为16.43%，1955~1964年大幅下降，年平均仅为7.54%。

（3）以进口管制和高关税措施保护内部市场。为了发展进口替代工业和节省稀缺的外汇，台湾当局对可能会冲击内部市场的进口商品进行较严格的管制，如列入限制进口的商品种类，1953年为185种，1956年增为241种，1960年又增加到381种。例如，毛织物的进口关税率从1948年的40%提高到1956年的120%；自行车的进口关税率从1948年的45%提高到1956年的54%。

（4）高估币值和实行复汇率制。新台币与美元的官方汇率1954年为18.7：1（1997年为31.2：1）。这种高估币值的做法是与进口替代战略密切相连的。新台币汇率偏高，一方面，不利于出口，使企业生产主要面对内部市场；另一方面，有利于进口，而台湾当局又把进口重点限制在了资本品方面，促进了民族工业的发展。1951年开始实行的多重汇率制也能起到类似的作用。进口消费品时规定要用较高的汇率结算，以增加进口成本；进口资本品时则以较低的汇率结算，以降低进口成本。这种措施较好地促进了进口替代工业的发展。

3. 进口替代战略的实施效果

（1）工农业生产齐头并进。1953~1962年，台湾地区农业生产以年均4.82%的速度快速发展的同时，其工业生产也取得了年均11.7%的高增长率。

（2）保护了民族工业的发展，增加了劳动力就业量。在贸易保护政策下，台湾地区的各种幼小工业和新兴工业逐步发展壮大了起来，社会所需的各类消费品也已基本上由民族工业供给。生产的发展缓和了就业的矛盾，1962年工业部门的就业人数比1953年增长50%。

（3）经济结构得到优化，工业化水平不断提高。在台湾地区工农业生产总值中，工业所占的比重由1952年的17.9%增加到1963年的27.8%，工业产品在出口总值中的比重同期则由7.8%跃升到41.1%。这些数字表明，在进口替代战略的指导下，台湾地区的整体经济水平有了明显的进步和提高。

（二）中国台湾出口导向战略实施的背景条件、配套政策及实施效果

进入60年代后，台湾当局从客观情况出发，开始逐渐转向出口导向阶段。

1. 背景条件

（1）内部条件。台湾地区经济属于“海岛型”的，从市场到资源都十分有限。前一阶段进口替代战略的实施，在实现工农业生产顺利发展的同时，也日益感受到市场饱和的压力。

狭小的市场已开始威胁工农业生产的进一步发展。台湾地区的自然资源十分缺乏，生产所需的绝大多数资源都需要进口。保护贸易政策虽能扶植幼稚工业的成长，但民族工业因长期感受不到国际市场的竞争压力，正在逐渐失去提高技术和提高管理水平的动力。此外，台湾地区经济经过第二次世界大战后近 20 年的恢复与发展，整体经济实力已有了明显提高，特别是在劳动密集型产品的生产方面，已经具备了参与国际市场竞争的力量。

（2）外部条件。此时的国际经济环境非常有利于台湾地区发展外向型经济。这主要表现在这一时期正在各国和地区之间进行世界性产业结构调整，一部分经济较发达的国家由于工资水平增长较快，在劳动密集型产业上的竞争力逐渐丧失，开始把生产基地向海外转移。台湾地区劳动力资源丰富，而且素质高、成本低，如果能充分发挥这种优势，利用国际产业结构调整中出现的机遇，大量进口原材料和中间产品，利用丰富的人力资源加工成工业制成品，然后返销回国际市场，便可以在这种国际经济大循环中获取相对利益，进而带动整个经济的发展。

2. 配套政策与措施

台湾地区全面推行出口导向发展战略是于 20 世纪 60 年代中期开始的，但有些出口导向政策于 50 年代末期便已颁布和实施，主要是因为从那时起台湾当局就已经认识到台湾发展外向型经济的必然趋势。先后颁布实施的政策与措施主要有以下几类：

（1）降低出口关税并实行出口退税。分期分批地削减进口产品关税，逐步放开内部市场。退还出口产品所用的原材料或半制成品进口时所缴的关税，目的在于降低产品的生产成本，以提高出口竞争力。后来又把退税范围从关税扩大到了其他税种。

（2）出口优惠贷款。1957 年 7 月，台湾当局推出《外销低利贷款办法》，以优惠贷款的方式提高厂商的出口积极性，并由此来增强台湾商品的竞争能力。该措施规定，出口企业可享受年利率为 6%~11%的优惠性贷款。银行同期发放的普通贷款年利率则在 20%左右浮动。

（3）调整汇率。20 世纪 50 年代实行高估新台币币值的汇率政策虽然有利于保护内部市场和有利于发展进口替代工业，却不利于扩大出口，造成了连年的外贸逆差，并且扭曲了市场信号，减弱了市场机制对经济的自动调节作用。50 年代后期，台湾当局开始分步骤地大幅度下调新台币汇率，由 1957 年新台币对美元的 24∶1 下调到 1960 年的 40∶1。新台币对美元的大幅度贬值，对台湾商品出口起到了推动作用，对台湾地区外贸由以往的连年逆差转为连年顺差起到了积极的促进作用。

（4）制定鼓励投资和吸引外资政策。这一时期的经济政策有两大重点：鼓励出口和鼓励投资（包括内资和外资）。因为要扩大产品出口就必须要有出口工业的大发展，尤其是劳动密集型工业的发展。为此，就需要调动各方面的投资积极性。1960 年，当局正式公布并实施《奖励投资条例》，提出了比以往更加优惠的投资政策。例如，对投资者减免捐税的范围更广，由原来的公用事业、矿业、制造业、运输业扩展到农业、畜牧业、观光旅游业和住宅营造等行业。奖励的程度也比以前加深，对新建立的企业和新增设备提高生产能力 30%以上的生产企业的所得税减免由过去的 3 年延长到 5 年。除该条例外，当局还先后出台了“华侨投资条例”“外国人投资条例”“技术合作条例”等鼓励外商到台湾地区投资，从税收优惠到简化投资手续等方面吸引海外投资。

（5）建立出口加工区。为了以更优惠的措施吸引海外投资者到台湾地区投资设厂，当局于 1965 年公布了《出口加工区设置管理条例》，并从 1966 年开始相继设立了高雄、台中等出口加工区。出口加工区内的土地是公有地，专门出租给外资或内资办的出口企业使用。出口企业租到土地后，可以申请专项建筑厂房资金贷款，贷款可分 10 年偿还。出口加工区内还设有标准厂房出售，投资者可立即设厂生产。在出口加工区内投资设厂的最低规模不得少于 20 万美元，所生产的产品必须全部出口。在区内设厂的优惠条件主要有：区内企业进口自用的机器设备、原料、半制成品一律免征进口税，产品出口一律免征出口税；投资企业在开始经营的头 5 年内，可免缴营业税、商品税、所得税，5 年后所得税率仅课征 18%；企业利润用于再投资时，其数额低于年所得额的 25%者，可免征所得税等。出口加工区的设立，对台湾地区吸引外资，引进先进技术设备，增加商品出口和解决劳动力就业都起到了良好推动作用。

3. 出口导向战略的实施效果

如果说上个阶段中台湾经济是在“发展”，那么这个阶段的台湾经济则是在“起飞”。在台湾当局的出口导向发展战略和各类配套政策与措施的宏观指导下，各类经济指标无论是与台湾地区的发展史进行纵向比较，还是与其他国家或地区进行横向比较，都呈现出了非同寻常的飞跃景象。

从 1964 年开始，台湾经济进入了两位数高增长阶段，当年的经济增长率为 12.3%。此后的各年份中经济发展虽有些波动，但 1964~1973 年的年均经济增长率仍高达 11.13%。台湾的人均 GNP 连续翻番，1965 年为 218 美元，1982 年为 2 597 美元，1996 年为 12 844 美元。从工农业生产的比重变化上，也可以看出台湾经济的巨大进步。1963 年，台湾地区的工业产值首次超过农业产值，1966 年，台湾地区的出口产品中工业产品首次超过了农产品，这标志着台湾地区正在从一个传统的农业社会向现代工业化社会过渡。1952 年，台湾地区的工业产值与农业产值的比重为 33.4：66.6；1973 年转变为 72.8：27.2。1952 年出口产品中工农业产品的比重为 7.8：92.2；1973 年转变为 84.6：15.4。

1964 年，在第二次世界大战后台湾地区的对外贸易统计表中首次出现了顺差，尽管数额只有 500 万美元，却象征着一个发展新时期的到来。1964 年，台湾地区的进出口贸易总值占国民生产总值的比重首次超过 50%，这也标志着台湾经济正在进入外向型发展的轨道。1964 年台湾地区的进出口贸易总额为 8.6 亿美元，1973 年增长到 82.7 亿美元，10 年时间翻了三番多，1995 年快速增长到 2 153 亿美元，2019 年又增长到 5 914 亿美元。外贸事业的高速发展，带动着台湾地区整体经济在这个时期基本保持高速的稳定增长势头。

重要术语

进口替代战略	出口导向战略	初级产品出口鼓励战略	坚定内向型战略
一般内向型战略	一般外向型战略	坚定外向型战略	进口配额
进口许可证	本币币值高估	复汇率	外汇管制
巴西奇迹	鼓励出口政策	债务危机	

▶ 重要术语解释请扫描右侧二维码

授课录像

第三章精彩视频请扫描二维码

客观测验题

客观测验题及答案请扫描二维码

复习题

1. 对外贸易发展战略主要有哪几类？
2. 进口替代战略的配套政策有哪些？
3. 试述进口替代战略的利与弊。
4. 出口导向战略的配套政策有哪些？
5. 试述出口导向战略的利与弊。
6. 一国选择外贸发展战略的主要依据是什么？

第四章 西方国际贸易理论（上）

导 读

国际贸易理论是西方国家从原始资本积累时期到当代国际贸易实践的理论说明，也是西方国家经济理论的一个重要组成部分。它随着资本主义生产方式的产生而出现并发展。西方国际贸易理论主要分为两大流派：自由贸易理论和保护贸易理论。而自由贸易理论又分为古典自由贸易理论和现代自由贸易理论。本章主要介绍和讲解早期的国际贸易理论，包括古典学派的绝对成本论、比较成本论和相互需求论。考虑到西方国际贸易理论历史发展和理论继承关系的顺序，本章也加进了对重商主义贸易差额论的讲解。

本章学习重点

1. 贸易差额论的理论与政策
2. 绝对成本论与比较成本论的异同点
3. 穆勒相互需求论与马歇尔相互需求论的异同点

本章教学要求

◀ 请扫描左侧二维码

第一节 重商主义贸易差额论

一、历史背景

重商主义的贸易差额论是16~17世纪由西欧的一些巨商、律师、政府官员等在实际的贸易、工业、航运和行政工作中提出的国际贸易理论。重商主义是资本主义原始积累时期的一种经济理论，是代表欧洲商业资本利益的经济思想和政策体系。其政策追求的目的就是在国内积累货币财富，把贵重金属留在国内，同时积极寻求国外市场，在对外贸易中采取国家干预的强制的保护贸易政策，通过保持外贸顺差获取货币财富。

16 世纪是封建社会晚期，商品货币关系已有一定程度的发展，封建自然经济已趋于瓦解。在社会制度解体中出现了资本主义的工场手工业，雇佣劳动关系普遍出现。在这种形势下，为了适应日益增长的商品生产的需要，新兴资产阶级强烈要求消除封建市场割裂状态并建立统一的中央集权国家。在这一时期，商业资本不断发展，在经济生活中居于统治地位。为扩大产品销路，商业资本不满足于国内市场，积极寻求国外市场，进一步扩大对外贸易，于是便出现了反映商业资本向外扩张的思想，即重商主义。

商业资本虽然在资本主义生产方式的形成过程中产生过重要作用，但它本身却不能创造出任何新的生产方式。商业资本仅在资本原始积累时期为资本主义生产方式的产生创造了前提条件，成为工业资本的先驱，而工业资本的出现才真正能形成一种新的生产方式，即资本主义生产方式。商业资本就是在封建经济逐渐崩溃和资本主义经济逐渐形成的过程之中占据了主导地位的。这一时期的对外贸易主要是通过“贩运贸易”来获取商业利润的，目的在于互通有无和增加财富。另外，当时的一些地理大发现也为对外贸易的开展提供了有利的条件。

二、理论思想

（一）重商主义的财富观

贸易差额论是以重商主义的财富观为基础的。重商主义者认为，财富就是金银，金银代表财富，一国是否富裕，主要取决于该国所拥有的金银数量，金银的增加就意味着财富的增加。国家一切经济政策和经济活动的目的都应是获取金银。

重商主义这种财富观的主要错误是把货币（金银）与财富混为一谈。这反映了当时西欧新兴资产阶级积累货币资本的狂热和追求金银的强烈愿望。

（二）贸易差额论认为对外贸易顺差是增加金银的主要途径

贸易差额论者从重商主义的财富观出发，认为增加一国的金银拥有量可以通过两条途径：一是开采金银矿藏，二是通过对外贸易顺差使金银流入国内。他们认为，后者比前者更重要，因为各国金银蕴藏量差别很大，并且数量是一定的，即使金银矿藏丰富的国家，也有开采枯竭的一天。

重商主义者认为，金银的取得主要来自贸易领域。他们又认为，国内贸易虽然也对国家有利，但由于贸易发生在一国之内，一人之所得，则为他人之所失，并不能增加一个国家的金银总量，因而不能成为财富的来源。只有通过对外贸易并保持顺差，才会使外国的金银流入国内。因此，这种理论被称作贸易差额论。

（三）贸易差额论的两个阶段

1. 早期的贸易差额论

早期的贸易差额论也被称作货币差额论，其主要代表人物是英国的威廉·斯塔福（1554~1612 年）和法国的安徒尼·德·蒙克列钦（1575~1622 年）。代表作有斯塔福的《对我国同胞某些控诉的评述》和蒙克列钦的《献给国王和王后的政治经济学概论》等。

早期的贸易差额论者非常片面地解释和实施“外贸顺差”政策，极力主张通过国家严厉的行政手段来增加金银财富，严格控制外国工业品和奢侈品的流入，即使外国产品价格大大低于本国也不准进口。金银一旦流入国内就绝对不允许再流出，违者处以重罚。例如，当时的英国、西班牙和葡萄牙等国都颁布了法令，制定了惩罚措施，禁止把金银货币输出国外；同时规定外国商人在出售货物后必须购买当地商品，而本国商人在国外出售商品，必须直接换回金银货币。早期贸易差额论的主要特点，是要求对外贸易中的每笔交易和对每个国家都保持顺差，任何交易都不允许出现逆差，以此达到增加货币财富的目的。

2. 晚期的贸易差额论

晚期贸易差额论的主要代表人物是英国的托马斯·曼（1571~1641 年）和法国的让·柯尔培尔（1619~1683 年）。代表作是托马斯·曼的著作《英国得自对外贸易的财富》，这本书曾被称作“重商主义的圣经”。

晚期贸易差额论者也认为应尽量争取外贸顺差，以防止货币外流，增加金银财富。但他们与早期贸易差额论者的一个明显区别是不反对把金银货币输出国外。他们认为在对外贸易中只要始终坚持多卖少买的方针，即付给外国的货币始终少于从外国收回的货币，那么金银就会以外贸顺差的形式流入国内，就能达到保持本国货币收入不断增长的目的。衡量一国在国际贸易中是否盈亏，金银是否流入国内，要视总的贸易收支状况，不赞同早期贸易差额论的“每笔贸易都要求顺差”的思想。17~18 世纪，英、法、德等国都陆续采用了这种重商主义理论，使用关税保护、奖出限入及转口贸易等方法，对殖民地区进行贱买贵卖、少买多卖来维持贸易顺差和积累金银财富。

三、政策主张

贸易差额论的政策主张主要有以下几个方面。

（一）货币管制政策

贸易差额论者主张政府干预经济生活，特别是在货币政策的制定和实施方面一定要由政府进行严格管制。主张严禁金银输出，贵金属一旦进口以后，就必须留在国内。当时英国规定输出金银为大罪，西班牙则最为严厉，输出金银者最高可判死刑。另外，各国又都在利用各种方式尽力吸收外国金银。晚期的贸易差额论者的货币政策有所松动，着重追求贸易顺差。

（二）对外贸易垄断政策

当时西欧各国都对国际贸易实行国家控制和垄断的政策。通过贸易垄断，西欧各国从殖民地获取廉价原料，运回本国加工成制成品，然后高价向殖民地国家出售。例如，葡萄牙政府就直接控制本国与东方的贸易，西班牙政府则垄断从美洲殖民地获得的廉价原料。

（三）奖出限入政策

各国都采取种种鼓励出口、限制进口的贸易保护政策。例如，当本国货在国际或国内难以与外国货竞争时，可以退还对原料征收的各种税款，必要时还给予补贴。也有的国家以各种措施阻止原料或半制成品的出口，鼓励制成品的出口，并用现金奖励在外国市场上出售本国商品的商人。各国对进口消费品则几乎无一例外地征收重税，使其价格高到让消费者难以购买的地步，同时对重要的机器设备和原材料则减免进口税。

（四）鼓励发展本国航运的政策

重商主义者认为，强大的商船队是一个国家外贸发达和经济强盛的重要组成部分，因此应积极发展航运事业，为本国商品出口及转运创造有利条件。还主张应禁止外国船只从事本国沿海航运及本土与殖民地之间的航运。英国在 17 世纪制定的航海法案最为典型，规定沿海贸易必须使用英国船舶，从其他国家运到英国和英国殖民地的货物也必须使用英国船舶。

（五）发展本国工业的政策

贸易差额论者认为，只有多卖商品，才能实现贸易顺差。因此，一定要大力发展本国工业，增强本国产品在世界市场上的竞争力，以保持出口优势。因而，当时各国都制定有鼓励本国工业发展的政策。这些政策的主要内容有：①向工场手工业者发放条件较优惠的贷款；②为发展本国的技术性产业而高薪聘请外国工匠并禁止本国熟练技术工人外流；③对进口的新技术设备减免关税并限制本国的新技术设备输出；④为了降低工业生产成本，各国普遍实行低工资制；⑤为了提高产品的质量竞争力，制定各种工业管理条例，加强产品生产的质量管理。

四、简评

（1）贸易差额论的理论和政策适应当时生产力和生产关系的要求，促进了资本的原始积累，推动了资本主义生产方式的发展。但是，随着资本主义的进一步发展，这种理论和政策与资本主义的经济基础发生了深刻的矛盾，由促进生产力发展的因素变为生产力发展的桎梏。

（2）贸易差额论实际隐含着一个错误的假定前提，即认为世界的物质财富是固定的、有限的。这个固定的物质财富在不同的国家之间进行分配，一国之所得必为他国之所失。这种对世界资源的静态认识，必然导致将国际贸易作为一种只对单方有利的竞争。所以为了在竞争中得益，就必须采取损人利己的方法，最终的目标是使本国的实力增强，对方的实力削弱。

（3）贸易差额论认为财富和利润都产生于流通过程的观点是错误的。他们认为，流通及外贸是财富和价值增值的源泉，而黄金和白银是财富的唯一形式。这一切都反映了商业资产阶级的历史局限性，难以洞察资本主义制度的实质，仅限于简单描述他们从社会生活表面见到的那些经济现象。真正的现代经济学则是将研究领域由流通过程转向生产过程。

（4）贸易差额论是最早的国际贸易理论，但是在理论上是肤浅不成熟的，没有形成系统的理论。这种理论只是研究如何从国外得到金银，没能进一步探讨国际贸易产生的原因，以及是否能为所有参加国带来贸易利益。因此，它也认识不到国际贸易有促进各国经济发展的重要意义。

（5）贸易差额论的政策主张有着积极意义。贸易差额论产生于从封建主义过渡到资本主义的阶段，距今虽已 400 多年，它的某些政策主张对于广大发展中国家仍有重要的现实意义。例如，积极发展出口工业，提高产品质量，保持出口产品的竞争优势；禁止奢侈品进口和对一般制成品奖出限入；实行保护贸易政策，保护本国的民族工业等。

第二节 绝对成本论

西方国际贸易理论体系的建立，是以比较成本论为标志的。亚当·斯密首先提出了绝对成本理论，大卫·李嘉图在此基础上提出了比较成本理论。这两种理论统称为古典国际贸易理论。

一、历史背景及作者生平

在 17 世纪，资本主义生产关系在西欧有了迅速的发展，特别是，英国资产阶级革命成功以后，圈地运动大大加快，仅 1760~1790 年，被圈占的土地就高达 298 万英亩①。大约在 18 世纪中叶，英国的小农基本被消灭，农业生产普遍采取了资本主义方式，资本的原始积累正在逐渐完成其历史使命而让位于资本主义的积累，资本主义的工场手工业进一步发展成为社会生产的主要形式。但是，随着社会生产力的发展，这种相对落后的生产方式——以手工劳动为基础的手工工场，已经难以适应经济迅速发展的需要。到 18 世纪 60 年代，英国开始了产业革命。这次产业革命以一系列的发明为标志，如 1733 年钟表匠约翰·凯伊发明飞梭，1765 年哈格里夫斯发明手摇纺车，1769 年瓦特发明蒸汽机等。

随着产业革命的开展，英国的经济实力超过了其他西欧国家。新兴的资产阶级为了从海外市场获得更多的廉价原料并销售其产品，迫切要求扩大对外贸易，而重商主义的一系列贸易保护政策却严重束缚了对外贸易，阻碍了资本主义大工业的发展。这种要求，必然要反映到经济思想上来。这就是重商主义衰落和古典学派兴起的大背景。古典学派的研究从流通领域转向生产领域，触及了经济现象的内在联系，并奠定了劳动价值论的基础。因此，古典学派的学说具有一定的科学性。古典学派提出了"自由放任"的口号，在理论上为资本主义的自由发展铺平道路，为新兴的资产阶级服务。

亚当·斯密（Adam Smith，1723~1790 年）是英国古典政治经济学的创立者，代表产业资本的利益，他在《国民财富的性质及原因的研究》（又称为《国富论》）一书中对重商主义理论进行了批判，提出了绝对优势论（absolute advantage），又称绝对成本论，这标志着国际贸易纯理论的真正开端。亚当·斯密于 1723 年 6 月 5 日生于苏格兰的哥卡第城，父亲是一位税务和法律官员。斯密先后在格拉斯哥大学和牛津大学学习，毕业后曾在爱丁堡大学讲授法学、政治学和修辞学，后来到格拉斯哥大学讲授逻辑学和道德哲学。1778 年他被任命为苏格兰税务监督，1787 年担任格拉斯哥大学校长，1790 年逝世，终年 67 岁。

斯密因 1759 年出版《道德哲学》一书而成名。斯密的经济著作《国富论》出版于 1776

① 1 英亩=4 046.86 平方米。

年，先后被译成多国文字，它集经济理论、经济史和经济学说史于一体，标志着古典经济学已经成熟并形成体系。

《国富论》共分为五篇。第一、第二篇的基本内容是政治经济学，勾画出政治经济学理论体系的基本轮廓，后来的政治经济学都是按照这个轮廓发展起来的。第一篇从分工讲起，研究生产力增进的原因和劳动生产物在社会各阶级之间进行分配的自然顺序。第二篇研究资本，探讨对生产性劳动人数有决定作用的资本的性质、积累方法及用途。第三篇讲经济史，研究历史上的各种经济政策，说明人们采用和规定这种政策的背景。第四篇评述历史上出现的不同经济学说，指出它们在各个时代和各个国家中所产生的重要影响。上述四篇集中说明广大人民收入的构成和每年消费的资源性质。第五篇讨论君主或国家的收入。

二、绝对成本论的主要内容

（一）斯密理论的中心是经济自由主义

斯密认为，人是经济的动物，是“经济人”，即人首先是从事经济活动的人，人类经济活动的动力是人类的利己心，每个人都会为自己的利益而奋斗。他认为，每人都去追求自己的利益，往往可以更有效地促进社会总体利益。国家应该尽量少干预经济，对经济采取自由放任的政策，应该听任自由经营、自由贸易，只要不违背社会利益，就可以为所欲为。在进行经济活动时，如果获得了别人的利益，就应予以补偿，这叫作“等价交换”，认为这种等价交换可以使双方利益都不受损失。因此，等价交换成为资本主义经营的基本原则。

斯密这种理论的核心是要求自由竞争、自由贸易，依靠市场这个“看不见的手”来对供求关系进行自发调节，维持均衡，控制社会利益，从而使社会获得进步和稳定。这种主张符合当时新兴资产阶级的要求，为突破封建统治对生产力的束缚提供了理论根据。

（二）斯密对重商主义的批判

斯密的绝对成本说是建立在对重商主义经济学说的批判基础上的。他批判的主要内容如下。

（1）关于什么是财富的问题。斯密认为，重商主义把金银财富和真实财富混为一谈了，金银并非财富的唯一形态，“一个国家的利益不是金银量的增加，而是一国土地和劳动年产物交换价值的增加，或是一国居民年收入的增加”[①]。衡量一国是否富裕的标准不是该国拥有的金银数量，而是其劳动生产率的高低。因此，增加一国财富的方法应是增加资本，提高劳动生产率以发展生产，而不是单纯的货币财富的积累。

（2）关于重商主义增强国家干预力量的论点。重商主义强调，为了增强国家力量，必须管制经济；而斯密认为，政府必须减少其经济作用，国家主要应保护私有财产不受侵犯，

① 斯密 A. 国民财富的性质及原因的研究. 下卷. 商务印书馆，1974.

保卫国家不受外来侵略。

（3）关于重商主义持续积累金银财富的政策。斯密根据货币流量调整机制说明，如果一国长期保持贸易顺差，金银会源源不断地流回本国，当商品供应量一定时，商品的价格会趋于上涨。价格上涨，商品成本增加，本国货在国外的吸引力就会降低，出口也会减少。另外，外国货在本国国内的价格会相对便宜（与相对较贵的本国货相比），进口因而增加，这将使本国贸易顺差减少，甚至出现逆差。于是须用金银来偿付差额，导致金银外流。所以，力图以保持贸易顺差来增进本国的金银拥有量是枉费心机的。因此，他反对政府实行保护贸易政策，主张以自由贸易政策来扩大对外贸易。

（三）斯密的绝对成本理论

在批判重商主义的同时，斯密提出了自己的国际贸易理论，即绝对成本论。

（1）分工极大地提高了社会劳动生产率。斯密认为，人类有一种天然的倾向，就是交换。交换是出于利己心并为达到利己的目的而进行的活动。交换的倾向形成分工，分工使社会劳动生产率极大提高。斯密在《国富论》一书中以制针为例，说明工场手工业中实行分工协作可以大大提高劳动生产率。他说，由一个人制针，所有的 18 道制针工序都由他自己来完成，每天最多只能生产 20 枚。如果实行分工生产，由 10 个人分别去完成各种工序，平均每人每天能生产 4 800 枚。这种劳动生产率的极大提高，显然是分工的结果。分工之所以能够提高劳动生产率，斯密认为原因主要有三点：一是劳动者的技巧因分工而日进，二是分工免除了从一个工序转到另一个工序所损耗的时间，三是分工促进了专业化机械设备的发明和使用。

（2）国内的分工原则也适用于国家之间。斯密认为，适用于一国内部不同职业之间及不同工序之间的分工原则，也同样适用于国家之间。他认为，国际分工是各种分工形式中的最高阶段。国家之间进行分工能够提高各国的劳动生产率，使产品成本降低，劳动和资本得到正确的分配和运用，通过自由贸易用较小的花费换回较多产品，这样就增加了国民财富。斯密主张，如果外国的产品比自己国内生产的要便宜，那么最好是从国外进口而不要自己生产这种产品。他举例说，苏格兰气候寒冷，不适宜种植葡萄，因而应从国外进口葡萄酒。但如果采用建造温室等方法，苏格兰也能自己种植葡萄并酿造出葡萄酒，只是其成本要比从国外购买高三倍。斯密认为，在这种情况下，如果苏格兰政府限制进口葡萄酒，并鼓励在本国种植葡萄和酿造葡萄酒，显然是一种愚蠢的行为。斯密主张，各国都应积极参加国际分工和国际贸易，用本国的优势产品去交换别国的优势产品，这对贸易双方都有利。斯密这里所说的优势指的是绝对优势。

（3）绝对成本论概述。斯密认为，一国在某种产品的生产上所花费的成本绝对地低于他国，就称为绝对优势。如果这种绝对优势是该国所固有的自然优势或已有的获得优势，它就应该充分利用这种优势，发展某种产品的生产，并且出口这种产品，以换回他国在生产上占有绝对优势的产品，这样做对贸易双方都更加有利。斯密的这种国际贸易理论被称作绝对优势说，也称绝对成本论，又称地域分工论。

斯密这里所说的优势包括自然优势和获得优势。所谓自然优势，是指一国先天所具有的气候、土壤、矿产和其他相对固定状态的优势。所谓获得优势，是指一国后天所获得的优势，如国家长期重视教育而培养有各类技术人才，发展某种产品生产的特殊技术和设备及长期积累起来的大量生产资金。

（4）绝对成本论例证。斯密认为，商品的价格是由劳动价值决定的，各国的社会劳动生产率是不同的，因而商品价值所决定的商品价格也有所不同。某些商品的价格国内比国外便宜，就可以出口卖高价，换回外国比本国便宜的商品。这样，通过国际贸易，双方都可以获得更多和更便宜的商品，既节约了本国的劳动力，又增加了使用价值。同时，贸易的开展使两国的资本和劳动力都从生产率低的行业转移到发达兴旺的出口行业中来，这一方面实现了资源的优化配置，提高了社会生产效率，另一方面又形成了合理的国际分工格局，其结果是，商品产量增加了，消费水平也提高了。

下面用两个国家生产两种产品的简要方法分析一下依据斯密的绝对成本论组织社会生产所带来的商品产量和消费水平方面的变化。这里以英国和法国两个国家生产生铁和小麦为例。

（1）英国和法国进行国际分工之前，各自具有不同产品上的绝对优势。在英国和法国没有进行国际分工的时期，每吨产品两国分别投入的劳动量如表 4-1 所示。

表 4-1 英法分工前每吨产品所需劳动量

国家	花费劳动时间	
	生铁	小麦
英国	50 天	100 天
法国	100 天	50 天

由表 4-1 可见，分工之前，英国生产每吨生铁需要 50 天，比法国少 50 天，而生产每吨小麦需要 100 天，比法国多 50 天。按斯密的理论，英国在生产生铁方面具有绝对优势，应该分工生产生铁而放弃小麦的生产；相反，法国在生产小麦方面具有绝对优势，应该分工生产小麦而放弃生铁的生产。

（2）英国和法国进行国际分工后，产品总产量增加。英法两国依据斯密的绝对成本论进行国际分工，所生产出的产品总量增加了，如表 4-2 所示。

表 4-2 英法分工后产品量的变化

国家	产量	
	生铁	小麦
英国	$\frac{50天+100天}{50天}=3吨$	0
法国	0	$\frac{50天+100天}{50天}=3吨$

由表 4-2 可见，分工后，英法两国投入的劳动总量未变，仍然是 300 天，但两种产品的产量却增加了。在分工之前，两国共生产 2 吨生铁和 2 吨小麦，分工后各增加了 1 吨，成为

3 吨生铁和 3 吨小麦。这就是分工所带来的利益。

（3）英法进行产品交换，对双方都有利。在分工生产的前提下，英法两国进行产品的等价交换，即英国用 1 吨生铁交换法国的 1 吨小麦。这种交换是公平的，因为分工生产后的 1 吨生铁和 1 吨小麦都是花费 50 天的劳动，价值相等。这种交换对两国都有利，因为此前在英国国内 1 吨生铁只能交换 0.5 吨小麦，在法国国内 1 吨小麦只能交换 0.5 吨生铁。英法两国进行产品交换后，英国得 2 吨生铁和 1 吨小麦，比分工前多得 1 吨生铁。法国得 2 吨小麦和 1 吨生铁，比分工前多得 1 吨小麦。可见，在进行国际分工和国际贸易后，英法两国的产品产量和消费水平都提高了。

以上就是斯密绝对成本理论在现实中的应用。

三、简评

（1）斯密提出的以绝对成本论为基础的自由贸易理论，在资本主义上升时期成为英国工业资产阶级反对封建残余，发展资本主义的有力武器，在历史上起过进步作用。他指出了分工对于提高劳动生产率的巨大意义，各国之间根据各自的优势进行分工，通过国际贸易使各国都能得到利益，这也是十分正确的。

（2）斯密创立的劳动价值论是科学的。他把劳动看作价值的源泉，认为劳动是衡量一切商品交换的真实尺度。作为价值尺度的劳动，它可以是生产中所耗费的劳动，也可以是交换中所购得的劳动。这些都成为政治经济学发展史上的宝贵财富。

（3）斯密关于交换的倾向产生了分工的观点是错误的。他认为，交换是人类固有的天性，正是由于人类有了交换的倾向，才产生了社会分工。斯密在这里颠倒了分工和交换的关系。人类社会是随着生产力的发展才逐渐有了社会分工和国际分工，有了分工，才有了以专业化生产为纽带的商品交换和国际贸易。斯密受时代的局限，未能正确地认识到这一点。

（4）这个理论还有其局限性，它只能说明在某些产品的生产中具有绝对优势地位的国家参加国际分工和国际贸易才能获得利益。现实中，世界上有很多国家在任何产品的生产中都不存在比别国具有绝对优势的地位，它们生产的所有产品效率都低，成本都高。那么，这类经济落后的国家是否应该参加国际分工和国际贸易？如果参加，它们是否能够从中获得利益？依据斯密的绝对成本论，对这种问题只能做出否定的回答。这就成了绝对成本理论的最主要的缺陷。

第三节　比较成本论

一、历史背景及作者生平

比较成本论是英国资产阶级在争取自由贸易的斗争中产生和发展起来的。1815 年英国颁布了《谷物法》，引起粮价上涨，地租猛增，这对地主贵族有利，却严重损害了工业资产阶级的利益。围绕《谷物法》的存与废，双方展开论争。大卫·李嘉图代表工业资产阶级发表了《论谷物低价对资本利润的影响》一文，主张实行谷物自由贸易，从而提出了比较成本理论。

大卫·李嘉图（David Ricardo，1772~1823年）是继亚当·斯密之后的英国古典政治经济学的杰出代表人物。他出身于一个犹太族家庭。父亲原籍荷兰，后移居英国，成为英国证券交易所成员。在李嘉图那个时代，英国货币体系发生了重大变化，银行数量大增，众多银行发行的银行券充斥流通领域，金融秩序比较混乱。为了加强控制，英格兰银行担负起中央银行的职责。针对这种形势，李嘉图于1809年发表了第一篇经济学论文《金块价格》，指出货币数量多少是相对的，纸币如果可以与黄金自由兑换，则币值不会大幅度下降，货币量可以由国与国之间的流通得到调解。如果二者不能自由兑换，货币发行量过多就会引起物价上升，币值下跌。1817年他出版了代表作《政治经济学及赋税原理》，对商品价值理论和财富分配问题进行了深入的研究，对地租及国际贸易问题也进行了卓有成效的探讨，完成了比较成本学说，从而成了继斯密之后英国最有影响的经济学家。李嘉图的其他著述有：1819年为《大英百科全书》写的《融资制度》，1820年的《马尔萨斯〈政治经济学原理〉评注》，1822年的《农业保护论》，1823年的《设立国民银行方案》和《绝对价值与相对交换价值》等。

二、比较成本论的主要内容

（一）比较成本论概述

李嘉图全面继承了斯密的经济思想，并在诸多问题上有了更深一步的发展和提高。在国际贸易理论问题上，李嘉图十分赞同斯密关于国际分工可以极大地提高生产力水平的观点，并对斯密关于一个国家应以自己具有绝对优势的产品进入国际分工体系的论点做了修正和完善，指出一个国家不仅能以具有绝对优势的产品进入国际分工体系，而且也能以具有相对优势的产品参加到国际分工体系中来。

李嘉图认为，一国不仅可以在本国商品相对于别国同种商品处于绝对优势时出口该商品，在本国商品相对于别国同种商品处于绝对劣势时进口该商品，而且即使一个国家在生产上没有任何绝对优势，只要它与其他国家相比，生产各种商品的相对成本不同，那么，仍可以通过生产相对成本较低的产品并出口，来换取它自己生产中相对成本较高的产品，从而获得利益。这一学说被当时大部分经济学家所接受，时至今日仍被视作是决定国际贸易格局的基本规律，是西方国际贸易理论的基础。

（二）比较成本论例证

李嘉图在其代表作《政治经济学及赋税原理》中举了一个通俗的例子："如果两个人都能制鞋和帽，其中一人在两种职业上都比另一个人强一些，不过制帽子时只强 1/5 或 20%，而制鞋时则强 1/3 或 33%，那么这个较强的人专门制鞋，而那个较差的人则专门制帽，岂不是对双方都有利么？"①

李嘉图也采用了斯密由个人推及国家的方法，认为国家之间如能按上述个人之间的分工原理进行国际分工，也必将会使各方获得利益。他以英国和葡萄牙为例，论证了他的比较成本原理。

1. 英葡两国进行国际分工前在毛呢和葡萄酒这两种产品的生产上各自具有相对优势

在英国和葡萄牙没有进行国际分工的时期，每吨产品两国分别投入的劳动量如表 4-3 所示。

表 4-3　英葡分工前每吨产品所需劳动量

国家	花费劳动时间	
	葡萄酒	毛呢
葡萄牙	80 天	90 天
英国	120 天	100 天

葡萄牙生产每吨酒需要花费劳动时间 80 天，生产每吨毛呢需要花费劳动时间 90 天，而英国则分别需要 120 天和 100 天。

按照斯密的绝对成本理论，在上述情况下，英葡两国之间是不会发生贸易的，因为英国两种产品的劳动成本都绝对高于葡萄牙。但是，李嘉图通过分析认为，两国仍能进行对双方都有利的国际分工和国际贸易。葡萄牙在两种产品的生产上虽然都比英国有绝对的成本优势，但优势的程度并不相同。两种产品的成本比率分别是：

毛呢：$\dfrac{90}{100}=0.9$　　葡萄酒：$\dfrac{80}{120}=0.67$

葡萄牙的毛呢成本为英国毛呢成本的 90%，酒的成本为英国的 67%，其两种产品的绝对成本均比英国的要低。但相对而言，酒的成本更低，优势更大，所以应该分工生产酒，以酒交换英国的毛呢更为有利。英国两种产品的成本都处于绝对劣势，但毛呢的劣势较小一些，所以应分工生产毛呢，以毛呢交换葡萄牙的酒更为有利。这种"两优取其重，两劣择其轻"的思想，是李嘉图比较成本论的核心。依据这一思想进行国家间的分工和贸易，对各方都有利。

2. 英葡两国进行国际分工后产品总产量增加了

英葡两国依据李嘉图的比较成本论进行国际分工，英国分工生产毛呢，葡萄牙分工生产

① 李嘉图 D. 政治经济学及赋税原理. 北京：商务印书馆，1976.

葡萄酒，所生产出的产品总量增加了，如表 4-4 所示。

表 4-4　英葡分工后产品量的变化

国家	产量	
	葡萄酒	毛呢
葡萄牙	$\frac{80天+90天}{80天}=2.125吨$	0
英 国	0	$\frac{100天+120天}{100天}=2.2吨$

可见，分工生产后，劳动总量没有增加，产品总量却增加了。葡萄牙把 170 天的劳动全部用于生产酒，生产出 2.125 吨酒；英国则把 220 天的劳动全部用于生产毛呢，生产出 2.2 吨毛呢。英葡两国的劳动总量没有增加，仅仅由于进行了国际分工，就比以前多生产出 0.125 吨酒和 0.2 吨毛呢。

3. 英葡两国进行产品交换对双方都有利

在分工的前提下，英葡两国进行产品的国际贸易。如果用 1 吨毛呢交换 1 吨葡萄酒，其结果是葡萄牙换得 1 吨毛呢后还有 1.125 吨的酒，相对于没有实行国际分工前得到的比较利益是 0.125 吨的酒；英国换得 1 吨酒后还有 1.2 吨的毛呢，相对于没有实行国际分工前得到的比较利益是 0.2 吨的毛呢。由此可见，按比较成本理论进行国际分工和国际贸易，使各参加国，无论是经济发展水平高的国家还是经济发展水平低的国家，都能从中受益。

通过以上分析可以看出，李嘉图的比较成本论比斯密的绝对成本论更具有普遍意义。斯密理论只论证了一部分在生产上具有绝对优势的国家参加国际分工的必要性，而李嘉图理论则论证了世界上所有的国家参加国际分工的必要性。所以，李嘉图的比较成本论被称作是国际贸易的一般理论。

三、简评

（1）比较成本论在更广的范围里推动了国际分工和国际贸易的开展。这一理论所揭示的客观规律，从实证经济学角度科学地给出了证明：无论是生产力水平高还是低的国家，只要按照比较优势的原则参加分工和贸易，都可以得到实际利益。这种理论引导着更多的国家加入了国际分工体系，促进了社会生产力的发展和社会财富的增加。

（2）李嘉图的比较成本学说坚持了劳动价值论。认为劳动是商品价值的源泉，劳动时间是衡量商品价值量的尺度，这是科学的、合理的。

（3）比较成本论更明显地反映了发达国家向外实行经济扩张的要求。该理论认为，国际的分工和贸易能为各国带来实际利益，因而主张各国实行自由贸易政策。这实际上是要求发展中国家撤除保护民族工业和民族利益的屏障，为外国商品的输入提供条件。根据国际价值规律，劳动生产率较高的国家中一天的劳动产品可以换回别国几天的劳动产品。经济发达国家生产率水平较高，在国际贸易中获利也就较多，而劳动生产率低下的发展中国家所获利益便相对较少。因此，从某种意义上讲，比较成本论是发达国家的理论。

第四节 相互需求论

李嘉图的比较成本学说论证了参加国际贸易的国家以具有相对优势的产品进行交换，各方都会获得贸易利益。但李嘉图的理论并没有解决贸易双方利益的具体分配问题，特别是没有解决进出口商品交换比例应如何确定的问题。针对李嘉图留下的这种贸易利益划分问题，约翰·穆勒创立了相互需求学说，从而补充和发展了比较成本论。此后，马歇尔又运用数学工具阐释穆勒的相互需求学说，以几何图形使这一学说“精密化”，进一步论证了供给和需求是如何共同决定进出口商品交换比例的。

一、穆勒的相互需求论

约翰·斯图亚特·穆勒（John Stuart Mill，1806~1873 年）是英国经济学界的重要人物，李嘉图的追随者，也有人称他是“最后一个古典主义者”。1848 年，他出版了代表作《政治经济学原理》(Principles of Political Economy)。在这本书中，他论述了他的相互需求原理(theory of reciprocal demand)(或如其自称的相互需求方程式)。穆勒认为，国际商品交换比例是在比较成本确定的范围内，由相互需求的强度决定的。

相互需求论的产生是与当时英国资产阶级争取自由贸易运动相联系的。李嘉图逝世后，英国经济学界展开了一场关于关税报复问题的辩论。拥护自由贸易的 R·托伦斯在论战中提出：国际交换条件（指国际价值）并不决定于生产成本，而决定于供求原理。他认为，资本和劳动在国内能够自由流动，因此，生产成本可以直接影响并调整供求关系，是商品交换比例的最终决定者；但资本和劳动在国际间不能自由流动，决定国际交换条件的不再是生产成本，而是国际供求关系。穆勒在相互需求论中对这一观点进行了全面系统的阐述。

（一）关于国际商品交换比例上下限的分析

穆勒认为，在国际分工开始以前，两国存在各不相同的 x 商品与 y 商品的国内交换比例。进行国际分工和国际贸易后，两国国内的交换比例被在世界市场确定的单一交换比例即国际交换条件所取代。这种国际交换比例直接决定各国出口产品的国际价值。

下面以英国和德国两个国家各生产毛呢和钢铁两种产品为例，来论述穆勒关于国际交换条件的确定问题。

（1）英德两国进行国际分工前，在两种产品的生产上各自具有相对优势。依据比较成本论，英国应分工生产毛呢，德国应分工生产钢铁。

假设英德两国投入既定量劳动各自可生产毛呢和钢铁的数量如表 4-5 所示。

表 4-5　英德两国分工前的产量

国家	既定劳动产出量	
	毛呢	钢铁
英国	10 单位	15 单位
德国	10 单位	20 单位

根据假定，英德两国总劳动量相同，一半用于生产毛呢，一半用于生产钢铁。在毛呢的生产上，两国劳动生产率相同，投入相同的劳动量产出相同的 10 单位毛呢；在钢铁的生产上，两国的劳动生产率则不同，同样的劳动投入，英国只生产出 15 单位钢铁，德国则生产出 20 单位钢铁。由此可以看到，英国在毛呢的生产上处于相对优势，而德国则在钢铁的生产上处于相对优势。所以，贸易格局应该是英国生产并出口毛呢以交换德国的钢铁。

（2）英德两国进行国际分工后，劳动总量没有增加，产品总量却增加了。

按比较成本原则进行国际分工，英德两国所生产的产品量如表 4-6 所示。

表 4-6　英德分工后产品量的变化

国家	既定劳动产出量	
	毛呢	钢铁
英国	20 单位	0 单位
德国	0 单位	40 单位

英国全部劳动力都生产毛呢，可生产出 20 单位的毛呢；德国全部劳动力都生产钢铁，可以生产出 40 单位的钢铁。就英国和德国所结成的分工体来说，产品总量由于分工而增加了：毛呢的量虽仍为 20 单位，钢铁的量却由 35 单位增至 40 单位。

（3）英德两国间商品的交换比例，应在双方国内商品交换比例的上下限之间。

在没有参加国际间的分工与贸易时，英德两国国内的商品交换比例由商品的劳动成本决定。所以，在英国国内毛呢与钢铁的交换比例，或称毛呢对钢铁的相对价格为 10∶15，即 10 单位的毛呢换 15 单位的钢铁，因为它们所含的劳动量相等。在德国国内，毛呢与钢铁的交换比例为 10∶20，即 10 单位毛呢换 20 单位钢铁。

当有了国际分工后，英国人开始用毛呢到德国去交换钢铁。这种国际交换的比例应如何确定呢？假设英德两国间的运输成本为零，英国人会希望用 10 单位的毛呢到德国去按德国国内的交换比例换回 20 单位的钢铁；德国人则希望能按英国国内的交换比例，得到英国的 10 单位毛呢时只付出自己的 15 单位钢铁。显然，这两种愿望是相互矛盾的。在现实中必须达成一个折中方案，才能被双方同时接受。

在只有英德两国组成的国际市场上，只要10单位毛呢可以换得的钢铁量超过15单位，英国便会接受这种国际贸易，因为这种相对价格比英国国内便宜；反之，若10单位毛呢可以换得的钢铁量等于或少于15单位，英国就不会出口毛呢到德国去换钢铁。同样，对于德国来说，只要在国际市场上换取10单位毛呢的钢铁量少于20单位，它就愿意参加国际贸易。因此，英德两国商品的交换比例，应确定在双方国内的交换比例这个上下限之间。

如果用 e 表示国际交换比例，则其范围可以表示为

$$10:20 < e < 10:15$$

只有在此限度内，国际贸易才会发生。如果国际商品交换比例高于这一上限或低于这一下限，则贸易双方中就必有一方会退出交易，国际贸易也就无法进行下去。如果按上限或下限进行交换，就会出现交易的一方独占全部利益的情况。例如，按10∶20这种德国国内的交换比例进行贸易，贸易后德国可得到10单位毛呢和20单位钢铁，其利益没有因为参加国际贸易而变化；英国却在这种贸易中获得了10单位毛呢和20单位钢铁，比参加国际分工和贸易前多得5单位钢铁。这意味着国际分工和贸易所产生的全部利益都被英国所得。又如，若按10∶15这种英国国内的交换比例进行贸易，则英国的利益未变，而德国多得5单位的钢铁。这样一来，就等于德国将国际分工和贸易带来的利益全部攫为己有。

通过以上分析，穆勒得出结论：两国国内交换比例构成国际交换比例的上下限，超过或等于上下限的交换比例意味着一方获得全部利益，而另一方则损失了利益或未增加利益。

上述理论并不全是穆勒的创新，它也可以从李嘉图的理论中推演出来。但是，国际商品交换比例 e 究竟应定在上限和下限之间的哪一点上，这是从李嘉图的理论中得不出来的。穆勒认为，必须从交易双方的相互需求入手进行分析，才能解决这一问题。而这才是他真正的理论创新。

（二）贸易利益的分配决定于相互需求强度

穆勒在深入分析了国际商品交换比例一定会在交易双方国内交换比例之间这个问题后，进一步指出国际商品的具体交换比例，是由贸易双方相互需求强度的大小来决定的。

在国际贸易中，一方销售商品也就变成了购买对方商品的手段。换言之，一方的供给就构成了对对方商品的需求，所以供给和需求是商品交易的两个方面，可称其为相互需求。穆勒认为，在国际贸易所形成的相互需求中，对对方产品需求强度相对大的国家，贸易条件（商品的具体交换比例）对该国就不利。因为该国为了得到对方国家的产品，就不得不用更多的本国产品去交换，从而使本国产品的交换能力下降。相反，对对方产品需求强度相对小的国家，贸易条件对该国就较有利。

（三）关于相互需求方程式的分析

穆勒的国际贸易理论最终落脚在对相互需求方程式的分析上，他以此来说明商品交换中

贸易条件的确定及变化，也是以此来阐述国际贸易中商品价格的变动和贸易利益的分配。

（1）相互需求方程式的含义。相互需求方程式是指在国际分工的条件下，两个国家各自生产不同的产品并相互交换，这两种产品的交换比例必须等于两国相互需求对方产品总量的比例。

穆勒认为，当这一相互需求方程式成立时，国际市场中商品的相对价格便由此确定。

（2）相互需求方程式的确定。我们仍以英德两国生产两种产品为例。英国国内毛呢与钢铁的交换比例为 10∶15，德国国内的交换比例为 10∶20。在进行国际贸易时，毛呢与钢铁的国际交换比例应介于二者之间，假定为 10∶17。依据穆勒的分析，在 10∶17 的贸易条件下，英德两国相互需求对方产品的总量必须是 10∶17 的公倍数，两国的贸易才能达到均衡，两国的需求强度才能相等，相互需求方程式才能成立。

如果公倍数为 1000，就表明英国对钢铁的需求量为 17×1000，即需要 17 000 单位的钢铁；德国对毛呢的需求量为 10×1000，即需要 10 000 单位的毛呢。英国为换取自己所需的 17 000 单位钢铁，愿意出口 10 000 单位的毛呢；而德国正好需要 10 000 单位的毛呢，并愿以 17 000 单位的钢铁相交换。此时的相互需求均衡，两种商品的交换比例稳定在了 10∶17 上，这也可以看作商品的市场均衡价格。此时的相互需求方程式为

$$10:17=10000:17000$$

（3）相互需求方程式的失衡与恢复。市场上消费者对某些商品的需求常常会发生变化，这种需求变化会立即反映到商品的价格上来，引起价格的上升或下降，而价格的变化又会反过来影响商品的需求。假设受某种因素的影响，英国需求对方产品的强度发生了变化，在 10∶17 的贸易条件下，英国对钢铁的需求由 17 000 单位降为 13 600 单位，而德国对毛呢的需求强度不变，仍为 10 000 单位。在此种交换比例和此种相互需求情况下，原来的相互需求方程式会失去平衡：

$$10:17\neq10000:13600$$

以前双方产品供求的均衡状态已经被打破，曾存在过的均衡价格就必然会发生倾斜。这种价格的倾斜对德国是不利的，因为在英德这两种产品的相互贸易中，德国对英国产品的需求更强烈。德国为了取得英国的毛呢，就要降低钢铁的相对价格。假设两种产品的交换比例由 10∶17 变为 10∶18，则产品的交换比例即相对价格的变化必然会影响消费者对其需求的变化。在这种新的交换比例中，毛呢的相对价格上升了，因此德国对毛呢的需求由原来的 10 000 单位减至 9 000 单位；钢铁的相对价格下降了，英国对钢铁的需求由原来的 13 600 单位增至 16 200 单位。由于市场机制的自动调整，相互需求方程式在 10∶18 的贸易条件下重新得以恢复：

$$10:18=9000:16200$$

如果相互需求强度呈现出相反的情况，英国的需求强于德国，则贸易条件就会变得对英国不利，如变为 10∶16。

综上所述，在两国间的贸易中，一国所获利益的大小取决于交易条件靠近哪个国家的国

内交换比例，即靠近上限还是下限。国际商品交换比例越接近于本国国内交换比例，对本国越不利；反之，越接近于对方国内交换比例，对本国越有利。而交易条件是靠近上限还是下限，则是由两国的相互需求强度所决定的。这就是穆勒的相互需求原理。简言之，穆勒是用相互需求强度的大小来解释贸易条件的变动。

（四）简评

（1）穆勒以李嘉图的比较成本论为基础，解决了国际贸易为双方带来利益的范围问题，从这点上看，他发展完善了李嘉图的理论。他认为，贸易双方得利的范围介于双方国内交换比例的上下限之间，超出这个客观界限，就会有一方利益受损并退出交易，使得国际贸易无法进行下去。穆勒在贸易双方利益分配问题上的论述，使得比较成本学说成为更加完整的理论。这也被人们称作是穆勒理论的一个重大贡献。

（2）穆勒没有坚持李嘉图的劳动价值论。根据劳动价值论，商品价格的决定因素是劳动所创造的价值，而不是商品的供求数量。穆勒却强调双方商品的供求关系。他认为，本国商品的价值决定于商品的劳动成本，而外国商品的价值则决定于为了得到这些商品所必须支付给外国的本国商品的数量。也就是说，外国商品的价值决定于国际交换比例，而国际交换比例则决定于相互需求强度。这实际上脱离了劳动价值论。

（3）穆勒理论的分析方法有创新。穆勒理论与李嘉图理论在分析方法上是不相同的。李嘉图理论是以两国生产单位产品所花费的劳动量不同为出发点的，是一种“比较（劳动）成本”的分析方法；而穆勒理论则是以两个国家相等的劳动投入量生产出不同的产品量为出发点的，是一种“比较利益”的分析方法，即把成本固定，比较各国生产各种产品利益的大小。因而，西方经济学家也称穆勒理论为比较利益论。

二、马歇尔的相互需求论

阿费里德·马歇尔（Alfred Marshall，1842~1924 年），英国经济学家，是新古典学派（Neoclassical School，又称剑桥学派）的奠基者。他研究了穆勒的国际贸易理论，并在 1878 年问世的代表作《对外贸易纯理论》中首先以几何曲线阐释穆勒的相互需求说，以一种图解法来说明供给和需求如何共同决定国际交换比率。西方学术界以此作为马歇尔在国际贸易理论方面的主要贡献，并称他提出的几何曲线为马歇尔曲线（Marshallian Curve）。1894 年英国经济学家 F·Y·埃奇沃思称马歇尔的曲线为对外贸易曲线、国际贸易供求曲线，而称自己所用的为提供曲线。实际上二者的性质相同，故也称马–埃曲线，但应用最广的名词为提供曲线（offer curve）或相互需求曲线（reciprocal demand curve）。下面主要分析马歇尔利用提供曲线对贸易条件所做的解释。

（一）互利贸易条件的范围

两个参加国际贸易的国家所接受的贸易条件，必须是对双方都有利的贸易条件，这种贸易条件必须被限定在一定范围之内。根据相互需求论的观点，交易双方在各自国内有各自的交换比例。在国际贸易中，两国产品的交换形成了一个国际交换比例，即国际贸易条件，或称相对价格。这个贸易条件是指互利贸易条件，它必须在两国国内交换比例所规定的上下限之间。

仍按前面的例子分析，用毛呢交换钢铁，英国国内交换比例为 10∶15，德国国内交换比例为 10∶20，所以两国的毛呢交换钢铁的互利贸易条件的范围就限定在 10∶15~10∶20 这个上下限之间，如图 4-1 所示。

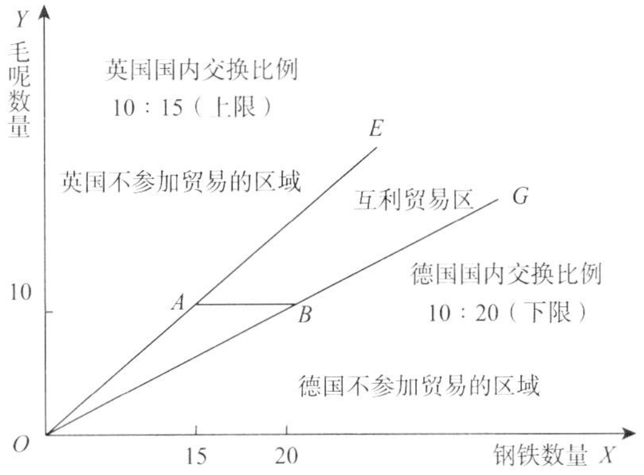

图 4-1　互利贸易条件的范围

在图 4-1 中，纵坐标 Y 表示毛呢的量，横坐标 X 表示钢铁的量。英德两国的交换比例用从原点引出的射线的斜率来表示，斜率等于射线任意点到 X 轴和 Y 轴距离之比。OE 的斜率为 10∶15，表示英国国内的交换比例，也是国际贸易中毛呢交换钢铁的上限；OG 斜率为 10∶20，表示德国国内的交换比例，也是国际贸易中毛呢交换钢铁的下限。从图 4-1 可见，OY 与 OE 之间是英国不参加贸易的区域，OX 与 OG 之间是德国不参加贸易的区域，OE 与 OG 之间则为两国的互利贸易区。

在互利贸易区内，A 点斜率为 10∶15，B 点斜率为 10∶20。这样，从原点出发，通过线段 AB 的任意点的斜率，都是互利贸易条件。贸易条件决定着贸易利益的分配状况，因此，贸易条件越接近 A 点（上限），对英国越不利而对德国越有利；反之，贸易条件越接近 B 点（下限），对德国越不利而对英国越有利。

（二）相互需求均衡决定贸易条件

相互需求均衡就是指相互供求相等。穆勒用相互需求方程式说明贸易条件或国际交换比例的决定，而马歇尔则是用提供曲线解释贸易条件或国际交换比例。

1. 提供曲线

（1）提供曲线的定义。提供曲线是表示一个国家贸易条件的曲线，它表示一国想交换的进口产品的数量与所愿出口的本国产品数量之间的函数关系。

（2）德国的提供曲线。如前例，两个国家进行商品交换时，其贸易条件在不同的情况下是会发生变动的，两国愿意进出口的商品数量也会随着贸易条件的变动而变动。当贸易条件有利时，一国就愿多出口，以便换回更多的进口产品。德国的提供曲线如图 4-2 所示。

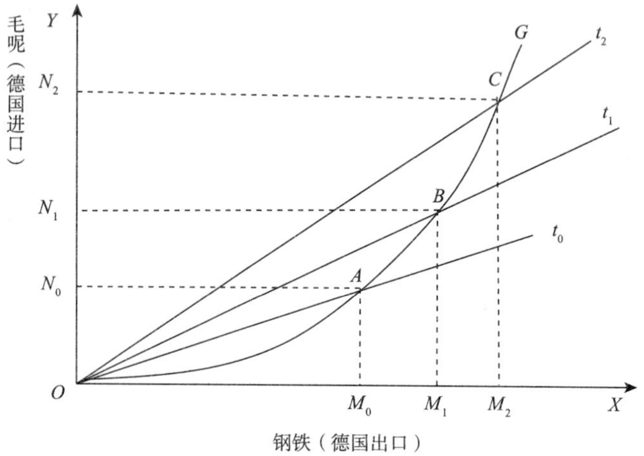

图 4-2　德国的提供曲线

在图 4-2 中有三条射线，即 Ot_0、Ot_1、Ot_2，它们都在互利贸易区范围之内，代表着三种不同的贸易条件。贸易条件越有利，一国就越愿意多出口。假设，当贸易条件为 Ot_0 时，德国愿意出口 OM_0 钢铁以换进 ON_0 毛呢；当贸易条件为 Ot_1 时，德国愿意出口 OM_1 钢铁换进 ON_1 毛呢；当贸易条件为 Ot_2 时，德国愿意出口 OM_2 钢铁换进 ON_2 毛呢。站在德国利益的角度上看，Ot_0 的贸易条件较差，Ot_1 的贸易条件有所改善，Ot_2 改善得更多，这意味着它用一定量的钢铁能换回更多的毛呢。贸易条件对德国不太有利时，德国不愿多出口，当贸易条件变得对德国更有利时，德国就愿出口较多的钢铁以换回更多的毛呢。如果把贸易条件为 Ot_0、Ot_1、Ot_2 时德国进出口数量的 A、B、C 点连接起来，其所形成的这条曲线 OG 就是德国的提供曲线，也称相互需求曲线。

需要指出的是，图 4-2 中的 OG 曲线原是图 4-1 中的 OG 射线，只是在图 4-2 中 OG 线呈向上弯曲状。OG 曲线上的 A、B、C 三点都在互利贸易区之内。

（3）英国的提供曲线。依据上述道理，也可得出英国的提供曲线 OE，如图 4-3 所示。

英国的提供曲线 OE 如同德国的 OG 一样，既是需求曲线，又是供给曲线。因为以易货交易来解说，一国的进口就意味着出口，进口一定量的商品必须用出口一定量的本国商品来交换，所以，提供曲线又被称为相互供求曲线。

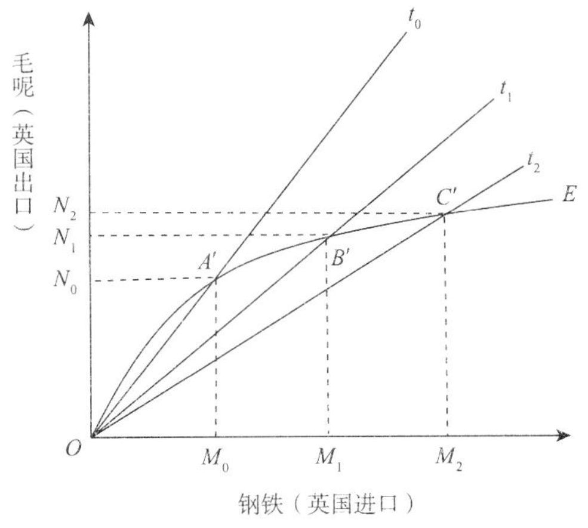

图 4-3　英国的提供曲线

2. 双方都能接受的均衡贸易条件

前面提到的两条提供曲线分别从德国利益和英国利益的角度进行分析。现实中，交易双方必须同时受益，国际贸易才会发生。因此，必定存在一个互利的贸易条件。互利贸易条件的范围，必须在两国国内交换比例所确定的上限与下限之间，所以这两条提供曲线 *OG* 和 *OE*，也都是在互利贸易区的范围之内。图 4-4 就是表示贸易条件的两条提供曲线，马歇尔以此来分析使交易双方的供求都处于均衡状态的贸易条件。

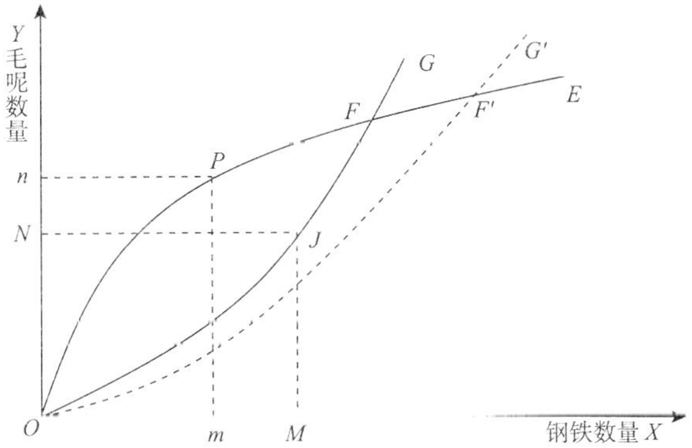

图 4-4　两国贸易均衡图

在图 4-4 中，*X* 轴表示德国在不同贸易条件下愿意出口本国商品的数量，*Y* 轴则表示英国在不同贸易条件下愿意出口本国商品的数量。马歇尔认为，如果两国都只考虑本国的利益，希望把贸易条件定在 *P* 点或 *J* 点，对方是不会接受的，国际贸易便不会发生。因为在 *P* 点时德国付出的少得到的多，在 *J* 点时英国付出的少得到的多。只有当 *OG* 和 *OE* 相交于 *F* 点时，即在这种贸易条件下，德国愿意出口的商品量才恰好等于英国需要进口的商品量，而英国愿意出口的商品量也恰好等于德国需要进口的商品量。在这一点上，交易双方的相互供求达到了均衡状态。因此，*F* 点可称为均衡点。在这种双方都能接受的均衡贸易条件下，两国的进出口数量相协调，双方都可在这种国际贸易中获得相对满意的利益。

3. 均衡贸易条件的变动和恢复

贸易双方的相互需求如果发生变动，就会使均衡贸易条件发生变化。这种情况在国际贸易中是经常出现的。例如，德国由于国内消费倾向的变动而增加了对英国毛呢进口的需求，但英国对德国钢铁的需求仍保持不变，这种德国需求强度的单方面增强，使其在贸易中处于不利地位，不得不用比以前更多的钢铁去交换英国毛呢。在图 4-4 中，德国的提供曲线便因此而向下移动，移到了虚线 OG' 的位置。德国的这条新提供曲线与英国的提供曲线的交点为 F'，它表示新的均衡贸易条件。通过该点射线的斜率要小于通过 F 点射线的斜率，这说明德国愿意为得到一定数量的毛呢而提供比以前更多的钢铁。这种贸易条件变得对德国不利而对英国有利。

如果事情与此相反，英国由于国内消费倾向变动等原因而增加了对德国钢铁的需求，但德国对英国毛呢的需求仍保持不变，这又会使英国在贸易中处于不利地位，不得不用比以前更多的毛呢去交换德国的钢铁。如果用图形表示，则会使英国的提供曲线向上移动，新形成的贸易条件对英国不利而对德国有利。

4. 提供曲线弯曲的原因

以上两条提供曲线弯曲的方向不同，德国的提供曲线向上弯曲，表示用一定数量的钢铁可以换回更多的毛呢。英国的提供曲线向下弯曲，表示用一定数量的毛呢可以换回更多的钢铁。可以看出，两条曲线的弯曲方向不同，所表示的贸易条件都是对本国越来越有利。

这里需要进一步分析的问题是提供曲线为什么会弯曲，即德国的提供曲线为什么会向上弯曲，而英国的提供曲线为什么会向下弯曲。马歇尔用他的供求价格论对此问题做了解释和分析。

一方面，从商品的效用角度分析。商品的效用指商品的有用性，或者是满足消费者欲望的程度。马歇尔认为商品的价值由产品的效用决定，而产品的效用大小则是由该类商品的供求状况所决定，认为商品的边际效用呈递减状态。这是马歇尔的重要观点之一。在此例中，对德国来说，随着进口毛呢和出口钢铁数量的增加，国内市场上毛呢的数量在增加而钢铁的数量则在减少。其结果是，钢铁因数量减少而效用提高，毛呢则因数量增加而效用下降。正是由于这两类商品的效用发生了变化，德国出口同样数量的钢铁必须换回比以前更多数量的毛呢，这才能使它愿意继续扩大这种国际贸易。对英国来说，情况正好相反，随着进出口量的增加，毛呢因国内数量的减少而效用提高，钢铁则因国内数量增加而效用下降。这样，英国出口同样数量的毛呢必须换回比以前更多数量的钢铁，它才会继续扩大这种国际贸易。

另一方面，从商品的成本角度分析。商品的价格由生产成本决定，而生产成本的高低则与商品的产量密切相关。对德国来说，随着钢铁出口数量的增加，国内产量必须要增加，由于总产量的增加，使钢铁的生产成本不断提高，其价格也随之提高，这就决定了用一定数量的钢铁必须交换更多的毛呢，德国才愿意继续扩大进出口数量。分析这个问题时必须有一个假设条件（马歇尔本人并没有做这种假设），即假设德国生产钢铁的规模效益已达到最佳点，再增加产量，成本也将随之增加。这种情况在英国也同样存在，随着毛呢出口数量的增加，国内产量必须要增加，由于毛呢总产量的增加，其生产成本不断提高，其价格也随之提高，这就决定了用一定数量的毛呢必须交换更多的钢铁，英国才愿意继续扩大这种国际贸易。正是由于上述两个方面的原因，两条提供曲线朝着不同的方向发生弯曲。

（三）简评

（1）马歇尔理论的积极意义。这主要表现在他从相互需求论的角度解释了贸易条件的确定，回答了参加国际贸易的双方各得多少利益的问题。从前面的分析中可以看出，相互需求论对贸易条件的分析有两种表述方法：一种是穆勒用相互需求方程式（又称国际需求方程式），即算术等式进行的分析；另一种是马歇尔用提供曲线，即用几何方法进行的分析。这两种方法在理论上是一致的，所得结果也是相同的，最终都走到了均衡贸易条件这个归结点上，明确解答了贸易双方的利益量问题。从这一点上，可以说是对比较成本论的较好补充。

马歇尔的分析方法和他所使用的提供曲线分析工具，也被后来的很多经济学家所运用，这对国际贸易理论的深入发展也有积极影响。

（2）马歇尔理论的主要缺陷。马歇尔与穆勒一样，把商品的国际价值看成是由市场供求均衡所决定，而不是由人类的抽象劳动所决定，这就违背了李嘉图劳动价值论的正确观点。此外，马歇尔的国际贸易理论主要是对穆勒理论的补充和发挥，缺少创新之处。

重要术语

重商主义	贸易差额论	早期贸易差额论	晚期贸易差额论
亚当·斯密	经济自由主义	绝对成本论	自然优势
获得优势	大卫·李嘉图	比较成本论	约翰·穆勒
相互需求论	相互需求方程式	阿费里德·马歇尔	提供曲线

▶ 重要术语解释请扫描右侧二维码

授课录像

第四章精彩视频请扫描二维码

客观测验题

客观测验题及答案请扫描二维码

复习题

1. 简述贸易差额论的理论思想。
2. 贸易差额论的政策主张有哪些?
3. 简述斯密的绝对成本论并做出评价。
4. 举例说明李嘉图的比较成本论。
5. 比较斯密和李嘉图的国际贸易理论。
6. 简述穆勒的相互需求理论并做出评价。
7. 穆勒对国际商品交换比例上、下限是如何分析的?
8. 简述相互需求方程式。
9. 通过图形说明提供曲线的含义及其变动。
10. 提供曲线弯曲的原因是什么?

第五章 西方国际贸易理论（中）

导 读

本章重点介绍和分析现代国际贸易理论。这些理论更接近于资本主义国际贸易发展的实际，对当代各国外贸政策的制定产生着较大的指导作用。本章中俄林的资源赋予论，在西方国际贸易理论领域中占有非常重要的位置，是从纯理论研究向应用理论研究发展过程中的一个里程碑。而里昂惕夫之谜则是对俄林理论的质疑，所提出的问题不仅在西方国际贸易理论界引起震动，而且还带动起一场持续多年的理论争论和探讨，从而推动了国际贸易理论向纵深发展。西方传统的国际贸易理论在里昂惕夫之谜的冲击下，暴露出了种种缺陷和不足，这促使各国的经济学家们用各种不同的分析方法，特别是用动态分析法去研究国际贸易的各种新现象及产生这些现象的原因，从而促进了第二次世界大战后各种新的国际贸易学说的发展，这也是本章所要讲解的主要内容。

本章学习重点

1. 现代国际贸易理论与古典国际贸易理论的继承关系
2. 俄林的国际贸易理论
3. 要素价格均等化定理的含义和均等化过程
4. 里昂惕夫之谜的产生及解释
5. 战后出现的各种新贸易理论
6. 波特的国家竞争优势理论

本章教学要求

◀ 请扫描左侧二维码

第一节 资源赋予论

一、理论背景

资源赋予论又称要素禀赋论，也称赫克歇尔-俄林模型，或称 H-O 模型。资源赋予论是用生产要素的丰缺度解释国际贸易产生的原因和商品流向的理论。资源赋予论直到 20 世纪 50 年代中期以前，在西方国际贸易理论界一直居主导地位，被广泛地接受和推崇。

瑞典经济学家埃利·赫克歇尔（E.Hecksher，1879~1952 年）于 1919 年发表了题为《对外贸易对国民收入之影响》的著名论文，来解释李嘉图学说中两国之间比较成本的差异问题。他在论文中指出，如果两个国家所拥有的各种生产要素的数量都一样，且两个国家各个生产部门中生产的技术水平也都一样，即不论生产何种产品所需投入的各种生产要素的比例都一样，再假定没有任何运输成本，那么进行国际贸易的结果对任何一个国家来说都是既无所得，也无所失，进行国际贸易也就失去了意义。因此，他指出，产生比较成本差异必须有两个前提条件，一个是两个国家要素赋予不一样，另一个是不同产品生产过程中所使用的要素比例不一样。只有在这两个前提下，国际贸易才会发生。但赫克歇尔的理论论证既不严密，也从未提出过完整的理论模式。

贝蒂尔·俄林（B.Onlin，1899~1979 年）是赫克歇尔的学生。他是瑞典著名的经济学家，斯德哥尔摩经济学院的教授。他还曾长期担任国会议员和自由党领袖，第二次世界大战中曾任瑞典商业大臣。他一生中发表过许多学术论文和专著，并且由于在国际经济关系理论方面做出过卓越的贡献而荣获 1977 年诺贝尔经济学奖。他接受了赫克歇尔的论点，于 1933 年出版了《区际贸易和国际贸易》一书。该书被认为是现代国际贸易理论最重要的著作之一，俄林在这本著作中所创立的贸易学说被经济学界誉为西方国际贸易理论从古典发展到现代的标志。他的理论模式被称作生产要素比例模式，与李嘉图的比较成本模式并列为国际贸易中两大基本模式。由于俄林的理论深受赫克歇尔理论的影响，故人们把他们的理论合称为赫克歇尔-俄林模型（赫-俄模型）。

赫-俄理论的出现，是对李嘉图国际贸易理论的一种挑战。这种挑战主要表现在对李嘉图学说的三个基本假定的否定上。

（1）否定了李嘉图学说的劳动是唯一生产要素的假定。李嘉图的比较成本说认为，劳动是唯一的生产要素，并且用各个国家劳动成本的差异来说明比较利益。俄林则认为，参与商品生产的除了劳动要素外，还包括资本和土地。他认为，仅仅分析劳动要素是不够的，必须从生产的三大要素在各国的差异分析入手，才能探寻到产生国际贸易的真正原因。

（2）否定了李嘉图学说的两国生产函数（投入量与产出量的比例）不同的假定。俄林假设两国的生产技术是相同的，投入一定的生产要素都会带来相等的产出量，即生产函数是相同的。

（3）否定了李嘉图学说的劳动能在国内充分自由流动的假定。俄林认为，劳动像资本一样在国内的流动是受到一定限制的，流动只是在一定程度上发生，这才更符合实际情况。

上述几点，既是对李嘉图的否定，也是对自己理论分析所做的假定。除此之外，赫-俄理论还包括这样几项假定条件：假定商品流通中的一切限制都不存在；假定只有有形贸易；假定单位生产成本不随着生产的增减而变化，即假定不存在规模生产效益的问题。

二、俄林的区际贸易理论

俄林认为，国际贸易仅是区际贸易的一种，是由区际贸易的发展而演化出来的。

俄林认为，国内贸易与国际贸易并无实质上的区别，仅仅是表现形式不同而已。这种观点与古典学派的代表李嘉图的理论不同。李嘉图在阐述他的理论时做了一个重要假定，即劳动力能够在国家内部充分自由地流动，但在国家与国家之间则完全不能流动。从这一假定条件出发，李嘉图认为，国内贸易与国际贸易有本质上的不同，支配国内贸易的各种规律不适用于国际贸易。俄林否定了李嘉图的这一假定条件，认为劳动力和资本等生产要素在国内与国际上的流动，只有程度上的差别，并无本质上的不同。从这一基点出发，俄林认为，国际贸易与国内贸易无本质上的不同，二者所适用的规律及贸易理论都有很多共同之处。俄林的理论特点之一，就是把国际贸易运行规律与国内贸易运行规律的共同点归纳了起来，这就形成了他的区际贸易理论。

区际贸易是指地区与地区之间的贸易。俄林认为，地区是进行贸易的最基本的单位。地区是按什么标准划分的呢？地区是自然划分的区域，而不是人为划分的行政单位，其划分的标准是生产要素的天然禀赋。按俄林的解释，不同的地区具有不同的生产要素禀赋，而地区内部的生产要素则基本相同。所谓生产要素禀赋，指的是生产要素的供给状况。例如，有的地区劳动力充裕，有的地区资本量雄厚，有的地区土地资源丰富。生产要素的供给状况还可以进一步细分，如劳动可分为非熟练劳动、熟练劳动、技术劳动；土地资源可分为农业资源、牧业资源、森林矿产资源等。俄林认为，不同地区的生产要素的供给状况有很大的差别，区际贸易就是在这种基础上展开的。

按照俄林的理论，生产要素的天然禀赋是划分地区的标准，而生产要素的类别是可以细分的，因此，他所说的地区的范围可大也可小。就全世界而言，一个大地区可以包括若干个国家，一个小地区可以只是一个国家或只是一个国家中的某些部分。例如，西欧各国作为一个大地区，可算作是资本要素禀赋丰裕的地区；西欧中的葡萄牙作为一个小地区，相比较可算作是劳动要素禀赋丰裕的地区；葡萄牙的里斯本作为一个小地区，又可算作是技术劳动禀赋丰裕的地区。大地区之间和小地区之间，都可以以自己的生产要素禀赋优势展开贸易。因此，俄林所说的区际贸易既包括国际贸易，也包括国内贸易，或者说国际贸易仅是区际贸易的组成部分之一。

但是，俄林又强调了国际贸易与区际贸易的不同点。在《区际贸易和国际贸易》一书中，俄林谈到了国际贸易的四点特殊之处：①国界不同于地区之间的界限，它构成了商品和各种生产要素流动的重要障碍；②各国的货币制度不同，不同货币制度下的商品贸易有着本身的特殊规律；③各国都有自己特殊的经济利益，这些利益影响着各国贸易政策的制定；④各国的经济发展都有自己的特点，不同的经济特点使各国的对外贸易各不相同。通过这种分析，俄林向人们展示出国际贸易既有别于区际贸易，又与区际贸易没有本质上的不同，它们在很多方面都受相同的贸易规律的制约。

三、俄林的相互依存理论

俄林的相互依存理论的实质是一般均衡论，他认为任何经济现象都是相互依存和相互制约的，不存在从原因到结果的单向运动。俄林将相互依存理论运用到商品价格的决定上，被称作相互依存价格论，或称一般均衡价格论。

俄林认为，价格决定的因果关系既不是从成本到价格，也不是从价格到成本，商品和生产要素的价格都是由它们各自的供求关系决定的。他分别从需求和供给两个方面进行了分析，指出了构成价格机制的几个基本因素。他指出，决定需求的有两种因素：一是消费者的欲望、要求和爱好；二是生产要素所有权的分配状况，这种状况影响每个人的收入状况，从而影响对商品的需求情况。决定供给的也有两种因素：一是生产要素的供给，即要素禀赋状况；二是生产的物质条件，它决定商品生产中生产要素的配合比例，表现出商品各自的要素密集性质。例如，物质条件较差的生产过程使用的劳动力较多；反之，使用的劳动力则较少。俄林认为，由上述四个基本因素所构成的价格机制，在同一时间内决定着一个地区或国家的所有商品和生产要素的价格。这意味着，需求、供给和价格相互依存，商品的价格和生产要素的价格相互依存，它们只能同时被决定。这种价格决定论便是均衡价格理论在国际贸易理论中的具体运用。

构成价格机制的四种因素在不同的国家和地区中存在着很大的差异。尤其是生产要素禀赋状况，由于受自然的和人为的因素影响，不同国家中的丰缺情况非常不同。这样，由价格机制所决定的商品价格也肯定不同。于是，不同国家或地区间的商品价格差额，便引起了国际贸易和区际贸易。

四、要素供给比例理论

俄林的要素供给比例理论是资源赋予论的核心理论。这种理论从对社会经济现象的解剖出发，通过几个层次的严密逻辑分析，最终揭示了国际贸易产生的原因和决定一个国家或地区进出口商品结构的主要因素。

（一）商品价格的国际绝对差异是国际贸易产生的直接原因

所谓商品价格的国际绝对差异是指同种商品在不同国家中的价格差异。价值规律引导着各种商品从价格低的地方流向价格高的地方，商品经营者便会从中获利。如果商品在国与国之间的流通不存在任何障碍，那么商品流通的上述规律也会在国际间发生。商品从价格低的国家出口到价格高的国家，当两国间的价格差额大于各项运输费用时，国际贸易就能带来利益。俄林由此得出结论：国际间商品价格的绝对差异是产生国际贸易的直接原因。

参加国际贸易的双方，既是出口国又是进口国。从进口国的角度看，同类商品国外价格低，国内价格高，从国外进口，能够得到比自己生产更多的商品。从出口国的角度看，出口商品国内价格低，国外价格高，到国外销售可以获得更多的利益，并可用出口所获外汇来进口各类自己生产不利的商品。

（二）各国商品价格比例不同是国际贸易产生的必要条件

商品价格的国际差异是国际贸易产生的直接原因，但并不是凡存在商品价格的国际差异，国际贸易就一定能够发生，还必须具备一个必要条件，即交易双方必须是国内商品价格比例不同。就是说，必须符合比较优势的原则。为什么各国商品价格比例不同是国际贸易产生的必要条件？下面从两个方面论证：一是证明各国商品价格比例不同，国际贸易能够发生；二是证明如果价格比例相同，国际贸易不能发生。

1. 两国商品价格比例不同

两国商品价格比例不同符合古典学派所提出的比较优势原则，因此国际贸易能够发生。下面举例分析。假设两个国家，如美国和英国，生产两种产品小麦和纺织品，1 美元兑换 1 英镑，国内的价格比例如表 5-1 所示。

表 5-1　美英两国商品价格比例不同

商品	美国（$）	英国（£）
小麦	1.00	3.00
纺织品	2.00	1.00

美国国内单位小麦的价格是$ 1.00，纺织品是$ 2.00，英国国内单位小麦的价格是 £ 3.00，纺织品是 £ 1.00。可以看出，美英两国的商品价格比例是不相同的。美国国内小麦与纺织品的价格比例为 1 ∶ 2，英国国内小麦与纺织品的价格比例为 3 ∶ 1。这说明在美国的国内贸易中，可以用 1 单位的小麦交换 1／2 单位的纺织品；在英国的国内贸易中，1 单位的小麦则可以换回 3 单位的纺织品。可见，在美国国内小麦价格便宜而纺织品较贵，在英国国内纺织

品价格便宜而小麦较贵。

美英两国商品价格的绝对差异使国际贸易有了可能，而两国商品价格比例的不同又使国际贸易能够成为现实。在上述例子中，两国商品的价格比例存在很大的差距，这就使得两国国内商品的交换比例明显不同。这个交换比例上的差距决定了双方若按照差距之内的交换比例进行交易，都可获得利益，从而使两国间的贸易能够发生。也就是说，小麦和纺织品的交换比例在 1：1/2~1：3 之间，对参加交易的两国都是有利的。例如，1 单位小麦交换 1 单位纺织品。对美国来说每单位小麦比国内交换多得 1/2 单位纺织品。对英国来说每单位纺织品能比国内交换多得 2/3 单位小麦，这是因为在英国国内 1 单位纺织品只能交换 1/3 单位小麦，而与美国的贸易中 1 单位纺织品则可换回 1 单位的小麦。从这种分析中可以看到，在两国商品价格比例不同的条件下，国际贸易能使交易双方同时获利，从而使这种贸易有了发生的现实基础。

2. 两国商品价格比例相同

当两个国家国内的商品价格比例相同时，国际贸易不会给双方带来实际利益，因而也不会发生。下面的例子可以证明这一结论（表 5-2）。

表 5-2 美英两国商品价格比例相同

商品	美国（$）	英国（£）
小麦	1.00	2.00
纺织品	2.00	4.00

从表 5-2 中可见，美国国内小麦和纺织品的价格比例为 1：2，英国国内小麦和纺织品的价格比例也是 1：2，两国商品的价格比例完全相同。这就意味着，在美国国内 1 单位小麦能交换 1/2 单位的纺织品，在英国国内也是 1 单位小麦交换 1/2 单位的纺织品。这种相同的交换比例，使两国都不能在国际贸易中获利。例如，对美国来说，在国内 1 单位小麦能换 1/2 单位的纺织品，如果与英国交换纺织品，也仍然只能按这一比例进行，不会比在国内交换的更多；对英国来说，在国内 1 单位纺织品交换 2 单位小麦，如果与美国交换小麦，也仍然只能按这一比例进行，并不比在国内交换的更多。这种不会带来更多利益的交换，两个国家都不会接受，因而国际贸易不会发生。

通过以上正反两个方面的分析，可以得出以下结论：两国商品价格比例相同，国际贸易不能发生；两国商品价格比例不同，国际贸易能够发生。所以，各国商品价格比例不同是产生国际贸易的必要条件。

（三）各国商品价格比例不同是由要素价格比例不同决定的

俄林的生产要素理论属于传统的“三要素论”，即认为商品是由劳动、土地和资本这三种要素共同生产出来的。所谓的要素价格就是指劳动、土地和资本这些生产要素的使用费用，或称为要素的报酬，如劳动的工资、土地的地租、资本的利息等。各国要素价格比例，则是指这些生产要素用本国货币表示的单位价格比例。

各国的要素价格比例不同为什么会使各国的商品价格比例不同呢？俄林认为，商品价格与生产要素价格及生产函数密切相关，所谓生产函数，是指生产某种产品所投入的各种生产要素的比例关系。例如，生产 1 单位小麦需要投入 5 个单位的土地和 1 个单位的劳动。生产每种产品的生产函数都是指在一定的技术水平下，各种生产要素的比例关系。俄林在分析这一问题时，假设各国生产同一类商品的生产函数是相同的。商品的价格等于生产要素价格乘以生产函数。既然生产函数相同，而各国要素价格比例不同，则必然会导致各国商品价格比例的不同。下面用两个国家、两种产品和两种生产要素的模式，以简单的例子来说明俄林的这一理论。

假设两个国家——美国和英国，生产两种产品小麦和纺织品，投入两种生产要素——土地和劳动。现将两国的要素价格、生产函数及小麦和纺织品的国内价格比例列表如下（表 5-3）：

表 5-3 英、美两国的要素价格、生产函数及价格比例

要素价格	
美国：	土地 1 美元，劳动 2 美元
英国：	土地 4 英镑，劳动 1 英镑
生产函数	
美国：	生产 1 单位小麦需要投入 5 单位土地和 1 单位劳动
	生产 1 单位纺织品需要投入 1 单位土地和 10 单位劳动
英国：	生产 1 单位小麦需要投入 5 单位土地和 1 单位劳动
	生产 1 单位纺织品需要投入 1 单位土地和 10 单位劳动
两国国内商品价格比例	
美国：	小麦：5 单位土地 × 1 美元+1 单位劳动 × 2 美元=7 美元
	纺织品：1 单位土地 × 1 美元+10 单位劳动 × 2 美元=21 美元
英国：	小麦：5 单位土地 × 4 英镑+1 单位劳动 × 1 英镑=21 英镑
	纺织品：1 单位土地 × 4 英镑+10 单位劳动 × 1 英镑=14 英镑

表 5-3 分为三个部分。第一部分说明美国和英国两种生产要素的价格比例不同。在美国，每单位土地价格是 1 美元，单位劳动的价格是 2 美元，要素价格的比例是 1∶2。在英国，单位土地价格是 4 英镑，单位劳动价格是 1 英镑，要素价格比例是 4∶1。可以看出，在美国相对较便宜的生产要素是土地，而劳动的价格较贵；在英国正相反，供给劳动价格较便宜而土地价格较贵。第二部分是小麦和纺织品的生产函数。两国的生产函数相同：生产小麦两国都需要耗用 5 单位土地和 1 单位劳动；生产纺织品则都需要耗用 1 单位土地和 10 单位劳动。第三部分是两国小麦和纺织品的国内价格比例。美国和英国的小麦和纺织品

的国内价格比例等于两国国内生产要素价格乘以相同的生产函数。这样，美国小麦和纺织品的价格比例等于 7 ∶ 21 = 1 ∶ 3；而英国小麦和纺织品的价格比例则是 21 ∶ 14 = 3 ∶ 2。可见，美英两国的国内商品的价格比例是不同的，这种价格比例的不同使交易双方都可在国际贸易中获利。而且，通过上面的例子还可清楚地看出：美英两国的两种商品价格比例不同是由两国生产要素价格比例不同决定的。

（四）要素价格比例不同是由要素供给比例不同决定的

各种生产要素在不同国家中的丰缺程度是很不相同的。同一种生产要素，如土地，在有的国家十分丰富，在有的国家则十分稀缺。所谓要素供给比例不同，就是指生产要素在各国的相对供给不同，即与要素的需求相比，各国所拥有的各种生产要素的相对数量是不同的。

在俄林的理论中，价格是由供求关系决定的，那么，生产要素的价格也必然会由对生产要素的供求状况所决定。不过俄林认为，在生产要素的供求决定生产要素价格的关系中，生产要素的供给是主要的。因为生产要素的供给与商品的供给很不相同，商品的供给可以随着市场需求变化而扩张或紧缩，生产要素的供给在一个国家中则是相对固定不变的，即使有变化，其变化的程度也非常小。一个国家中生产要素的这种相对固定的供给是深受生产要素丰缺程度影响的。这样，在生产要素价格的决定中，供给的制约大于需求的制约。在各国要素需求一定的情况下，各国的要素供给（禀赋）不同，对要素价格的影响也就非常不同。供给丰富的生产要素价格便宜，相反，供给稀缺的生产要素价格就昂贵。例如，澳大利亚地广人稀、资本较少，因此地租较便宜而资本和劳动力的价格较贵。所以说要素价格比例不同是由要素供给比例不同决定的。

依据这种理论，一个国家必须要对自己生产、出口和进口的产品种类做出慎重的选择，选择的主要标准就是本国各种生产要素的丰缺程度。当一个国家生产和出口大量使用本国供给丰富的生产要素的产品时，其产品的价格就较低，就可以获得比较利益；相反，生产大量使用本国稀缺的生产要素的产品，价格就昂贵，出口就不利。

俄林通过他的理论分析所得出的结论是：一国出口的是本国丰富的要素所生产的商品，进口的是本国稀缺的要素所生产的商品。这是俄林用要素比例理论分析进出口商品结构所得出的一个著名结论。俄林对这一结论做了如下描述："贸易的首要条件是某些商品在某一地区生产要比别一地区便宜。在每一地区，出口品中包含着该地区比在其他地区拥有的较便宜的相对大量的生产要素，而进口别的地区能较便宜地生产的商品。简言之，进口那些含有较大比例生产要素在国外相对便宜的商品。"①

① 俄林 B. 区际贸易和国际贸易. 北京：商务印书馆，1986.

（五）要素供给比例理论小结

俄林的要素供给比例理论是分析国际贸易产生原因的理论。将前面所展示的分析归纳起来，可以简单地把这一理论描述如下：各国不同的要素供给比例决定着各国不同的要素价格比例；各国不同的要素价格比例决定着各国不同的商品价格比例，从而构成了国际贸易产生的必要条件；各国的要素价格比例不同还决定着各国间商品价格的绝对差异，而这种各国间商品价格的绝对差异正是国际贸易产生的最直接原因。

这一理论还可进一步简化为：各国生产要素禀赋（供给）的差异→生产要素价格的差异→商品生产成本的差异→商品价格的差异→国际贸易产生。

五、要素价格均等化定理

要素价格均等化定理是研究国际贸易影响和后果的学说，是赫-俄理论的重要内容之一。有人把俄林用生产要素的丰缺解释国际贸易动因的理论称为狭义资源赋予论，而把除此之外再加上研究国际贸易影响和后果的理论称为广义资源赋予论。

（一）定理的含义

要素价格均等化定理的基本含义是：商品的国际贸易，即商品在国家间的流动，在一定程度上可以代替生产要素的流动，拉平各国间的要素价格，弥补国际间要素流动性的不足，减少国际上各种生产要素分布不均所造成的要素价格差异。

商品的流动可以部分地代替生产要素的流动。如果生产诸要素可以不受限制地在世界范围内自由流动，便会在供求关系的影响和调节下在世界范围内得到合理配置，从而使各国的生产要素价格趋于均等，因为各国的生产要素已没有了丰富与稀缺的差别。然而，现实中生产要素在各国间的流动却受到极大限制，使资源合理配置的理想状态难以实现。不过，国际贸易的开展和商品在各国间相对自由的流动，在一定程度上弥补了生产要素流动不足所产生的缺憾。

（二）要素价格均等化过程

从长期和动态的角度进行分析，商品贸易在国际间的开展会逐渐改变各国所拥有的生产诸要素的相对量，从而改变其价格，使之趋于均等化。

这一均等化的过程如下：如韩国和日本长期从事国际贸易，作为发展中国家的韩国拥有较丰富的劳动资源而资本却相对稀缺；作为发达国家的日本资本非常丰富但劳动资源相对稀缺。按照狭义资源赋予论的观点，韩国劳动力丰富，工资水平必然较低，因此应生产和出口劳动密集型产品，以发挥自己的资源优势；从进口方面看，韩国由于资本稀缺使得利率较高，所以应进口资本密集型产品。与此正相反，日本由于资本丰富而劳动力稀缺，所以其利率水平低而工资水平高，日本的进出口商品结构便肯定会是出口资本密集型产品而进口劳动密集型产品。在韩国与日本的贸易中，韩国以劳动密集型产品交换日本的资本密集型产品。韩国由于劳动密集型产品不断出口，其国内对劳动力的需求大量增加，使本来十分丰富的劳动资源变得不那么丰富了，劳动的价格也随之上升；同时，由于资本密集型产品的不断进口，对国内资本密集型产品的需求相对减少，从而对资本的需求得以缓和，使资本逐步变得不那么稀缺了，这又必然引起资本价格的相对下跌，即引起韩国国内资本利率的下降。日本发生的情况恰好与此相反。由于资本密集型产品的不断出口，国内对资本的需求大量增加，使本来十分丰富的资本变得不那么丰富了，利率也随之上升；由于劳动密集型产品的不断进口，对国内劳动密集型产品的需求相对减少，从而对劳动力的需求得以缓和，使劳动力变得不那么稀缺了，劳动的价格便相对下跌。这样，随着国际贸易的开展，韩国和日本所拥有的劳动和资本的丰缺程度发生了相对的变化，其价格也随之发生相对的变化，出现了生产要素价格在两国间趋于均等的倾向。

（三）要素价格均等化的结果

国际贸易使生产要素价格在世界范围里趋于均等后，引起了经济过程中的一些变化。

1. 对国内经济的影响

要素价格均等化对国内经济的影响主要表现在两个方面：一方面，使国内的生产要素得到更有效的利用。参加国际贸易以前，国内的生产要素价格很不均衡，致使不能够对其进行充分合理的利用。例如，韩国劳动力非常丰富，工资低廉，各企业都雇用大量劳动力进行生产。但是，由于国内资本稀缺，利率较高，为了减少生产成本，企业不愿借入更多的资金用于生产。结果是企业内生产技术设备缺乏并陈旧，劳动者不得不更多地依靠手工进行生产。这种状况使劳动者难以充分发挥劳动潜力，导致劳动生产率低下。随着对外贸易的开展，这种状况开始发生变化。如前所述，在国际贸易中韩国的劳动价格开始上升，资本价格开始下降。企业在组织生产中对劳动力的使用变得比以前珍惜了。对资金的借入量由于其价格的下降而增加。企业中，由于更多资金的使用，劳动和资本的组合更趋合理；技术设备得到更新和增加，劳动力的潜力得到了更好的发挥。另一方面，使国内的分配发生变化。要素价格均等化趋势对国内各种要素所有者的收入发生影响，改变着不同要素所有者阶层在整个国民收入分配中的地位。例如，在韩国对日本的贸易中，韩国国内劳动工资水平普遍上升，工人的收入提高；资本利率水平普遍下降，资本家的收入随之减少。在日本，工人和资本家的收入变动情况正好与此相反。

2. 对世界经济的影响

要素价格均等化对世界经济的影响也表现在两个方面：其一，使世界范围内的生产要素得到更有效的利用。要素潜能的充分发挥，能使全世界的产品总量增加。增加的产品量会随着国际贸易的开展而在各国间得到分配，使贸易各国均受益。其二，使世界各国同种生产要素的所有者获得的收入趋于均等。工人的工资在世界各国趋于均等，利率在世界各国也趋于均等。一个劳动力充盈而资本短缺的发展中国家，一旦打开国门，参加国际分工和国际贸易，便会逐渐出现工人工资上升而资本利率下降的情况。这一现象的出现就可以用上述理论加以解释。

六、资源赋予论简评

以俄林为主要阐述者的资源赋予论，在西方国际贸易理论领域中占有非常重要的位置，是从纯理论研究向应用理论研究发展过程中的一个里程碑。这一理论有其有积极意义的一面，也有其局限性。

（一）资源赋予论的积极意义

（1）这一理论更接近国际贸易的现实。例如，它从生产要素、价格、供给、需求等实际问题入手分析国际贸易产生的原因，并且认为不只劳动，土地、资本等因素在国际贸易的产生与发展中都起着重要的影响作用。这些都是被古典经济学家们所忽视的问题。

（2）坚持了比较成本学说的正确思想。虽然这一理论对比较成本学说的某些部分进行了否定，但却坚持了比较成本学说的基本内容。俄林的两国不同的商品价格比例是国际贸易产生的必要条件的论断，就是比较成本理论的具体应用。俄林的根据生产要素禀赋在各国进行专业分工，以此提高各国的劳动生产率，使各国通过贸易得到利益的思想，也是对比较成本学说的进一步发挥。

（3）对各国外贸政策的制定有一定的指导意义。赫-俄理论指出，一国应出口那些用本国丰裕的生产要素所生产的产品，某种生产要素本国稀缺，则应进口这类要素密集型产品，而不要坚持本国生产，否则将会失去更多的利益。这些思想对一国外贸政策的制定都会产生积极的影响。

（二）资源赋予论的局限性

（1）资源赋予论用均衡价值论代替了古典学派在国际贸易理论中所坚持的劳动价值论的正确观点。

（2）这一学说的主要理论是建立在一系列假设条件之上的（如不存在规模经济、各国生产同一类商品的生产函数是相同的等），从而表现为一种静态分析，这就使其理论在一定程度上背离了经济发展和国际贸易的真实情况，并产生出了各种理论漏洞，受到后人的抨击。

（3）这一学说在分析国际贸易产生的原因时，只强调了各个国家生产要素禀赋上的差别，忽视了市场扩张这一重要内容，而后者正是各国特别是经济发达国家积极参与国际贸易的重要原因之一。为了占领国际市场，增加工人就业，有些产品不具比较优势，政府也鼓励出口。

第二节　里昂惕夫之谜

一、里昂惕夫之谜

瓦西里·里昂惕夫（Wassily Liontief，1906~1999 年）是美国著名经济学家，投入产出经济学的创始人。他祖籍俄国，祖辈历代为俄国农民。他在苏联受过高等教育并取得学位。1931 年加入美国国籍，长期任美国哈佛大学行政管理学院教授。他因提出投入产出分析法而获得 1973 年诺贝尔经济学奖。他的主要著作有：《美国的经济结构》和《投入产出经济学》。他的著名论文有《国内生产和对外贸易：美国资本状况再考察》和《生产要素比例与美国贸易结构：进一步的理论和检验分析》。

里昂惕夫之谜是与资源赋予论密切相关的。俄林的资源赋予论认为，根据相对优势原则，参加国际贸易的各国将出口密集使用其拥有量丰富的要素的产品，进口密集使用其拥有量稀缺的要素的产品。这一原理提出后被西方国际贸易理论界广泛接受，有很多学者为证明这一原理的正确性做了大量的研究工作。按照这一原理去推论美国的进出口商品结构，结论是相当明确的：美国资本丰富而劳动力稀缺，所以美国应该出口资本密集型产品而进口劳动密集型产品。里昂惕夫从理论上也相信这一结论，可是当他利用大量统计资料来验证美国的进出口商品结构时，却得出了与这一结论完全相反的结果。应如何解释这个被普遍认为正确却又与现实相矛盾的理论，成了人们多年争论不休的难题。因此，理论界称其为里昂惕夫之谜，又称为里昂惕夫反论。

二、谜的产生

里昂惕夫为了验证赫–俄理论的正确性，于 20 世纪 50 年代初收集了 1947 年美国 200 种出口产品和进口替代产品的资料，编制了美国的投入产出表。他把生产要素分为资本和劳动力两种，他要分析这两类生产要素在美国出口品和进口品中各占多大比重。他假设美国减少出口品生产和减少进口品的数值都是 100 万美元，然后考察这种减少对资本和劳动力的影响，即当出口品生产减少时，将有多少数量的资本和劳动力会多余，而当进口替代品生产增加时，资本和劳动力的需求量又会增加多少。

里昂惕夫进行这种分析的初衷是想通过验证来表明，美国的出口产业部门将有相当多的资本量被释放出来，而进口替代产业部门则会由于生产的增加而相对需求较多的劳动量。然而，对各种统计数据进行整理和计算的结果却与他的预期恰好相反，见表 5-4。

表 5-4 里昂惕夫对 1947 年美国外贸的实证分析

每百万美元产值所投入的要素量	出口品	进口替代品	出口品/进口替代品
资本量（美元）	2 550 780	3 091 339	
劳动（人/年）	182	170	
资本/劳动（人均资本量，美元）	14 015	18 184	0.771

从表 5-4 中可以看到，在 1947 年，美国每出口 100 万美元的商品，在国内投入的资本量为 2 550 780 美元，劳动力为 182 人，其人均资本量为 14 015 美元。同时，美国每生产 100 万美元的进口替代品，则要投入 3 091 339 美元的资本和 170 人，其人均资本量为 18 184 美元。由此可见，出口品部门中的人均资本量少于进口替代品部门，也就是说，出口品部门的资本密集程度低于进口替代品部门，只有进口替代品部门的 77.1%（14015/18184）。这意味着，美国出口的是劳动密集型产品，进口的则是资本密集型产品。

这一研究结果是里昂惕夫所始料不及的。他对此所做的结论是："美国参加国际分工是建立在劳动密集型生产专业化基础上，而不是建立在资本密集型生产专业化基础上。换言之，这个国家是利用对外贸易来节约资本和安排剩余劳动力，而不是相反。"[①]

三、谜的验证

里昂惕夫之谜对当时在西方国际贸易理论领域占统治地位的资源赋予论无疑是个明显的挑战，当这个"谜"连同研究论文于 1953 年公开发表后，立即在西方理论界引起了轩然大波。很多经济学家都参与了这一问题的研究和探讨，有的对资源赋予论提出怀疑，有的则质疑里昂惕夫的研究方法。

为了回答来自理论界的各种评论，里昂惕夫又对此问题做了大量研究，并在 1956 年发表了《生产要素比例与美国贸易结构：进一步的理论和检验分析》一文。在该文中，里昂惕夫利用 1951 年的统计资料对美国的进出口贸易结构进行了再一次验证，验证结果如表 5-5 所示。

表 5-5 里昂惕夫对 1951 年美国外贸的实证分析

每百万美元产值所投入的要素量	出口品	进口替代品	出口品/进口替代品
资本量（美元）	2 256 800	2 303 400	
劳动（人/年）	174	168	
资本/劳动（人均资本量，美元）	12 970	13 711	0.946

① 里昂惕夫 W. 投入产出经济学. 北京：商务印书馆，1982.

表 5-5 显示，在 1951 年，美国每出口 100 万美元的商品，投入的资本量为 2 256 800 美元，劳动力为 174 人，人均资本量为 12 970 美元；每生产 100 万美元的进口替代品投入的资本量为 2 303 400 美元，投入的劳动力为 168 人，人均资本量为 13 711 美元。出口品部门的资本密集度低于进口替代品部门，前者为后者的 94.6%。这表明，1951 年美国的进出口商品结构与 1947 年基本一样：出口劳动密集型产品，进口资本密集型产品。里昂惕夫第二次验证的结果与第一次相同，仍然与资源赋予论的基本论点相矛盾。

此后，又有一些经济学者利用里昂惕夫的投入产出法对美国的外贸结构进行了验证，其结果是有的与“谜”一致，有的则与“谜”相左。鲍德温（Baldwin）使用美国 1962 年的统计数字于 1971 年对美国的外贸结构进行了验证，其结果与“谜”一致，如表 5-6 所示。

表 5-6　鲍德温对 1962 年美国外贸的实证分析

每百万美元产值所投入的要素量	出口品	进口替代品	出口品/进口替代品
资本量（美元）	1 876 000	2 132 000	
劳动（人/年）	131	119	
资本/劳动（人均资本量，美元）	14 321	17 916	0.799

从表 5-6 中可以看出，1962 年美国出口品的资本密集度（即出口部门人均使用的资本量）为 14 321 美元，进口替代品的资本密集度为 17 916 美元，前者只是后者的 79.9%。这说明当年美国的对外贸易中“谜”仍然存在。

另一位经济学者惠特尼（Whitney）在鲍德温之前曾对美国 1899 年的统计数据进行过一次计算，得出的结果与里昂惕夫之谜相背。这次验证是惠特尼 1968 年进行的，其结果如表 5-7 所示。

表 5-7　惠特尼对 1899 年美国外贸的实证分析

每百万美元产值所投入的要素量	出口品	进口替代品	出口品/进口替代品
资本量（美元）	2 621 200	2 589 700	
劳动（人/年）	1 122.5	1 240.2	
资本/劳动（人均资本量，美元）	2 335	2 088	1.118

从表 5-7 可见，美国 1899 年出口品的资本密集度为 2 335 美元，进口替代品的资本密集度为 2 088 美元，前者是后者的 111.8%。这说明当年美国出口的是资本密集型产品，进口的是劳动密集型产品，“谜”并不存在。然而，有人对惠特尼的验证结果提出了诘难：人们并不认为 1899 年时的美国已经是个资本丰裕的国家。

其他国家的一些经济学家也曾利用这一方法对本国的外贸结构进行过验证，所得出的结果也分为了两类：既有与里昂惕夫之谜一致的，也有与其相反的。

四、对谜的解释

里昂惕夫之谜的提出及许多国家的经济学者对谜的验证中出现的两种不同结果，使这一时期的国际贸易理论界陷入了迷茫：究竟是里昂惕夫之谜错了，还是传统的国际贸易理论错了？为解答这一难题，西方国际贸易理论界进行了多年的研究和探讨，对里昂惕夫之谜进行了多种解释。有代表性的论点可以归纳为以下几种。

（一）劳动力不同质论

里昂惕夫在提出“谜”的同时，又不愿对赫-俄定理加以否定。他经过反复研究后，提出了劳动力不同质的论点对这一难题进行解释。他认为，由于美国的企业管理和行业组织远比其他国家优越，而且工人所受的文化教育和职业培训较好，再加上较强的进取精神，美国工人的劳动效率远远高于其他国家的工人，并认为大约要高出 3 倍。这样，把美国的劳动供给按照劳动效率的高低加以调整，即把现有的劳动量乘以 3，美国实际上就成了一个劳动相对丰富而资本相对稀缺的国家。所以，里昂惕夫之谜的出现也就不足为奇了。

（二）人力资本论

这种论点是通过把熟练劳动资本化来解释谜的产生。这种论点认为，熟练劳动和简单劳动之间存在着很大差别，熟练工人的劳动技能和知识水平是通过教育和培训等途径取得的，这种教育和培训投资会使熟练劳动转化为人力资本，能像其他资本一样在较长的时间里发挥作用并大大提高劳动生产率。这里是把人力资本作为无形资本来看待，它与投入生产中的有形资本共同发挥着资本的作用。这样，在计算某一生产部门的资本密集度时，就不仅要计算有形资本，而且要计算该部门中熟练工人所包含的无形资本，即人力资本。经济学家凯林（P.B.Kenen）更进一步地直接把熟练劳动的收入高出简单劳动的部分算作资本并同有形资本相加，作为资本和劳动力比例（资本密集度）中的分子。按这种方法处理，里昂惕夫之谜便消失了。例如，熟练劳动年工资 3 万美元，简单劳动年工资 1 万美元，熟练劳动工资中高出的 2 万美元算作人力资本计入资本密集度公式（资本 / 劳动力）中的资本部分，便会使熟练工人较多的部门资本密集度增大。以此种方法计算，美国出口部门的资本密集度比里昂惕夫计算的要大得多。

（三）需求偏好论

此论点认为，一国的资源禀赋状况决定着一国的生产和出口产品结构，但需求偏好状况可能会抵消这一趋势。如果一国的丰裕生产要素所生产的产品吸引着国内的需求极大地向这类产品上倾斜，就会使这类原本数量很丰富的产品显得稀缺起来，进而引致这类产品由出口变为进口。例如，美国国内资本要素虽然很丰裕，但国内对资本密集型产品有很高的需求，美国可能就会进口这类产品。

（四）要素密集转化论

这种论点认为，把某种商品定为资本密集型的，把另一种商品定为劳动密集型的固定不变的划分方法是不妥当的。实际上，某种商品在甲国属于劳动密集型的，在乙国可能就属于资本密集型的。例如，农产品在广大发展中国家里属于劳动密集型产品，在美国则应该被看作资本密集型产品。因为美国农业生产中，花费在农业机械、农药、化肥、良种及社会化服务上的投资相当大，而花费的人力并不多。从这一论点出发，我们就不应把美国农产品的出口简单地说成是劳动密集型产品的出口。

（五）自然资源论

有些人认为，里昂惕夫之谜之所以会发生，主要是因为他在验证中只考察劳动和资本，而忽视了自然资源在国际贸易中的作用。例如，美国的进口品中初级产品占 60%~70%，这些初级产品主要是木材和各种矿产品。这类初级产品在开采过程中需要大量的资本投入，属于资本密集型产品。里昂惕夫本人也认为，如果验证中去掉资源密集型产品，美国的外贸结构也就不会存在进口资本密集型产品和出口劳动密集型产品的状况了。用这一论点也可以解释其他国家外贸结构中谜的存在。例如，加拿大 20 世纪 50 年代前后出口的是资本密集型产品，进口的是劳动密集型产品，这与加拿大拥有丰富的自然资源有关。加拿大的外贸对象以美国为主，加拿大向美国出口资本密集型产品（自然资源），从美国进口劳动密集型产品。

（六）跨国公司的影响

有人指出，美国的跨国公司遍布世界各地，所生产的产品约有一半返销美国。跨国公司的产品主要是利用东道国的各种资源加上美国的资本和技术生产出来的，这些产品相当多是属于资本密集型的。这类产品的返销，是美国进口资本密集型产品的重要原因之一。

（七）贸易壁垒的限制

有人认为，里昂惕夫之谜是由美国外贸政策中的保护主义因素造成的。各国间商品的流动要受各种关税壁垒和非关税壁垒的限制，而赫–俄定理是没有考虑这种贸易限制的。假如各贸易参加国没有设任何贸易壁垒，商品便会按赫–俄定理所揭示的规律在各国间流动。但现实并非如此。例如，美国政府从本国利益考虑，对那些雇用大量不熟练或半熟练工人的劳动密集型产业采取了较严厉的保护主义政策，有意地筑起各种壁垒，限制劳动密集型产品的进口。这种做法必然导致美国进口商品结构中资本密集型产品比重相对上升。

五、简评

里昂惕夫反论所提出的问题，不仅在西方国际贸易理论界引起震动，而且还带动起一场持续多年的理论争论和探讨，从而推动了国际贸易理论向纵深发展。这一巨大的理论意义和现实作用使里昂惕夫反论成了经济理论发展史上的一个里程碑。

创立一种新的分析方法胜于得出一个结论。里昂惕夫开创了用投入产出法和统计数据全面验证贸易理论的道路，为后人的理论研究工作开拓了新的思路。

里昂惕夫反论是对赫-俄定理的“反论”，它揭示了这一传统的国际贸易理论与现实的相悖之处。这种揭示起到了两方面的积极作用：一方面，促使资源赋予论不断修正与完善。资源赋予论从本质上看是继承了李嘉图的相对优势理论，这一理论并没有因为里昂惕夫之谜的出现而垮掉，它经过修正和完善后，在当代的国际贸易理论中仍然占据着重要的地位。另一方面，通过暴露传统国际贸易理论静态分析的缺陷，带动了其他经济学者对国际贸易中各种经济现象的动态分析，引起了战后各种新的学说和流派的出现，促进了这一领域经济理论的发展。

第三节 第二次世界大战后的国际贸易理论

西方传统的国际贸易理论在里昂惕夫反论的冲击下，暴露出了种种缺陷和不足，这促使各国的经济学家用各种不同的分析方法，特别是用动态分析法去研究国际贸易的各种新现象及产生这些现象的原因，从而促进了第二次世界大战后各种新的国际贸易学说的发展。

一、动态周期说

动态周期说从技术、原料和产品的周期性变化来分析其对国际贸易产生的影响。因此，动态周期说又分为技术周期说、原料周期说和产品周期说三种理论。

（一）技术周期说

这一理论的代表人物是美国经济学家波斯纳（M.Posner）。他于 1961 年 10 月在《牛津经济论丛》上发表了题为《国际贸易和技术变化》的论文。波斯纳放松了赫-俄模型关于贸易国之间具有相同技术的假定，把科学技术看成是一种独立的生产要素，强调技术在比较优势形成中的决定作用。他认为各个国家技术进步的程度是不同的，技术创新国在一定时期内由于拥有新技术而在某种商品生产上处于世界垄断地位，而其他国家则与创新国之间存在技术差距，这种差距引起了该产品的国际贸易。

他用技术的周期性波动解释某些技术密集型商品在国际间进行贸易的原因和规律。他认为，技术在一个国家得到突破和创新后，这种新颖的生产技术不可能永远被创新国所垄断，迟早会被别的国家学习和模仿去。这种学习和模仿主要是通过贸易产生的示范效应、转让技术和直接投资等渠道进行的。这类新技术商品的贸易会在技术创新国与技术模仿国之间持续一段时间，直到技术模仿国能够生产这类商品并达到一定的生产规模而不再进口时为止。

波斯纳为了详细分析技术周期性波动对国际贸易产生的具体影响，把技术的创新和转移及国际贸易的发生和发展划分为几个阶段：需求滞后，指技术创新国开始生产和消费到别国开始进口该类商品这段时间；模仿滞后，指新技术的发明应用到别国已熟练掌握这段时间。模仿滞后又分为反应滞后和掌握滞后两段时间。反应滞后指技术创新国开始生产到技术模仿国开始生产这段时间；掌握滞后指技术模仿国开始生产到熟练掌握生产技术后大规模生产而不再进口这段时间（图 5-1）。

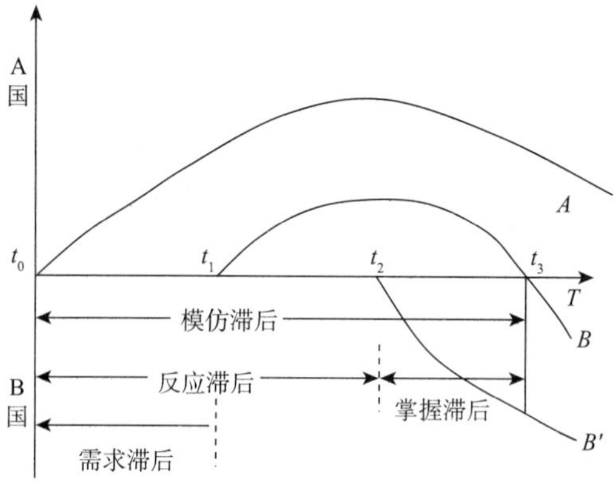

图 5-1 技术周期性波动对国际贸易的影响

图中的曲线 A 是 A 国生产和出口线；曲线 B 是 B 国的进出口线；曲线 B' 是 B 国生产线。图中的横轴上方，表示 A 国（创新国）的生产和出口及 B 国（模仿国）的进口，横轴的下方则表示 B 国的生产和出口及 A 国的进口。A 国的新产品生产开始于 t_0 点，t_1 为 B 国开始进口，t_2 为 B 国开始生产，t_3 为 B 国进口为零，并开始出口。在这一图形中，t_0—t_3 为模仿滞后，t_0—t_2 为反应滞后，t_2—t_3 为掌握滞后，而 t_0—t_1 为需求滞后。从图中可见，B 国在 t_1 点时开始消费这类新产品，但由于本国不能生产，便从 A 国进口；到 t_2 点时，B 国开始生产，随着产量的增加，A 国的生产和出口都将减少；最后，A 国的出口在 t_3 点变为零。此时 A 国仍有生产量，是供国内消费的。这样，该类商品在 A、B 两国间的贸易发生于 t_1—t_3 这段时间。

这种理论还认为，在模仿滞后中，反应滞后的长短在很大程度上取决于企业家的决策意识；掌握滞后的长短取决于模仿国吸收新技术的能力；需求滞后的长短则取决于两国间收入水平的差距[1]。

在 t_3 点之后，A、B 两国间是否还会有该类商品的贸易呢？另一位经济学家胡弗鲍尔对此做了进一步的研究。他认为，模仿国一般是工资水平较低的经济落后国家，它们把该项生产技术学习到手之后，便会利用低工资的优势大量生产。当生产量达到一定规模之后，不仅能满足 B 国自己的消费需求，而且还会将产品出口到 A 国，即在 t_3 点之后仍有 B 国向 A 国的出口贸易。

（二）原料周期说

这一理论是由经济学家梅吉（S.P.Magee）和罗宾（N.I.Robin）在 20 世纪 70 年代末提出来的。

他们认为，原料的生命周期特点与工业制成品的生命周期特点是很不相同的，从而使原料的国际贸易有了自身的运行规律。他们把原料的生命周期划分为三个阶段。第一个阶段为"需求产生的繁荣阶段"。在这个阶段，生产的发展使原料的需求迅速增加，原料的价格也急剧上涨。第二个阶段为"需求和供给来源的替代阶段"。由于原料价格的大幅度上涨，一方面，消费者（进口国）会去寻找较为便宜的替代品，另一方面，又会促使更多的国家开发该项原料，供应世界市场。这种供求的变化使原料价格上涨的趋势得到抑制，并逐渐出现下跌势头。第三个阶段为"合成或研究与发展的介入阶段"。在研究与发展中，人们一方面研制出了能够替代初级原料的合成代用品，另一方面也发现了节约使用初级原料的新方法，这样，初级原料便从兴旺期进入了生命的末期。

受生命周期所制约的原料的国际贸易有着自身的特点。初期，自然资源蕴藏丰富的发展中国家在原料出口中占据主导地位，发达国家是原料的主要进口国。后期，随着科学技术的发展和各种原料替代品的出现，经济发达国家不仅减少了原料的进口，反而还向国际市场供应各类合成原料。例如，化纤原料取代棉麻原料，已在当今的世界市场上成了各种纺织产品的主要原材料。在化纤的生产与出口中，技术先进的发达国家占据着绝对的优势。

（三）产品生命周期说

技术的不断进步影响着世界各国在对外贸易中的状况与地位，这种影响是与产品生命周期密切相连的。所谓产品的生命周期，是指产品在市场销售中的兴与衰，而不是指产品自然属性逐渐失效的过程。产品生命周期说是由美国哈佛大学教授雷蒙德·弗农（Raymond Vernon）

---

① Posner. International trade and technical change. Oxford Economic Papers，1961.

提出的，是用以解释美国与世界其他国家间贸易格局变化原因的理论。这一理论可以细分为两种：三阶段论和交错发展论。

第一种：三阶段论。弗农在 1966 年 5 月《经济学季刊》上发表了题为《产品周期中的国际贸易和国际投资》的论文，第一次提出产品如同生物一样，有诞生、成长、成熟、衰亡的生命周期，并将这一周期划分为新产品、成熟产品和标准化产品三个阶段。弗农认为，随着美国所发明的新技术向外扩散，产品经历了三个发展阶段，美国与别国的贸易格局也发生着变化（图 5-2）。

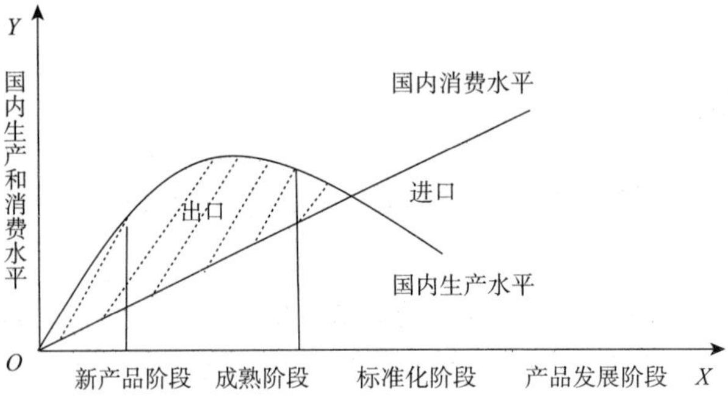

图 5-2 在产品生命周期中美国的贸易格局

从图 5-2 中可见，美国开发出的新产品经历了三个阶段：

（1）新产品阶段。美国企业推出一种新产品，这需要投入大量资金，并要求有很高的技术。此时的产品还很不完善，还需要反复地试验和改进。不很成熟的生产技术仍垄断在美国企业手中，没有向外扩散。由于还没形成大规模生产，成本较高，产品的售价也很高。此时，产品的生产主要是为了国内需求，并主要是提供给国内少数高收入阶层消费。同时，也出口一小部分，供收入水平相近的国家消费。

（2）成熟的产品阶段。在这个阶段中，由于消费的示范效应，美国国内的需求增长很快，国外的需求也明显增加。需求的增加刺激着生产的发展。由于技术已成熟，研究开发要素已不重要，国内很多生产者涌入这一部门，市场竞争明显增强，企业越来越注意改进技术与管理以便降低成本。此时，生产技术已开始扩散到别的国家；外国同类产品的生产使美国的出口日益减少。

（3）标准化产品阶段。随着产品达到高度标准化生产阶段，技术水平在竞争中的作用相对削弱，生产成本尤其是工资水平成了生产布局的主要决定因素。在这种情况下，发展中国家有可能成为最理想的生产国，尤其是劳动密集程度较高的产品，因为在这类产品上它们更具优势。如果出现了这种生产布局的调整，美国国内便会压缩这类产品的生产，改为从国外进口价格更便宜的产品。

第二种：交错发展论。指随着产品生命周期在不同国家间的延续，该产品的生产与贸易也在不同国家间交错进行和发展。该产品的生命周期虽然在美国结束了，但在其他国家中还在继续和发展。假设，产品创新首先出现在技术水平最高的美国，然后被发展水平接近的西欧国家所学习和模仿，继而又被更多的发展中国家所学习和模仿。新产品的生产技术就是这样一波接一波地从创新国向其他国家扩散和转移，新产品的消费也逐渐在更大的范围里被各国所接受。这一过程可以用图 5-3 表示如下：

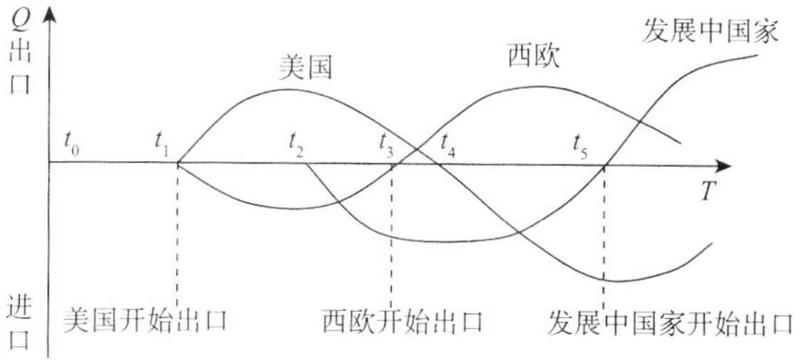

图 5-3　产品生命周期的延续与贸易格局变化

图中 t_0 为美国新产品开始生产的时间，t_1 为美国开始出口和西欧国家开始进口时间，t_2 为发展中国家开始进口时间，t_3 为西欧国家开始出口时间，t_4 为美国开始进口时间，t_5 为发展中国家开始出口时间。产品创新国由出口到进口，产品模仿国由进口到出口，新技术和新产品如同波浪般地在传递和扩散中向前发展和推进。

在这种技术的转移和贸易格局的变化中，作为产品创新国的美国是否会因为它最终成为净进口国而在国际贸易中处于不利地位呢？其实不会的。弗农认为，美国作为一个技术领先和资金雄厚的大国，会不断地进行各种新产品的研究与开发，会不断地将一批又一批的新产品推向市场。当一种新产品在美国生产逐渐丧失竞争力时，更多的有竞争力的新产品又会在美国问世。因此，只要技术领先国家不放松自己的努力，便会在国际贸易和国际市场竞争中始终保持较有利的地位。

二、偏好相似说

传统的国际贸易理论认为，各国发生贸易的原因是比较优势的存在，比较优势是以相对生产成本的差异为基础的，而后者又被要素价格所决定。因此，如果两国之间的相对要素价格是一致的，则国际贸易不会发生。相反，两国之间相对要素价格差异越大，即生产要素禀赋差异越大，国家之间的贸易规模也就越大。按这种理论，大量的国际贸易似乎应该发生在技术先进、资本丰富的发达国家与劳动力和矿产资源丰富的发展中国家之间。然而，现实并非如此。发达国家之间的贸易量远远超过了发达国家与发展中国家之间的贸易量。应如何认识这一问题呢？瑞典经济学家林德（S.B.Linder）用偏好相似的论点解释了上述情况[1]。

---

① Linder.An Essay on Trade and Transformation. Uppsala：Almqvist and Wiksells，1961.

（一）国内的需求结构决定着该国的出口贸易结构

林德认为，一种新产品的开发和投产，其最初的动因主要是为了供给国内市场和在满足国内需求中赚取利润。因为产品的设计者和生产者对国外市场不可能像对国内市场那样熟悉了解，所以不会为满足一个国内不存在的需求去工作。当生产规模日益扩大，企业感到国内市场狭小时，便开始向国外出口，去赚取国外利润。由此可见，一个国家的出口贸易结构受国内需求结构的影响和制约。

（二）两国收入水平越接近，需求偏好就越相似

需求偏好是指人们对某类商品的偏爱与否，需求偏好受到人们支付能力的影响和制约，即受到收入水平的影响和制约。林德认为，平均收入水平是影响需求结构的最主要因素。例如，当一国的平均收入水平达到一定的高度后，多数家庭便会考虑购买录像机或小汽车；如果一国的平均收入水平较低，家庭收入的绝大部分会用在购买维持生存的食品或服装上。这种情况在各个国家皆存在，成了一种规律。因此可以得出结论：两个国家的收入水平越接近，两国的需求偏好就越相似。

（三）两国的需求偏好越相似，发生贸易的机会就越大

当一个国家将国内贸易延伸扩展为国际贸易后，它的产品多数会出口到那些需求结构即需求偏好相似的国家。因为需求偏好相似国家的进出口贸易结构也很相似。如果 A、B 两国具有相同的需求偏好，那么 A 国所有的出口商品和可能进口的商品在 B 国也几乎都是出口商品和可能进口的商品。从这点来看，可以说两国之间贸易的可能性决定于两国的重合需求，即两国需求偏好的重叠程度（图 5-4）。

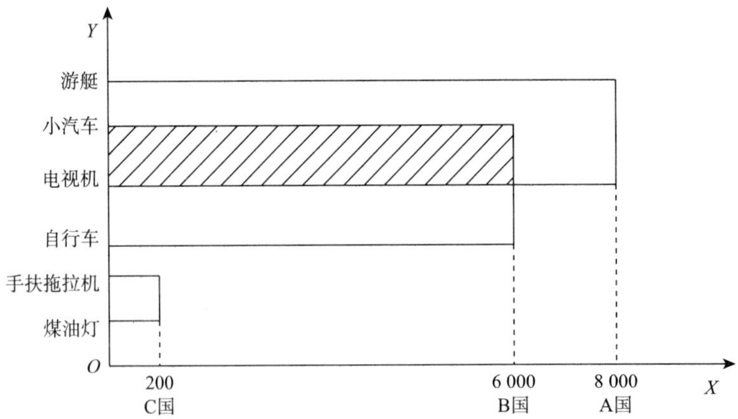

图 5-4 需求偏好对国际贸易的决定作用

图 5-4 中的横轴表示人均收入水平，纵轴表示不同档次的商品。A、B、C 三个国家的收

入水平不同，对不同档次商品的需求偏好也各不相同。A 国人均收入 8 000 美元，它对商品的需求在电视机与游艇之间；B 国人均收入 6 000 美元，它对商品的需求在自行车和小汽车之间。图中的阴影部分表示 A、B 两国的重合需求即相似需求，两国的贸易可能性便由此决定。两国的人均收入越接近，相似需求部分就会越大，表现在图中的阴影部分也就越大，两国的贸易规模就会越大。图中的 C 国人均收入较低，只有 200 美元，需求偏好与 A、B 两国无相似之处，因此它们之间没有贸易发生。

这里需要指出的一点是，这种理论只是从需求偏好这一个侧面来分析和解释为什么国际贸易主要发生在生产要素相似、经济发展水平相近的各发达国家之间这一经济现象，并不是全面分析国际贸易产生的原因，也没有否定传统的国际贸易理论。因此，经济落后的发展中国家与发达国家之间发生的贸易难以用偏好相似说解释，这就只有求助于传统的国际贸易理论了。

三、产业内贸易理论

产业内贸易理论是对当代社会大量存在的各国间的产业内贸易现象进行分析和解释的一种理论。它产生于20世纪70年代中期，主要代表人物有格鲁贝尔（Grubel）、劳埃德（Lloyd）、迪克西特（Dixit）和兰卡斯特（Lancaster）等。

（一）产业间贸易与产业内贸易

产业内贸易理论认为，当代国际贸易可以分为两大类，即产业间贸易和产业内贸易。所谓产业间贸易，是指各国以不同的产业部门所生产的产品进行的交换，如初级产品与工业制成品的交换。产业内贸易则是指各国彼此交换同一产业部门所生产的产品，即一个国家的对外贸易中同时存在着进口和出口同类产品的行为。

传统的国际贸易理论认为，各个国家都有自己的相对优势和相对劣势。有些国家的优势表现在技术密集型产业或资本密集型产业上，有些国家的优势则表现在土地密集型产业或劳动密集型产业上。各国在对外贸易中必然是出口其生产中拥有相对优势的产品而进口其生产中处于相对劣势的产品，也就是说，贸易国进口和出口的必然是国内不同生产部门所生产的产品，即各国从事的是一种产业间的国际贸易。

人们在对现代国际贸易状况进行调查和统计中发现，发达国家之间的工业制成品贸易在整个国际贸易中所占比重越来越大，已占到世界贸易总额的一半以上。在这类贸易中，一个国家出口和进口同一产业部门产品的情况比比皆是。例如，各发达国家普遍存在既出口电视机又进口电视机的情况。对这种产业内贸易产生的原因应做何解释呢？传统的国际贸易理论难以对此做出合理的解答，于是便出现了产业内贸易理论。

（二）产业内贸易产生的几种原因

这种理论认为，产业内贸易的普遍存在主要是由以下几个原因促成的。

（1）产品的差异性。这是从生产方面来看的。由于进行国际贸易的各国企业通常不是处于纯粹竞争的条件下，而是处于垄断竞争的条件下，各国的产品存在着诸多的差异。例如，录像机，各国生产的录像机在功能、外形、质量等方面各不相同。又如小汽车，美国生产的豪华而坚固，日本生产的实用而节能。各国不同阶层消费者的收入水平不同，购买和使用商品的喜好也不同，因而出现了一个国家既出口录像机和小汽车，又进口录像机和小汽车的产业内贸易现象。

（2）消费结构的相似性。这是用林德的偏好相似理论来解释产业内贸易发生的原因。如前面所述，各发达国家间的收入水平比较接近，使其需求偏好很相似，同种类型的产品在A国需求量很大，在B国也有众多的消费者。不同国家需求偏好的相似性以及由此形成的消费结构的相似性，引起了产业内贸易的大量发生。

（3）规模经济。也称规模效益，是指企业进行大规模的生产使产品成本降低而产生的经济效益。该理论认为，规模经济是获取产业内贸易利益的来源。因为企业将销售市场从国内扩大到国外，可以大大提高同类产品的生产总量；随着生产规模的扩大，研制新产品所投入的资金及购置生产设施所用的固定资本会分摊到更多的产品中去，使单位产品的成本下降；大规模的生产还可以更充分地发挥各种生产要素的效能，使与生产有关的人、财、物都得到更好的利用。这些都可以降低产品成本，提高产品的市场竞争力。大规模生产对产品成本的影响作用可以用图5-5表示。

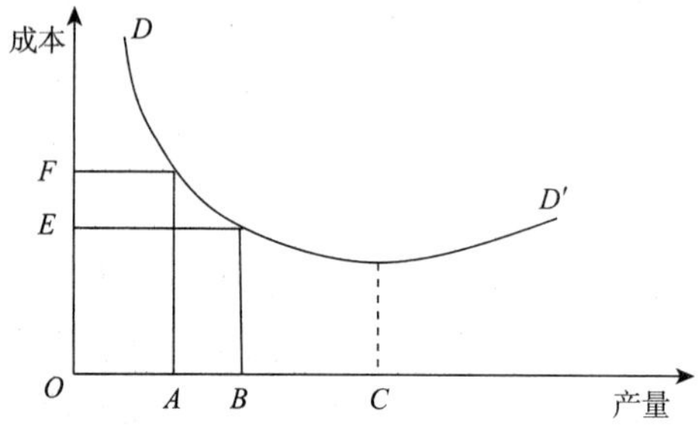

图5-5 产业内贸易的规模优势

图中的DD'为两国生产某种产品的成本曲线，随着产量的增加，成本有逐渐下降的趋势。假设A国产量为OA，则成本为OF；B国产量为OB，则成本为OE。由此可见，B国进行大批量生产，使成本下降，取得了规模经济效益。这样，B国生产该类产品的成本比A国要低得多，可以用较低的价格向A国出口，获取产业内贸易利益。但是，规模经济并不会使产品成本无休止地降低下去，降到一定程度后，生产规模继续扩大会使成本回升。因此，在规模经济的成本曲线上有一个最佳点，与此点相对应的产量为最佳规模，如图5-5中的C点。在这一点上，产品成本最低，规模效益最好。

四、新要素理论

在解释里昂惕夫之谜的过程中，一些西方经济学者冲破了赫-俄理论的三要素论，试图从更广的范围里探寻影响国际贸易的其他要素，这就形成了新要素理论。这种理论主要包括以下几种。

（一）研究与发展论

这种理论认为，一国参与国际贸易的商品是否有竞争力，与该国投入该类商品生产中的“研究与发展”这种新生产要素的多少密切相关。研究与发展要素是指研究、设计、开发一种新产品或新项目中的投资。它通常用一种新形成的产品中有关研究开发的指标进行衡量。例如，研究与开发费用占销售额的比重；从事研究开发的科学家和工程技术人员与就业人员的比例等。研究与发展要素密集度高的产品一般属于技术密集型产品，这类产品在国际市场竞争中往往具有较明显的优势。例如，某项统计资料表明，在美国，如果以出口产业部门的研究与开发费用为 1，与进口商品有竞争的产业部门（进口替代产业）则为 0.66；以出口产业部门的科学家和技术人员人数为 1，与进口商品有竞争的产业部门则为 0.74。可以看出，研究与发展要素对于美国获得国际贸易中的比较优势是非常重要的。

（二）熟练劳动论

这种理论是由基辛（D.B.Keesing）等提出的。基辛把熟练劳动和简单劳动分开，作为单独的生产要素提出来。他把劳动的熟练程度作为说明工业品贸易原因的重要因素给予重视。他在谈论熟练劳动问题时主要讲了以下几个论点：①熟练劳动力是最重要的生产因素之一，熟练是不能够轻易和迅速地达到的。②熟练对于经济成长发挥着重要的作用，而经济成长同贸易又有密切关系。③初级产品的贸易依赖于自然资源的丰裕程度，劳动力的熟练程度则是决定工业制成品在国际贸易中是否有比较优势的主要因素。基辛把各种劳动详细地划分为熟练劳动、非熟练劳动，然后分析各国生产的出口品和进口品中包含的熟练劳动和非熟练劳动所占的比例。他以大量的统计资料证明，美国等发达国家生产的出口品中，熟练劳动比例高于非熟练劳动；印度等国家生产的出口品中，由非熟练劳动及半熟练劳动生产的商品比重较大。进口品中两类国家的情况正好相反。这说明两类国家的比较优势不相同，发达国家在熟练劳动密集型产品上有比较优势，发展中国家则在非熟练劳动密集型产品上有比较优势。

（三）人力资本论

这种理论在上节关于里昂惕夫之谜的解释中曾经分析过。其中心论点是把资本分为两种：一种是物质资本或称有形资本，如厂房、设备、原材料等；另一种是人力资本或称无形资本，表现为职工的文化素质、劳动熟练程度、管理才能等。认为人力资本的高低取决于对人力投资的程度。一个国家对人力的总投资等于政府、企业和个人对教育的实际支出加上个人为受教育而放弃的收入。人力资本能像物质资本一样，在较长的时间里发挥作用并大大提高劳动生产率。人力资本比较丰富的国家一定是那些重视教育投资的国家。这类国家在国际贸易中，尤其是在技术密集型产品和资本密集型产品的贸易中占据较强的竞争优势。

（四）其他要素论

西方一些经济学者认为，在产品的生产过程中，信息、管理等因素也在发挥重要的作用，因此，它们也应被作为生产要素对待。例如，认为信息是一种能够创造价值并能进行交换的无形资源，它和有形资源结合在一起，构成现代生产要素，影响着一国在对外贸易中的比较优势。又如管理因素，使用完全相同的有形资源，不同的国家由于管理水平上的差异，所生产出来的产品数量和质量就会很不相同。这说明，管理作为一种无形资源在创造着价值、创造着产品，并在一定程度上决定着一个国家在国际市场中的竞争优势。

五、国家竞争优势理论

20 世纪 80 年代到 90 年代，美国哈佛大学商学院教授迈克尔·波特（Micheal E. Porter，1947~）在其系列著作中，提出了国家竞争优势理论。他的三部曲著作为：《竞争战略》（Competitive strategy，1980）、《竞争优势》（Competitive Advantage，1985）和《国家竞争优势》（The Competitive Advantage of Nations，1990）。迈克尔·波特在他的著作中所提出的国家竞争优势理论归纳了第二次世界大战后国际贸易新理论的各种观点，综合分析了提高一国（包括国内的产业和企业）国际竞争力的各种因素，形成了一种较新的国际贸易理论。

（一）国家竞争优势、创新机制与影响因素

波特认为，一个国家要想在激烈的国际市场竞争中保持竞争优势，就必须要有生产力发展水平上的优势，而要保持较高的生产力发展水平，该国就要有适宜的创新机制和充分的创新能力。创新机制由微观、中观和宏观三个层面的竞争机制构成。

（1）微观竞争机制。企业具有活力和不断的创新能力是国家保持竞争优势的基础。企业应该在研究、开发、生产、销售、服务等方面和环节上不断进行创新，使企业具有长期的竞争优势与盈利能力。

（2）中观竞争机制。所谓中观竞争机制是指产业因素与区域因素，它也在很大程度上影响着企业的盈利与发展。一个企业在其经营与创新的过程中不仅受制于企业内部因素，而

且受制于企业的前向、后向和旁侧关联产业的辅助与影响，同时还受制于企业的区域战略与政策。企业应把自己的不同部门（如设计、原料、部件、组装、销售等）依据资源合理配置原理设立在恰当的地区，以此来降低经营成本，提高产品竞争力。

（3）宏观竞争机制。波特认为，一国国内的宏观经济环境对企业的竞争优势乃至对国家的竞争优势有相当大的影响。其中起决定影响作用的因素有四项，即生产要素、需求状况、相关产业与支持产业及企业战略组织与竞争。这四项因素互相发生作用，共同决定着国家竞争优势[①]。这就是波特的国家竞争优势四因素模型，又称为波特菱形（图 5-6）。

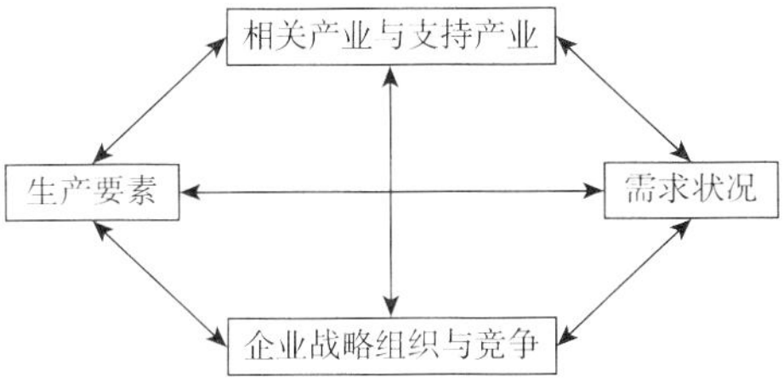

图 5-6　国家竞争优势四因素模型

（1）生产要素。波特认为生产要素可以分为两类：基本要素（basic factors）和高级要素（advanced factors）。基本要素是指一国先天拥有或不需太大代价便能得到的要素，如自然资源、地理位置、非熟练或半熟练劳动力等；高级要素是指必须通过长期投资和培育才能创造出来的要素，如现代化基础设施、高精尖技术、高质量人力资本等。波特认为，第二次世界大战后在科技革命和自由贸易（加快了基本要素的国际流动）的推动下，基本要素对企业竞争力的影响程度逐渐下降，而高级要素的影响因素则在不断地上升。因此，获得高级生产要素是保持国际竞争优势的重要环节。

（2）需求状况。波特在这里分析的需求状况是指国内需求，认为这是影响一国公司和产品竞争优势的另一个重要因素。国内需求对竞争优势的影响表现在三个方面：第一，国内需求是否具有持续的增长性，这对鼓励企业扩大生产规模和采用新技术至关重要；第二，国内需求是否具有超前性，这将引导企业积极从事新产品的研发，以不断升级换代的产品走在国际市场竞争的前列；第三，国内需求市场中是否具有一批老练、挑剔的买主，这类消费者的存在给生产公司和销售公司带来了极大的压力，最能促进公司不断地改进产品质量、性能和服务水平，从而推动竞争优势的全面提高。

（3）相关产业与支持产业。相关产业是指相互关系密切的、共同使用某些技术和营销渠道的产业，以及某些有共存亡关系的产业，如计算机硬件与计算机软件，纺织业与纺织机械业，等等。支持产业是指某一产业的上游产业，它主要向其下游产业提供原材料、零部件和各种中间产品，如钢铁业与造船业，发动机业与汽车制造业，等等。相关产业与支持产业的水平高低对某一行业的竞争优势影响极大，一个国家如果有许多相互联系的有竞争力的产

① Micheal E. Porter. The Competitive Advantage of Nations. Florerce：Free Press，1990.

业，该国也很容易产生新的有竞争力的产业。日本电子工业和家电工业的发达，使其不仅在固有的传统优势产品上一直处于领先地位，如电视机、摄像机、照相机等，而且能不断推出各种极具竞争优势的新产品，如各种类型的游戏机和游戏软件。

（4）企业战略组织与竞争。企业的组织形式、管理体制与产权结构影响企业的竞争优势。波特认为，良好的企业战略组织不仅与企业的内部条件和所处产业的性质有关，而且与企业所处的国内环境有关。各个国家的环境是不同的，所以企业所采取的组织形式、管理体制和产权结构也就不同，适合本国环境的企业战略组织能够提高企业竞争力。波特还认为，强大的竞争对手和公平的竞争环境是企业保持长久竞争力的不可或缺的因素。不应把国内竞争看作是一种资源的浪费，而应把其看作是一种提高竞争力的激励机制。面对激烈的竞争环境和强大的竞争对手，各企业都不敢有丝毫的懈怠，会努力地提高技术、管理和服务水平，以便使自己在竞争中处于优势地位。国内的竞争环境也有利于企业参加国际竞争，因为一方面企业可以在国内竞争中锻炼提高自己，另一方面激烈的国内竞争能迫使企业走出国门，去寻求国际市场，并在国际市场竞争中保持优势。

除了上述四个基本因素外，还有两个辅助因素也在影响国家的整体竞争优势，这就是机遇和政府。机遇是指经济发展过程中遇到的一些新机会和新情况，如战争、大的经济动荡、石油危机及重大技术创新和汇率变化等。这些偶然性因素会影响需求、供给、成本、价格等，使各国的竞争优势发生大的变化，有的国家会在机遇中快速上升，有的国家则会因竞争优势的失去而逐渐没落。政府的辅助作用也很明显，它主要是通过对四个基本因素施加影响而发挥作用。政府通过宏观调控政策、微观扶持政策、制定规则和培养高素质劳动力等环节来影响供给和需求，帮助产业和企业提高竞争优势。

（二）国家竞争优势的四个发展阶段

波特从动态的角度分析国家竞争优势，认为一国的竞争优势不是一成不变的，受其驱动力的影响可以分为四个不同的阶段。

（1）要素驱动阶段。此阶段的竞争优势主要取决于一国在自然生产要素上拥有的优势。处于这一阶段的国家整体经济水平较低，尤其是技术水平相对低，资金也短缺，其竞争优势主要依靠国内丰富的自然资源和廉价的劳动力资源。

（2）投资驱动阶段。此阶段的竞争优势主要取决于资本要素。此时本国的技术水平较落后，通过大量的资本投入可以引进国外先进技术设备来提高生产效率和产品竞争力。

（3）创新驱动阶段。此阶段的竞争优势主要取决于技术创新。谁能在激烈的竞争中不断推出新产品，谁就能取得竞争优势。这种压力迫使企业进行大量的研发投入，以各种新产品、新工艺、新设备的开发去提高竞争力，占领更多市场份额。

（4）财富驱动阶段。此阶段的社会富有而稳定，创新意识和竞争压力都在减弱，企业和产业越来越不是通过竞争机制来提高自己，而是力图通过财富和实力来影响政府政策以保持自己的利益。此时的国家竞争力有下降的趋势，必须要通过调整产业结构和制度创新等途径防止它的衰退。

波特的国家竞争优势理论与传统的国际贸易理论相比，不仅强调了动态分析，而且更加贴近国际贸易现实，从多层面、多因素、多阶段分析了经济生活的现象与本质。波特深刻地认识到国家取得优势的关键是要确保竞争机制发挥作用，而国家竞争优势获取的主要途径是技术创新与技术进步。其中，政府的作用是为竞争机制、创新机制的生存营造适宜的国内环境。波特的这些观点是有创意的。当然，波特的理论也存在一些明显缺陷，如他过多地强调了市场的作用，而只把政府的作用作为一个辅助因素来看待。

重要术语

资源赋予论	俄林	要素供给比例理论	要素价格均等化定理
里昂惕夫	里昂惕夫之谜	人力资本论	要素密集转化论
技术周期说	原料周期说	产品生命周期说	偏好相似说
产业间贸易	产业内贸易	新要素理论	国家竞争优势理论
中观竞争机制	波特菱形		

▶ 重要术语解释请扫描右侧二维码

授课录像

第五章精彩视频请扫描二维码

客观测验题

客观测验题及答案请扫描二维码

复习题

1. 俄林的要素供给比例理论是从哪几个层次进行分析的?
2. 简述要素价格均等化定理和均等化过程。
3. 要素价格均等化会对经济产生哪些影响?
4. 试述里昂惕夫之谜及其产生。
5. 西方经济学家对里昂惕夫之谜做了哪些解释?
6. 试述技术周期说和产品生命周期说。
7. 简述三阶段论和交错发展论。
8. 何为偏好相似说?
9. 产业内贸易产生的原因是什么?
10. 新要素理论包括哪些内容?
11. 试述波特的国家竞争优势理论。
12. 何谓波特菱形?
13. 波特认为国家竞争优势可以分为哪四个发展阶段?

第六章 西方国际贸易理论（下）

导读

本章重点介绍和分析保护贸易理论。在西方国际贸易理论发展史中，自由贸易理论一直处于主导地位，保护贸易理论则处于次要地位。人们注意到了一个现象：世界主要国家在制定贸易政策时，一方面，大谈自由贸易的好处；另一方面，又不断出台五花八门的保护贸易政策来保护本国经济的发展。这一现象说明了保护贸易理论和政策，无论对发展中国家还是发达国家的经济发展都有独特的好处。在前两章分析自由贸易理论的基础上，本章着重分析保护贸易理论。

保护贸易理论在不同的时期有不同的代表人物，本章主要介绍和分析李斯特的保护贸易论、凯恩斯的超保护贸易论、普莱维什的保护贸易新论和战略性贸易政策理论。李斯特是德国经济学家，其经济理论集中反映了二流工业国德国新兴资产阶级的利益和要求，探讨刚起步的民族工业如何得以顺利发展。凯恩斯的超保护贸易论代表了英美等一流工业国的利益和诉求，通过保护手段巩固和加强对国内外市场的控制和垄断，以争取外贸顺差，解决工人失业问题。普莱维什的保护贸易新论则代表了发展中国家的利益，它认为应该对旧的国际分工格局做出调整，主张发展中国家应主动采取各种保护措施来扶植本国民族工业的成长。战略性贸易政策理论的核心是主张政府通过适度的保护和干预手段，影响处于不完全竞争状态的本国厂商及其国外竞争对手的决策行为，以扩大本国厂商的市场份额和规模效益，使国际贸易朝着有利于本国获取最大限度利益的方向变化。

| 本章学习重点 |

1. 李斯特、凯恩斯、普莱维什和战略性贸易政策理论的主要观点
2. 各种保护贸易理论的共同点和不同点
3. 掌握保护贸易论者的政策主张

| 本章教学要求 |

◀ 请扫描左侧二维码

第一节 幼稚工业保护论

一、理论背景

近代保护贸易理论出现于 19 世纪初期。德国经济学家李斯特被认为是保护贸易理论的最主要代表人物，他的理论特点是强调对幼稚工业的保护。

19 世纪初期，正是西方资本主义经济大发展时期，但各国的经济发展却很不平衡。当时英国已经完成了从工厂手工业向机器大工业的过渡，法国的工业也发展很快，两国的劳动生产率增长迅速，生产成本大幅度下降，产品在国际市场上极具竞争力。在这种情况下，英法两国的经济学家都极力主张自由贸易政策，以便把本国的产品更多地打入别国市场。此时德国的经济发展较英法两国远远落后，大量涌入的物美价廉的英法商品对正处于产业革命萌芽时期的德国工业造成很大威胁。彻底摆脱来自外部的自由竞争威胁，使德国能在群雄竞起的欧洲发展起自己的工业，成了德国新兴资产阶级的最迫切要求。在这种形势下，李斯特提出了他的保护贸易论，从理论和政策上为德国工业在强大竞争的夹缝中求发展指明了道路。

弗里德里希·李斯特（Friedrich List，1789~1846 年）出生于德国的一个皮革匠家庭，1817 年曾任杜平根大学政治学教授。他积极参与由他倡议而成立的工商业协会的领导工作。当时德国封建势力很强大，全国处于四分五裂的封建割据状态，许多独立的小邦自设关卡，极大地阻碍了德国资本主义的发展。李斯特在国内提倡自由主义政策。他与工商业协会一起为废除各邦关卡、建立统一的国内市场和统一关税而积极斗争。1820 年他被推举为符腾堡国会议员。后由于他揭露当局的各种弊端并大力主张改革，1825 年被政府驱逐出境，流亡国外，最后定居美国。当时美国和德国情况相似，也属于资本主义发展较晚的国家。李斯特在美国时曾出版过一本小册子《美国经济学大纲》，他站在美国利益的立场上，抨击英国工业资本利用自由贸易政策在经济上的入侵。1832 年李斯特被美国政府任命为驻德国莱比锡领事。李斯特在美国时亲眼看到美国政府实施保护贸易政策的成效，受到极大鼓舞。他回德国后积极倡导贸易保护主义，并于 1841 年出版了他的主要代表作《政治经济学的国民体系》，

系统地提出了保护贸易理论。李斯特由于极力反对德国的封建势力并批评政府的一些政策，受到较强的政治迫害，加上他贫病交困，1846年他自杀身亡。

李斯特的保护贸易思想和理论曾深受汉密尔顿的影响。亚历山大·汉密尔顿（Alexander Hamilton，1757~1804年）是美国独立后的首任财政部长。他于1791年在向国会提交的《关于制造业问题的报告》中论述了保护美国工业的必要性，该报告被后人视为保护贸易理论的经典文献。汉密尔顿认为，斯密的自由贸易理论只适用于英国等经济发达的国家，而不适用于经济比较落后的美国，处于不同发展阶段上的国家开展自由贸易和自由竞争只会使落后国家的经济更加落后。因此，他主张使用高关税壁垒措施来保护国内市场，以便使美国的幼稚工业顺利发展和壮大起来。汉密尔顿的这种思想和他在美国成功推行的保护主义政策给予了李斯特极大的启示和影响。李斯特在此基础上，结合德国国情，通过自己的研究和探索，提出了一套较为系统和深刻的保护贸易理论。

二、李斯特的保护贸易论

（一）李斯特在对古典学派的批评中阐述了自己的保护贸易观点

作为德国经济学家，李斯特的经济理论集中反映了德国新兴资产阶级的利益和要求。当时德国资产阶级最迫切的要求是排除外来竞争的威胁，使本国刚起步的民族工业得以顺利发展。因此，李斯特经济理论的主要目的是反对自由贸易政策，倡导保护关税政策。从这个基点出发，他对斯密和李嘉图的古典学派采取了否定的态度，认为这个“流行学派的理论体系存在着三个主要缺点”[①]并逐一加以批评，同时谈了自己的观点。

（1）认为古典学派的根本缺点是推行所谓的“世界主义”，而忽视经济发展的民族特点。英国古典学派的国际贸易理论是从价值理论的分析出发，强调比较优势在国际贸易中的作用，认为各国都应该只生产成本相对低的商品，而其他商品应向别国去购买，这就可以形成合理的国际分工格局，对参加贸易的各国都带来好处。李斯特认为，这种所谓“合理的国际分工格局”是将来世界各国经济高度发展之后才可能实现的理想模式，它完全忽略了目前各国不同的经济发展水平和民族特点。在李斯特看来，各个国家发展之间并不存在共同的普遍的规律，因为各个民族的经济都有自己发展的特殊道路。李斯特把当时在德国经济思想中占统治地位的英国古典政治经济学指责为世界主义政治经济学。他认为并不存在这类政治经济学，而只存在国民经济学。李斯特的目的在于以此来强调德国经济发展的特殊性，主张德国不要推行英法式的自由贸易政策，而应针对自己的国情实施保护贸易政策。

（2）认为古典学派的国际贸易理论强调了各国追求当前的最大利益，却没有考虑各国

① 李斯特 F. 政治经济学的国民体系. 北京：商务印书馆，1961.

和各民族的长远利益。李斯特认为，斯密和李嘉图所主张的一个国家放弃比较利益较低商品的生产而改为从国外进口的政策，只适合于英国的利益，而不利于其他国家经济的发展。他尖锐地指出："在这种情况下，整个英国就会发展成为一个庞大的工业城市。亚洲、非洲、澳大利亚所接受的将是英国的文化，许多以英国为榜样的新国将陆续出现。一旦时机成熟，就会组成一个以英国为首的国家体系，到那时欧洲大陆国家的地位将一落千丈，人民将成为不重要的、没有收益的民族。在这种形势下，法国以及西班牙、葡萄牙将遭到同样命运。最上等的酒得供应英国世界，只有最下等的劣酒才能留给自己。法国最多只能干些小型女帽业那类营生。德国到那时看来对英国世界没有什么别的可以贡献，只有一些儿童玩具、木制的钟、哲学书籍等，或者还可以有一支补充队伍，他们为了替英国人服务，扩大英国的工商业优势，传播英国的文学语言，牺牲自己，长途跋涉到亚洲或非洲沙漠地带，就在那里沦落一生。"[①]为了避免这种恶果的出现，李斯特认为，经济落后的国家在建立本国工业的过程中虽然会暂时付出较高的代价，去开发一些本国暂时并不具优势的产品，会失去一些眼前利益，但这是值得的，会对国家的长远利益带来好处。国家只有实施保护主义政策，这一工业发展过程才会顺利完成。

（3）认为古典学派片面夸大了自由竞争的作用，否定国家干预经济过程的积极作用。斯密认为，经济发展有其自身的规律，在"看不见的手"的调节下会自发而和谐地向前发展，政府不应对经济过分干预，否则会把经济搞糟。李斯特对此持否定态度。他指出，国家经济的发展，特别是落后国家经济的发展，必须借助于政府的力量。否则，即使经济能够发展上去，也将会是一个十分漫长的过程。李斯特借用风力和人力在森林成长中的作用做比喻，强调政府在经济发展中的重要作用。他说："固然，经验告诉我们，风力会把种子从这个地方带到那个地方，因此荒芜原野会变成稠密森林；但是要培养森林因此就静等着风力作用，让它在若干世纪的过程中来完成这样的转变，世上岂有这样愚蠢的办法？如果一个植林者选择树秧，主动栽培，在几十年内达到了同样的目的，这不算是一个可取的办法吗？历史告诉我们，许多国家，就是由于采取了那个植林者的办法，胜利实现了它们的目的。"[①]李斯特认为，德国经济已经落后于英法等国家，如果实行自由放任政策，不知何年何月才能追赶上来。因此，他主张德国政府应主动干预经济发展过程，实行保护贸易政策，以便早日赶上先进国家的经济发展水平。

（二）李斯特理论的核心——生产力理论

生产力理论是李斯特保护贸易理论的核心内容。他把生产力问题看成是一个国家兴衰存亡的关键问题。他认为，生产力就是创造财富的能力。他说："一个人可以拥有财富，那就是交换价值，但是他如果没有那份生产力，可以产生大于他所消费的价值，他将越过越穷。

---

① 李斯特 F. 政治经济学的国民体系. 北京：商务印书馆，1961.

一个人也许很穷，但是他如果具有那份生产力，可以产生大于他所消费的有价值产品，他就会富裕起来。因此，财富的生产力比之财富本身，不晓得要重要多少倍；它不但可以使已有的和已经增加的财富获得保障，而且可以使已经消失的财富获得补偿。”[①]他还把生产力与财富的关系比做果树与果实的关系。生产力是果树，财富是果实，只有生产力发展了，财富这种果实才会不断地被生产出来。

为了使生产力得到较快发展，国家必须实行保护贸易政策。李斯特认为，如果采取保护性贸易政策，可能会失去某些比较利益，特别是在开始阶段，国内工业品的价格可能会高一些。但经过一段时间后，本国工业水平有了较大的提高，这些工业品在国内的生产成本会大幅下跌，其价格也会随之落到国外进口商品的价格以下。他说：“因此，保护关税如果使价值有所牺牲的话，它却使生产力有了增长，足以抵偿损失而有余，由此使国家不但在物质财富的量上获得无限增进，而且一旦发生战争，可以保有工业的独立地位。”[①]

李斯特认为，生产力来源于“物质资本”和“精神资本”两大因素。他所说的物质资本，是指国家所掌握的自然资源和生产物质产品的生产工具；他所说的精神资本，是指国民的身心力量、文化素质、国家的社会状况及政治制度等，他说：“基督教，一夫一妻制，奴隶制与封建领地的取消，王位的继承，印刷、报纸、邮政、货币、计量、历法、钟表、警察等事物和制度的发明，自由保有不动产原则的实行，交通工具的采用……这些都是生产力增长的丰富源泉。”[①]李斯特指出，在创造生产力的过程中决不可忽视精神资本的作用。

在生产力的发展中，李斯特认为，工业的作用比农业的作用要大得多。因此，建立一个发达的工业体系能够振奋人们的民族精神和进取精神，能改变在原始农业状态下的旧观念、旧风俗和对一切事物都反应迟钝的现象。在一个工业生产力发达的国家里，人们会有一种积极向上的精神，因而会增强全社会的时间效率，使各种生产资源都得到最有效的利用，会使社会财富以更快的速度增长。因此，李斯特认为，发展和完善国内的工业体系是提高一国生产力的最有效途径，国家必须采取有效的保护措施，扶植本国的工业生产力迅速崛起。

（三）李斯特的经济发展阶段论

为了使自己的保护贸易论有充足的理论根据，李斯特以部门经济为标准，把人类社会的经济发展划分为五个时期：原始未开化时期、畜牧时期、农业时期、农工业时期和农工商时期。他认为，处于不同时期的国家应当实行不同的对外贸易政策。他认为，处于前三个时期的国家经济十分落后，应当对较先进的国家实行自由贸易政策，以此为手段和推动力，使自己尽早脱离未开化状态，在农业上求得较快发展；处于第四个时期的国家已出现农工业并存的局面，但这时的工业还比较弱小，难以抵御外来强大工业的竞争威胁，因此应实行保护贸

---

① 李斯特 F. 政治经济学的国民体系. 北京：商务印书馆，1961.

易政策，以帮助本国工业度过幼稚期，进入成熟期；处于第五个时期的国家，国内农工商并举，财富和创造财富的生产力都已进入了最兴盛和发达的阶段，此时应重新恢复使用自由贸易政策，鼓励企业参与国内和国外市场的全面竞争，以此来让本国产品始终处于竞争的环境中，这既可以保持本国农工商企业蓬勃向上的活力，又可以通过国际市场竞争获取更多的比较利益。

李斯特认为，西班牙、葡萄牙等国当时还处于农业时期，几乎没有民族工业需要保护，应实行自由贸易政策来刺激本国经济早日进入现代化社会；英国已进入了农工商时期，处于经济发展的最高阶段，必然会实行自由贸易政策，利用自己的优势，获取国际贸易的最大利益；法国已在农工商时期的边缘，也可适当实行自由贸易政策；德国和美国则处于农工业时期，最需要依靠保护贸易政策的实施来扶植自己的幼稚工业。

李斯特的经济发展阶段论，从历史主义的角度为处于不同发展时期的国家推行不同的对外贸易政策进行辩解，实际上他是在为德国实施保护贸易政策寻找理论依据。西方经济学界也因此把李斯特的理论归入了“历史学派”。

（四）李斯特保护贸易政策的具体内容

在论述保护贸易理论时，李斯特讲到了很多与该理论密切相关的政策和措施，主要包括以下几点：

（1）保护的目的。主要是为了保护国内市场以促进国内生产力的发展。这与早期的重商主义的保护贸易目的很不相同。重商主义限制进口，鼓励出口，其目的是积累金银财富；而李斯特所主张的保护贸易的目的是提高创造财富的生产力。

（2）保护的重点。重点保护的对象是那些对国家独立自主和经济发展有重要意义的、处于幼稚时期的工业。李斯特认为，在一个国家的各类产业中，工业最为重要，工业生产力提高了，会把农业的生产水平带动上去。因此他认为，农业不需要保护，不必限制农产品进口，否则就不能从外国取得廉价的粮食和原料，这将不利于本国工业的发展。在工业中，也不是所有的部门都需要保护。需要保护的是那些幼稚而有发展前途的工业，是那些建立时需要大量投资并且所生产的是最重要的生活必需品的工业。李斯特认为，这类工业的发展对一个国家最为重要，它不仅可以促进人口的增加、农业的繁荣和对外贸易的平衡，而且还有利于国家的独立自主，使国家不会因战争导致的必需品供给中断而陷入困境。

（3）保护的手段。以关税作为保护国内工业的主要手段，即用关税壁垒措施挡住国外具有较强竞争力的商品进入国内市场，以确保国内相同行业的发展。在关税措施上，李斯特主张采用递增关税的方法，认为突然征收过高的关税会割断原来存在的与各国之间的商业联系，会对国内市场造成过大的冲击，反而对本国的生产发展不利。所以，关税应逐步地提高。

（4）保护的程度。利用关税措施保护本国的工业不等于说就要全面限制外国商品的进口，那样并不利于本国经济的发展。李斯特认为，应针对工业中的不同行业而采取程度不同的保护措施。他认为，对国内生产生活必需品的行业应通过高关税给予充分保护；对国内生产昂贵奢侈品的行业可以只给予最低限度的保护；对于国内不能生产的各种复杂机器的进口应当免税或只征收极轻的进口税，因为对这类产品的进口过分限制会影响国内工业的快速发展。李斯特还指出，如果对复杂机器产品进口的过低限制影响到国内同类机器工业的建立和发展，国家则应对国内同类工业给予直接的政府补贴。

（5）保护的期限。对国内工业的保护决不应是无限期的，否则，将会出现保护落后和保护低效率的结局。有些被保护了一定时期的工业部门，当其产品价格已低于国外同类产品的价格时，可以降低保护程度或完全撤除保护，让其进入国际市场自由竞争；有些被保护的工业部门，在过了一定的保护期后仍没有明显进步，离开政府给予的协助和扶植仍难以独立发展，这表明它们不适宜成为被保护的对象，政府应该撤除对它们的保护，任其自生自灭。李斯特认为，对工业部门的保护期限最长不应超过 30 年，否则，将不利于经济的发展和生产率的提高。

三、李斯特幼稚工业保护论简评

李斯特的保护贸易论既有积极的一面，也存在一定缺陷，这两个方面都对后来的西方经济理论和各国贸易政策的制定产生了重要影响作用。

（一）李斯特幼稚工业保护论的积极意义

（1）对德国工业经济发展起到了重要的推动作用。德国的工业生产相对落后于英国和法国，在强大外部竞争的威胁面前，只有采取适当的贸易保护政策，才有可能把民族工业发展上去。李斯特尽管生时不太得志，但他去世后德国政府却在相当大程度上采纳了他的经济主张，分几次提高工业品进口关税，保护了国内市场，促进了工业成长，进而带动了整个德国经济的快速发展。

（2）李斯特的保护贸易理论和政策主张对发展中国家外贸政策的制定起到了积极的影响作用。他的关于保护幼稚工业的主张，关于对不同的工业部门采取不同保护程度的主张，关于保护期限不应超过 30 年以免削弱进步机制的主张，特别是他的关于财富和财富的生产力完全不是一回事，财富的生产力比财富本身不知要重要多少倍的思想是非常深刻和有感召力的，这些都对发展中国家经济发展规划和外贸政策的制定有着直接的指导意义和影响作用。

（3）李斯特的各个国家经济发展都有自己特殊规律的思想具有深刻的积极意义。他指出，古典学派从获取比较利益的角度出发要求世界各国不论贫富与否都实行自由贸易政策的思想是片面的，忽略了各个国家经济发展的特殊规律。按古典学派的思想制定各国的外贸政策，受益最大的是经济发达国家，而发展中国家虽然也能暂时获得一些比较利益的好处，却会使创造财富的生产力的发展受到极大抑制，最终会由于经济差距的拉大而成为强国的附属国，失去国家的独立性。因此，李斯特认为，一个国家应采取自由贸易政策还是采取保护贸易政策，一定要从本国的实际情况出发，要考虑本国的经济发展水平和民族特点。李斯特的这一思想，直到今天仍对各国经济政策制定具有重要的参考价值。例如，当今的世界贸易组织虽然从宪章的原则上要求各成员国积极推行自由贸易政策，但同时也对经济落后的国家制定了一些例外条款，允许它们对本国的幼稚工业在一定期限内采取保护性贸易政策，减弱国外商品的竞争威胁，以此来促进落后国家生产力的提高。在今天的各种世界性经济组织的宪章上和各国实施的外贸政策上，无处不闪耀着李斯特这一思想的光芒。

（4）李斯特的生产力论包括非物质因素，这是西方经济理论的一大创新。李斯特认为，生产力的来源除了物质资本外还包括精神资本。尽管他在叙述精神资本时所说的某些因素不尽合理，但他的精神资本中所主要包括的制度的、科技的和文化的因素却是相当正确和有创见的。各国经济发展的历史已经表明，政治制度和经济制度合理与否对生产力发展的制约性很强；科技的和文化的因素，如一国的科技水平、教育水平、职工素质和工作技能等，都对生产力的提高有重要的影响作用甚至是决定作用。“科学技术是第一生产力”的提法，如今已被越来越多的人所接受。

（二）李斯特幼稚工业保护论的缺陷

（1）经济发展阶段的划分标准太片面。李斯特以部门经济的发展程度为标准，把人类社会的经济发展划分为五个时期。李斯特实际是在表明，人类社会的发展阶段应以生产力的发展水平为标准进行划分。这种观点太片面，不严格。我们知道，生产力只是人类进行生产的一个方面。人类在进行生产时，除了与自然界发生关系外，相互之间还结成一定的关系，即生产关系。人们改造自然和发展生产力的活动，总是在一定生产关系中进行的。每个人在生产中都处于不同的地位和不同的社会阶层。社会阶层与社会阶层之间以及它们与生产资料之间是一种什么关系，这在人类社会经济发展阶段的划分中是一种重要的标准。李斯特忽视了这一标准，因此说，他所提出的划分标准是片面的。

（2）过分强调国家对经济的干预，并不利于生产力的发展。如果说斯密的自由贸易思想过分强调了市场机制对经济运行的自发调节作用是走向了一个极端，那么，李斯特的保护贸易思想过分强调国家对经济运行的干预作用则是走向了另一个极端。现实的经济运行和世界各国经济发展的实践表明，要使经济协调、稳定、快速地向前发展，既离不开斯密所说的市场机制这只“看不见的手”在经济运行幕后的自发调节，也离不开李斯特所说的政府干预这只“看得见的手”在经济运行台前的人为调节。这就如同一个人生活中需要右手但也离不开左手一样，只有让两只手协调起来共同行动，才会获得最佳效果。

第二节 超保护贸易论

一、理论背景

（一）超保护贸易论的特点及产生背景

所谓的超保护贸易论是与传统的保护贸易论相比较而言的。不同的外贸政策受不同的外贸理论所影响，以李斯特为代表的传统保护贸易政策的主要目的是发展本国的生产力，而超保护贸易政策的实施目的则是巩固和加强对国内外市场的控制和垄断，以争取外贸顺差，解决工人失业问题；传统保护贸易政策的保护对象主要是经济落后国家的幼稚工业，而超保护贸易政策的保护对象则主要是经济发达国家的夕阳工业；传统保护贸易政策的保护手段主要是关税措施，而超保护贸易政策的保护手段不仅包括关税措施，还包括各式各样的非关税壁垒措施；传统保护贸易政策以防御性地限制进口为主，而超保护贸易政策不仅采取防御措施，还经常以政府补贴和商品倾销等手段主动向别国市场进攻。

这种与传统保护贸易理论很不相同的超保护贸易论的出现有其特殊的历史背景，这就是发生于1929~1933年的资本主义经济危机。这场空前的经济大危机所产生的破坏，使主要资本主义国家的经济倒退了若干年。危机期间所表现出的严重的商品过剩，导致了企业普遍开工不足，很多企业破产倒闭，大批工人处于失业状态，市场问题已成了制约资本主义经济发展的一个关键环节。以保护国内市场和扩张国外市场为目的的超保护贸易理论便由此产生并迅速发展起来。

（二）超保护贸易论的主要代表——凯恩斯

约翰·梅纳德·凯恩斯（John Maynard Keynes，1883~1946年）是英国经济学家，凯恩斯主义的创始人。他曾在剑桥大学学习数学，后来改为研究经济学。他当过英国财政大臣顾问、英格兰银行董事和人寿保险公司董事长。1933年，凯恩斯出版了《走向繁荣之路》一书，提出政府应干预经济运行，通过政府投资解决工人失业问题，并认为英国政府每投资1元，便可在解决失业方面收到数倍于1元的投资效果。

凯恩斯于1936年出版了他的代表作《就业、利息和货币通论》。他在书中对国家干预经济的必要性和干预的具体方式进行了系统的理论论证，提出了资本主义经济危机产生的原因并提出了解决危机的方法。西方经济学界普遍认为，此书所提出的新经济理论完成了一场革命，即所谓“凯恩斯革命”。

凯恩斯没有一本全面系统地论述国际贸易问题的专门著作。但是，其代表作《就业、利息和货币通论》中所表述的经济观点却是这一时期西方各国制定和推行超保护贸易政策的主要理论依据。因此，他被认为是超保护贸易论的主要代表人物。

（三）凯恩斯立场的转变

凯恩斯曾是自由贸易论者，大危机之后他转变成了保护贸易论者。

早年凯恩斯曾在剑桥大学学习，他深受以马歇尔为主要代表的剑桥学派理论思想的影响，崇尚经济自由主义，认为在自由竞争的条件下会实现各种经济要素的供求均衡，各个国家的利益和社会各阶层的利益都能得到最大满足。他曾认为，保护贸易政策不利于一个国家的经济增长，因而对解决工人失业问题起不到什么作用。

波及世界各主要资本主义国家的经济大危机，使凯恩斯的经济观点发生了转变。大危机中所表露出来的资本主义经济的种种弊端，使凯恩斯看到仅靠市场机制的力量和自由竞争的调节已难以实现国家经济的协调和稳定发展，必须由政府出面对经济加以调节才行。大危机中所表现出的尖锐的市场问题使凯恩斯感到了保护主义政策的必要性。他由此开始放弃传统贸易理论的自由放任学说，转而推崇最早的保护主义理论——重商主义的学说。他主张由国家干预对外贸易，重新推行重商主义的各项政策，一方面设置贸易壁垒挡住外来商品，另一方面采取措施鼓励出口，以此来保持外贸顺差，解决失业问题。他的外贸理论也因此被称为“新重商主义”。

二、凯恩斯的超保护贸易论

（一）对传统的自由贸易理论的批评

凯恩斯认为，传统的自由贸易理论已经过时了，已无法解释现实经济生活中出现的各种矛盾和问题。在其代表作《就业、利息和货币通论》的开篇中他就指出：“经典学派所假定的情形，是各种可能的均衡位置之极限点，而且这种特例所含属性，恰不是实际经济社会所含有的。结果是理论与事实不符，应用起来非常糟糕。”①凯恩斯对传统自由贸易理论的批评主要集中在以下两点：

（1）认为传统贸易理论所说的在自由贸易条件下包括劳动和资本在内的一切生产要素都能得到充分使用的假设在现实生活中并不存在。例如，传统贸易理论的主要代表之一马歇尔所采用的分析方法是静态局部均衡分析法，他把资本主义经济运行看成是自然而稳定的，他漠视危机和失业的存在，认为各国在相互间的自由贸易中不仅能享受比较利益的好处，而且能使各国的生产要素都得到最佳的使用效果。凯恩斯亲身经历了资本主义经济大危机，亲眼看到了大批企业倒闭和大量工人失业，因此他指出资本主义经济会自然地、和谐地向前发展的理论假设与现实情况不相符。在对外贸易中，如果一国只去生产有比较优势的产品，放

---

① 凯恩斯 J M. 就业、利息和货币通论. 北京：商务印书馆，1963.

弃或压缩比较优势较小的产品的生产，势必造成大量的工人失业和资本闲置。虽然这些工人和资本可以向比较优势较大的部门转移，但却需要一定的条件和一定的时日，会使一国的经济发展产生较大的动荡。

（2）认为传统贸易理论在分析国际收支自动调节平衡的问题时忽略了外贸顺差的重要性。传统贸易理论认为，一国的对外贸易是用丰富的产品交换短缺的产品，即使以货币为媒介物，也会由于以出口值抵偿进口值而进出口保持平衡。有时，两国间的贸易可能会出现不平衡，一国为顺差，另一国为逆差，但这只是暂时现象，由于物价的变动，两国的进出口会重新出现平衡。因此，传统的贸易理论认为，一个国家既不必为出现外贸逆差而担忧，也不必为出现外贸顺差而高兴。凯恩斯指出，传统贸易理论的这种国际收支自动调节论虽有一定的道理，却忽略了两个重要问题：其一，国际收支自动调节和自动恢复平衡的过程会对一国的国民收入与就业产生较大的影响。例如，当一国出现外贸逆差后，自动恢复平衡需要一定的时间，在这期间，由于进口大于出口，过多的进口商品冲击了国内市场，引起国内物价下降。较低的国内物价水平，能够抑制国外商品的进口，但同时也抑制了国内经济的发展，引起利润下降，收入降低，企业破产和工人失业。其二，国际收支自动调节理论只强调了对外贸易平衡的重要性，而没有认识到保持外贸顺差对一国经济发展的重要意义。凯恩斯指出，关于外贸顺差的重要性重商主义者们看得最清楚，他们认识到了只有争取外贸顺差，才能使货币流入，货币多了，本国的利率会降低，从而刺激投资和消除失业。凯恩斯在分析这一问题时指出：“政府当局为维持繁荣起见，必须密切注意贸易差额。若贸易为顺差，又不太大，则颇有鼓励作用；若为逆差，则可能很快就会产生顽固的经济衰退。”[1]凯恩斯认为，既然外贸顺差有如此重要的作用，就应通过超保护贸易政策去努力获取。

（二）强调国家干预经济的重要性

凯恩斯在他的《就业、利息和货币通论》一书中，全面分析了引发资本主义经济危机的原因，并提出了避免危机的方法。把他所提出的避免危机的方法归纳为一句话，就是国家必须干预经济生活。

（1）经济危机的发生是由有效需求不足引起的。何谓有效需求？按凯恩斯的解释，有效需求是商品的总供给和总需求达到均衡状态时的总需求。他认为，资本主义经济并不像以往的经济学家们所描述的那样尽善尽美，经济运行并不能够经常保持均衡。社会中普遍存在的有效需求不足，就常常打乱资本主义经济运行的正常节律。有效需求不足而引起的生产过剩的经济危机，使企业走向破产，把工人抛向街头。

（2）有效需求的不足是由三大基本心理规律造成的。凯恩斯认为，有效需求包含两个

---

① 凯恩斯 J M. 就业、利息和货币通论. 北京：商务印书馆，1963.

方面：对消费物的需求和对投资物的需求。这两个方面的需求状况如何，取决于下面的三大基本心理规律。

一是边际消费倾向递减规律。消费倾向是指收入和消费之间的比例关系。如果用 C 代表消费，用 Y 代表收入，消费倾向则为 C/Y。例如，一个家庭的年收入为 10 000 美元，消费了 8 000 美元，则消费倾向为 80%。边际消费倾向是指新增加的收入量和新增加的消费量之间的比例关系。如果用 ΔC 代表消费增量，ΔY 代表收入增量，边际消费倾向就是 $\Delta C/\Delta Y$ 。凯恩斯指出，在人们的收入增加以后，人们的消费支出却不会按比例地增加，从一般的规律来看，消费支出部分会随收入的增加而逐渐减少，而用于储蓄的部分却在逐渐增加。这种递减的边际消费倾向，会引起社会对生活消费品的需求不足。

二是资本边际效率递减规律。资本边际效率是指增加投资预期可得到的利润率。凯恩斯认为，资本家心理上往往有一种预期，即随着新资本的增加，资本的边际效率会呈现递减趋势。资本边际效率的高低是影响资本家增加投资的关键因素，由于资本家对利润率的信心不断降低，他们不愿多增加投资，从而导致社会上投资不足，并进而引起对投资物的需求不足。

三是灵活偏好规律。灵活偏好规律是指人们总喜欢把一定量的货币保存在手边，以应付日常的、临时的、投机的需要。当货币的供给量一定时，利息率的高低由货币的需求状况决定。由于人们对货币的灵活偏好，利息率就不可能太低。如果太低，人们就不会放弃这种灵活偏好，宁可把货币放在手头随时支用，也不愿存入银行。灵活偏好引起的过高的利息率非常不利于投资。当资本家的预期利润率低于利息率时，还有什么诱因会让他们去进行投资呢?

可以看出，在凯恩斯的理论中，消费不足是由边际消费倾向递减造成的，投资不足则是由资本边际效率太低和利息率太高这两个因素造成的。三大基本心理规律的存在，引发了整个社会的有效需求不足，从而把经济发展推入了萧条的境地。

（3）只有国家直接干预经济生活，才能解决有效需求不足的问题。凯恩斯认为，由于三大基本心理规律的存在，市场机制已无法自发地使国民经济处于均衡状态。因此他指出，必须放弃传统的对经济自由放任的做法，而增强政府干预经济特别是直接干预经济的力度。凯恩斯认为，政府干预经济生活解决有效需求不足问题，可从以下两个方面着手：

一方面，鼓励个人消费和投资。政府应采取各种措施鼓励个人进行高消费，不必担心过高的消费会造成财富的浪费。他甚至认为"生时建大厦作住宅，死后造金字塔为坟墓"，也会起到促进经济增长的作用。政府还应采取措施鼓励私人投资，应努力创造宽松的政治环境和经济环境，使资本家树立起对未来利润率的信心。此外，作为国家调节宏观经济运行的主要机构——中央银行，应尽力降低利息率，为投资扩张和需求扩张亮起绿灯。

另一方面，增加公共消费和公共投资。政府应建立完善的社会福利制度，扩大享受社会福利的人员范围。例如，完善失业救济金制度，扩大失业救济的范围和幅度，实施小学中学的免费教育，给学生提供一顿免费午餐，等等。这种公共消费可以弥补私人消费的不足。此外，政府应大力进行公共投资。重点投资各类私人不愿投资的基础设施部门，如铁路、公路、港口和城市地铁等。也可以由政府直接投资办生产企业或收购私人企业。凯恩斯认为，政府的投资行为会增加私人投资者的信心，从而引起私人投资量的增加，使社会对投资物的需求得以扩大。

（4）政府推行超保护贸易政策，争取外贸顺差，这是增加有效需求的又一重要途径。凯恩斯认为，进口额超过出口额会使社会商品总供给增加，成为有效需求不足的又一根源。解决这一问题的唯一方法，是政府全面实施超保护贸易政策，力争在对外贸易中保持顺差。他主张重新研究并采纳重商主义的各项措施，同时运用政府的财政政策和货币政策。例如，提高海关关税，增设各种非关税壁垒措施，以此来挡住或限制外国商品的进口；对本国商品的出口，政府则应采用出口信贷、出口担保、出口补贴、出口退税和优惠利息率等措施给予鼓励。当外贸保持一个适当的顺差时，可起到增加有效需求、增加投资和增加就业的作用。

（三）对外贸易乘数论

凯恩斯在《就业、利息和货币通论》中提出了投资乘数原理。在此基础上，凯恩斯主义的信奉者们经过补充和发展，提出了对外贸易乘数理论。

（1）投资乘数原理。投资乘数原理的基本含义为：对一个部门的追加投资，不仅会引起该部门收入的增加，而且会发生一系列连锁反应，使其他有关部门获得新的收入，使收入总量为最初那笔投资的若干倍。这个倍数即为投资乘数。

例如，政府投资 2 亿美元修建一段铁路，筑路公司就会得到 2 亿美元的增加收入。如果边际消费倾向为 3/4，他们就会支出 1.5 亿美元用于购买生活消费品（如面包）或生产消费品（如钢铁）。这些物品的生产者又有 1.5 亿美元的增加收入。如果边际消费倾向也是 3/4，他们又会支出 1.125 亿美元去购买所需的消费品。如此连续下去，就会出现这样一种结果：最初政府投资 2 亿美元后，在全社会的边际消费倾向皆为 3/4 的条件下，会使总收入增加 4 倍，起到 8 亿美元的投资效果。如果投资 2 亿美元可以使 500 人获得就业机会，在边际消费倾向为 3/4 的条件下，2 亿美元的初始投资最终可使 2 000 人就业。

（2）乘数的计算。以上例子中的投资乘数为 4，其计算公式如下：

$$K = \frac{1}{1 - \Delta C / \Delta Y}$$

式中，K——乘数

ΔC——消费增加数

ΔY——收入增加数

$\Delta C / \Delta Y$——边际消费倾向

$$乘数 = \frac{1}{1 - 边际消费倾向}$$

在上述的例子中，收入的75%用于消费，则边际消费倾向为75/100，或3/4。其乘数则为

$$K=\frac{1}{1-75/100}=4$$

即每投入1美元的资本，可以获得4美元的投资效果。

与此同理，如果压缩投资，就会引起收入的减少，透过乘数的作用，就业人数就会成倍地减少。

可见，乘数的大小主要取决于边际消费倾向的大小，边际消费倾向越大，乘数也就越大。例如：

$$\Delta C/\Delta Y\text{ 为 }1/2\text{ 时，}K=\frac{1}{1-1/2}=2$$

$$\Delta C/\Delta Y\text{ 为 }2/3\text{ 时，}K=\frac{1}{1-2/3}=3$$

$$\Delta C/\Delta Y\text{ 为 }4/5\text{ 时，}K=\frac{1}{1-4/5}=5$$

（3）对外贸易乘数原理。在投资乘数原理的基础上，凯恩斯主义者们又引申出了对外贸易乘数原理。例如，讷克斯和马卡洛普等曾提出过几种不同的外贸乘数计算公式，但都与投资乘数公式大同小异，不同之处只是所参考的经济因素不完全相同。

对外贸易乘数原理的基本含义是：当外贸出现一定数量的顺差时，国民收入的增加量将是外贸顺差量的若干倍，就业人数也会成倍增加。这种理论认为，一国的出口和国内投资一样，有增加国民收入和工人就业的作用；一国的进口，则与国内储蓄一样，有减少国民收入和工人就业的作用。这种增加或减少会由于乘数的作用而成倍扩大。

外贸顺差对增加国民收入的乘数作用可以用公式计算出来，下面是常用的一种公式：

$$\Delta Y=[\Delta I+(\Delta X-\Delta M)]\cdot K$$

式中，ΔY——国民收入增加数

ΔI——投资增加数

ΔX——出口增加数

ΔM——进口增加数

K——乘数

例如，某国在一定时期内，为了增加国民收入和创造就业机会，新增投资50亿美元，同期内出口增加40亿美元，进口增加30亿美元。假设边际消费倾向为3/4，则乘数为4。套入计算公式：

$$\Delta Y=[50+(40-30)]\times 4=240\text{（亿美元）}$$

新增国民收入240亿美元。其中，200亿美元是新增50亿美元投资带来的，另外40亿美元则是由10亿美元的外贸顺差带来的。新创造的就业机会也会与新增国民收入同比例增加。

由此可见，对外贸易只有出现顺差时，才能提高一国的收入量并增加一国的就业量。一国越是扩大出口，减少进口，贸易顺差就越大，对解决工人失业和医治经济危机的作用也就

越大。对外贸易乘数理论以它独到的分析，为超保护贸易政策提供了理论依据。

三、凯恩斯超保护贸易论简评

（一）凯恩斯超保护贸易论的积极意义

（1）凯恩斯理论对世界经济发展起到了积极的推动作用。包括超保护贸易论在内的凯恩斯经济学说自20世纪30年代提出以来风靡了西方世界达半个世纪之久。他的经济学说对西方各国的国内经济政策和外贸政策的制定起到了极其重大的影响作用。客观地说，第二次世界大战后世界经济飞速发展是与凯恩斯经济学说的作用分不开的。

（2）系统论述了国家干预经济、干预外贸的重要性，是西方国际贸易理论中的一场真正的革命。以前李斯特的国家干预论在当时并不是主流派，而凯恩斯的国家干预论则已是国际贸易理论中的主流派。凯恩斯放弃了传统的经济自由放任思想和自由贸易理论，较客观地面对资本主义的各种弊端，指出完全靠市场机制难以解决资本主义经济发展中出现的各种矛盾，也难以使资本主义经济运动自动地保持均衡发展的态势。他提出，国家应积极干预经济生活，应通过财政手段和金融手段，对经济运行进行间接调控。他还认为，在出现经济危机的时候，国家可以通过投资建企业等直接参与的方式对经济运行施加影响，引导国民经济走出危机。在对外贸易中，他强调国家应积极推行奖出限入政策，努力争取外贸顺差，以此来解决市场机制不能完全解决的尖锐的市场矛盾和严重的失业问题。

（3）对外贸易乘数理论在一定程度上科学地探讨了外贸与其他经济因素的内在联系。一国的出口额大于进口额，表明该国的商品较多地销向了国际市场，而本国的市场则得到了较好的保护。这就为国内企业创造了扩大生产的机会，使更多的工人得以就业。在乘数的作用下，外贸顺差的这种作用还可以成倍增加。这种科学的理论分析给了各国的经济决策者以启示：在处理复杂的国内经济问题时，决不可忽视外贸的作用。

（二）凯恩斯超保护贸易论的局限性

（1）掩饰资本主义经济危机的真正原因。马克思主义认为，资本主义经济危机发生的真正原因在于资本主义经济制度本身，表现为生产的社会性和生产成果的资本主义占有形式之间的矛盾。凯恩斯在他的经济理论中却用“三大基本心理规律”这种心理因素来解释资本主义社会发生经济危机的原因，并由此提出他的反危机政策主张。这种治标不治本的理论与政策很难从根本上解决由资本主义制度本身所产生的各种矛盾。

（2）追求外贸顺差是产生国际贸易摩擦和国际经济形势不稳定的重要根源。凯恩斯力主由政府出面制定各种严格的超保护贸易政策和措施，争取在对外贸易中保持顺差，以便解决本国的危机和失业问题。但在国际贸易现实中，一国的外贸顺差必然会造成另一国的外贸逆差。如果按照凯恩斯的主张，在解决了一国经济问题的同时会加重另一国的经济问题。所以他的这种经济主张可能会对某个国家有利，却不会对世界各国经济同时都有利。而且，这种以邻为壑的经济政策极易引发国际贸易摩擦。世界各国，特别是那些经济发达国家，如果都设置重重贸易障碍，必将会引发激烈的贸易战，最终会对整个世界经济的发展造成损害。

（3）利息率水平高低由心理因素决定的说法是不科学的。在市场经济条件下，利息率水平高低是由社会对货币的供求状况决定的，凯恩斯却把利息率水平看成是由人们的灵活偏好这种纯心理因素决定的。这种观点显然是片面和不科学的。

第三节　保护贸易新论

一、理论背景

第二次世界大战之后，世界经济从整体上看虽然发展较快，但却参差不齐。以美国为首的西方主要资本主义国家的经济发展水平远远高于广大发展中国家的经济发展水平。一些发展中国家的经济学家认为，按照传统的比较利益理论所形成的旧的国际分工格局只对发达国家有利，而对发展中国家却是一种经济束缚。他们认为，应该对旧的国际分工格局做出调整，以便照顾到广大发展中国家的利益。发展中国家的政府也应主动采取各种政策和措施来保护和扶植本国民族工业的成长。发展中国家的经济学家们提出了很多与传统学说不同的新的理论和新的政策主张，并赋予保护贸易学说以新的内容和新的精神。这种理论被称为保护贸易新论。

保护贸易新论的主要代表人物是劳尔·普莱维什（Roal Prebish，1901~1986 年）。他是阿根廷的经济学家和政治活动家，也是第二次世界大战后发展中国家经济理论的杰出代表。他提出的经济理论和政策主张，主要代表了拉丁美洲国家的地区利益，同时也表达了广大发展中国家的共同心愿。在他的理论思想影响下，联合国成立了贸易和发展会议（简称联合国贸发会议）这一组织，提出了“建立国际经济新秩序”的口号。普莱维什于 1964~1969 年期间担任联合国贸发会议的第一任秘书长。他还担任过联合国拉丁美洲经济委员会秘书长，并于任职期间出版了他的代表作《拉丁美洲的经济发展及其主要问题》。该书问世后，曾在世界范围引起一场关于“现有国际贸易体系是否对发展中国家不利”的争论。普莱维什因对发展中国家经济理论和经济发展的突出贡献，于 1980 年成为第三世界经济和社会研究基金会颁发的“第三世界基金奖”的第一位获奖者。

二、普莱维什的保护贸易新论

普莱维什经济理论的核心是他著名的“中心–外围论”。他的保护贸易理论和政策主张则是围绕这一理论展开的。

（一）中心–外围论

普莱维什认为，整个国际经济体系实际上被分成了两个部分：一部分是少数工业化国家，处在国际经济体系的中心；另一部分是非工业化的广大发展中国家，处在国际经济体系的外围地带。他指出，这种经济体系“反映出工业中心的主动作用和外围的被动作用，而且中心的经济波动会强化这些作用造成的后果。这是一种‘经济星座’，是它们组织了这个体系，使之为自己的利益服务。而原料生产和输出国以其自然资源同中心发生联系，构成了广阔而复杂的外围，以各自不同的方式和广度加入到这个体系中来”①。

在他看来，中心国家依靠着自己的资本优势和技术优势在国际经济体系中占据主导地位，享受国际分工产生的绝大部分好处。外围国家由于技术水平落后，劳动效率低下，又缺乏资本，在国际经济体系中处于十分被动的地位，只是靠出口些农副产品和矿产品来与中心国家发生经济交往，并成为它们的附庸，几乎享受不到国际分工所带来的好处。在这样一种经济体系中，穷国与富国之间的差距正在越拉越大。因此，普莱维什认为，发展中国家如果仍然依靠传统的比较利益原则参与国际分工和国际贸易，将永远无法消除自己贫穷落后的状态。

（二）旧的国际分工格局是发展中国家经济落后的主要原因

普莱维什在联合国工作期间接触到大量的世界经济方面的统计资料。通过对这些统计资料的分析，他发现以往的国际分工和国际贸易并不像传统的国际贸易理论所说的那样让所有的参加国利益均沾。发展中国家不仅没有因参与国际分工而走出贫困，反而陷入了一种受工业中心国剥削和控制的境地。他认为，这种局面的出现并不是国际分工造成的，而是由于旧的国际分工格局不合理产生的。他认为，在旧的国际分工格局下，发展中国家经济受到三个方面的侵害：①得到投资大部分利益的是资本输出国家而不是资本输入国家；②出口生产的专业化（如只出口初级产品）阻碍了经济落后国家的发展；③经济落后国家的贸易条件长期恶化。普莱维什指出：“在这个格局中，拉美作为世界经济的外围部分，其专门任务是为大工业中心生产粮食和原料”，“在这个格局中，并无新兴国家工业化的地位。”②

对于这样一种造成发展中国家经济落后的旧国际分工格局，广大发展中国家决不应等闲视之，而应采取针对性措施对其进行调整。他认为，可以通过保护性贸易措施维护民族经济的利益，但仍要保持适当的进出口量，以此来借助发达国家的力量发展本国工业。待本国工

---

① 普莱维什 R. 我的发展思想的五个阶段. 转引自王世浚著《国际贸易概论》. 四川大学出版社，1994.

② 普莱维什 R. 拉丁美洲的经济发展及其主要问题. 联合国拉丁美洲公报. 1962 年 2 月。

业有了一定程度的发展后，便可使发展中国家摆脱旧国际分工格局下只出口农矿产品的被动地位。

（三）发展中国家的贸易条件趋于恶化

普莱维什于 1950 年提交给联合国一份报告，用大量翔实的资料论证了发展中国家的贸易条件长期恶化这一不曾被人们注意的事实。

他以英国 1876~1938 年的进出口统计资料为基础做了如下分析：设定这 60 多年的英国进出口商品的平均价格指数分别代表初级产品和工业制成品的世界价格，并且以 1876~1880 年的世界价格为 100。60 年后，1936~1938 年世界平均初级产品价格已降为工业制成品价格的 64.1%。这就是说，发展中国家在 19 世纪 70 年代用 1 单位的初级产品可以交换 1 单位的工业制成品，到 20 世纪 30 年代，1 单位的初级产品只能换回 0.641 单位的工业制成品。在价值规律调节下，单位产品的价格会随着生产率的提高而不断下降，生产率的变化则主要受科技发展水平的制约。工业化国家的科技发展水平远远高于发展中国家，按理说工业品的价格水平就应越来越低于初级产品的价格水平。然而，普莱维什的计算结果却正好与此相反。发展中国家贸易条件长期趋于恶化的结论连同普莱维什的分析报告公布后，引起世界各国的震动。国际经济学界对这一问题曾展开过长期的争论，纷纷发表不同的看法。为什么按传统的比较利益原则进行的国际分工会使发展中国家的贸易条件不断恶化呢？普莱维什及其他一些经济学家对此问题进行了分析，提出了以下几点解释：

（1）科技进步的利益得不到平均分配。由于中心国家的资本雄厚、科研力量强大，故新的生产技术往往首先出现在中心国家，并在技术垄断阶段时通过国际贸易获取高额利润。一个阶段后，新技术便可能会被外围国家学习和模仿去，并用于提高本国的劳动生产率。传统的国际贸易理论认为，当一项技术得到普及并使劳动生产率提高后，技术进步的利益便会通过使产品价格降低的方式，或者通过提高收入的方式，平均地分配到世界各国去。但事实却并非如此。现实的情况是：中心国家通过普遍提高资本家和工人收入的方式获取技术进步的好处，产品价格几乎不变（如果收入提高的幅度大于生产率提高的幅度，产品价格还会上涨）；外围国家则是通过降低产品价格的方式获取技术进步的好处，收入几乎不变。即使外围国家提高收入，也会由于低于生产率提高的幅度而使产品价格趋于下降。如果没有国际贸易，两类国家技术进步的利益都会留在国内。有了国际贸易，则会由于两类国家价格水平的相反变动，外围国家的贸易条件趋于恶化，所得技术进步利益的一部分通过商品交换流向了中心国家。

（2）工业制成品价格的垄断性。各类产品的价格都会随经济周期的波动而波动，但波动的幅度却很不一致。经济繁荣时期，工业制成品的价格会出现大幅度上涨趋势；萧条时期，由于工业制成品价格的垄断性，如通过企业裁员、限产及大公司间的价格协议等方式，保持价格水平不变，即使下降，其幅度也不会太大。反观初级产品，虽然经济繁荣时期其价格也在上涨，但萧条时期价格下降的幅度要比工业制成品严重得多。随着经济周期的反复波动，初级产品的价格便出现长期相对下跌的趋势。

（3）工会组织的作用不同。中心国家的工人保护自己利益的意识较强，代表工人利益的工会组织独立于政府和公司董事会之外，为提高工人的收入，经常向资方施加强大的压力。在工会力量的作用下，工人的收入处于不断上升的趋势。为减轻工资上涨造成的利润损失，资方会随之把产品的价格提高上去。与此相对照，外围国家工会的力量则很弱小，难以对工人工资的上涨起到促进作用。较低的工资水平，造成了初级产品价格的相对稳定。然而，这却不利于外围国家的外贸收入。

（4）需求的收入弹性不同。这是汉·辛格（H.W.Singer，1910~2006 年）提出的一个论点。需求的收入弹性是指相对于收入来说的需求变动情况。例如，随着人们实际收入的增加，对工业品的需求会有较大的增加，而对初级产品的需求则增加较小。也就是说，工业品需求的收入弹性比初级产品要高。受需求增加程度的影响，工业品价格的上涨程度必然会高于初级产品。

（5）技术革新使原料的耗费降低。这也是辛格所提出的观点。工业生产技术的发明与革新，使工业生产中单位产品所消耗的原料、燃料等初级产品的数量不断减少，使需求相对下降，从而引起这类产品价格的下跌。此外，随着科学技术的进步，各类初级产品的代用品被不断地发明出来，这也对初级产品市场造成较大威胁，成为发展中国家贸易条件长期恶化的一个重要原因。

（四）利用保护贸易政策改善外围国家的被动处境

普莱维什在政策主张上积极提倡外围国家实施保护贸易政策，认为这是发展中国家摆脱受剥削受控制的必由之路。他的政策主张主要包括以下几点：

（1）利用保护贸易政策改善需求弹性。发展中国家贸易条件恶化的重要原因之一，是初级产品需求弹性低于工业制成品。如果采取有效的鼓励出口和限制进口的政策，可以在一定程度上改变这两类产品的需求弹性。利用出口补贴、出口退税等措施使出口产品价格便宜，可以提高初级产品的需求弹性；利用高关税和数量限制等措施，可以降低进口工业制成品的需求弹性。

（2）利用保护贸易政策提高本国工业化程度，以彻底改变外围的地位。普莱维什的中心–外围论把世界分为了两个部分，即工业化的中心国和非工业化的外围国。各国在国际经济体系中处于中心国还是外围国，是以各国的工业化程度为划分标准的。因此，发展中国家要想彻底改变自己在旧的国际分工格局中的被动地位，只有努力实现本国的工业化。然而，由于发展中国家在工业化道路上起步较晚，民族工业在建立和发展初期难以经受外来产品的强大竞争压力，自由放任的外贸政策会把这些工业扼杀在摇篮中，因此，外围国家必须推行保护贸易政策，以帮助本国的幼稚工业成长壮大。普莱维什还认为，外围国家所采用的保护措施不能太过分，否则，过高的关税所产生的过低的市场竞争也不利于民族工业的快速发展。

（3）建立区域性共同市场，以利于外围国家的工业化发展。普莱维什主张发展中国家建立区域性共同市场，认为这会带来两方面的好处：一方面，可以使几个发展中国家联合起来共同抵御工业化国家的商品入侵，共同市场成员国相互提供市场则有利于幼稚工业产品的销售；另一方面，共同市场内部的商品流动和商品竞争，有利于提高幼稚工业的活力和效率，可以弥补实施保护贸易政策所产生的某些负效应。

（4）主张中心国家向外围国家开放市场。普莱维什认为，外围国家由于工业化水平太低，故才不得不采取保护贸易政策，以此来扶植幼稚工业的发展和改善不断恶化的贸易条件，纠正国际贸易中的不平等。他认为，外围国家的保护贸易政策“不会妨碍世界贸易的增长速度。与此相反，工业中心国家对初级产品生产的保护加重了这种不平等，压抑了外围国家的发展，并减低了世界贸易增长的速度”[①]。他指出，中心国家向外围国家开放市场，会起到一种实际上的互惠作用：外围国家向中心国家的出口增长后，随之而来的便是增加从中心国家的进口。因为外围国家外汇收入增加后，便会从工业国进口机器设备以提高本国的劳动生产率。

三、简评

（一）保护贸易新论揭示了南北方之间经济贸易关系的不平等本质

普莱维什的理论比较深刻地分析和揭示了两类不同国家在世界经济格局中的地位、作用及所享受的不同待遇。他详细论证了在旧的国际分工体系中发展中国家受工业化国家盘剥的情况，首次提出了发展中国家贸易条件长期趋于恶化的论点。他的理论使发展中国家的经济学家对第二次世界大战后国际经济关系不平等的认识上升到了一个新的理论高度。他的理论为发展中国家反对旧的国际经济关系，为南北对话和南南合作的开展以及为新的国际经济秩序的建立提供了重要的理论基础。

（二）以保护贸易手段推进工业化进程的经济主张是合理的

发展中国家之所以落后和贫穷，之所以在国际贸易中处于受剥削和受控制的地位，主要是因为自身的工业化水平不高。普莱维什指出，要摆脱贫穷和走向繁荣，发展中国家必须大力发展本国的民族工业。在存在工业化国家强大竞争的环境中，保护贸易政策是发展中国家推进工业化进程而不得不采取的手段。同时他也认为，这种保护性手段不能用得太过分，否则，将不利于本国民族工业的快速成长。他的这些理论和政策主张都是现实而合理的。

---

① Prebisch. Commercial Policy in the Underdeveloped Countries. American Economic Review，1959.

（三）普莱维什保护贸易新论的局限性

其局限性主要表现在普莱维什对外围国家贫穷原因的分析上。从前面的论述中可以看出，普莱维什认为，旧的国际分工格局是发展中国家经济落后的主要原因。这种提法失之偏颇。客观地说，旧的国际分工格局确实存在很多不合理之处，它在相当大的程度上阻碍了发展中国家的经济成长，是导致发展中国家贫穷落后的重要原因之一。然而，它只不过是事物变化的外因，发展中国家要想真正彻底摆脱贫困，主要应从自身内部找原因，如宏观经济发展战略是否切合实际，经济体制是否合理，政府是否重视抓教育、重视国民素质的提高，等等。一个国家的经济成长必须首先要有良好的内部发展环境，再配之以良好的外部发展环境，国民经济才会真正快速地发展壮大起来。

第四节　战略性贸易政策理论

一、理论背景

20 世纪 80 年代以来经济全球化趋势在世界范围内日渐增强，各国经济发展越来越受到外部因素的推动和制约。经济全球化是一把双刃剑，它既给各国经济带来了利益，带来了经济发展的机遇，同时也给各国经济带来了风险，带来了各种新的挑战。一国政府在经济全球化大潮面前应发挥何种作用，才能使利益变得最大，并使风险变得最小？这成了各国理论界十分关注并认真探讨的一个问题。倡导政府适度保护和干预经济的战略性贸易政策理论在这种背景下应运而生。

战略性贸易政策（strategic trade policy）理论的代表人物主要有布朗德（J.Brander）、斯潘塞（B.Spenser）、迪克西特（A.Dixit）和保罗·克鲁格曼（P.Krugman）等。他们认为传统的国际贸易理论是建立在规模收益不变和完全竞争的假设基础之上的，这种假设并不符合当代经济生活的现实。他们认为，现实中存在着规模效益递增现象和市场的不完全竞争状态，在此背景下要提高产业或企业在国际市场上的竞争能力，必须首先扩大生产规模，取得规模效益，这仅靠企业自身的力量非常困难，因而有了政府发挥作用的空间和必要性。政府通过适度的补贴、保护等干预手段，影响处于不完全竞争状态的本国厂商及其国外竞争对手的决策行为，能够扩大本国厂商的市场份额和规模效益，使国际贸易朝着有利于本国获取最大限度利益的方向变化。

二、战略性贸易政策理论的主要内容

战略性贸易政策的主要目标，是通过鼓励出口和限制进口来占有更大的市场份额，以扶

持国内战略性产业的发展。因此，其理论主要分为两大部分：战略性出口补贴政策和战略性进口关税政策。

（一）战略性出口补贴政策

战略性出口补贴政策是指政府向国内厂商提供出口补贴以鼓励其攻占更多的国际市场，在国际市场竞争中迫使外国竞争对手做出让步，把外国厂商的利润转移到本国厂商身上，以增进本国福利。

该理论通常以美国波音公司与欧洲空中客车公司之间的竞争性博弈为例进行理论研究和政策分析。

假定飞机制造业中的规模效益相当大，以至于该产品的世界市场只能容下一个获利的生产者，如果有第二个生产者进入该领域竞争，将会由于规模效益的下降，竞争双方两败俱伤，都处于亏损状态。在这种情况下，波音公司与空中客车公司都面临着困难选择：进入还是不进入？如果进入，可能会遇到强大对手的竞争，无法获得规模效益，无法获得利润，甚至会出现亏损；如果不进入，虽然不会亏损，但也不会盈利，并要忍痛把该市场完全让给竞争对手。波音公司和空中客车公司都希望出现一种结局，即由本公司单独占领飞机制造业市场，即使不享受任何补贴，也会由于垄断价格的存在而获得高额利润。表 6-1 是没有政府补贴时两家公司的情况。

表 6-1 没有政府补贴时的利润矩阵

		空中客车公司	
波音公司		生产	不生产
	生产	（-10 万元，-10 万元）	（300 万元，0）
	不生产	（0，300 万元）	（0，0）

表 6-1 给出了波音公司与空中客车公司进行博弈的 4 种可能结果：

（1）如果两个公司都生产这种产品，则会因为市场容量不够大，导致规模效益下降，两家公司都亏损 10 万元。

（2）如果波音公司出于历史原因先于空中客车公司进行飞机生产，并完全占领了该产品市场，则波音公司可获得 300 万元利润，空中客车公司不生产。

（3）如果情况相反，波音公司不生产，空中客车公司完全占领了飞机产品市场，则该市场中的 300 万元利润会完全被空中客车公司获得。

（4）如果两公司都不生产，双方的利润都为零。

在这种竞争中，欧洲政府如果实施战略性贸易政策，给予空中客车公司以出口补贴，竞争双方的博弈条件和博弈结果都会因此而发生大的变化，假如补贴额为 40 万元，则会发生表 6-2 中的情况。

表 6-2　空中客车公司享受政府补贴 40 万元后的利润矩阵

		空中客车公司	
波音公司		生产	不生产
	生产	（−10 万元，30 万元）	（300 万元，0）
	不生产	（0，340 万元）	（0，0）

表 6-2 给出了空中客车公司享受政府补贴后的新变化：

（1）由于空中客车公司享受到政府 40 万元的出口补贴，博弈条件明显增强，无论波音公司是否进行生产，空中客车公司只要生产就有利润可得：波音公司进行生产，空中客车公司可获利润 30 万元；波音公司不进行生产，空中客车公司可获垄断利润加政府补贴共 340 万元。所以，空中客车公司绝不会退出该市场。

（2）波音公司面临着两难选择：如果继续进行生产，就会出现 10 万元的亏损额；如果不继续生产，就要把已有的市场份额拱手让给竞争对手。两弊相权取其轻，波音公司会不得已而退出该产品市场。

享受政府补贴的结果是空中客车公司完全垄断了飞机产品市场。欧洲政府虽然补贴了 40 万元，却使空中客车公司获得了 340 万元的利润，再考虑到工人就业的增加，本国国民的福利水平会有明显的净增加。

以上的分析是建立在一个假设条件之上的，即波音公司与空中客车公司的竞争实力相近，其生产成本也相似。如果两家公司的实力有差距，如波音公司的生产成本相对较低，在两家公司都不享受政府补贴的条件下，双方的利润矩阵就会出现表 6-3 中的变化。

表 6-3　波音公司生产成本相对较低时的利润矩阵

		空中客车公司	
波音公司		生产	不生产
	生产	（30 万元，−10 万元）	（340 万元，0）
	不生产	（0，300 万元）	（0，0）

表 6-3 表明，波音公司凭借自己管理水平与技术水平的改进而取得了明显的成本优势，即使在两家公司同时生产的情况下，波音公司仍可获得 30 万元的利润。空中客车公司则会在竞争生产状态中出现 10 万元亏损，在没有政府补贴的条件下，该公司会退出竞争。这样，飞机产品市场将被波音公司独家垄断，并获利润 340 万元。

进一步假设，面对美国波音公司的竞争优势，欧洲政府选择了实施战略性出口补贴政策，仍然给空中客车公司 40 万元的补贴，博弈结果如表 6-4 所示。

表 6-4 欧洲政府补贴后的利润矩阵

		空中客车公司	
		生产	不生产
波音公司	生产	(30 万元，30 万元)	(340 万元，0)
	不生产	(0，340 万元)	(0，0)

表 6-4 表明，空中客车公司在享受了欧洲政府的 40 万元补贴后仍无法阻止波音公司的进入，因为两家公司进入都比不进入好，都能在飞机生产中获利：空中客车公司依靠政府补贴获利润 30 万元；波音公司依靠成本优势也能获利润 30 万元。博弈的结果是两家公司都选择留在竞争市场上。这种结果对消费者是个福音：有更多型号的、物美价廉的飞机产品可供选择。这种结果对提供补贴的政府却带来了损失：政府补贴了 40 万元，本国公司却只获得 30 万元利润，国家的纯收益出现了净减少。因此，该种补贴应否实施成了一个有争议的问题。但是，我们必须看到另外的正面效应：产业的升级、市场的占领，特别是工人就业的增加，使得全社会福利水平的提高要远远大于国家纯收益的净减少。

（二）战略性进口关税政策

战略性进口关税政策是指政府以征收进口商品关税的形式把部分外国厂商的垄断利润转移到国内，同时保护国内相关产业的成长。

国际贸易对出口国利大还是对进口国利大？此问题在理论界争论了几百年。自由贸易论者通过理论推导和实证分析，证明了国际贸易是一种能够使贸易双方均受益的正和博弈（positive-sum game），不存在进口国与出口国之间此消彼长的利益关系。持保护贸易观点的战略性贸易政策的理论家们则认为，国际贸易不会使双方平均受益，认为贸易是一种零和博弈（zero-sum game），即一国的利得会导致另一国的利失。尤其是在不完全竞争的市场结构下，外国垄断厂商可以凭借其垄断优势获取垄断利润，这种垄断利润和垄断优势既导致了进口国消费者利益的减损，也压制了进口国同类厂商的崛起。进口国政府的责任是通过征收进口关税达到双重目的：一方面，把外国厂商的部分垄断利润转移到国内，另一方面，对国内的相关厂商进行保护。

所以，战略性进口关税政策根据实施目的的不同可以分为以下两类。

（1）用关税获取外国垄断利润。假设某种商品本国不能生产，国内市场被一个国外的垄断企业所控制，本国该商品和需求完全由该垄断企业供给。在这种条件下，进口国政府对该垄断企业的进口商品征收关税，其实质就是截取一部分外国企业的垄断利润，用垄断利润向国内转移的方式增加本国的福利水平。

为保护本国消费者利益，政府对进口商品征收的关税率不能太高。否则，外国企业感觉负担太重时，会把关税作为商品成本的一部分打入价格中。随着进口商品价格的上升，消费者做出选择——多付费用或减少购买，消费者利益因此受到损害。进口国政府此时最佳政策目标应该是，在本国企业不进入、本国消费者不受伤害的条件下，最大限度地从进口商品中截取垄断利润。

国外供货的垄断企业往往也不会由于被进口国政府征收了进口关税而提高商品价格，因为他们担心在已有的垄断高价基础上再提价，会刺激东道国企业的进入。这也是很多国际性垄断企业的一种经营战略：以承担关税、出让一部分垄断利润为条件，阻止进口国企业进入自己固有的经营领域。

（2）用关税扶持本国企业的进入与成长。如果本国企业已经初步具备了进入的条件，政府可以利用保护性关税政策对其进行扶持。在外国企业高额垄断利润的诱惑下，本国的厂商们往往会不断地筹备生产技术条件，会积蓄力量、跃跃欲试地随时准备挤进该领域的竞争。但是，本国企业在生产环节中的竞争条件远不如外国企业，于是，不得不求助于本国政府在流通环节上采取强有力的措施给予扶持。最有效的措施就是政府对进口商品征收高关税，阻挡部分产品的进入，把外国垄断企业在本国的部分市场份额通过挤压的方式让渡给本国企业。有了市场份额，本国企业也就有了进入和发展的生存空间。

只要进口国政府实施的进口政策恰当，就能够逼迫国外垄断企业放弃原先的以出让部分垄断利润为条件阻止进口国企业进入的经营战略，接受与进口国企业共同生存、共同发展的现实。

三、简评

战略性贸易政策理论比较客观地描述并深入分析了当今的国际贸易，提出了一些积极的、应用性很强的理论思想和政策主张。

（1）通过政府的战略性贸易政策扶持国内重要产业的发展。欧洲政府对空中客车公司的支持是最成功的一个例子。1970 年由法国、德国、英国和西班牙共同出资建立的空中客车公司的竞争能力一直远不如美国的波音公司，特别是在 1997 年波音公司与麦道公司合并之后，空中客车公司更是面对着一个强大的竞争对手。欧洲政府为了使空中客车公司能在大型客机市场上占有较多的份额，多年来连续给予该公司大量补贴，推动了公司产品的更新换代，市场竞争力和市场占有率都在快速提高，2004 年的大型客机销售额已经超过了波音公司。2005 年空中客车公司推出了 A380 型客机与波音公司的波音 747 抗衡，以此来挤占巨型客机的国际市场。由于空客 A380 市场前景不太好，空客公司于 2014 年又推出了空客 A350 来与新型的波音 787 竞争和抢占超远程宽体客机市场。可见，如果没有欧洲政府的补贴及各种支持，也就不会有欧洲飞机制造业今天的强大。

（2）改善被垄断公司扭曲的市场环境和不公平的利润分配状况。在存在零和博弈的不完全竞争市场结构中，一国利益所得会来自另一国的利益所失。在政府战略性贸易政策的积极干预下，一方面能够截获一部分垄断利润留在国内，另一方面能够唤醒本国企业的进入意识，使其早日发展壮大以改变国外企业独家垄断的局面。

（3）对经济落后国家发展新兴产业也有指导意义。经济相对落后的发展中国家通常是以资源密集型产品和劳动密集型产品参与国际分工和国际贸易，这往往使本国处于不利的被动地位。政府如能实施战略性贸易政策，可以帮助本国企业早日进入各种新兴产业，并在保护性竞争环境中逐渐强大起来，使本国经济摆脱长期被外国公司控制的状态，成长为各类产业协调发展的成熟经济。

战略性贸易政策理论也有明显的缺陷和不足。例如，该理论所倡导的以邻为壑的保护性贸易政策很容易引起竞争国的报复，如果报复的程序相近，会把前者保护性贸易政策的作用抵消掉。此外，一国长期实施政府出口补贴、保护性高关税等政策，与当代的自由贸易潮流不合拍，会受到世界贸易组织等国际性经济组织的限制。

重要术语

幼稚工业保护论　李斯特　生产力理论　经济发展阶段论
超保护贸易论　凯恩斯　新重商主义　有效需求
投资乘数原理　对外贸易乘数原理　保护贸易新论　中心-外围论
需求的收入弹性　战略性贸易政策理论　战略性出口补贴政策
战略性进口关税政策

▶ 重要术语解释请扫描右侧二维码

授课录像

第六章精彩视频请扫描二维码

客观测验题

客观测验题及答案请扫描二维码

复习题

1. 李斯特是如何批评古典学派并阐述自己观点的？
2. 简述李斯特的生产力理论。
3. 李斯特保护贸易政策的具体内容有哪些？
4. 李斯特的幼稚工业保护论有何积极意义？有何缺陷？
5. 凯恩斯为什么主张国家干预经济？
6. 凯恩斯为什么主张国家应努力追求外贸顺差？
7. 简述对外贸易乘数论。
8. 凯恩斯是如何批评传统的自由贸易理论并阐述自己的观点的？
9. 试述凯恩斯超保护贸易理论的积极意义和局限性。
10. 试述发展中国家的贸易条件趋于恶化的原因？
11. 简述普莱维什的中心-外围论。
12. 为什么说旧的国际分工格局不利于外围国家的经济发展？
13. 普莱维什的政策主张有哪些？
14. 研究显示各国都为贸易保护政策付出了代价，为什么它们还要实行这一政策？
15. 试述战略性贸易政策理论。
16. 举例分析战略性出口补贴政策。
17. 简述战略性进口关税政策。

第七章 关税政策

导读

自斯密以来的二百多年中，尽管自由贸易从理论到政策都被人们普遍肯定，但时至今日也只有新加坡、中国香港等极少数几个国家和地区在实施完全的自由贸易政策，而其他的国家，包括美国这种一流工业化国家在内，都以各种借口和理由推行着不同程度的贸易保护政策。各国设置贸易壁垒的理由是多种多样的，在强调国家利益这一点上却是相同的。概括起来，设置贸易壁垒的理由无非是两类：发达国家认为这是保障劳动力就业的需要；发展中国家认为这是保护民族经济发展的需要。国际贸易政策是指一个国家在一定时期内调节和影响其进出口贸易活动的全部措施及行为的总和。一国的对外贸易政策主要包括关税政策、非关税壁垒政策和鼓励与管制出口政策等。本章将在对国际贸易政策作一般概述的基础上，首先介绍关税政策措施。关税最初只是作为政府增加财政收入的渠道之一，但是从资本主义生产方式建立以后，利用关税保护民族经济的作用开始被重视起来，逐渐成为各国推行贸易保护主义的重要手段，关税也由此具备了各种经济方面的职能作用。本章主要从关税的定义及由来、关税的分类、关税的经济效应、关税降低趋势及关税制度等方面逐一分析。

本章学习重点

1. 关税的种类
2. 征收关税的方法
3. 海关税则
4. 征收关税产生的经济效应

| 本章教学要求 |

◀ 请扫描左侧二维码

第一节 国际贸易政策概述

一、国际贸易政策的目的和作用

国际贸易政策是指在国际贸易交往中用于平衡各国间的贸易利益，缓解和协调贸易矛盾的工具，也是各国对外贸易措施的综合反映。国际贸易政策总是建立在一定时期的国际贸易理论基础之上，而后者又总是为前者服务的。

一国的对外贸易政策是该国经济政策的重要组成部分，随着国际贸易额不断扩大，贸易范围日益拓宽，以及世界经济相互依赖性的加强，它越来越重要。国家通过对外贸易政策影响其对外贸易的规模、结构、流向及利益分配，维护本国的经济贸易利益。对外贸易政策不仅直接影响政策实施国的对外贸易活动，而且还会通过各种渠道渗透到国民经济的各个环节，同时也在一定程度上影响其贸易伙伴的经贸发展。所以，贸易政策的制定并非独立针对国际贸易，而必须同时在整个国民经济发展的大前提下研究制定，必要时还需要贸易国之间的相互协调。

具体来说，各国制定外贸政策的目的在于以下几点：①保护本国的市场；②促进本国产业结构的改善；③积累资本或资金；④开拓本国产品的海外市场；⑤维护本国的对外政治经济关系。

二、国际贸易政策的基本类型与历史演变

（一）国际贸易政策的基本类型

国际贸易政策按其对进出口商品影响的方向大致可分为三种类型：自由贸易政策、保护贸易政策和中性贸易政策。事实上三者之间并无绝对的界限，而是不同历史时期不同国家贸易政策主导的反映。自由贸易政策强调最大限度地减少政府对外贸活动的干预；保护贸易政策则强调政府积极干预外贸活动，采取各种措施限制外国商品进口和扩大本国商品出口，在全力保护本国市场和生产的前提下积极抢占外国市场；中性贸易政策则是指具有管理性质，既非自由又非保护的政策，如财政性关税、收入再分配关税、技术检验措施、卫生检疫措施等，其目的是加强对外贸活动的协调、监督和管理。但中性政策可能会在某些时候顺应一国对外贸易政策的发展趋向，演变成带有保护性质的贸易政策。一国对外贸易政策往往是不同

类型的政策组合，只是在不同时期侧重点不同而已。

（二）国际贸易政策的历史演变

在资本主义生产方式的准备时期，即从 16 世纪到 18 世纪中期，为促进资本主义的原始积累，西欧各国普遍实行重商主义下的保护贸易政策，通过限制贵重金属货币外流和扩大贸易顺差的办法扩大货币的积累，为资本主义生产方式的建立提供了充足的财富积累。

从 18 世纪中期到 19 世纪后期，资本主义进入自由竞争时期。这一阶段资本主义生产方式占据了主导地位。世界经济进入了商品和资本国际化阶段，自由贸易便成为外贸政策的基调。英国是这一阶段自由贸易政策的主要倡导者和受益者。但由于历史条件的不同，这一时期的德国和美国等起步较晚的国家采取了保护贸易政策。

19 世纪 70 年代到第二次世界大战结束前，资本主义逐步向垄断过渡，这一时期各资本主义国家大都实行了不同于传统保护贸易的超保护贸易政策。尤其是 1929~1933 年经济大危机的爆发使市场问题急剧恶化，英国也不得不于 1932 年宣布放弃自由贸易政策，全面实施贸易保护。超保护贸易政策的实施极大地阻碍了社会生产力的进步和国际贸易的发展。

第二次世界大战结束后，随着生产国际化和资本国际化，出现了世界范围内的贸易自由化，但这时的贸易自由化只是一种代表性的倾向，只是有保留的贸易自由。这时期刚走上政治独立的发展中国家大部分实行贸易保护主义，小部分推行自由贸易政策。社会主义国家为发展本国经济，也实行了国家统治下的贸易保护主义。

20 世纪 70 年代中期以来，在世界贸易自由化的同时，又掀起了一股新贸易保护主义浪潮。由于石油危机和普遍的经济衰退，西方发达国家又纷纷转向贸易保护。进入 21 世纪后的前 20 年，即 2000~2020 年，随着美国经济的相对衰落和中国等新兴国家与地区经济的快速增长，美国挑头推出了各种类型的保护主义措施。新贸易保护主义不同于以往的贸易保护政策：首先，它不再以关税为主要保护措施，而是以名目繁多的非关税壁垒的设置为特征；其次，它不是保护幼稚工业，也不是使高度发展的先进行业的地位得到加强，其保护的重心是在产业调整中陷于停滞的部门，即对那些即将失去生产优势的“夕阳工业”的保护。新贸易保护主义的出现为世界经济和国际贸易发展带来了诸多不利影响，世界贸易组织一直试图对这一新的保护主义浪潮做一定遏制，却困难重重。

第二节　关税的一般分析

关税政策是国际贸易政策中最古老的也是当前世界各国对外贸易政策中最基本的政策。关税（customs duties；tariff）是进出口商品经过一国关境时，由该国政府设置的海关向进出口商征收的税金。关境（customs territory）是执行统一海关法令和规章征收关税的区域，又称税境或海关境域。一般情况下，关境基本等同于国境，但亦有不一致：自由港或自由贸易区虽在国境之内，但从征收关税的角度来看，它是在该国关境之外，因为自由港（区）的货物可不征关税，此时关境小于国境；当几个国家结成关税同盟，组成一个共同关境实施统一的关税法令和对外税则时，关境大于其成员国各自的国境。海关（customs）是设在关境上的国家行政管理机构。它的任务是根据本国有关的进出口政策、法令和规章，对进出口货物、货币、金银、行李、运输工具等实行监督管理，征收关税，查禁走私物品和统计进出口商品等。

一、关税的由来

关税有着久远的历史。早在中国的周朝和欧洲的古希腊、雅典时代就已经开始对出入关卡、港口的用于交换的货物征收关税。在封建时期，由于各国国内封建割据，关卡林立，重重征税，不仅严重束缚了国内的商品生产和流通，亦影响了对外贸易的发展。到资本主义生产方式逐步确立之后，资产阶级政府才逐渐废除了由于封建割据而形成的内地关税，实行了统一的国境关税。英国率先使用了这种国境关税，就是对进出国境的货物统一在边境口岸纳一次税，以后在同一国境内不再重复征税。这种统一的国境关税后来普及到全世界，从而形成了近代关税制度。总之，关税是随着商品流通的扩大和国际贸易的发展而产生和逐步发展起来的。

根据大英百科全书对 customs 一词来源的注释，古时在商人进入市场交易时要向当地领主交纳一种例行的入市税，称为 customary tolls，后来 customs 便成为海关或关税的专用词。关税的另一个习惯用语是 tariff。tariff 原来是个地名，在直布罗陀海峡区域，这个地方最早出现海盗收“买路钱”，虽然这个地名现在已没有了，但 tariff 却演变为关税的另一通用名称。

二、关税的作用和意义

关税最初只是作为政府增加财政收入的渠道之一。但是，资本主义生产方式建立以后，关税的保护作用开始被发现和重视起来，逐渐成为各国推行贸易保护主义的重要手段，关税也由此具备了各种经济方面的职能作用。

（一）关税的财政收入作用

增加国家的财政收入是征收关税的目的之一。这种职能主要存在于前资本主义时期和资本主义发展时期。资本主义发展以后，国民收入大大提高，关税在发达国家财政收入中的作用和比重逐渐下降。例如，美国关税在政府财政收入中的比重已由 1805 年的 90%左右降到目前的 2%以下。但对大部分经济落后、国民收入较低、国内税源有限的发展中国家而言，关税收入的财政意义仍比较重要。对整个发展中国家来讲，关税占整个财政收入的比重在13%左右。

（二）关税的经济职能

（1）保护作用。重商主义者最早认识到关税具有保护本国生产和市场的作用，最早有意识地对外国进口商品设立高额关税，以实现奖出限入、积累金银财富的目的。到了资本主义自由竞争时期，关税的保护作用已得到了完全确认和充分应用。目前关税仍是主要资本主义国家限制进口和实行贸易歧视的重要手段。通过征收关税，进口货物的成本被提高，其竞争能力必然被削弱，从而可保护本国的生产免受外国竞争者的损害。同时，进口商品价格的提高也推动了国内同类产品市场价格的提高，从而可以鼓励本国同类产品生产的积极性。对出口商品征收关税，则可以抑制这些商品的出口，使国内市场得到充分供应，亦防止本国自然资源大量外流。

（2）协调作用。关税税率的高与低、减与免，可直接影响一国进出口商品的数量，从而波及国内生产、市场供求、物价高低及财政外汇收支等重要经济指标，进而起到调节经济的作用。具体为：①关税税率的高低可直接影响国内相关产业的利润甚至生存，国家因此可以通过调节关税税率有意识地引导各种商品的生产，优化产业结构；②关税税率可直接影响进出口商品的数量，国家能够以此来保证国内市场总供求的平衡；③关税高低亦可影响物价，国家可靠此维持各类商品间合理的价格结构；④关税还有调节外贸差额和外汇收支的作用。

（3）外交作用。关税与国际经济关系和外交关系有着密切的联系。一方面，可以通过关税歧视别国。历史上贸易战和关税战的事例多有发生，如 1652~1674 年，由于英国的“航海条例”使用歧视性关税以打击荷兰的航运业，引发了英国与荷兰之间连续三次关税战。目前，关税仍然是国际经济斗争的一个重要武器。另一方面，关税也是各国争取友好贸易往来、密切经贸关系的一种手段。因此，它经常是国际签订友好贸易条约中的一项重要内容。在经济贸易集团中，各成员国互免关税是经济联盟发展的纽带之一。

（4）消极作用。①对进口商品征收关税，提高了其价格，因而加重了购买进口商品的消费者和企业的负担；②征收关税减少了进出口商品的流量，不利于国际贸易的发展；③关税的征收容易对保护的目标产业造成过度保护现象，会使受保护企业养成依赖性，从而不努力提高经营管理水平，国际竞争能力越来越弱；④关税的征收容易导致资源不合理配置，过分流向受保护产业，形成产业结构的扭曲；⑤过高的关税造成国内外差价过大，容易导致走私和收受贿赂等违法行为。

三、关税的保护程度

衡量一国关税的高低和保护程度的强弱并不能简单地仅凭税率的高低。目前，各国一般以关税水平来比较各国间关税的高低，以名义保护率和有效保护率来表示对某类商品的保护程度。

（一）关税水平计算方法

关税水平是针对一国平均进口税率而言，计算方法分为简单平均法和加权平均法两种。简单平均法是指不管每个税目实际的进口数量，只按税则中的税目数求其税率的平均值。这种方法对进口数量多的税目和进口数量少的税目、重要的税目和不重要的税目，均以同样的分量计算，显然是不合理的，故极少使用。加权平均法则是用进口商品的数量或价值作为权数进行平均，主要计算方法有以下几种。

（1）按进口税额占总进口商品价额的百分比计算。计算公式为

$$\text{关税水平}=\frac{\text{进口税款总额}}{\text{进口总值}}\times 100\%$$

这种方法的缺点是：如果进口商品中有较多免税的项目，计算结果就偏低，不能正确反映关税水平高低。

（2）按进口税额占有税商品进口总值的百分比计算。这种方法计算出的结果一般要高于上述方法。计算公式为

$$\text{关税水平}=\frac{\text{进口税款总额}}{\text{有税商品进口总值}}\times 100\%$$

（3）取样加权平均法。即选出一些有代表性的商品，按不同商品类别进行加权平均。选用的商品越多，计算越精确。权数一般选用每一种商品的进口值。现以 V_i 表示各种商品的进口值，r_i 为各种商品的关税税率，i=1、2、……n，其计算公式为

$$\text{关税水平}=\frac{\sum_{i=1}^{n} V_i \times r_i}{\sum_{i=1}^{n} V_i}\times 100\%$$

举例。取 C_1、C_2、C_3 三种代表性商品计算，其进口值依次为 100 万元、70 万元、30 万元，税率依次为 10%、30%、50%，则其关税水平为：

$$\frac{100\times 10\%+70\times 30\%+30\times 50\%}{100+70+30}\times 100\%=23\%$$

使用关税水平指标，可以比较各国关税的高低，而要完全表示保护程度，则要借助于保护率的概念。

（二）名义保护率和有效保护率

名义保护率（nominal rate of protection）相当于名义关税率（nominal tariff rate），即进口商品进入该国关境时，海关根据关税税则所征收的关税。在其他因素不变的条件下，名义关税税率越高，对本国同类产品的保护作用也越大。

有效保护率（effective rate of protection）亦称有效关税率（effective tariff rate），是指在有关税保护条件下生产单位商品附加价值的增加率，也是指关税对本国产品的实际的、有效的保护率。

有效保护率的计算公式为：$E=\dfrac{V'-V}{V}$

式中，E 代表有效保护率；V 代表被保护的某产业在零关税时的单位产品附加值（即最终产品的价值减去原材料价值的余额）；V' 代表征收关税后的该产业单位产品附加值。

有效保护率实际是指征关税后被保护产业单位产品附加值的增加率。

假设，某国在自由贸易即零关税的情况下，一台录像机的国内价格为 3 000 元，其中 2 400 元为使用进口原材料和零部件的价值，另外 600 元为国内录像机产业的单位产品附加值。此时的附加值占录像机全部价值的 20%。现实社会中几乎不存在纯自由贸易。如果该国对所有的进口商品一律征收 10%的名义关税率，其结果是：进口商品价格影响国内商品价格，从而录像机的国内价格上升到 3 300 元，生产录像机所使用的进口原材料和零部件的价值会上升到 2 640 元，征收关税后录像机产业的单位产品附加值为 660 元。此时，该国对录像机进口设置的名义关税率为 10%，这种关税对国内录像机产业的有效保护率也为 10%：

$$E=(660-600)/600=10\%$$

为更好地保护国内的录像机产业，该国可以改变一种关税设置结构。例如，对生产录像机所使用的进口原材料和零部件只征 3%的低关税，对进口录像机仍征 10%的关税，其结果是：录像机的国内价格仍为 3 300 元，但生产录像机所使用的进口原材料和零部件的价值却降为 2 472 元，录像机产业的单位产品附加值增为 828 元。这种关税结构极大地提高了实际保护效果，对进口录像机设置的名义关税率为 10%，而对国内录像机产业的有效保护率却高达 38%：

$$E=(828-600)/600=38\%$$

有效保护理论告诉我们，对进口原材料征关税，就是在向利用这种原材料的国内产业征税，不利于该产业的发展。当最终产品的名义关税率大于原材料的名义关税率时，最终产品的有效保护率（即有效关税率）就会大于对它征收的名义关税率；反之，则小于对它征收的名义关税率。海关应掌握和利用这一原理，以便更科学地设置关税率和更有效地保护本国某些尚未成熟的产业部门。

第三节 关税的分类

关税可以按不同标准进行分类。

一、按征税商品的流向分类

按征税商品的流向分类，关税可分为进口税、出口税和过境税。

（一）进口税

进口税（import duties）是进口国家的海关在外国商品输入时，对本国进口商所征收的税。它一般是在外国商品（包括从自由港、自由贸易区或海关保税仓库等地提出运往进口国国内市场的外国商品）进入关境，办理海关手续时征收。

进口税的税率通常因商品加工程度的不同而有所差别，一般是随着加工程度的提高而提高，目的是保护本国工业制成品，尤其是那些加工程度较高的工业制成品。这也就是上一节在分析有效保护率时所提到过的。西方发达国家一般对原材料进口规定最低税率甚至免税，对半制成品的进口规定稍高一点的税率，而对制成品的进口规定最高税率。发展中国家目前多以关税作为保护本国民族经济和反对帝国主义国家进行商品倾销和转嫁经济危机的重要手段。一般对那些目前国内不能生产或生产能力较弱的生活必需品和生产设备征收较低的进口税或免税；对于国内能够生产相当数量的商品或非生活必需品、奢侈品的进口，征收较高的进口税。

进口税按其性质可分为最惠国税和普通税。最惠国税适用于与该国签订有最惠国待遇条款的贸易协定的国家或地区的进口商品。普通税适用于没有与该国签订上述贸易协定的国家或地区的进口商品。从税率水平来看，最惠国税率要大大低于普通税。例如，20 世纪 90 年代初美国对进口纺织品征收普通税税率为 113.5%，最惠国税率仅为 14%；对五金产品进口征收 110%的普通税率和 7.8%的最惠国税率。

（二）出口税

出口税（export duties）是出口国家的海关对本国商品输往国外时，对出口商所征收的关税。目前大多数国家对绝大多数出口商品都不征收出口税，因为这种关税会提高本国商品在国际市场上的售价，降低商品的竞争力，不利于扩大出口。

目前，有些国家还在使用出口税，其征税目的有以下几种：一是增加国家财政收入，缓解政府资金短缺的矛盾。这种关税税率一般较低，在 3%左右。例如，拉美国家一般对出口商品征收1%~5%的出口税。二是保护国内重要的原材料资源，以支持国内相关产业的发展。例如，挪威为保护本国的造纸工业而对出口木材征收关税。这类出口税税率一般较高，以达到限制这类商品出口的目的。三是对一些垄断性的产品出口征税。像巴西出口的咖啡、古巴出口的烟草、智利出口的硝石等都被课以出口税，以此转嫁开发和生产这类产品所需的费用。四是在国际贸易顺差过大并引起贸易摩擦时，也可采用征收出口税的方法平衡国际收支。

（三）过境税

过境税（transit duties）又称通过税，是一国对于通过其关境的外国货物所征收的关税。在资本主义生产方式准备时期，过境税普遍流行于欧洲各国。例如，当时德国尚未统一，那时的货物每经一个小邦国就要征收一道关税，从汉堡到奥地利要经10个小邦国，就要纳10道关税。19世纪后半期，由于交通运输业的发展，各国在货运方面发生了激烈竞争。同时，由于过境货物对本国生产和市场没有影响，所征税率也很低，财政意义不大，因而各国相继废除了过境税。1921年以后，资本主义国家依据在巴塞罗那签署的《自由过境公约》中废除一切过境税的条款，都不再征收过境税，仅在外国商品通过本土时征收少许的印花费、准许费、登记费和统计费等。目前，只有个别国家仍旧征收过境税。

二、按差别待遇和特定的实施情况分类

按差别待遇和特定的实施情况分类，关税可分为进口附加税、特惠税和普遍优惠税。

（一）进口附加税

进口国家对进口商品除了征收一般进口税之外，还往往根据某种目的再加征额外的关税，前者称为正税，后者则称为进口附加税（import surtaxes）。

作为一种特定的临时性措施，进口附加税的主要目的有：应付国际收支危机，平衡贸易收支；抵消外国商品的补贴或倾销；对某个国家或地区实施歧视或报复政策等等。例如，1971年8月15日，为解决美国贸易逆差、国际收支危机等问题，美国总统尼克松宣布实行“新经济政策”，其中重要的一条就是对外国商品的进口一律加征10%的进口附加税，以期改善贸易收支的不平衡状况。美国的这种进口附加税是对所有进口商品征收的，而一般进口附加税则是针对个别国家或个别商品的。这种进口附加税主要分为以下两种：

（1）反补贴税（counter-vailing duty）。反补贴税又称为抵消税或补偿税，是为了抵消商品于制造、生产或输出时所直接或间接接受的任何补贴而征收的一种临时附加税。凡进口商品在生产、制造、加工、买卖及输出过程中所接受的直接或间接的奖金或补贴都构成了征收反补贴税的条件，不管这类奖金补贴来自政府，还是垄断组织或同业公会。征收反补贴税的目的在于提高进口商品的价格，抵消其所享受的补贴金额，使其不能在进口国的国内市场上

进行低价竞争或倾销。

关税与贸易总协定早在“东京回合”时就制定了《补贴与反补贴守则》，但在文字和结构上尚不够严密。“乌拉圭回合”谈判又达成了《补贴与反补贴协议》，对此做了进一步完善。《补贴与反补贴协议》规定：

征收反补贴税的一个必要条件是，补贴的后果会对国内某项已建的工业造成实质性损害或产生实质性威胁，或者对某一工业的新建产生严重阻碍，而且这些损害、威胁或障碍是由于接受补贴的产品售价低的结果。

《补贴与反补贴协议》还规定，经调查属实后，可对该进口产品征收不超过补贴数额的反补贴税。对于受补贴的倾销产品，不可同时征收反倾销税和反补贴税。正常的出口退税，不得被视为是接受了出口补贴。

（2）反倾销税（anti-dumping duty）。反倾销税是对于实行倾销的进口商品所征收的一种进口附加税。其目的在于抵消倾销所带来的不利影响，保护本国市场。

关税与贸易总协定对存在已久的倾销与反倾销行为作了若干规定。“肯尼迪回合”制定了一个《反倾销守则》，“东京回合”又对这一守则作了修订，“乌拉圭回合”谈判又做了进一步修正和补充，达成一份新的《反倾销守则》。

根据《反倾销守则》的规定，必须同时符合以下两个情况才能构成商品倾销：①一国产品以低于正常价值的办法挤入另一国市场；②由此而对该进口国国内已建立的某项工业造成实质性的威胁或实质性损害，或者对某一工业的新建产生严重的障碍。对于正常价值的确定有三种办法：①出口国国内市场上的实际销售价格。这是最基本的一种办法。②出口国向第三国出口该种产品或相似产品的价格。③结构价格。当前两种办法均因不合要求而不能采用时，可根据该出口产品在原生产国的生产成本加上合理的推销费用和利润得出该产品的结构价格。

征收反倾销税目前常被一些国家滥用，成为贸易保护主义的一种手段。为防止滥用反倾销调查，《反倾销守则》规定，凡要进行反倾销调查，必须有足够的证明方可进行。而且规定，有关当局的调查、取证，必须在一年内完成。

近些年美国、欧盟为了保护本国市场，经常同时使用反补贴税和反倾销税对来自中国的产品实行“双反”。例如，2015 年 7 月，美国国际贸易委员会发布了对原产于中国的乘用车和轻型卡车轮胎反倾销反补贴调查损害终裁报告，中国部分轮胎厂商将被征收 14.35%~87.99%的反倾销税和 20.73%~100.77%的反补贴税。这两项高关税的叠加无疑给生产企业造成了沉重打击，企业的涉案产品或因此退出美国市场。

面对国外的“双反”，中国企业勇于应诉，在有些诉讼案件中取得了较好效果。例如，2020 年 10 月盈科 WTO/国际贸易救济中心代理的中国进口玻璃容器案在应对美国反倾销、反补贴的“双反”调查中取得完胜，使中国对美出口的玻璃容器产品得以免缴 56.53%~576.21%的反倾销和反补贴税，保住了年出口额超过 3.7 亿美元的美国市场。

（二）特惠税

特惠税（preferential duties）是指对某个国家的全部或部分商品，给予特别优惠的低关税或免税待遇，又称特别优惠税。特惠税既可以是互惠的，也可以是非互惠的，一般通过参加国之间签署协定而实施。它不适用于最惠国待遇原则，即其他国家或地区不能根据最惠国待遇原则要求享受这种优惠关税待遇。

互惠型的特惠税适用于宗主国与殖民地、附属国之间，其目的主要是保证宗主国在殖民地、附属国市场上占据优势地位。最具代表性的是 1932 年英联邦国家在渥太华会议上建立的英联邦特惠制。这种制度规定，英联邦国家之间征收特惠关税，其他国家不得享受，这就保证了英国对其殖民地的廉价原料、食品供应市场和工业品销售市场的垄断占有。1973 年 1 月英国加入欧洲共同体后，英国与其他英联邦国家之间的特惠税从 1974 年 1 月起到 1977 年 7 月 1 日逐步取消。

《洛美协定》（Lome Convention）国家之间的特惠税则是非互惠型的。1975 年签订了第一个为期五年的《洛美协定》，之后每隔五年续签一次。根据 1975 年《洛美协定》，9 个欧共体国家单方面给予它们位于非洲、加勒比和太平洋地区的 46 个前殖民地国家提供特惠税待遇。1995 年续签新的《洛美协定》时，受惠国已达 70 个国家。工业品可免税，农产品 96% 可免税，既无限额，也不要求对方给予反向优惠（reverse preference）。

2000 年 2 月，非洲、加勒比海和太平洋地区国家集团（简称非加太集团）76 个成员方和欧洲联盟 15 国在贝宁首都科托努签订了《科托努协定》，该协定于 2003 年 4 月 1 日起正式生效，以此来取代《洛美协定》。根据规定，《科托努协定》有效期为 20 年，每 5 年修订一次，前 8 年为过渡期，后 12 年为执行期。其主要内容包括双方进行全面政治对话，扩大经贸合作，实现贸易自由化等。欧盟在 8 年过渡期中向非加太国家提供 135 亿欧元的援助，非加太国家 97%的产品可以免税进入欧盟市场。

2020 年 12 月 3 日，欧盟与非加太国家谈判代表达成了一项新的《科托努协定》，该协定将进一步拉近未来 20 年欧盟国家与非加太 79 个国家之间的关系。新协定用以取代 2000 年签署的旧《科托努协定》，旨在减少贫困并帮助非加太国家融入全球经济。新协定包含 6 个合作领域：人权、民主与治理；安全；人类与社会发展；环境可持续性与气候变化；可持续增长；移民及流动性。新《科托努协定》的签署标志着欧盟与非加太国家之间的合作关系迈向了一个新时代。

（三）普惠制

普惠制（generalized system of preferences，GSP）是普遍优惠制的简称，是指发达国家对发展中国家或地区的某些出口产品，特别是制成品和半制成品给予普遍优惠的一种减税制度。在广大发展中国家的长期斗争下，1968 年发达国家在联合国第二届贸易与发展会议上承诺对发展中国家承担某些义务，以平衡双方贸易地位，因此通过了普惠制的决议。其主要目标是：增加发展中国家或地区的外汇收入；促进发展中国家的工业化；加速发展中国家的经济增长与发展。

普惠制有三条主要的原则：普遍性、非歧视性、非互惠性。所谓普遍性，是指发达国家应对从发展中国家或地区进口的制成品或半制成品给予普遍的优惠。所谓非歧视性，是指所有发展中国家都应不受歧视地、无例外地享受普惠制待遇。所谓非互惠性，是指发达国家应单方面给予发展中国家或地区以关税优惠而不要求发展中国家或地区提供反向优惠。

普惠制生效后，共有 30 个国家实施了 16 个普惠制给惠方案，目前接受普惠制关税优惠的发展中国家或地区有 170 多个。

16 个普惠制方案都是由各给惠国与国家集团单独制定，不完全雷同，但在以下几方面是共同的，即在提供关税优惠待遇的同时，又在普惠制给惠方案中做了种种限制性的规定。

（1）对受惠国或地区的规定。普惠制在原则上应对所有发展中国家或地区都无歧视、无例外地提供关税优惠，但给惠国在选择受惠国时主要依据发展中国家的经济发展状态与政治状态。因缺乏统一标准，故发展中国家是否可作为普惠方案的受惠者，是由给惠国单方面确定的。有的给惠国一开始就将某些发展中国家排除在外，或者将受惠国一批竞争能力较强的产品排除在外。1974 年美国通过的贸易法就将不符合其单方面规定的政治和经济标准的国家排除在受惠范围之外，如目前美国仍然没有给予中国普惠制待遇。加拿大对没有权利享受最惠国待遇的发展中国家亦规定不能成为受惠国。

（2）对受惠商品范围的规定。普惠制原则上要求给惠国对受惠国或地区实行普遍关税减免，但实际上许多给惠国公布的受惠商品清单中，农产品给惠的较少，工业品一般都给予优惠，但像纺织品、鞋类、皮革制品等少数敏感商品亦排除在外。给惠产品的范围不是一成不变的，而是随着给惠国家和国家集团经济贸易政策上的变化和受惠国的要求进行增减。

（3）对关税削减幅度的规定。受惠商品减税的幅度取决于最惠国税率和普惠制税率之间的差额，因而有的商品减税幅度大一些，有的小一些。一般说来，农产品的减税幅度较小，工业品的减税幅度较大。

（4）对普惠制有效期的规定。根据联合国贸易与发展会议决定，普惠制的实施期限以每十年为一个阶段。

（5）对给惠国保护措施的规定。为了保护本国的工农业生产，给惠国在实施普惠制方案时，一般都制定有保护措施。主要有四种：

其一，例外条款（escape clause），又称免责条款。当给惠国认为从受惠国优惠进口的某项产品的数量增加到对本国同类产品（或有竞争关系的产品）的生产者造成或将造成严重损害时，给惠国保留对该产品完全取消或部分取消关税优惠待遇的权利。

其二，预定限额（prior limitation）。是指给惠国根据本国和受惠国的经济及贸易状况，对受惠商品预先规定限额，限额以内的进口商品征收最低的普惠制税率，超过限额的进口商品征收最惠国税率。预定限额包括全球最高限额、关税配额、国别最高限额。

其三，竞争需要标准（competitive need criteria）。如果在一年内，来自某一受惠国或地区的某项产品的进口额超过规定的进口额度，则取消下一年度该种商品的关税优惠待遇。

其四，毕业条款（graduation clause）。当一些受惠国和地区的某项产品或整体经济已经发展到较高的程度，在世界市场上显示出较强的竞争力时，则取消该项产品或全部产品享受关税优惠待遇的资格。毕业标准分为产品毕业和国家毕业两种，由各给惠国自行具体决定。例如，美国宣布亚洲“四小龙”1989 年从普惠制中“毕业”了。欧盟 2004 年之后多次宣布中国的部分产品从普惠制中“毕业”。

（6）对原产地规则的规定。为保证只把优惠关税给予真正取自、收获、生产或制造于该受惠出口国的产品，各给惠国都制定了详细的原产地规则。原产地规则是衡量受惠国出口产品能否取得原产地资格、享受优惠的标准。原产地规则主要包括以下三部分内容：

原产地标准。原产地标准把原产地分为两类：一类是完全的原产品，即在受惠国土地、领空、领海及公海所生长、捕获和开采的物品；或者以这些物品为原料在受惠国制成的产品，不含任何进口成分。另一类是指含有进口成分但经过实质性变化的商品，即在生产过程中，这些进口的原料、零部件经过充分加工或制造，其性质和特征达到了实质性变化的程度，变成另外一种完全不同的产品。所谓实质性变化有两个判断标准：①加工标准（process criterion）。指根据制成品中进口成分的税则号在加工以后的变化来确定其是否已经过实质性改造的标准。一般来说，如果进口成分与其制成品归入《布鲁塞尔税则目录》四位数字的税则号不同（任何一位数字不同均可），即可认为经过高度加工，发生了实质性变化。目前采用该标准的给惠国有欧盟各国及瑞士、挪威和日本等。②增值标准（value-added criterion），又称百分比标准。指根据进口成分（或本国成分）占制成品价值的百分比来确定其是否达到实质性变化的标准。目前美国、澳大利亚、新西兰、加拿大等国采用这项标准，但各国所规定的百分比标准各不相同。例如，澳大利亚、新西兰规定，产品中本国原料和劳务的价值必须大于产品出厂成本的 50%，即采用的进口成分不得超过产品价值的 50%；美国规定受惠国原料和劳务价值必须大于出厂价值的 35%；加拿大则规定进口成分不得超过产品价值的 40%。

直接运输规则。其基本内容是：原产品必须从出口受惠国直接运至进口给惠国。但多数情况下，因地理或运输困难，允许受惠产品经第三国领土转运，但货物必须一直处于过境国海关的监督之下。

原产地证书。它是受惠国的原产品出口到给惠国享受普惠制减免关税待遇的官方凭证，适用于一切有资格享受普惠制待遇的产品。该证书由受惠国政府授权的机构签发。

三、按征收关税的目的分类

按征收关税的目的分类，可分为财政关税、保护关税、收入再分配关税和混合型关税。财政关税是指以增加国家财政收入为目的而课征的关税。保护关税则是指以保护本国某些产品的生产和销售为目的而课征的关税。保护程度的高低取决于保护关税的税率。收入再分配关税是以调节国内各阶层收入差距为目的而设置的关税。就是通过不同税率影响不同商品的进出口（如对奢侈品征收高关税），从而影响该类商品国内市场的价格，起到影响国内各收入阶层实际收入水平的作用。混合型关税则是指出于几个不同目的而设置的关税。从实际情况来看，单一目的的关税不多，绝大多数的关税事实上都是混合型关税。

第四节 关税制度

一、征税方法

征税方法主要有从量税和从价税，在此基础上又有混合税、选择税、差价税、季节税等。

（一）从量税

从量税（specific duties）是以货物的重量、数量、容量、长度、面积等为标准课征的关税，即按货物的计量单位确定应征关税税额。其计算公式为

从量税额=商品数量×每单位从量税

征收从量税的优点：①手续简便。由于只需统计量，而不需审定货物的规格、品质、价格，所以便于计算。②对于低价格的进口商品抑制作用较大。只要量相同，质量次、价格低的进口商品与高档商品征收同样的税，故可控制低价商品的大量涌入。

征收从量税的缺点：①不同的货物，不论质量好坏、价格高低，均按同一税率征税，税负相同，难免产生税负不公的现象。②面对质优价高的进口商品，其保护作用相对减小。

第二次世界大战之前，资本主义国家普遍采用从量税的方法计征关税。第二次世界大战后，由于物价不断上涨，通货膨胀日益严重，而且商品的种类、规格也日益复杂，突出了从量税的缺点，从量税的比重逐渐减少，目前使用从量税的国家和商品品种已经很少。

（二）从价税

从价税（ad valorem duties）是以进口商品的价格为标准征收一定比例关税的方法。从价税的税率表现为货物价格的百分比。其计算公式为

从价税额=商品总值×从价税率

从价税的优点有：①税负合理。同类商品，质高价高的税额高，质次价低的税额低，加工程度高的商品和奢侈品的进口所征税额较高，相应的保护作用较大。②从价税率用百分比表示，便于各国间进行比较。

从价税的缺点：①完税价格不易掌握，征税手续复杂，需耗费大量人力和精力。②按当

前国际上的估价方法，完税价格的依据基本上是货物的成交价格，由于进口商申报的商品价格不同，同种商品的税率会出现差别。

从价税额与商品价格密切相关，因而如何确定进口商品的完税价格十分关键。完税价格是经海关审定作为计征关税的货物价格。目前世界上确定完税价格的标准主要有以下五种：①以发票价格作为完税价格；②以法定价格作为完税价格；③以装运港船上交货价格（FOB价）作为完税价格；④以成本加保险费和运费（CIF价）作为完税价格；⑤以正常价格即按独立买卖双方在自由竞争条件下成交的价格作为完税价格。

《关税与贸易总协定》在第七条对海关估价方法作了具体规定："海关对进口商品的估价，应以进口商品或相同商品的实际价格，而不得以国内产品的价格或者以武断或虚构的价格，作为计征关税的依据。""实际价格"（actual-value）是指"在进口国立法确定的某一时间和地点，在正常贸易过程中充分竞争的条件下，某一商品或相同商品出售或兜售的价格"。当实际价格无法按上述的规定确定时，"海关估价应以可确定的最接近于实际价格的相当价格为依据"。为了进一步统一海关估价方法，1973 年"东京回合"订立了《海关估价协议》，并于 1981 年 1 月 1 日开始生效。协议中规定了五种依次使用的海关估价方法。一是根据货物的成交价格估价；二是利用同时出口到不同国家的同类商品的价格进行估价；三是利用同时出口到同一国家的类似商品的价格进行估价；四是利用同一时间内已销售的商品单价估价；五是通过累计原材料价值、生产费用、运输费用和保险费用的方法来计算商品的价格。

（三）混合税

混合税（mixed or compound duties）又称复合税。它是指在税则的同一税目中定有从价税和从量税两种税率，同时使用两种税率计税。其计算公式为

混合税额=从量税额+从价税额

混合税有时以从价税为主，有时以从量税为主。前者是以从价税为主加征从量税。例如，日本对手表（每只价格在 6 000 日元以下者）的进口征收从价税 15%，再加征从量税 150 日元。后者是以从量税为主加征从价税。例如，美国对男式开司米羊绒衫（每磅价格在 18 美元以上者）每磅从量税征收 37.5 美分，加征从价税 15.5%。中国从 1997 年 7 月 1 日起，对进口的录像机、摄像机实行混合关税。混合税计税手续比较复杂。

（四）选择税

选择税（alternative duties）是对于一种进口商品同时定有从价税和从量税两种税率，但在征收时选择其中税额较高或较低者征收。一般是选择税额较高的一种使用，有时为鼓励进口，也可以选择较低的一种来征。在物价上涨时，一般可选用从价税；而在物价下降时，则使用从量税。

（五）差价税

差价税（variable levy）又称滑动关税，是按照进口商品价格低于国内市场同种商品价格的差额来确定关税税率的一种办法。差价税分为部分差价税、全部差价税和倍数差价税三种。部分差价税是以小于国内市场商品价格与进口商品价格的差额水平征收关税；全部差价税又称全额差价税，是以等于国内市场价格与进口商品价格的差额的水平征税；倍数差价税是以国内市场商品价格与进口商品价格的差额的倍数征税，这种方法具有极强的保护主义色彩。例如，欧盟曾对冻牛肉进口首先征收20%的正常进口税，然后根据每周进口价格与共同市场的内部价格变动情况征收变动不定的差价税。

（六）季节税

季节税（seasonal duties）是指对那些具有明显季节性特征的产品制定两种或两种以上的不同水平的关税税率，在实际征税时根据季节选取其中一种税率。例如，对待进口商品在旺季时采用最高税率，在淡季时采用最低税率，平时采用中间税率。季节税主要用来协调进出口规模和国内市场的总供求。季节税较多地使用在农产品的贸易中。

二、海关税则制度

（一）海关税则

海关税则（customs tariff）又称关税税则。它是国家根据其关税政策和总体经济政策，以一定的立法程序制定、颁布和实施的进出口商品计征关税的规章，和对进出口的应税与免税商品加以系统分类及按商品类别排列的关税税率表。

海关税则一般由两部分组成：一是海关课征关税的规章条例及其说明；二是商品分类及关税税率一览表，它主要由税则号列（tariff NO.），简称税号，货物分类目录（description goods）和税率（rate duty）三部分组成。

（二）海关税则的种类

海关税则通常可分为单式税则和复式税则两种类型。

（1）单式税则（single tariff）。单式税则是指一个税目下只有一个税率，该税率适用于来自任何国家的商品，无差别待遇，故又称一栏税则。在自由竞争的资本主义时期，各国都采用单式税则，但到了垄断资本主义时期，发达资本主义国家为了在关税上搞差别或歧视待遇，或为争取关税上的互惠，都逐渐放弃了单式税则而改用复式税则。目前仅有巴拿马、伊朗、加纳、阿尔及利亚等为数不多的发展中国家仍沿用单式税则。

（2）复式税则（complex tariff）。复式税则又称多栏税则，是指一个税目下设有两个或多个税率，以对来自不同国家的同类进口商品采用不同的税率。复式税则的特点是歧视性，对不同国家的同种商品实行有差别的歧视性待遇。

复式税则中又包括二栏税率、三栏税率、四栏税率、五栏税率等。我国目前采用二栏税率，由普通税率和优惠税率组成，以区别对待与本国定有和没有定有贸易互惠条约或协定的不同国家和地区的进口商品。大部分西方发达国家和部分发展中国家实行三栏税率，通常由普通税率、最惠国税率和普惠制税率组成。日本的关税税则有四栏，第一栏是基本税率，税率最高，适用于非 WTO 成员及没有与日本有最惠国贸易协定的国家；第二栏是协定税率，适用于 WTO 成员和与日本签订有最惠国贸易协定的国家；第三栏是特惠税率，税率最低，适用于发展中国家和地区；第四栏是暂定税率，税率与协定税率一样，适用于和日本未签订贸易协定但与日本友好的国家。欧盟各国使用的是五栏税率：第一栏是特惠税率，适用于《科托努协定》国家；第二栏是协定税率；第三栏是普惠制税率；第四栏是最惠国税率；第五栏是普通税率即最高税率。

在单式税则或复式税则中，依据制定税则的权限，又可分为自主税则、协定税则和混合税则三种。

（1）自主税则（autonomous tariff）是指由一国政府根据本国社会经济发展状况，依照关税自主原则单独制定和修改的以法律形式规定的关税税则。它不受对外签订的贸易条约或协定约束。

（2）协定税则（conventional tariff）是指一国政府通过与其他国家订立贸易条约或协定共同制定的关税税则。这种关税税则的制定不是完全自主性的。协定税则又分为双边协定税则、多边协定税则和不平等协定税则。WTO 是最典型的多边协定税则。

（3）混合税则（mixed tariff）是指一国关税税则的制定同时采取自主税则和协定税则方式。混合税则的制定以自主制定应税税目的税率为基础，结合与其他相关国家通过协定方式确定的应税税目的税率组合而成。

（三）海关税则的商品分类方法

各国海关税则的商品分类方法不完全相同，大体上有以下几种：①按商品的自然属性分类，如动物、植物、矿物等；②按商品的加工程度或制造阶段分类，如原料、半制成品和制成品等；③按商品的组成成分或按同一工业部门的产品分类，如钢铁制品、塑料制品、化工产品等；④按商品的用途分类，如食品、药品、染料、仪器等；⑤按商品的自然属性分成两大类，再按加工程度分成小类。

商品分类的排列层次，一般分为三级到五级。先按自然属性、用途或组成成分等分成若干大类，再进一步分为章和组，其下列出商品项目。项目税则中的基本项目，可以“具体列名”一种商品，也可把相类似的商品综合在一起，成为“一般列名”，或者把前二者未包括的同类产品合成为一个“未列名商品”的项目，每个项目按顺序列出税号。在每个项目之下可以根据征税或统计的需要细分为子目、分目，称之为细目。大类和章或组两级只具检索查找的用途，项目及细目逐目列出相应的税率。

（四）海关税则商品分类目录

随着经济的发展，商品种类日益增多，分类也越来越细。各国在制定本国海关税则时如果采用的商品分类方法不同，同一类别的商品内容可能不同，每种商品的名称和定义亦可能不相同。这不仅使贸易双方感到不方便，亦给国际贸易谈判、关税减让谈判等带来一定的困难。这就要求有一个国际统一的海关分类目录。

（1）海关税则商品分类目录的探索阶段。世界上最早出现的统一的税则是1913年在布鲁塞尔举行的第二次国际商务统计会议上通过的《统计商品分类目录》。该目录分为五大类、186个项目。当年12月31日签署时有29个国家，后来被30多个国家直接或间接采用。1927年5月在国际联盟主持召开的世界经济会议上又提出了统一税则目录的设想。1931年由专家委员会正式制定了《国际海关税则统一目录》，并在1937年加以修改，共21大类、86章、991个项目，后来被称为《日内瓦统一税则目录》。它曾被一些国家采用，但并未普遍推广。

（2）《布鲁塞尔税则目录》。1952年12月，欧洲关税同盟研究小组拟定了《关税税则商品分类公约》，并设立了海关合作理事会。随后，海关合作理事会在日内瓦统一税则目录的基础上制定了《关税合作理事会税则目录》（Customs Co-operation Council Nomenclature，CCCN）。因该税则目录是在比利时的首都布鲁塞尔签订的，故又称《布鲁塞尔税则目录》（Brussels Tariff Nomenclature，BTN）。该目录自公布后，先后被100多个国家、地区和一些国际性的企业所采用。我国于1985年采用该税则目录。

《布鲁塞尔税则目录》商品分类的划分原则是以商品的自然属性为主，结合商品的加工程度、制造阶段及使用目的等划分。全部商品共被分为21类（section）、99章（chapter）、1 015项税目号（heading NO.）。前4类（1~24章）为农畜产品，后17类（25~99章）为工业制成品。税目号都以四位数来表示，中间用圆点隔开，前两位数表示商品所属章次，后两位数表示该章项下某种商品的税目号。例如，猪鬃属第5章第2项，其税目号就为05·02。

采用《布鲁塞尔税则目录》的国家对税则目录中的类、章、项这三级税目号的排列及编制是不能随便改动的，但对项下的子目的编制则有一定的机动权，可以根据实际的需要在项下加列子目。例如，我国在男用外衣项下又按照用料不同分为7个子目。我国的海关税则在加列子目后，共有税目号7 700多个。

（3）《国际贸易标准分类》。海关合作理事会的商品分类目录在世界各国海关税则中得到广泛使用的同时，联合国经社理事会下设的统计委员会也于1950年编制并公布了《国际贸易标准分类》（Standard International Trade Classification，SITC）。1950年7月12日联合国经社理事会正式通过了该分类体系，作为国际贸易统计、对比的标准分类，并建议各国政府采用这种分类体系。该目录在 1960 年、1974 年、1985 年、2006 年先后被 4 次修订。

2006 年的修订本中，国际贸易商品共被分为 10 个部门（section）、67 类（division）、262 组（group）、1 023 个分组（sub group），2 970 个基本目（basic heading），各国可以根据需要增设子目。

各种商品在国际标准分类中的编号方法是：前两位数字表示部门、类，前三位数表示组别，前四位数字表示分组别，如果该分组下设基本目，则为五位数，分组前有一圆点。例如，纸烟属第 1 部门，第 12 类，第 122 组，第 1222 分组，则其编号为 122 · 2。我国的海关统计于 1980 年也采用了该分类目录作为海关的进出口商品统计目录。

（4）协调制度（the harmonized system）。《布鲁塞尔税则目录》与《国际贸易标准分类》在国际上同时并存，虽然也制定了相互对照表，但仍给多项工作带来不便。为解决这个问题，1970 年海关合作理事会决定成立研究小组探讨是否可能建立一个能同时满足海关税则、进出口统计、运输和生产等各部门需要的商品列名和编码的“协调制度”目录。之后，海关合作理事会成立了由协调制度委员会和各国代表团组成的工作团。59 个国家和 25 个以上的国际性组织派代表参加了这项工作。1981 年，协调制度委员会完成了制定协调制度商品目录的准备工作。1983 年，海关合作理事会通过了《协调制度公约》，提供各国签署。这个目录于 1988 年的 1 月 1 日开始生效。生效后的《协调制度》目录逐步取代了《布鲁塞尔税则目录》。目前世界上已有 200 多个国家和地区使用《协调制度》，全球贸易总量 90%以上的货物都是以《协调制度》分类的。中国从 1992 年 1 月 1 日起开始使用《协调制度》。

2007 年版的《协调制度》包含 21 类、97 章。它在许多类、章下加有注释，有的注释是专门针对某个子目的，叫子目注释。对于涉及整个《协调制度》各类、章商品分类的一些规则，《协调制度》将其单独列出，称为归类总规则。总规则共有 6 条，作为指导整个《协调制度》商品分类的总原则。

三、通关手续

（一）通关手续的含义

通关手续又称报关手续，是指进出口商向海关申请进口或出口，履行海关规定的手续，接受海关的监督与检查。当办完各种手续，付清应缴税款及其他费用，经海关同意，进出口商品即可通关放行。

（二）通关手续的三个环节

商品进出海关的基本手续可归纳为三个环节，下面以进口为例简要说明。

（1）申报。当进口货物抵达进口国的港口、车站或机场时，进口商应向海关提交有关单证和填写由海关发出的表格。一般来说，要提交进口报单、货运提单、商业发票及有关证明书（包括原产地证明书、进口许可证、品质证书、卫生检验证书等），由海关逐一检查。

（2）验货。海关按照有关法令和规定，查验准备运进海关的货物，审核货物和单证是否一致。

（3）缴款放行。当海关认定各种单证符合规定，且货物与单证完全一致后，进口商应按规定缴纳税款及各项费用，然后货物便被允许进入海关。

（三）通关中的提货规定

进出口货物通常是在办完各种报关手续后（通过了上述三个环节）立即提货。但在某些特殊背景下会出现提前提货、延期提货和过期不提货的情况。海关对这些情况都有专门的规定。

（1）提前提货。海关规定，如果进口商对某些特定的商品，如水果、蔬菜、鲜鱼、鲜花等易腐烂和衰败的商品，要求货到时立即从海关提货，进口商可以在货到前先办理提货手续并预付一笔进口税，经海关检验进口商品无问题后，进口商可以把货先提走，待次日再来补办通关手续和补齐进口税。

（2）延期提货。有时货物已到海关，进口商如想延期提货，可以把货物存入海关的保税仓库，暂时不缴纳进口税。在存仓期间，货物可再行出口，不必办理通关手续。但当货物需由保税仓库运往该国国内市场销售时，则要在提货前办理完备的通关手续。

（3）过期不提货。当进口货物已到达海关，海关也已通知货主前来办理通关手续，但货主却在规定的日期内未办理通关手续时，海关有权将货物存入候领货物仓库，一切责任和费用均由货主承担。如果在限定的时间内货主仍未办理通关手续，则海关有权把逾期货物处理掉。

第五节 关税的经济效应

关税对一国国内经济、社会福利及国际贸易的影响很大，现从以下几方面分析。

一、关税对一国经济和福利的影响

征收关税会引起进出口商品价格的变化，从而影响一国的生产水平和消费水平，所以关税的征收会对一国经济发展和社会福利产生一定程度的影响。为便于理解，我们通过图 7-1 和图 7-2，来对进口国关税的价格效应、生产效应、消费效应、财政收入效应及再分配效应等进行逐一分析。

现在假设：①进口国的进口量占世界市场该种商品交易量的比例极小，所以，征收进口税后不会影响到商品的国际市场价格。②本国进口替代产业生产的成本因素不变，居民货币收入和消费偏好也不变。

（一）甲国处于完全封闭型经济时期

当甲国处于完全封闭型经济时期，没有任何的对外贸易，国内的需求完全由国内的供给来满足。这样，甲国市场上商品的价格就由国内的供求均衡点来决定。

在图 7-1 中，D 为国内消费者对商品的需求曲线，S_0 为国内生产者的商品供给曲线，D 与 S_0 的交点 E 表示没有对外贸易时该商品的国内供求均衡点。由 E 所决定的 P_0 就是商品的国内销售价格，国内生产者的均衡产量为 Q_0。

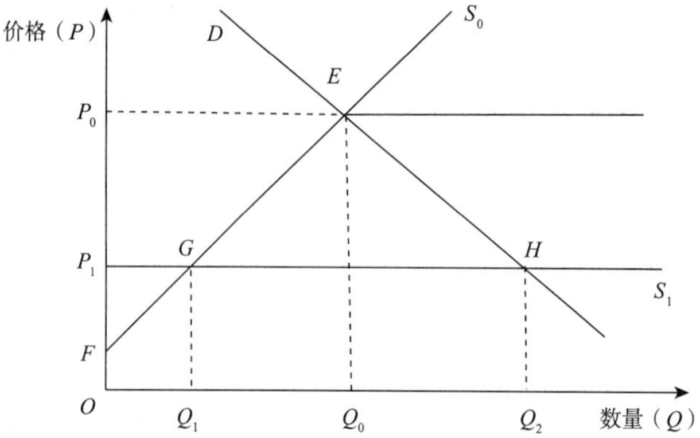

图 7-1　完全封闭与完全自由贸易时的价格与数量

（二）甲国处于完全自由贸易时期

在图 7-1 中，P_1 为商品的国际市场价格，它低于国内价格 P_0。P_1S_1 是该国所面临的国外商品的供给曲线，它与横轴（Q）平行，表示甲国因进口该商品的数量在世界市场贸易总量中所占比重很小，进口数量的变化不会影响商品的世界市场价格，甲国只能接受现有的世界市场价格。我们假设 S_1 的供给弹性为无穷大，即在 P_1 的价格水平条件下，国际市场对这种商品的供给非常大。

假设甲国在从封闭型经济转向开放型经济的初期，选择了完全的自由贸易政策，即对进口商品不征收关税，并且不进行进口数量限制。这样，国际市场中较为便宜的商品便会畅通无阻地进入甲国市场。甲国的消费者也必然会转向购买较便宜的进口商品，而不愿购买本国产品，致使本国产品销量减少，价格下跌，一直跌至与世界市场价格一致，即从 P_0 降到 P_1。

可见，图 7-1 中的 P_1 既是国际市场价格，也是实行完全自由贸易时的甲国国内价格。由于价格的下降，甲国国内对该商品的需求量增加，由 Q_0 增至 Q_2；供给量则由于价格的下降而从 Q_0 减至 Q_1。国内供需上的这一差额（Q_1 到 Q_2）需要通过进口来满足，所以这一时期的进口量为 Q_1Q_2。此时，国内消费者面临着一条新的商品供给曲线，这条供给曲线由国内生产者的供给曲线（S_0）和国外商品供给曲线（S_1）综合而成。这条综合性供给曲线为 FGS_1，它与需求曲线（D）相交于 H 点，H 点成了新的供需均衡点。

实行完全的自由贸易政策，商品免税进口，对甲国来说利与弊兼而有之，会使消费者剩余和生产者剩余发生变化。所谓消费者剩余，是指消费者购买某种商品的市场价格低于他愿意付出的价格而获得的利益。如果商品市场价格下降，消费者剩余则增加。所谓生产者剩余，是指提供给厂商的市场价格高于其愿意接受的价格而获得的利益。如果价格下降，生产者剩余则减少。完全自由贸易条件下的商品免税进口，对消费者是非常有利的，因为可以买到比较便宜的商品，并由此引致了消费量的增加。消费者在完全的自由贸易中所获得的全部利益，表现为图 7-1 中的 P_1P_0EH 的面积。这一面积也被称作消费者剩余的增加量。但是，消费者剩余增加的代价却是生产者剩余的损失。在完全自由贸易时期，国外商品大量输入，使国内厂商生产的替代产品产量减少，并且由于产品价格下降而使生产者受损。国内生产者由此而遭受的损失为 P_1P_0EG 的面积。这一面积也被称作生产者剩余的损失量。甲国由于实行完全的自由贸易政策，消费者所得与生产者所失相比，国内经济利益总量还是有所增加，其净增利益量为 GEH 的面积。

（三）甲国处于保护贸易时期

一国的政府不仅要保护消费者利益，同时也要保护生产者利益。而且，生产者的利益与消费者的利益又是密切相连的，从长远利益考虑，尤其如此。甲国政府为了保护本国的民族经济少受进口商品的冲击，决定对进口商品征收一定的关税，税率为 P_1P_2，如图 7-2 所示。

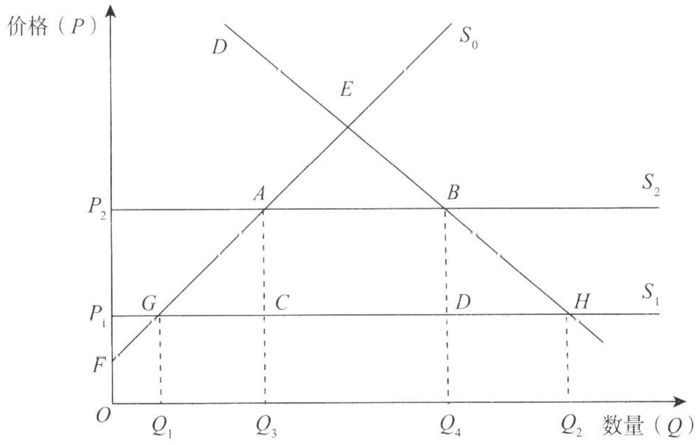

图 7-2 关税对一国经济和福利的影响

下面具体分析在保护贸易时期关税对甲国经济发展和社会福利的影响。

（1）关税的价格效应。甲国对进口产品征收关税 P_1P_2，由于关税是一种间接税，会被进口商通过提价的方式转移到消费者身上，所以征收关税会使进口商品价格上涨，并带动国内商品价格上涨，由 P_1 涨到 P_2。价格的变动会引起国内供求关系的变化，形成了新的供给曲线 FAS_2，并形成新的供求均衡点 B。

（2）关税的生产效应，也称关税的保护效应。关税通过最终提高进口商品的价格而起到了保护本国产业的作用，从而扶植了国内幼稚产业的成长，保护了国内市场，增加了就业机会。征收关税后，甲国进口数量从 Q_1Q_2 减少到 Q_3Q_4，国内供给量由 Q_1 增加到 Q_3。甲国的生产厂商因价格的上升而增加了相当于 P_1P_2AG 面积的生产者剩余。当然，这种保护国内生产者利益的结果也是以效率损失为代价的。因为一些低效率高成本的生产厂商能够以比过去多消耗相当于 GAC 面积的生产成本为代价，依靠国内较高的商品价格水平维持企业的生存，而这意味着资源的浪费和价格扭曲带来的资源配置不合理。可见，关税在保护国内市场和带来生产者剩余的同时，也带来了一定的效率损失。

（3）关税的消费效应。征收关税后，甲国消费者消费商品的数量从 Q_2 减少到 Q_4，而且高于自由贸易时的价格水平，明显增加了消费者负担，降低了消费水平。消费者因商品价格提高和减少商品消费量损失的利益总量为 P_1P_2BH 的面积。

（4）关税的财政收入效应。征收关税后，政府增加了财政收入，这可用图中面积 $ABDC$ 表示。

（5）关税的再分配效应。征收关税后，通常发生消费者的收入转移给生产者的再分配现象。消费者剩余损失了 P_1P_2BH 部分，其中 P_1P_2AG 成为新增加的生产者剩余，$ABDC$ 成为政府的关税收入，还剩余了两块面积 GAC 和 DBH。这两块面积所代表的利益损失没有被其他人所获得，因此形成了社会的净损失。面积 GAC 如前面所分析的，意味着国内资源的额外消耗，属于效率损失；面积 DBH 是由于征收进口税使产品价格提高后，消费者被迫减少购买量所遭受的消费需求上的损失，属于福利损失。这两部分由消费者付出的净损失可视为关税的社会保护成本。需要指出的是，这种收入再分配的结果是难以用简单的几何面积加减来表示的。收入的大小、阶级地位的高低、个人爱好的不同等，使得消费者剩余与生产者剩余难以加减：生产者收益主要利于富裕的资源所有者，而消费者中往往包括了大批中下阶级，前者利益的上升与后者利益的下降是难以用简单的计算公式表示的。此外，政府增加的关税收入用于何种支出，也对再分配发生着直接的影响。

二、征收关税对国际贸易的影响

关税对国际贸易的发展和变化有着重要影响，主要表现为以下几点。

（一）对国际贸易量的影响

自从国际贸易产生以来，西方主要发达资本主义国家的对外贸易始终在全世界的国际贸易中占据着主导地位，一方面在量上占绝对优势，另一方面在商品的结构与流向上亦起着决定性的作用。因此，发达国家的关税政策和关税税率的高低变化和增减程度与世界贸易的发展有着直接关系。一般来说，在其他因素不变的情况下，西方主要发达资本主义国家关税总水平的高低变化和增减程度与世界贸易的发展速度成反比。当这些国家普遍提高关税时，国际贸易的发展速度将趋于下降；反之，当这些国家普遍大幅度降低税率时，国际贸易的发展速度将趋于加快。

1929~1933 年世界性的特大经济危机期间，西方主要资本主义国家为了保护国内市场，应付危机，竞相提高关税，以限制国外商品进口。例如，美国于 1932 年通过的《斯摩特-赫莱税则》将关税提高到美国历史上前所未有的水平，平均关税高达 53%。美国提高关税后，曾有 24 个国家的政府向美国政府提出抗议，但随后这些国家也采取了高关税措施予以报复，激烈的关税战于是在各国间展开，提高关税的浪潮席卷了全世界，导致全世界的国际贸易严重萎缩，国际贸易额下降了 2/3，国际贸易量下降了 1/3。

相反，从 20 世纪 50 年代到 70 年代中期，在关贸总协定的积极协调下，以美国为首的西方发达资本主义国家普遍推行贸易自由化政策，一方面逐步消除非关税壁垒，另一方面大幅度降低关税，结果促进了国际贸易的迅速发展。例如，从 1950 年到 1973 年的 20 多年间，国际贸易额年平均增长率为 10.3%，国际贸易量年平均增长率为 7.2%，都大大高于第二次世界大战前曾达到的水平。

（二）对商品结构与地理方向的影响

关税水平的高低不仅对整个世界贸易的发展有重大影响，而且还在一定程度上影响国际贸易的商品结构及某些国家和地区的进出口商品的地理流向。例如，从 50 年代到 70 年代初，发达资本主义国家对工业制成品的关税下降幅度高过农产品，其结果是工业制成品贸易的增长超过农产品贸易的增长；发达资本主义国家之间关税的降低幅度超过对发展中国家和社会主义国家的关税削减幅度，其结果是发达国家之间的贸易增长大大高于它们与发展中国家和社会主义国家之间的贸易增长；经济集团内部关税下降的幅度超过对集团外关税的下降幅度，其结果是经济集团内部的贸易增长超过其对集团外贸易的增长。第二次世界大战后世界贸易中商品结构与地理流向的种种新变化与关税水平的改变也是有一定联系的。

（三）对扭转外贸逆差的影响

一般认为，一国外贸政策的制定和实施应是以确保对外贸易的平衡为目标，或者是追求在平衡中略有顺差。一旦出现了较为严重的外贸逆差状态，一国政府便会采用提高关税的措施来限制进口，以此来恢复对外贸易的平衡状态。各国的实践表明，提高关税税率确实能在一个较短的时期内迅速扭转外贸逆差的不利局面，保持外贸在平衡中稳定发展。

然而，从一个较长的时期看，提高进口关税与一国扭转外贸逆差的初衷又是相悖的。提高关税对一国外贸平衡发展的负面作用主要有三个方面：

（1）提高进口关税，会使进口产品价格上涨，并会带动使用进口原材料、零部件和机器设备的国内企业所生产的产品价格上涨，削弱了这些产品的出口竞争力，影响对外贸易的平衡发展。

（2）提高进口关税，会对本国企业起到保护作用，但同时也会在一定程度上削弱进步机制，使本国产品降低出口竞争力，不利于产品出口和扭转外贸逆差。

（3）提高进口关税，常常会引发贸易伙伴国的对等报复，不利于商品的出口，不仅无益于外贸逆差的扭转，而且对总体进出口贸易及就业的发展也无益。例如，美国非政府组织“美中贸易全国委员会”2021 年 1 月份的统计数据，特朗普政府发起与中国的贸易战最终导致中美双方两败俱伤。就美国来说，不仅没有减少对华贸易逆差，还导致了 24.5 万个美国工作岗位流失。

三、关税水平的降低趋势

随着国际贸易的发展，关税的全球性降低正成为一股不可逆转的趋势。欧洲联盟内部互相取消关税，大大降低了世界关税总水平；关税与贸易总协定（现在的世界贸易组织）在其成员范围内有计划大幅度地降低关税，虽然矛盾重重，但也取得了可观的成果。“东京回合”中达成的协议使得工业品关税水平自 1980 年 1 月 1 日起，8 年内平均削减 30%，“乌拉圭回合”更使自由贸易延伸到了服务贸易、农产品贸易及知识产权等领域。自 1971 年实行普惠制以来，受惠产品范围和数额逐年扩大，这也是降低关税的一种表现。此外，各种关税同盟和经济集团的建立，也从另一个侧面降低了关税总水平。2019 年世界各国的关税水平情况，加权平均关税率发达国家约为 2.5%，发展中国家平均为 6%。中国为 4.33%，略低于韩国的 4.65%，大幅度低于印度的 6.22%。

关税的下降并非偶然原因造成的，而是国际经贸发展的必然趋势。关税虽然在世界范围内有了大幅度的下降，但作为世界贸易组织唯一允许的保护手段，一方面，由于一些主要资本主义国家仍利用差别税率对有些国家的出口商品征收高关税来限制其进口；另一方面，反补贴税、反倾销税又被许多国家滥用来限制某些敏感性商品的进口，因此在很长一段时间内，关税仍是国际贸易政策中最主要的工具。

重要术语

关税	关境	名义保护率	有效保护率	过境税
进口附加税	反补贴税	反倾销税	特惠税	洛美协定
科托努协定	普惠制	从量税	从价税	混合税
选择税	差价税	季节税	海关税则	通关手续
消费者剩余	生产者剩余			

▶ 重要术语解释请扫描右侧二维码

授课录像

第七章精彩视频请扫描二维码

客观测验题

客观测验题及答案请扫描二维码

复习题

1. 什么是关税？征收关税的作用是什么？
2. 关税有哪些种类？
3. 什么是普惠制？其原则有哪些？发达国家在普惠制方案中做了哪些限制？
4. 原产地规则包括哪些内容？
5. 征收关税的方法主要有哪几种？
6. 什么是海关税则？它有几种形式？
7. 什么是有效保护率？其公式及其意义是什么？
8. 试述通关手续的三个环节及通关中的提货规定。
9. 关税有哪些经济效应？
10. 关税对国际贸易的主要影响有哪些？

第八章 非关税壁垒政策

导读

第二次世界大战后的大多数国家虽然都在朝着自由贸易的方向前进，但当今世界的自由贸易已不是古典式的自由贸易，而是在其中混合了一定程度的保护主义因素。这种保护主义因素的轻重程度在不同类型的国家中体现得参差不齐：在发达国家中较轻；在落后的发展中国家则较重。各国实行的贸易保护政策普遍地体现在对进口商品设置贸易壁垒上。贸易壁垒主要包括关税壁垒与非关税壁垒，本章主要介绍和分析非关税壁垒。非关税壁垒是指一国政府除关税以外的一切限制进口的措施。第二次世界大战后国际贸易中非关税壁垒的作用日显突出。一方面，是由于非关税壁垒较关税壁垒更能达到限制进口的目的；另一方面，是平均关税率的日益下降使非关税壁垒取而代之成为主要的贸易保护措施。第二次世界大战后在关贸总协定和世界贸易组织的安排下，经过多轮减税谈判使传统的关税壁垒地位逐渐下降，各类地区性自贸区的多边减税谈判也使各国关税保护程度大幅度降低，单靠关税措施已无法有效的限制进口。国际贸易政策中的非关税壁垒措施内容复杂，种类繁多，隐蔽性较强，数量难以确切计算。本章将从非关税壁垒的含义、特点、类别及对经济的影响等方面进行分析。

本章学习重点

1. 了解非关税壁垒的特点
2. 掌握非关税壁垒措施的种类
3. 非关税壁垒措施的实施对国内外经济发展的影响

本章教学要求

◀ 请扫描左侧二维码

第一节 非关税壁垒政策的一般分析

非关税壁垒（non-tariff barriers，NTBs）是指一国政府除关税以外的一切限制进口的措施。它是与关税壁垒相对而言的。

一、非关税壁垒的由来

非关税壁垒事实上在资本主义发展初期即已出现，但只是偶然现象。到了20世纪30年代资本主义经济世界性大危机爆发之时，非关税壁垒开始广泛盛行，进口配额、进口许可证和外汇管制等成为当时主要的非关税壁垒措施。例如，1931年5月法国首先对化肥的进口实行进口配额制，接着对农产品和燃料的进口也采取相同政策。1934年有20多个国家采用进口配额制。1930年澳大利亚首先对工业制成品实行进口许可证制，法国、西班牙、瑞典、比利时等国纷纷效仿。1940年，100多个国家和地区中仅有11个未采取外汇管制。

第二次世界大战结束初期，贸易自由化程度逐步扩大。广大发达资本主义国家在大幅度削减关税壁垒的同时，也在逐渐取消非关税壁垒。随着欧洲国家和日本等国的经济恢复与发展，这一阶段非关税壁垒没有较大发展。

20世纪70年代以来，在两次石油危机引发的世界性经济危机的冲击下，新贸易保护主义重新抬头，而非关税壁垒在这一时期成为最主要、最具代表性的贸易政策措施，贸易壁垒的重点由关税壁垒转向非关税壁垒。尽管关贸总协定的“肯尼迪回合”、“东京回合”和“乌拉圭回合”中都达成了一系列削减或消除非关税壁垒的协议，但收效并不理想。

二、非关税壁垒日益加强的趋势及原因

（一）非关税壁垒日益加强的趋势

尽管受到关贸总协定条款的约束，但从20世纪70年代中期以来，随着全球性的经济萧条，非关税壁垒的使用仍然日趋广泛和加强。60年代末期，各种非关税壁垒共有800多种，而到80年代后期已达1 000多种。根据联合国贸发会议1985年的报告，被广泛使用的非关税壁垒措施共有22种。90年代初据关贸总协定秘书处统计，在正式官方贸易谈判中出现的非关税壁垒就有40多种。近些年各种类型的非关税壁垒依然兴盛。例如，2005年底韩国海关指出，从来自中国生产的泡菜中查出了寄生虫卵，准备停止进口；几天后，中国商务部也宣布，从来自韩国的泡菜中不仅查出了寄生虫卵，而且其含铅量也超标，也准备停止进口。这就是典型的技术壁垒。当然，此案例最终得以和解。又如，2009年11月17日阿根廷政

府公布了最低限价的贸易保护措施，对于从中国进口的每平方米重量不超过 200 克的牛仔布，港口离岸价的最低价为 3.13 美元。如果进口商申报的价格低于这一价格，将按照这一参考价缴纳关税。

（二）非关税壁垒趋势加强的原因

非关税壁垒之所以在最近几十年内发展这么迅速，影响面这么广，影响程度这么深，主要有以下原因：

（1）20 世纪 70 年代两次石油危机的爆发引起世界经济动荡不安，新贸易保护主义兴起，非关税壁垒措施应运而生。70 年代初期以后，主要发达国家进入经济发展滞胀阶段，国内是生产过剩和通货膨胀并存的两难困境，国际上则是以美国为代表的贸易收支的严重失衡。国际市场上的竞争越来越尖锐，贸易发展严重失衡。发达国家不得不采取一切行之有效的保护手段保住自己的经济利益，发展中国家也纷纷树立“工业立国”大旗，保护本国民族工业免受国际竞争的打击。这些迫切的要求使得非关税壁垒得到极迅速的蔓延。

（2）关税作用的日益下降使非关税壁垒取而代之成为主要的贸易保护措施。第二次世界大战之后，在关贸总协定的安排下，经过多轮减税谈判，传统关税壁垒的地位逐渐下降。多边减税谈判使各国关税保护程度大幅度降低，单靠关税措施已无法有效地限制进口。1968 年联合国贸发会议通过的普惠制决议使 170 多个发展中国家和地区享受减免关税待遇，1975 年始签的《洛美协定》也使关税的限制作用大打折扣。此外，关税的保护作用也具有许多局限性，如对于依靠非价格竞争取胜的高技术产品或服务贸易，关税无法发挥其保护能力。另外，在跨国公司已在世界范围内广泛发展的今天，依靠生产或调度安排绕过关税壁垒已非难事。在贸易保护主义抬头之际，关税壁垒传统地位的丧失给非关税壁垒的发展空出了一片广阔的舞台。2017~2020 年特朗普执政的美国为了保护本国工人就业，推出了若干带有行政干预色彩的非关税壁垒措施。

（3）非关税壁垒自身所具备的灵活性、隐蔽性等特点使其更能达到限制进口的目的，这也是其迅速发展的重要原因。关于这一点，我们将在下一个问题中详细分析。

三、非关税壁垒的特点

非关税壁垒措施具有许多明显的特点。

（一）非关税壁垒的隐蔽性

关税措施一般具有明显的政策特征，而且关税税率往往以法律的形式公布于众，因而极易为出口商了解，甚至遭到对方国家的反对和报复。而非关税措施表现的是政府对对外贸易进行管理的特征，其保护作用令对方难以觉察或难以指证。例如，对进口商品规定极其烦琐的标准和手续，而且经常变化，使外国商品难以适应和对付，从而间接起到限制商品进口的作用。

（二）非关税壁垒的灵活性和针对性

关税制度一经制定后就具有了相对的稳定性，它的调整或税率的改变需经过烦琐且正式的法律程序，难以充分适应纷繁复杂且多变的国际贸易环境。再加上最惠国待遇等条款的约束，无法对有协定的不同国家适用有差别的税率，因而针对性不强。非关税措施则具有较为充分的弹性。由于其制定和实施采用行政程序，手续简单且迅速，并且可以根据不同的环境条件、不同的国家、不同的商品来调节其实施程度，能更灵活、更快捷地实现限制进口的目的。

（三）非关税壁垒的差别性和歧视性

正是由于非关税壁垒的上述两个特点，决定了非关税壁垒较关税壁垒具有更大的歧视性。一个国家可以对不同国家的不同商品采取不同的非关税壁垒措施。近年来，一些发达国家竭力主张和实行所谓“有选择性的限制”，实际上就是利用了非关税壁垒的这一特点，即进口国有权对个别出口国的商品实行进口数量限制等非关税壁垒措施。

（四）非关税壁垒较关税壁垒更能达到限制进口的目的

关税壁垒是指通过征收高额关税，提高进口商品的成本和价格，削弱其竞争能力，从而间接地达到限制进口的作用。但是，如果出口国采用出口补贴、商品倾销等办法降低出口商品的成本及价格，或者进口商品的竞争力等价格以外的因素，则关税往往难以起到限制商品进口的作用。非关税壁垒措施，如进口配额、进口许可证制度等，可以规定进口商品的数量或金额，超过限额就禁止进口，这就能更有效地起到限制进口的作用。

四、非关税壁垒的分类

非关税壁垒措施多种多样，主要可分为两大类：直接的非关税壁垒措施和间接的非关税壁垒措施。前者是指一国政府直接对进口商品的数量和金额加以限制，或迫使出口国自己限制自己商品的出口数量和金额。例如，进口配额制、进口许可证制、“自动”出口配额制等。后者是指一国政府不直接限定进口商品的数量和金额，而是通过对进口商品制定各种严格的条件来间接地限制商品的进口。例如，苛刻的技术和检疫标准、烦琐的通关手续、严格的绿色壁垒，以及进口押金制、海关估价制等。

第二节　直接的非关税壁垒

一、进口配额制

所谓进口配额制（import quotas system），是指一国政府在一定时期（一般为一年）以内对某些商品的进口规定一个数量上或金额上的限额。在规定的期限里，限额内的货物允许进口，超过限额则禁止进口，或征收较高的关税甚至罚款后才允许进口。

进口配额制也称进口限额，在一些敏感性或半敏感性的产品中较常使用。早在 1931 年，加拿大首先采用进口配额措施平衡贸易收支。进口配额制是历史最悠久的一种进口数量限制的非关税壁垒措施。目前，进口配额主要有绝对配额和关税配额两种形式。

（一）绝对配额

绝对配额（absolute quotas）是指在一定时期，进口国对某种商品的进口数量或金额规定一个最高数额，在该限额内允许进口，超过限额则不准进口。绝对配额又分为全球配额和国别配额。

（1）全球配额（global quotas/unallocated quotas）。全球配额又称总配额，指的是对一种商品只笼统规定一定时期内其进口的最高限额，但不做国别或地区分配。不论哪国的出口商申请出口时，先申请者先被批准出口，直至配额用完为止。

全球配额强化了出口商之间的竞争，易引发国家间的贸易摩擦。例如，全球配额对邻近国家或地区较为有利，它们可凭借地理位置接近、到货快等优势，抢先拿到配额，处于有利地位；而其他国家则处于相对不利地位。

（2）国别配额（country quotas）。国别配额是指在一定时期的总配额内按国别和地区进行分配，各国家和地区按配额使用，超过便不准进入。

例如，1986 年美国宣布从当年 8 月起的未来一年中，由中国进口麻棉衫的最高限额为 99 万打。为了对来自不同国家和地区的商品加以区别，在进口商品时，进口商必须提交原产地证明书。国别配额是一种差别待遇，它使进口国可以根据它与有关国家的政治经济关系的密切程度分配给不同数量的份额。

国别配额又可分为自主配额和协议配额。

自主配额（autonomous quotas），又称单方面配额。它是由进口国家单方面强制规定某些商品在一定时期内从某个国家或地区进口的配额。这种配额不需要征得输出国家的同意，而一般是参考某国过去某年的输入情况，按一定比例确定新的进口的数量或金额。进口国可以从中执行自己的歧视性国别政策，但也极易引起某些出口国家的不满甚至报复。

协议配额（agreement quotas），又称双边配额（bilateral quotas）。它是由进口国和出口国政府或民间团体之间协商、谈判达成协议，规定某种商品在一定时期内的进口配额。协议配额是由双方协议制定的，通常不会引起出口方的不满或报复，并可使出口国更好地配合配额的执行。

一般说来，绝对配额用完后就不准进口。但有些国家由于某种特殊需要和规定，往往另行规定额外的特殊配额或补充配额。例如，对进口某种半制成品加工后再出口的特殊配额，展览会配额或博览会配额等。

（二）关税配额

关税配额（tariff quotas）是指政府在一定时期内对某种商品进口的绝对数量不加限制，只是对配额内的进口商品给予免税、减税或低税的优惠待遇，对超过配额的进口商品在征收较高关税后也允许进口。

例如，日本与欧共体签订的1986~1990年的皮鞋贸易协定规定，日本从欧共体进口皮鞋的配额，1989年为326万双，1990年为359万双，配额以内的进口征收30%的从价税，超过配额的进口则征收60%的从价税。

关税配额的特点是将关税和配额结合起来，不像绝对配额那样以行政手段控制进口的绝对量，而主要是依赖经济手段调节进口水平。关税配额的种类依照商品进口的来源划分，亦有全球性关税配额、国别性关税配额和进口商关税配额等类型；若按征收关税的目的分类，则可分为优惠性关税配额和非优惠性关税配额。优惠性关税配额是对关税配额内的进口商品，给予较大幅度的关税减让或免税，而超过配额的进口商品按原来的最惠国税率计征关税。非优惠性关税配额则是在关税配额内仍征收原来的最惠国税，但超过配额的进口商品，则征收极高的附加税或罚款。

进口配额制中规定了留用额（上一年未用完留下的额度）、预用额（借用下一年度）、挪用额（别国转让的额度）。留用额、预用额、挪用额按规定通常有5%的调剂幅度。

进口配额对国内产业具有很强的保护作用，由于它可以直接限制进口的数量，因此已由最初的防御手段变成一种进攻性的保护贸易措施。在贸易谈判中，配额被广泛使用作为逼迫他国让步的武器：提供配额、缩小配额或扩大配额成为谈判者向对方施加压力的手段。与此同时，广大发展中国家为保护民族工业，节约外汇开支，改变单一、畸形的国内经济结构，实现经济飞跃，也纷纷采纳进口配额制这种严格的限制手段。虽然世界贸易组织限制使用进口配额，但其中的一些例外条款却极易为人利用。例如，允许发展中国家保留使用一定的配额，允许对新建工业使用一定非关税措施，允许一国国际收支出现危机时采用一定的配额限制进口以改善国际收支状况，允许对一些特殊商品如农产品、纺织品等使用数量限制，等等。因此，进口配额仍是目前较为流行的非关税壁垒措施。

二、"自动"出口配额制

(一)"自动"出口配额制的含义

"自动"出口配额制("voluntary" export quotas)实际上是进口配额制的一个变种,又称自动出口限制(voluntary restriction of export)。它是指出口国家或地区迫于进口国的要求或压力,自己规定的一定时期内(一般为1~3年)某些商品对该国的出口限额,在规定的配额内自行控制出口,超过配额即禁止出口。进口国以海关统计为标准进行核查。

"自动"出口配额制带有明显的强制性,它通常是在进口国家的压力或要求下被迫做出的。进口方多以商品大量进口使其有关工业部门受到严重损害、造成所谓"市场混乱"为理由,要求有关国家对其出口实行"有秩序地增长","自动"限制商品出口,否则就单方面强制限制进口。"自动"出口配额属于关贸总协定的"灰色区域",它利用总协定的不明确性、不全面性,采取双边的和不透明的隐蔽形式实行贸易限制措施,以逃避监督。由于"自动"出口配额制严重阻碍了国际贸易发展,1986年9月开始的乌拉圭回合谈判把"自动"出口限制列为减少和取消非关税壁垒谈判的重要内容之一。从那之后,"自动"出口配额制使用的越来越少。

(二)"自动"出口配额制的类别

"自动"出口配额可分为两种:一种是非协定式的,一种是协定式的。

(1)非协定式的"自动"出口配额。这是由出口国单方面规定某种商品一定时期内的出口数量,以避免进口国的报复性惩罚。它又分为两种:一种是由政府有关机构规定配额,并予以颁布,出口商必须向有关机构申请配额,领取出口授权书或出口许可证才能输出。像日本在20世纪50年代"自动"规定一些棉纺织品对美国的出口限额。另一种是由本国的大出口商或协会,根据政府有关政策自行限制出口。例如,在1977年,日本六家大型钢铁厂联合实行对欧共体市场的钢铁出口自动限制,规定最高限额为122万吨。非协议式的自动限制大都是在进口国的警告或压力下才自行做出的。目前,这种方式已不常应用。

(2)协定式的"自动"出口配额。这是由出口国与进口国通过谈判方式签订"自限协定"或"有秩序销售协定",在协定中规定有效期内某些商品的出口配额,出口国据此配额实行出口许可证制或出口配额签证制,自行限制这些商品的出口。这是目前最常采用的方式,在纺织品和服装、钢铁及汽车贸易中使用最多。

例如,1969年美日通过谈判达成日本钢铁输往美国的"自动"出口限制协议,规定日本向美国出口钢铁本年度内的限额水平,并规定三年内年增长率不得超过5%。这是钢铁贸易中第一个"自动"出口限制协议。1972年,这个协议又延长3年,并把出口增长率降为2.5%。到1987年初,世界上这种协定已达40个,控制了世界钢铁贸易总量的30%以上。在世界纺织品和服装贸易中，受协定式“自动”出口配额控制的贸易量约占5%。

协定式“自动”出口配额主要是通过签订自限协定或有秩序销售协定的方式来实现的。这类协定的内容主要包括以下四点：①配额水平。即规定在协定有效期内第一年度的出口额和其他各年度增长率。例如，规定在三年的协定期中，第一年出口鞋类最高量为100万双，第二年和第三年的年增长率为5%。②“自动”限制出口商品的分类和细目。例如，把受限的鞋类分为男鞋、女鞋、童鞋等，男鞋又分为皮鞋、布鞋、胶鞋等。③留用额和借用额的规定。留用额指当年未用完的配额拨入下年度使用的额数；借用额指当年配额不够用而预先使用下年度的额数。协定中一般都要明确规定留用额和借用额最高比率。④保护条款规定。即进口方市场受到冲击并造成损害时，有权停止或减少协定中所规定配额内商品的进口。

三、进口许可证制

（一）进口许可证制的含义及特点

进口许可证制（import licence system）是指进口国家规定某些商品进口必须事先领取许可证，海关见到许可证才允许该类商品进口，否则一律不准进口的制度。进口许可证则是指进口商必须向政府有关行政管理机构呈交进口申请书和其他文件后，申领的一种允许进口的证件。进口许可证制是进口国采用的行政管理措施。

进口许可证一般都有有效期的规定。根据进口地区的远近和商品的不同，有效期可分为三个月、半年、一年等，过期即作废。如果不能按期进口，则需在期满前提出理由，申请延期。进口商领取许可证，一般须缴纳一定的费用。

进口许可证在限制进口上具有运用灵活、便于区别对待和控制严格等特点。它既可以单独使用，又可以与配额结合使用，也可以与外汇管制结合使用。例如，有的政府规定，只有在准许进口的配额内，外汇管理部门才准许兑换一定数量的外汇用于进口。此外，进口许可证制还可以通过发证地点的安排、办证手续和程序控制及许可证有效时间的规定等方面，人为设置贸易障碍，以增加进口商的成本和风险，达到限制进口的目的。

（二）进口许可证的分类

1. 从进口许可证是否有数量或金额的限制上来分，可分为定额许可证和无定额许可证

（1）定额许可证。是指国家有关机构预先规定有关商品的进口配额，然后在配额的限度内，根据进口商的申请对每一笔进口货发给进口商一定数量或金额的进口许可证。它实际上是把配额与进口许可证结合起来的一种方法，进口许可证实际上是发给进口配额的证明。

一般说来，是由进口国主管部门向进口商颁发进口许可证，但亦有将这种权力交给出口国自行分配使用的。

（2）无定额的许可证。是指进口国并不公布进口配额，是否发给进口许可证是个别考虑和决定的。正因为它没有公开的标准，表面上虽不受配额限制，但实际上为进口国的贸易歧视提供了更大方便。由于它不具公开性和透明性，其对进口的限制作用会更大。例如，意大利于 1989 年末公布了 1990 年对从中国进口的面粉、铁合金等四十余种商品实行无定额许可制，但同时又规定，这些商品进口和每项合同都必须由意大利的外贸部逐个审批方可。

2. 按对进口商品的许可程度上划分，可分为公开一般许可证、特种进口许可证和公开个别许可证

（1）公开一般许可证，又称公开进口许可证、自动进口许可证或一般许可证。它对进口国别或地区没有限制，凡列明属于公开一般许可项下的商品，进口商只要填写公开一般许可证后，便可立即获得进口许可。这种许可证对进口管制最松，实际上是可自由进口的。它的实际意义不在于限制进口，而是通过申报程序使进口国主管部门及时掌握进口动态，以便采取相应的贸易措施。

（2）特种进口许可证，又称非自动进口许可证。指进口商必须向有关当局提出申请，经政府有关当局逐笔审批并发放的许可证。这种许可证对进口管理很严，通常都有进口国别或地区的限制。特种进口许可证所适用的主要是一些特殊商品及特殊目的的申请，如军火、麻醉品、配额商品及某些严格限制进口的商品等。

（3）公开个别进口许可证，是一种介于前两者之间的许可证。它的特点是政府可随时宣布无效。

第三节　间接的非关税壁垒

一、外汇管制

外汇管制（foreign exchange control）是指一国政府通过颁布法令来管制国际结算、外汇买卖和外汇分配，以平衡国际收支、维持本国货币汇价的一种制度。表面看来，外汇管制是一种金融制度，实际上也是限制进口的一种重要手段。在外汇管制下，出口企业必须把出口商品所得外汇收入，按官方汇价卖给外汇管制机关，进口企业要按官方汇率向外汇管理机构申请购买外汇。这样政府就可以通过外汇的集中使用和外汇的审批，来控制进口商品的数量、种类和国别。许多实施外汇管制的国家，往往将外汇管制与进口配额制、进口许可证结合使用。

外汇管制是资本主义世界 20 世纪 30 年代货币金融危机和国际收支危机的产物，并在当时广泛流行。第二次世界大战后，多数国家由于黄金外汇储备严重短缺，外汇管制被继续实行。五六十年代，随着各国国际收支状况的普遍好转和外汇储备的大量增加，西方发达国家开始放松对外汇的管制，普遍实行货币的自由兑换。在 70 年代大危机后，西方国家的外汇管制又有所抬头。因为外汇是对外贸易活动的重要一环，管制外汇对管制贸易和外汇储备有着重要意义，所以目前大多数经济落后、外汇短缺、贸易地位低、本币明显高估、国际收支恶化的发展中国家都纷纷实行程度不同的外汇管制。

外汇管制的具体做法有三种：

（1）数量性外汇管制。也称行政管制。它是指政府主管部门以行政手段控制外汇交易，对外汇买卖的数量直接进行限制和分配。出口商的出口收入和其他非贸易收入必须按官定汇价卖给外汇管理机构；进口商所需外汇必须经批准按官定汇价从指定机构购买，有时甚至规定进口商必须获得进口许可证后，方可得到所需外汇；本国货币的出入境也受到严格限制。

（2）成本性外汇管制。即国家外汇管理机构对外汇买卖实行复汇率制度（即规定一国货币对外汇有两个以上的汇率），利用外汇买卖成本的差异，间接影响不同商品的进出口。成本管制的重点是汇率的多样化，政府主管部门可以对进口贸易、出口贸易、不同商品的进口和出口、不同国别的进口和出口规定不同汇率，从而达到限制或鼓励某些商品进出口的目的，也起到影响和调节国际收支的作用。一般说来，对国内需要而又供应不足或不生产的重要原材料、生活必需品和机器设备等的进口，采取较为优惠的汇率；对于国内可大量生产或不重要的原料或机器设备的进口采用一般汇率；对于奢侈品、非必需品和受保护的民族工业的同类商品的进口，采用最不利的汇率。

（3）混合性外汇管制。它是指同时采用数量性和成本性的外汇管制，对外汇的控制更加严格。

二、进口押金制

进口押金制（advanced deposite）即进口商在进口时，必须按照政府规定预先按进口商品金额的一定比率和规定的时间，在指定银行无息存放一笔现金，以增加进口商的进口成本，影响进口商的资金周转，使其不愿进口，从而达到限制进口的目的。因而，这种措施又称进口存款制。例如，第二次世界大战结束后，意大利政府曾规定进口商无论从哪一国进口，都必须先向中央银行交纳相当于进口货值半数的现款押金，无息冻结 6 个月。据计算这项措施相当于增加 5%的进口附加税。芬兰、新西兰、巴西等国亦实行过进口押金制，目前这项措施的应用不是很普遍。

三、进出口的国家垄断

国家对进出口经营的垄断主要表现为国家指定有关专门机构或委托少数大企业垄断有关商品的进出口经营活动，从而直接控制进出口商品的国别、种类和数量。

进出口的国家垄断主要集中在烟酒、农产品和武器三类产品上。烟酒进出口的国家垄断可使该国获取巨额的财政收入。农产品进出口的国家垄断则是这些国家贯彻国内农业政策的对外延伸。例如，美国的农产品信贷公司，为解决国内农产品过剩及执行其外交政策，高价收购国内剩余农产品，然后以低价向国外销售，或依照其“外援”计划向友好国家优惠出口或赠予。大多数国家武器的进出口都是由国家垄断经营的，这主要是为了维护国家的安定和国民的安全。一些发展中国家为了壮大外贸事业和更有能力在国际市场上与外商竞争，同时也为了提高进出口信誉，纷纷成立国营对外贸易机构，直接控制进出口业务和主要进出口商品的品种和数量。我国外贸体制改革之前的各级国营外贸公司即属国家垄断进出口的性质。

四、最低限价和禁止进口

最低限价（minimum price）是指一国政府规定某种商品的最低价格，如果进口商品的价格低于规定的最低价格，就征收进口附加税或禁止进口。例如，1975 年 4 月，为限制欧共体市场之外的鱼类进口，英国对欧共体以外的进口冻鱼规定了最低限价，一吨鳕鱼最低进口价为 575 英镑，对于低于该价格的，英国政府就要征收进口附加税或禁止进口；1977 年美国为抵制欧洲国家和日本的低价钢材及钢制品进口，实行名称为“启动价格制”的进口最低限价制。启动价格是以当时世界上效率最高的钢生产者的生产成本为基础计算出来的最低限价。

禁止进口（prohibitive import）可以看作是进口最低限价制的极端形式。例如，1975 年 3 月欧共体决定从 1975 年 3 月 15 日开始，禁止从共同体市场以外进口 3 公斤以上牛肉罐头。

五、歧视性政府采购

歧视性的政府采购（discriminatory government procurement policy）是指国家通过法令或其他手段和途径，规定本国政府机构在采购商品时必须优先购买本国产品。它是政府干预对外贸易的典型形式。这种措施使外国商品处于不公平的竞争地位，甚至被剥夺了竞争的资格，因而是一种非常有效的非关税壁垒措施。虽然在关贸总协定的“东京回合”所签订的《政府采购协议》要求政府采购不能优待本国企业和歧视外国企业，但实际上各个国家都在不同程度地运用政府采购手段限制进口，扶持本国产业。

美国是实行歧视性政府采购政策最“著名”的国家，早在 1933 年美国就制定了《购买美国货法案》（Buy American Act），并于 1954 年、1962 年等多次修改。法案规定，凡是美国联邦政府所要采购的货物，均应是美国生产或用美国原料生产的，只有在国内生产的数量不够，或价格过高，或不进口外国商品就会损害美国利益的情况下，才可以进口。优先购买本国货的价格可高出外国同类产品6%，在经济欠发达地区可高出12%，国防产品更可放宽到50%。日本也有几个地区规定，政府机构需用的办公设备、计算机、汽车、导线、电缆、机床等必须购买本国产品。西欧、东亚、东南亚及拉丁美洲的一些国家对本国的重点战略产业都公开或半公开地实施过政府采购政策。

此外，本国企业在采购物品或承包工程等项目的招标、投标和最后签订合同的手续等方面更具优势，外国厂商自然不具竞争力，这也成为保护本国厂商的一种手段。例如，欧洲一些国家政府招标更欢迎本国厂商，或者从招标到订约之间规定的期限很短，提供的资料很少，大大有利于本国知情人投标和中标。欧盟声称所有投标人机会均等，但事实上，外国投标人的中标率仅有1%。这亦是歧视性政府采购的一种隐蔽形式。

六、各种国内税的征收

有些国家对进口产品除了征收关税外，还要征收某些国内税（internal taxes），以此来限制进口。

采用国内税制度来限制进口是一种比关税更灵活、更富有隐蔽性的贸易政策手段，为广大国家，特别是西欧国家广泛采纳。国内税通常是不受贸易条约或多边协定限制的，其制定和执行属于本国政府机构，甚至有时是地方政府机构的权限。利用征收国内税的方法来抵制国外商品实际上是一种国内税收上的歧视，即同种类商品的国内税率在国内商品和进口商品间的差距是较大的。例如，一些国家的消费税对本国商品和进口商品有很大区别，美国、瑞士和日本对进口酒精饮料的消费税都高于本国制品。

七、国产化要求

国产化要求是指有些国家和地区出于发展本国有关工业的目的，要求外资企业在本国生产和销售的最终产品中必须含有一定比例的本国零配件。这种规定中的比率一般是按价值计算。这种措施表面看来只是为保护民族工业，实际上是对出口国变相出口的阻击，是间接限制进口。外国直接投资的目的很大程度上在于越过传统的贸易限制，而国产化要求正是为这种“越过”设置障碍的。

国产化要求被大部分发展中国家采纳作为实现工业化的贸易政策，最早始于拉美国家的汽车工业中。例如，墨西哥就规定其国内小汽车生产中国产化比例必须达到总价值的36%，大型车辆需达到40%。其目的是阻止纯粹的组装厂，而发展真正的国产汽车制造业。

日本的汽车工业也被来自美国和西欧的国产化要求所限制。日本汽车在出口受阻之时，也开始在国外设厂，以期绕过各种贸易壁垒。在美国生产的日本车总价值中只有很少份额的美国国产价值，一开始是 30%，几经贸易摩擦与谈判也只不过上升到了 60%。1992 年通用汽车公司遭受巨大损失，其主要原因并非日本汽车的进口，因为当时的进口量控制在 80 年代自动出口限制的数量以内，真正的竞争是来自美国本土生产的日本汽车。在克林顿政府的压力下，最终日本汽车商被迫将自动出口限制的范围扩展到包括日本在美国国土生产的汽车。国产化要求已由一项投资措施转化成了限制变相进口的非关税措施。

八、法律贸易保护政策

法律贸易保护政策是指以立法的形式限制进口、保护国内市场和产业。其兴起开始于 1974 年美国制定的《贸易法》，该法扩大了总统在贸易谈判中的权力，设立了国际贸易委员会，首次以立法形式确立了多种非关税贸易保护手段，如反倾销、反补贴、保障条款、对计划经济国家的歧视条款等。在此之后，又有许多贸易保护法律相继出台，如 1979 年的《贸易协定法》，1984 年的《贸易与关税法》，1988 年的《综合贸易与竞争法》等。欧共体（欧盟）则是统一设立共同体对外贸易的有关法令和制度，其中较为重要的有 1987 年的《反倾销新规定》，1988 年的《反倾销规则》等等。日本自 20 世纪 70 年代以来，先后制定了一系列有关外贸方面的法律法规，主要包括《外汇管制法》《出口振兴法》《引进外资法》《贸易往来法》等。此外，加拿大、澳大利亚等发达国家和巴西、墨西哥等发展中国家近几年也都采取贸易立法来保护国内产业的发展。

采用立法手段行贸易保护之实的有利之处在于：它采取的是“法律”这种合乎国际惯例的形式，而并非“政府行政干预”这种易遭他国非议的手段。它一方面合乎关贸总协定/世界贸易组织的要求，另一方面又产生了许多不合理性、不公平性的结果。近些年来，一些工业发达国家的政府对其国内不具竞争力的产业频频使用法律保护手段，许多国家，尤其是发展中国家深受其害。而一些发展中国家在采用经济手段（如关税壁垒）和行政手段（如进口许可证制）的同时，也纷纷采用法律手段对国内产业进行保护。

法律贸易保护政策的类型大致有以下几种：

（1）反倾销类。西方国家一直使用反倾销类法律来限制别国商品进入本国市场，发展中国家成为其特别针对的打击对象。《关贸总协定》的第六条款为反倾销条款，但各国为维护各自的利益，在援引第六条款时更多地依据国内法对反倾销条款做解释和补充，因而各国间差距颇大。《关贸总协定》第六条款规定：“倾销为一国产品以低于相似产品的正常价值进入进口国的流通领域。”而对“相似产品”的规定各国各不相同，有很大的不明确性，这就导致实施中的随意性、合理性和公平性大打折扣。例如，1985 年美国商务部依照其国内法，以马来西亚为参照国，按从马来西亚进口的蜡烛价格类比，判定中国出口到美国的蜡烛倾销幅度达 54%；1990 年欧共体依照其反倾销法，以澳大利亚和奥地利为参照国，指控中国出口钨砂的倾销幅度为37%~42.4%。二者分别加征反倾销税，这都是极不合理的。反倾销政策凭其合法性的外表有愈演愈烈之势：据美国商务部统计，从1980年1月1日到1993年8月26日，日本在美国遭受倾销指控98起，韩国和中国台湾分别为42起和45起。中国随着对外贸易的发展，国外对中国的反倾销案也日益增多，到2004年6月已高达400多起，且以递增速度上升。中国的一个反倾销诉讼官司发生在2016年1月18日，长达七年的反倾销争端最终落槌，世贸组织裁定欧盟对中国部分钢铁紧固件反倾销措施违反世贸规则，判定中方胜诉。欧盟自2009年1月30日起对自中国进口的钢铁紧固件产品征收高达85%的反倾销税，直接影响中国近10亿美元出口、上千家紧固件企业生存和超过十万人就业，对中国产业造成巨大经济损失，中国业界对此强烈不满。中国政府于2009年7月31日将欧盟的措施诉诸WTO争端解决机制。此后欧盟修改了《反倾销基本条例》并调整原有歧视性单独税率规定，但对中国紧固件继续维持反倾销措施。中国政府再次起诉，并于2016年1月最终获胜。

反倾销的两个新案例：①2020年8月18日，中国商务部公告，对原产于澳大利亚的进口相关葡萄酒进行反倾销立案调查。本次调查确定的倾销调查期为2019年1月1日至2019年12月31日，产业损害调查期为2015年1月1日至2019年12月31日。②2020年10月21日，欧委会发布公告，决定对中国风塔发起反倾销调查。本次倾销调查期为2019年7月1日至2020年6月30日，产业损害调查期为2017年1月1日至调查期结束。

（2）反补贴类。在使用反补贴条款时要满足两个条件：一是确有补贴行为存在；二是对进口国产业造成严重损害或有严重损害的威胁。第二个条件具有明显的“模糊性”。较新的案例是，中国2019年7月29日起发起对来自美国的正丙醇产品的反补贴调查，期限至2021年1月29日。这是中国首次使用“非市场经济框架”针对因受到美国政府的补贴而扭曲市场的产品发起调查。

（3）其他类。新法律保护政策还有其他的限制措施，属于针对“特殊”国家的，具有一定的歧视性。例如，美国的“301条款”“超级301条款”“特别301条款”“201条款”等。

九、行政规则和服务贸易壁垒

行政规则也是限制外国商品进口的主要手段之一。它主要应用于银行、保险、广告、运输等服务贸易领域。例如，法国禁止苏格兰威士忌酒做广告，德国规定在德国杂志上做广告的模特儿必须委托德国业务机构聘请，阿根廷规定汽车进口商必须在本国的保险公司投保运输保险，巴基斯坦要求影剧院必须有15%的上映时间放映本国的电影，等等。

这些行政规则对进口的限制大都是有关服务贸易的。近些年来，随着国际贸易中服务贸易地位的日渐上升，服务贸易壁垒亦愈演愈烈。服务贸易壁垒有两个基本特征：①服务贸易壁垒涉及面广，随意性较大。服务贸易包含150多个具体的服务行业，涉及第三产业的各个层次。在流通部门包括跨国商业批零服务、国际运输及仓储服务等；在生产和生活的服务部门包括国际融资及其他金融服务、国际保险与再保险、国际旅游、国际租赁、跨国银行、国际电信服务、广告设计及管理咨询服务、医疗服务、法律咨询服务、维修保养和技术服务等；在文化服务部门包括教育、科研、卫生及文化艺术的国际交流等。而服务贸易壁垒就会以各种行政规则的形式贯穿于这当中的每一个具体项目，而且由于各国发展水平不一致，传统和文化差距较大，所实行的规章制度也就有所不同，对外国进入的开放程度与限制措施各异。因此，服务贸易壁垒覆盖面广，标准极不统一，随意性大。②由于服务贸易一般会涉及人员过境，并在一国境内发生，所以服务贸易壁垒经常是以“国内政策”的形式出现，有较多的关于“人”（包括自然人与法人）的资格与活动的限制规定，隐蔽性较强。这类措施与传统意义上的贸易壁垒有所不同，而且有些内容涉及国家的主权与安全。因此，尽管服务贸易已被纳入世界贸易组织的法制框架之内，但要在这些敏感的以“国内政策”形式出现的问题上取得突破仍困难重重。尤其是实践中的许多服务贸易壁垒大都以维护国家主权与安全的名义制定，而真实目的却是保护本国的服务市场及相关产业。总之，服务贸易壁垒当前已深入国际、国内政策各领域，纷繁复杂，在灵活性、隐蔽性、选择性及保护力等诸方面较之货物贸易的非关税壁垒都有过之而无不及，协调统一各国服务贸易壁垒的前景不容乐观。

十、烦琐的海关手续障碍与海关估价制度

为了限制外国商品的进口，进口国常利用出口商办理海关手续之机，通过各种手段增加进口商品的成本和风险。海关人员以各种借口推迟结关、强迫使用海关所在国文字开列货物票据、征收各种手续费甚至禁止放关等，这些都是常用的办法。1982 年 10 月，法国为减少“日本电子消费品入侵”，宣布所有录像机的进口必须经过位于法国北部港口数百英里的内地小镇普瓦蒂埃，即让进口录像机在海关人员少、海关仓库狭小、商品检验能力差的海关进口，拖长其过关时间。这项规定使得进入法国的录像机由以前的每月 6 万多台降至不足 1 万台。

在以海关手续限制进口的各种措施中，海关估价制度最为突出。海关估价制度是指进口国海关对进口商品进行估价，然后以较高的价格计征关税，这就等于变相提高了关税税率，从而限制商品进口。在这方面以美国最为突出。美国对进口商品价格的估算依据所谓的“生产结构成本”，它通常以三个价格为基础：一是出口国票据上的价格和出口国国内价格中较高的价格；二是美国国内同种进口商品实际的价格；三是美国国内生产的同种商品或相似商品的价格。这三种价格一般高于进口商品实际的到岸价格。例如，美国海关曾对煤焦油产品、胶底鞋类、蛤肉罐头、毛手套等商品依照“美国售价制”特殊估价标准进行征税。这四种商品在美国国内的售价都很高，按这种价格征关税，使这些商品的关税率大大提高。

十一、技术性贸易壁垒

技术性贸易壁垒是指一国为保护国民健康、生态环境、防止欺诈行为所制定的复杂苛刻的技术标准、卫生检疫规定、环保措施等，对不符合规定的外国产品起到了限制进口的作用。技术性贸易壁垒具体可分为以下几类。

（一）技术标准壁垒

技术标准壁垒是指那些强制性或非强制性确定进口商品某些特性的规定、标准和法规，通过检验进口商品是否符合这些技术法规而决定是否允许进口。

技术壁垒一般有三种形式：第一，由各国技术法规的差别造成的。凡不符合进口国技术法规的产品就不能进口。例如，美国对外国电器产品的进口规定必须事先取得美国的 UL（underwriter laboratories，保险商实验室）标志，否则不准进口。第二，由各国技术标准差异造成的。它本身不是法律而是由行业协会或有关政府机构制定的。虽然它有时并不明确禁止与其不相符合的商品进口，但实际上仍能起到限制进口的作用。例如，法国虽然允许进口外国的建筑产品，但保险公司只对符合本国标准的建材进行保险，这样就使法国的建筑师不愿使用外国建材，无形中阻碍了外国建筑产品的进口。第三，由烦琐复杂的商品检验程序形成的技术壁垒。有些国家进口商品检验程序复杂，时间长，要求苛刻，增加了进口商品的成本，拖延了过境时间，不利于进口。

技术壁垒并非一开始就是贸易障碍，而是维护本国消费者利益的一种手段。在关税或非关税壁垒遭到禁止或谴责后，许多国家开始利用技术壁垒进行贸易保护。技术壁垒扭曲了技术规则与标准的本来面目：有些国家人为扩大各国技术法则和标准的差异以限制进口；有的打着维护消费者利益的幌子遏制外国商品的进入；有些甚至对国内和国外商品采取双重技术标准。技术壁垒的泛滥对世界公平贸易带来极大的危害。为防止和减缓技术壁垒的破坏性，关贸总协定“东京回合”达成了《技术性质贸易壁垒协议》。它规定：第一，国际贸易中应积极鼓励和推行正常的国际标准和认证制度，既要保证技术法规及标准的合理要求，也要保证按技术法规、标准评定的程序不会给国际贸易制造不必要的障碍。第二，国际标准和合格评定制度的实施不应妨碍任何国家采取任何必要的措施来保证其出口的质量，应有利于保护人类、动物、植物的生命及健康，保护环境，保护基本的安全利益，防止欺骗行为，不得对情况相同的国家进行差别对待和任意的歧视，更不得成为限制贸易的手段。第三，国际标准化的实施有利于发达国家向发展中国家的技术转让，国际社会应积极帮助发展中国家制定和实施技术条例和标准。尽管该协议是消除技术壁垒的一次重大努力，但因为技术壁垒与技术规则和标准之间的界限十分模糊，所以彻底铲除技术壁垒仍十分艰难。

（二）卫生检疫标准壁垒

卫生检疫标准壁垒是指政府利用道德、健康、安全等理由为进口设置障碍，对进口商品制定严格的卫生和安全标准，使进口商品在一些细节方面与有关要求不相符合，从而被拒绝进口。

安全与卫生检疫是较为常用的措施，它一般适用于农副产品、药品、化妆品等。当前，各国通过制定苛刻的安全与卫生检疫标准来限制外国商品进口已越来越普遍。主要表现为接受卫生检疫商品的范围不断扩大，其检验标准也越来越苛刻。例如，日本规定茶叶、水果、蔬菜中的农药残留量不得超过 0.02mg/kg；荷兰规定花生中的黄曲霉菌素含量不得超过百万分之五等等，不胜枚举。

（三）商品包装和标签规定壁垒

许多国家在商品的包装及包装标志等方面亦有种种严格的规定，不符合规定者不准进口。其一，对包装材料要求严格。例如，日本、欧盟、美国等禁止使用聚氯乙烯塑料包装袋包装食品，美国则禁止使用稻草作为包装的填充物，除非附有美国领事馆签发的证书。其二，对包装标志的要求。许多国家对商标的标签要求包括产品的名称、净重或数量、商品的结构、成分说明、有效日期、用法、用量、用途、价值、特性、缺陷、原产地标志等，非常烦琐。此外，还要求商标或标签要牢固地置于商品的显著位置等。由于这些规定在国际上尚未统一，各国规定的细微差别就可能被利用作为限制进口的障碍。其三，利用对进口商品包装材料、包装形式、包装规格和标签规定的不断变更，也可以起到限制进口的作用。

（四）绿色壁垒

绿色壁垒又称环境壁垒，是指那些为保护环境或以保护环境的名义而采取的限制商品进口的各种技术性标准与措施。这种绿色壁垒主要包括三种类型：环保政策法规、环境标志制度和征收环保附加税。

绿色壁垒的第一类是以环保公约和法规限制或禁止产品进口。到 1996 年，国际上已签署了 152 项环境与资源保护公约，其中较为著名的有保护臭氧层的《维也纳公约》《蒙特利尔议定书》等。2005 年 2 月 16 日正式生效的《京都议定书》标志着人类对环境的保护又迈进了一大步。各国明显地意识到，破坏环境的经济发展是不可持续的，人类对自然的过度索取，反过来会惩罚自己。依据各种环保法规，日本从 1995 年 1 月 1 日起加强了对成衣进口的审查，旨在消除童装与内衣中含有有毒染料及进口成衣中残留断针现象；德国禁止在服装及纺织品中使用偶氮染料，因为它虽不危害消费者，但却可能使生产工人患癌；欧盟委员会就电子、电动产品的电磁污染做出规定，从 1996 年 1 月 1 日起，在欧盟各国出售的电子及电力设备必须经过电磁兼容性实验测试；美国食品与药品管理局于 1995 年 6 月起对所有在美国出售的鱼类规定，必须由美方证明来自未污染的水域，并贴加标签。欧洲标准委员会就包装亦做出规定，强调在生产的同时要考虑回收利用与减少污染。

绿色壁垒的第二类方式是推行环境标志制度以影响产品进口。环境标志又称绿色环境标志，是一种贴在产品或其包装上的图形，表明该产品不但质量符合标准，而且在生产、使用、消费、处理等全过程中，也符合环保要求，对生态环境、人体健康无损害。环境标志已在国际上广泛使用，无环境标志的产品的进出口将受到数量上的限制。从 1978 年德国实行“蓝色天使”标志开始，各国纷纷推出自己的环境标志。美国 36 个州联合立法，在塑料制品、包装袋、容器上使用绿色标志。再生标志也是美国率先使用的。欧盟亦于 1993 年 7 月正式推出欧洲环境标志。

绿色壁垒的第三类方式是为阻止污染转移而对进口产品征收环保税。进口国为保护国内环境，对入境的有严重污染或污染难以治理的原材料产品及大量消耗能源和自然资源的工艺、生产、设备等征收环境附加税，以防止环境污染转移。

为了寻求公正、合理的贸易与环境协调发展的均衡点，国际间的探讨也日趋热烈。“乌拉圭回合”通过的《贸易与环境决议》承认各缔约方有权制定各自的环保法规，但不能因此阻碍国际贸易自由化进程。在世界贸易组织的直属领导下，成立了贸易与环境委员会，其宗旨是“环保、贸易和持续增长”三者相互促进。尽管如此，“乌拉圭回合”中存在的“环境例外”的规定仍给贸易保护主义提供了可乘之机。例如，1990 年，在环保主义者的“建议”下，美国动用了环保武器，限制因捕捞方法不当而伤害大量海豚的金枪鱼的进口（在太平洋某些区域，有海豚的地方就是有大量金枪鱼在水底的标志，用大网围住这些海豚，就会捕捉到大量金枪鱼，捕捉成本很低，但也会因此而伤害海豚）。作为金枪鱼出口大国的墨西哥诉诸关贸总协定，最终的决议有利于墨西哥：美国无权使用贸易政策将其环保标准强加于他国。尽管这一事件最终平息了，但绿色壁垒所包容的范围之广、威力之大可见一斑，它在未来的世界贸易谈判的日程表中将占据头号位置。

第四节　非关税壁垒的经济效应

非关税壁垒对贸易双方及整个世界贸易都有深刻的影响。由于非关税措施种类繁多，涉及面较广，且不同类型的非关税措施影响有所不同，非关税壁垒措施对国内外经济的影响比较难估量。现从以下几个方面简要分析。

一、非关税壁垒对进口国的影响

非关税措施一般是直接或间接地限制进口数量，从而引起进口国国内市场价格上涨，起到保护本国市场和生产的作用。下面以直接限制进口的配额制和进口许可证制为代表，分析其对进口国经济带来的影响。为了便于分析，现将其与关税的经济效应做比较并逐一说明。

直接进口数量限制所产生的经济效应在许多方面与进口关税的影响类似，也具有价格、贸易条件、保护、消费和收入分配等方面的效应：进口数量限制了商品进口量，从而提高了进口商品的国内价格，使进口商品的国内消费降低，消费者增加了本国同种产品的消费，从而最终保护了国内市场与生产。下面重点分析进口数量限制与关税限制这两种不同的贸易壁垒对国内经济效应产生的不同作用。

（1）关税只影响价格机制，而进口数量限制是政府强制决定的，超越了价格机制的保护。在保护关税的情况下，进口关税提高了进口商品的价格，并因此减弱了国民消费进口商品的倾向，抑制了商品的进口。但是，进口商品如果具有很强的价格竞争力，征收了关税后仍然好销，便会在一定程度上冲击进口国的同类产业。进口实行数量限制的效果则不一样，由于进口数量是固定的，进口商品无论有多么强的价格竞争力都不可能突破政府所规定的进口量，因而保护作用较强。

（2）进口数量限制对生产效率和消费者利益同样存在损害，且损害较关税更为严重。在确定每年的限额时，政府一般不会过多考虑消费者的需要，更多考虑的是国内厂商的利益，致使消费者不仅要花费更多的钱来购买高价位商品，而且消费量也被固定在一个较低的水平上。征收关税虽使商品的相对价格发生了人为的变化，但还允许市场机制发挥作用，调节供求并较合理地分配生产资源；而进口数量限制则完全摈弃了市场机制，失去了与进口产品相竞争的行业增进效率的动力。此外，由于获得配额或进口许可证意味着高额垄断利润，进口商为了得到主管当局的批准颁发，不惜采用各种手段，政府官员易出现受贿腐化等问题。

（3）进口数量限制与关税的另一个重要差别是前者助长了进口国那些生产进口替代产品的生产者的垄断程度。在征收关税的情况下，这种垄断程度被限制在其价格不能超过国际价格和关税之和上。而若实施数量限制，这些生产者面临的进口竞争要小得多，他们就成了国内生产和市场的垄断者，可规定较高的垄断价格，获得更大垄断利润。

（4）进口数量限制与关税限制所造成的利益分配也有差别。进口数量限制与关税之间有一个明显的可以量化的区别：进口关税以政府财政收入的形式归政府所有，这是国民福利的净增长；而数量限制引起的进口商品价格上涨造成的超额收入却归进口商所有，成为其垄断利润，政府没有收入。即使进口配额和进口许可证是以拍卖的方式出售给进口商，政府取得了一定数额的收入，这部分收入也大大低于价格上涨所带来的收入，进口商仍可获得部分垄断利润。

总之，进口数量限制对国内经济产生的负面作用要高于关税措施。其他的非关税壁垒对进口国经济的影响亦是难以避免的。除上述几点外，还可能因为其隐蔽性大等特点更难以计量其影响，所以带来的保护作用和福利损失因其不确定性而可能更大。

二、非关税壁垒对出口国的影响

进口国加强非关税壁垒，特别是直接的进口数量限制，往往会使出口国的商品出口数量和价格受到严重影响，造成出口增长率下降，出口价格下跌，而产品越卖不出去，价格便会越下跌。

各个国家的经济结构和出口商品的结构不同，其出口商品受非关税措施的影响也会不同。一般说来，发达国家多数出口商品的供给弹性比较大，因工业制成品可根据市场变化压缩生产或增加生产，这些商品的价格受进口国非关税壁垒所引起的价格下降较小；反之，许多发展中国家或地区多数出口商品的供给弹性比较小，因农矿产品压缩生产或增加生产的弹性较小，其所引起的价格下跌将较大。因此，非关税壁垒对发展中国家经济的影响更大。

三、非关税壁垒对国际贸易的影响

（一）非关税壁垒成为国际贸易的巨大障碍

非关税壁垒对国际贸易的阻碍首先表现在受限商品范围的膨胀上，已从对个别商品的限制发展到了对诸多商品的限制上。目前非关税壁垒对国际贸易发展的影响呈现一条明显的规律：世界性的非关税壁垒加强的程度与国际贸易的增长速度成反比，当非关税壁垒日趋加强时，国际贸易的增长趋向下降；反之，当非关税壁垒趋向缓和或逐渐拆除时，国际贸易的增长速度趋于加快。这一点已被第二次世界大战后国际贸易的发展所证实。

（二）非关税壁垒对农产品的影响超过工业制成品

农产品贸易约占世界贸易的 1/6，在许多国家的出口中占有重要地位。而农产品中的贸易保护主义十分严重。特别是美、日、欧等发达国家都采取了奖出限入的保护主义措施，农产品贸易摩擦尤为剧烈。在国际贸易中，农产品贸易引起的保护与反保护摩擦是最激烈、最复杂的。大多数国家都有明确的保护性政策，而且这些政策又多以保障食品供应和支持农民的收入为基本目标。这就形成了以各种隐蔽面目出现的非关税措施，且在一般情况下难以改变。在关贸总协定主持下的几次贸易谈判中，有关削减农产品贸易壁垒的问题，始终没有大的突破，发达国家对于农产品的有关限制，成为世界农产品出口的主要障碍。

（三）非关税壁垒对劳动密集型产品的保护超过了资本密集型产品

从贸易保护主义保护的对象来看，其保护的重点仍是纺织品、鞋类等劳动密集型产品。据世界银行统计，1983 年 16 个发达国家进口的纺织品中受非关税壁垒保护的占 44.8%。发达国家正处于经济结构调整时期，劳动密集型的“夕阳产业”仍为其工业生产的重要部门，不能轻易放弃和完全依赖进口。即使这些部门已经失去了国际上的比较利益，但出于国家经济、社会、就业等方面的考虑，仍需采用各种类型的非关税措施进行保护。

此外，非关税措施的滥用还极易引起贸易摩擦，甚至引发贸易战。减缓和消除非关税壁垒仍任重而道远。

重要术语

非关税壁垒	直接的非关税壁垒	间接的非关税壁垒	进口配额制
绝对配额	关税配额	全球配额	国别配额
“自动”出口配额制	进口许可证制	成本性外汇管制	进口押金制
歧视性政府采购	海关估价制	技术性贸易壁垒	绿色壁垒

▶ 重要术语解释请扫描右侧二维码

授课录像

第八章精彩视频请扫描二维码

客观测验题

客观测验题及答案请扫描二维码

复习题

1. 什么是非关税壁垒？其日趋加强的主要原因是什么？
2. 非关税壁垒的特点有哪些？主要种类有哪些？
3. 什么是进口配额制？其主要类别有哪些？
4. 什么是关税配额？其有什么特点？
5. 什么是自动出口配额？其主要类别有哪些？
6. 怎么看待“国产化要求”？
7. 进口许可证主要分为哪几类？
8. 外汇管制有哪几种？它如何起到限制进口的作用？
9. 法律贸易保护政策主要有哪些类型？
10. 什么是技术性贸易壁垒？它有哪几种形式？
11. 绿色壁垒的主要类型有哪些？
12. 进口数量限制对进口国产生的经济效应有哪些？

第九章 出口鼓励与出口管制政策

导 读

一国实施的贸易政策通常包括两大类：奖励出口和限制进口，简称“奖出限入”。前两章介绍的关税与非关税壁垒是“限入”，本章重点介绍“奖出”，即出口鼓励政策。无论对于实施保护贸易还是实施自由贸易的国家，奖励出口都是其贸易政策的重要组成部分。由于它会通过推动出口贸易的发展带动国内经济增长的良性循环，扩大进口能力，故一直受到各国政府的重视。此外，在某些特殊条件下，还需要实施出口管制措施。出口管制是许多国家，特别是一些发达资本主义国家实行贸易歧视政策的重要手段。它们往往以保护国家的政治、经济、安全利益为由制定出口管制法令，限制某些商品的出口，以达到一定的政治、军事和经济目的。本章将对出口鼓励政策和出口管制政策中一些最常见的具体措施进行介绍和分析。

| 本章学习重点 |

1. 出口鼓励政策的种类
2. 经济特区的类型与特点
3. 出口管制的方式和组织机构

| 本章教学要求 |

◀ 请扫描左侧二维码

第一节 出口鼓励政策

出口鼓励政策一般包括财政政策、信贷政策、倾销政策、资本政策、组织政策和特区政策等。

一、鼓励出口的财政政策

鼓励出口的财政政策主要是指各种类型的出口补贴（export subsidies）。出口补贴又称出口津贴，是指一国政府为了降低本国的出口商品价格，加强其在国外市场上的竞争能力，在出口某种商品时给予出口厂商的现金补贴或财政上的优惠待遇。出口补贴又包括直接补贴和间接补贴两种方式。

（一）直接补贴

直接补贴（direct subsidies）是指出口商品时，政府直接给予本国出口商品以现金补贴。直接出口补贴主要是为了降低本国出口商品的成本和价格，以提高其国际竞争力，增强本国出口商的积极性，扶持本国产业。关贸总协定和世界贸易组织禁止对工业品出口进行直接补贴，因此这种形式主要存在于农产品贸易中。

目前美国、欧盟分别是世界上第一和第二大农产品出口国，双方的农产品都大量过剩，需要到国外寻找市场。为了扩大出口，往往压低农产品出口价格，以增强商品的竞争力，更多地占领国外市场。但这些国家和地区一般都对国内农产品市场采取保护措施，维持一个高于国际市场价格的国内市场价格，这样按较低价格出口农产品时，出口商就会发生亏损，而亏损的部分通常由国家直接给予出口商现金补贴来弥补。例如，1995 年，美国和欧盟对出口小麦和玉米的补贴总额高达 230 亿美元。美国是通过由政府办的农产品信贷公司对农产品出口因国内外售价差异而遭受的损失，给予无偿的现金补偿。欧盟的共同农业政策一开始并非以出口补贴的形式实施，但从 20 世纪 70 年代以来，由于欧共体/欧盟内部过高的支持价格造成了各国政府大量农产品库存：1985 年末，欧共体各国共储存了 78 万吨牛肉，120 万吨黄油，1 200 万吨小麦。为避免储存量的继续增长，欧盟转而使用出口补贴形式促进出口。但这种补贴后的出口却更压低了世界价格，也就更加大了欧盟内部对补贴的需求，加大了其财政负担——每年大约 150 亿美元的预算压力，此外，也增强了与美国的农产品贸易冲突。

美国联邦政府对农业的补贴由来已久。1922 年、1929 年和 1933 年分别颁布了《谷物交易法案》、《农产品购销法案》和《农业调整法案》，这几个法案对美国农业发展起了重大的推动作用，使美国这个高度发达的工业化国家，其农业同时也在世界范围内长期处于霸主地位，农产品销往世界各地。2010 年，美国政府农业补贴总金额为 152 亿美元，农民收入的47%来自政府补贴。补贴使农民收入增幅高于城镇居民，通过补贴也使美国农产品在国际市场上具有了竞争力。2012 年美国卖给中国的大豆价格不到 0.5 美元/千克，约合人民币 3.15 元，而中国 2012 年的大豆批发价约为 4 元/千克。2011 年中国进口了 221.7 亿美元的美国农产品，其中进口大豆 2 060 万吨。2012 年中国从美国进口大豆 5 550 万吨。美国不公平的补贴政策和大量出口导致中国的大豆生产近些年不断萎缩。近几年受到中美贸易摩擦的影响，中国从美国进口的大豆数量大幅下降，2017 年进口 3 285 万吨，2020 年中国进口美国大豆进一步降到 2 589 万吨。

（二）间接补贴

间接补贴（indirect subsidies）是指政府对某些出口商品给予财政上的优惠，主要有以下几种。

（1）出口退税。出口退税是指政府对出口商品的原料进口税和其在国内生产及流转过程中已缴的国内税税款全部或部分地退还给出口商。出口退税有利于出口商降低销售成本和价格，提高竞争能力。出口退税具有一定的合理性：首先，出口商品没有在国内消费，因而不应和一般商品征收同样的国内税，甚至就不应征收国内税；其次，出口商在进口国可能会被征收各类国内税，因此如果出口国也征收国内税就可能造成重复征税。

出口退税具体包括两方面内容。一是退还出口商品所用原材料或半制成品的进口税，因为这些进口货不是为了本国消费，而是通过改制、修理或加工以后再出口。例如，英国曾对进口人造纤维加工成衣服、台布等产品，在出口时退还人造纤维进口税。二是退还出口商品的各种国内税，包括销售税、消费税、增值税、盈利税等，以减轻出口商的业务负担。例如，欧共体市场对钢铁等产品的出口采用退还增值税的办法，巴西政府对出口工业品免征工业产品税和商品流通税。我国也一直采取出口退税制。

（2）出口减税。出口减税是指政府对出口商品的生产和经营减免各种国内税和出口税。出口减税也是为帮助出口商降低产品成本，提高国际市场竞争能力。它主要包括：①减免各种国内直接税和间接税；②免征出口税；③对出口收入实行减税，如新加坡、巴西、印度和马来西亚等国都规定对出口收入大幅度减税，减税幅度有的高达 90%。出口减税和出口退税不同，前者发生在出口商品的生产经营过程，而后者是发生在出口过程中或出口后的一段时期。相对来说，出口减税使出口商品生产经营者的每一环节的生产投入下降，便利了资金周转，因而有利于出口商。

（3）出口奖励。出口奖励是指政府对出口商按其出口业绩给予各种形式的奖励，其目的在于鼓励出口商进一步扩大出口规模，增加创汇能力。出口奖励一般采取现金奖励，也有外汇分红和出口奖励证等其他形式。外汇分红指政府从出口商的创汇收入中提取一定外汇奖励给出口商。出口奖励证是指政府对出口商颁发一种可以在市场上出售或凭以进口一定数量外国商品的证书。出口奖励一般是按出口商在一定时期内的总出口额或总创汇额的一定比例对出口商予以奖励，而不论出口商是盈是亏。

（4）其他形式。间接的出口补贴目前发展得更为隐蔽和多样化。例如，政府对出口商品的国内运输减免收费或提供低价运输工具；通过允许加速折旧等措施来减税、免税，如马来西亚规定出口值占其产值20%以上的出口企业实行加速折旧制度，以促进其扩大投资，实现设备和技术现代化；对出口产品的技术研究开发给予援助或政府直接组织有关研究工作；对出口产品开发国外市场提供补贴，如澳大利亚规定企业开发国外市场，尤其是新市场时，其费用的70%由政府提供，加拿大政府则为企业开发市场的经费提供50%的补贴，等等。

二、鼓励出口的信贷政策

信贷政策主要包括出口信贷和出口信贷国家担保制度。

（一）出口信贷

出口信贷（export credit）是指一个国家的银行为了鼓励本国商品的出口，加强本国出口商品的竞争力，对本国的出口厂商、外国的进口厂商或进口方银行提供的贷款。出口信贷通常是在出口成套设备、船舶、飞机等商品时由出口方银行提供的，因这类商品价格昂贵，进口方难以马上支付，而若得不到货款，出口商无法进行正常资金周转，这就需要有关银行对进口方或出口方提供资金融通，促成生意，扩大本国商品出口。

第二次世界大战前，出口信贷就已被利用来鼓励商品出口，战后其运用更为普遍，且延长了信贷期限，降低了贷款利息。例如，1978年美国国会决定今后5年内拨给美国进出口银行的资金总额由原来的250亿美元增加至400亿美元。目前，运用财政政策鼓励出口易受到国际法律规则的制约，同时也易引起对方国家的反对和报复，因而信贷政策的作用越来越大。出口信贷的国际约束比较少，且进出口国都比较欢迎，实行起来也比较方便，因此广为使用。当前发达国家大型设备、成套设备的出口约有40%是依靠出口信贷实现的。美国对固定资本设备的出口可提供5~10年的长期信贷，对核电站之类的出口信贷可长达15年。

出口信贷分为卖方信贷和买方信贷两类。

（1）卖方信贷（supplier’s credit）。卖方信贷是指由出口方的官方金融机构或商业银行向本国出口商（即卖方）提供的贷款。这种贷款合同由出口厂商和银行签订。

在国际贸易中，出口厂商与进口厂商的谈判如果涉及金额较大的商品贸易时，进口厂商一般要求采用延期付款或长期的分期付款的办法来支付货款，并且往往把它作为成交的一个条件。但这类付款方式等于在一定时间里占用了出口厂商的资金，会影响到出口厂商的资金周转乃至正常经营。在这种情况下，就需要出口国银行对出口商提供信贷资金，卖方信贷便应运而生。

卖方信贷的一般做法是：在签订买卖合同后，进口商须先支付货款的 5%~15%作为履约的保证金。在分批交货、验收和保证期满时再分期支付 10%~15%的货款，其余货款在全部交货后若干年内分期摊还（一般是每半年还款一次），并附交延期间的利息（图 9-1）。买方分期偿付货款时，出口商把所借款项和利息偿还给出口方银行。因此，卖方信贷实际上是银行直接资助出口厂商向进口厂商提供延期付款，促进商品出口的一种信贷形式。

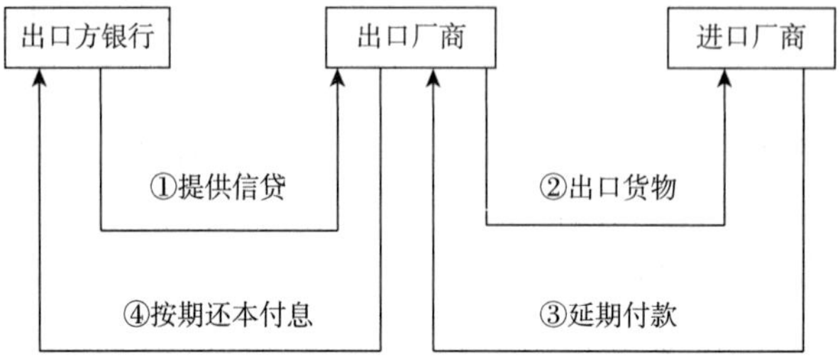

图 9-1 卖方信贷业务流程

采用卖方信贷鼓励出口对进出口商有利也有弊。对出口商来说，卖方信贷使其获得了急需的周转资金，有利于其业务活动的正常开展。对进口商来说，虽然这种做法比较简便，便利了进口贸易活动，但却使支付的商品价格明显提高。因为出口商报价时，除出口商品的成本和利润外，还要把从银行借款的利息和费用及外汇风险的补偿加在货价内。因此，利用卖方信贷进口的成本和费用较高。据测算，利用卖方信贷进口机器设备等，与用现汇进口相比，其价格可能要高 3%~4%，个别情况下甚至可能高 8%~10%。

（2）买方信贷（buyer's credit）。买方信贷是出口方银行直接向进口厂商（买方）或进口方银行提供的贷款，用以支持进口商进口贷款国商品。买方信贷是约束性贷款，贷款合同以贷款必须用以进口贷款国的商品为条件，并常常以签订的商品贸易合同为准。

买方信贷在具体运用时有两种形式：第一种是出口方银行直接把贷款提供给外国的进口厂商。其具体的做法是，在进口商与出口商签订贸易合同后，进口商先交相当于货价 15%的现汇定金，然后进口商再与出口商所在地的银行签订贷款协议（该协议以上述贸易合同为基础。如果进口商不购买出口国的设备，则进口商不能从出口商所在地银行得到此项贷款）。进口商用其借得的贷款，以现汇付款条件向出口商支付货款。进口商对出口商所在地银行的欠款，按贷款协议的条件分期偿付。这种买方信贷的流转程序如图 9-2 所示。

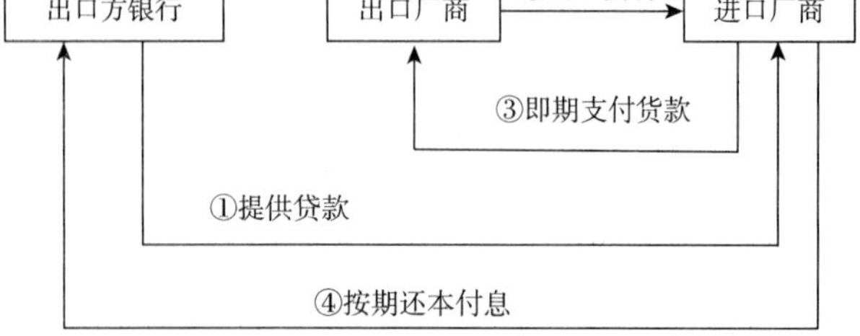

图 9-2 买房信贷业务流程（1）

第二种是出口方银行直接将贷款提供给进口方银行，这是更为普遍的一种买方信贷方式。其具体做法是，进口商与出口商洽谈贸易，签订贸易合同后，进口商先交 15%的现汇定金。进口方银行与出口方银行签订贷款协议（该协议虽也以前述贸易合同为基础，但具有相对的独立性），进口方银行以其借得的款项，贷给进口商，然后进口商以现汇条件向出口商支付货款。进口方银行根据贷款协议分期向出口方银行偿还贷款。进口商与进口方银行间的债务按双方商定的办法在国内清偿结算。这种类型买方信贷的流转程序如图 9-3 所示。

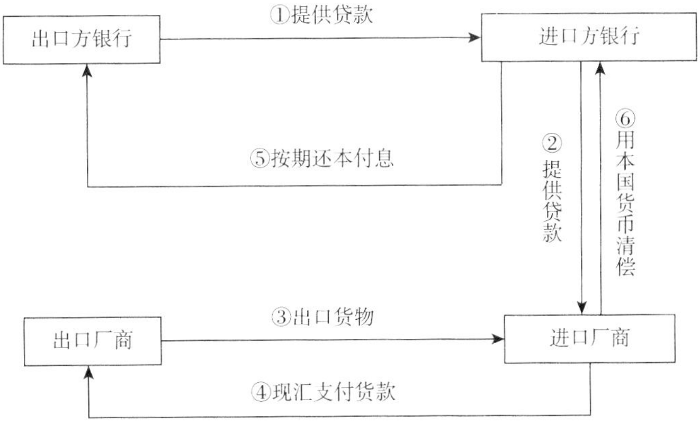

图 9-3　买房信贷业务流程（2）

以上两种方式，对出口商都比较有利，因为他既可以较快地得到货款，又避免了风险，便于其资金周转。由于买方信贷有很多优点，目前较为常用。例如，2012 年 6 月中国进出口银行向白俄罗斯政府提供了 10 亿美元的买方信贷，帮助白俄罗斯建设纸浆厂和高等级公路等项目。2015 年 9 月，中国进出口银行上海分行向埃塞俄比亚电力公司提供一笔出口买方信贷，用以支持埃塞俄比亚至吉布提铁路的供电配套项目。此举标志着中国进出口银行上海分行与埃塞俄比亚在交通基础设施和配套工程建设领域的合作进一步加深，在推动中国企业和中国标准“走出去”的进程上跨出扎实一步。本笔贷款由埃塞俄比亚政府提供主权担保，由中国出口信用保险公司提供中长期出口信用险。

为了搞好出口信贷业务，发达国家一般都设有专门的银行来办理与进出口有关的信贷业务。例如，美国的“进出口银行”、日本的“输出入银行”、法国的“对外贸易银行”等，这些银行所需的资金一般由政府预算来拨付。另外，一些私人商业银行也办理出口信贷业务。

（二）出口信贷国家担保制

出口信贷国家担保制（export credit guarantee system）是指国家为了鼓励商品出口，对于本国出口厂商或商业银行向外国进口厂商或银行提供的贷款，由国家设立的专门机构出面担保，当外国债务人拒绝付款时，这个国家机构即按照承保的数额予以补偿的一种制度。出口信贷国家担保制也涵盖对卖方信贷的担保。

出口信贷保险由国家承担原因有二：其一，出口信贷涉及的金额一般都比较大，往往是私人保险公司无力承担的，为了促进出口，发达国家纷纷拨出资金，设立专门机构出面为出口信贷保险，如美国的出口信贷保险协会、海外私人投资保险公司和美国商品信贷公司，英国的出口信贷担保局，法国的法兰西对外贸易保险公司，日本通产省的出口担保局等等。其二，为了最大限度地减少出口信贷保险的风险，保险人必须全面准确地了解和把握进口国国内政治经济状况和变化及进口商的资信程度和经营情况。这项工作也是一般的保险公司难以做到的，所以通常在国家承担经济责任的前提下，政府把信贷保险业务交给专门的出口信贷保险机构经营。也有很少数国家是委托本国私人保险公司代理出口信贷保险业务，但其经济责任也是由国家承担的。

出口信贷国家担保的承保范围主要有两类。其一，是政治风险，包括由于进口国国内发生的政变、战争、革命、暴乱及出于政治原因而实行的禁运、冻结资金、限制对外支付等给出口商或出口国银行带来的损失。这种风险的承保金额一般是合同金额的 85%~90%，有的国家，如美国甚至高达 100%。其二，是经济风险，包括由于进口商或进口国银行破产倒闭，或无理拒付，或由于汇率变动异常及通货膨胀等给出口商或出口国银行造成的损失。经济风险赔偿率一般为合同金额的 70%~85%。除上述两种之外，出口信贷保险可能还会包括一些专项保险险种。

出口信贷国家担保的期限分为短期、中期、长期。短期一般是六个月左右，中长期担保时限从两年到十五年不等。短期承保适用于出口厂商所有的短期信贷交易，为了简化手续，有些国家对短期信贷采用“综合担保”方式，出口厂商一年只需办理一次投保，即可承保这一年中对海外的一切短期信贷交易。中长期信贷担保适用于大型成套设备、船舶等资本性货物出口及工程技术承包服务输出等方面的中长期出口信贷。这种担保由于金额大，时间长，一般采用逐笔审批的特殊担保。

由于出口信贷国家担保是一种政策性的保险，目的是鼓励出口，因而各国的保险费率普遍较低，以减轻出口商和银行的负担。但根据保险期限、保险金额、保险险种、输往国别的不同，保险费率亦不相同。此外，各个国家的保险费率亦有差异，如英国一般为 0.25%~0.75%，德国为 1%~1.5%。中国也对出口信贷实行国家担保制。例如，1996 年 7 月 19 日，中国人民保险公司与山东机械设备进出口集团公司就向印度尼西亚某公司出口水产冷冻成套设备提供出口卖方信贷保险签署了合同。该笔出口业务金额为 800 万美元，采用延期 2 年付款方式，中国进出口银行为该项目提供出口卖方信贷，中国人民保险公司提供出口卖方信贷保险。这是中国的银行、保险和出口企业密切配合，共同完成机电产品出口的一个典型范例，也是山东省出口企业中首例利用国家出口信贷政策顺利完成出口的项目。

三、倾销政策

倾销政策主要通过两种方式实施：一是企业通过大幅度压低商品价格对外倾销商品，被称作商品倾销；二是企业利用本国货币对外贬值的机会对外倾销商品，被称作外汇倾销。前者是企业主动搞的，后者则是企业被动地利用本币贬值机会对外倾销商品。

（一）商品倾销

商品倾销（dumping）就是指出口商以低于国内市场价格，甚至低于商品生产成本的价格，集中或持续地大量向国外市场抛售商品的行为。

商品倾销通常由私人垄断企业进行，但随着国家垄断资本主义的发展，一些国家设立了专门机构直接对外进行商品倾销。例如，美国设立的农产品信贷公司，以高价收购国内农产品，然后在国外以比国内价格低一半的价格销售。商品倾销的目的从根本上说是为了打击竞争对手，占领国外市场和推销过剩产品。具体说来，有的是为了开辟新的市场，有的是为了维护原有市场的竞争地位，有的是为了解决国内产品过剩的危机，有的甚至是为了控制他国的政治和经济。

从表面上看来，商品倾销会使出口商利润减少甚至亏损，但从长远来看却带来了出口国更重要的长期、整体的政治经济利益。况且，这些短时间的利润损失还可以通过以下几种办法得到补偿：一是通过贸易壁垒维持国内市场上的垄断高价，以弥补对外倾销的损失；二是通过国家有关机构提供各种出口补贴来补偿倾销亏损；三是现在损失将来补，即在国外倾销商品，等打垮外国竞争者，垄断了国外市场后再抬高价格，以弥补过去倾销的损失。

商品倾销又可分为偶然性倾销、掠夺性倾销、持续性倾销和隐蔽性倾销。偶然性倾销一般是因为销售季节已过，或因公司改营其他业务，而在国内市场上又较难出售这些剩余物资，出口商可能会临时性地实行倾销。掠夺性倾销又称间歇性倾销，是指频繁地使用倾销手段控制产品的销售价格，在国外市场上大量抛售商品，在击垮对手、占领市场后再大幅度提高价格，其目的是占领、垄断或掠夺国外市场，获取高额利润。持续性倾销是指长期、持久地以低于国际市场价格和国内市场价格的方式在国际市场大量推销本国商品。这种倾销一般与国内经济长期出现过剩危机、失业问题严重等背景相关联。隐蔽性倾销是指出口商按国际市场上的正常价格出售商品给进口商，但进口商以倾销性的低价在进口国市场上抛售，其亏损部分由出口商给予补偿。

（二）外汇倾销

外汇倾销（exchange dumping）是指出口企业利用本国货币对外贬值的机会争夺国外市场的一种特殊手段。从宏观角度看，外汇倾销是指一国政府利用本国货币对外贬值的手段，达到提高出口商品的价格竞争能力和扩大出口的目的。外汇倾销一直是许多国家出口鼓励政策中的重要组成部分。20 世纪 70 年代布雷顿森林体系崩溃后，浮动汇率制为各国最大限度地使用外汇倾销手段创造了便利。外汇倾销会产生两种有利于本国贸易的效应。

（1）外汇倾销的本币贬值会降低本国出口产品的价格水平，从而提高出口产品的国际竞争力，扩大出口。例如，1987 年 6 月至 1994 年 6 月美元与日元的比价由 1 美元=150 日元下跌到 1 美元=100 日元，美元贬值了 33.3%。假定一件在美国售价为 100 美元的商品出口到日本，按过去汇率折算，在日本市场售价为 15 000 日元，而美元贬值后售价为 10 000 日元。这时候出口商有三种均对自身有利的选择：①把价格降至 10 000 日元，增强出口商品价格上的优势，在保持收益不变的情况下大大增加出口量。②继续按 15 000 日元的价格在日本市场出售该商品，按新汇率计算，每件商品可多收入 5 000 日元（合 50 美元）的外汇倾销利润，出口量不变。③在 10 000~15 000 日元间酌量减价，既有一定的倾销利润，又会扩大出口量。

（2）外汇倾销使外国货币升值，提高了外国商品的价格水平，从而降低进口产品的国内市场竞争力，有利于控制进口规模。仍以上述例子为证：如按过去 1 美元=150 日元的比价，一件在日本售价为 15 000 日元的商品出口到美国值 100 美元，而美元贬值后同一商品在美国的售价就为 150 美元，这必然给日本厂商带来不利。

当然，外汇倾销的上述效应具有滞后性、暂时性、有限性等缺点，要想行之有效必须满足下列条件：

（1）货币对外贬值的程度大于国内物价上涨的程度。一般说来，货币对内贬值与对外贬值的趋势基本是一致的，而只有在对外贬值的程度高于国内物价上涨程度时，才有可能“奖出限入”。但对外贬值必然引起国内物价上涨，当国内物价上涨程度赶上或超过货币对外贬值的程度时，外汇倾销就起不到作用了。但国内物价的相应上涨总是滞后于货币对外贬值一段时期，因此出口企业可在这段时期内从中获得外汇倾销的好处。

（2）出口商品的价格需求弹性比较大。一国货币对外贬值后，其对出口作用的大小还要受到出口商品价格需求弹性大小的制约。即随着商品价格的下跌，需求量会大增，则需求弹性大。如果出口商品价格需求弹性大，出口数量增加的幅度超过价格下跌的幅度，则货币贬值对商品出口的促进作用相应也比较大；如果出口商品价格需求弹性较小，则对出口的促进作用不明显。

（3）其他国家不同时进行同等程度的货币贬值措施。如果一国货币对外贬值，但对方国家的货币也进行同等程度的贬值，则两国货币贬值的效果就相互抵消了，汇率仍处于贬值前的水平而得不到货币对外贬值的利益。例如，20 世纪 60 年代的“亚洲四小龙”相互间竞争激烈，中国台湾的新台币贬值 30%，以期使产品更多地打入韩国市场，但韩元也贬值 30%，以此抵消了新台币贬值的竞争效果。

四、资本政策

资本政策是指出口国政府通过资本输出来带动本国出口贸易发展的各种政策。资本输出包括生产资本输出即对外直接投资（foreign direct investment，FDI）和借贷资本输出即对外间接投资（包括有价证券投资和直接对外贷款）。资本输出之所以能推动输出国出口贸易的发展，主要表现在以下几个方面。

（1）资本输出国在输出资本时往往要求资本输入国接受一些附加条件，这些条件通常都是承诺从资本输出国购买一定数额的商品，而这些商品一般是资本输出国的过剩产品。

（2）生产资本的输出是在国外进行直接投资，目前大部分采取了跨国公司的形式，而这些跨国公司海外子公司和分公司的建立往往要求配套输出本国生产的设备、材料和零配件等，这也就意味着资本输出国一定规模的出口，这种出口甚至在进入受资国时可享受免税或优惠关税的待遇。

（3）对外直接投资在他国生产的产品总有一部分会在投资所在国获取销售市场，也就是说这部分产品已经跨过了该国对进口产品设置的各种关税和非关税壁垒；如果这些产品用于对外出口，那么它们还将享受投资所在国所给予的有关鼓励本国产品出口的优惠。

（4）借贷资本输出也能促进出口。借贷资本输出有很多是对外国进口商或进口国银行的约束性贷款，即前面所提到的出口的买方信贷，而贷款接受国通常对买方信贷持欢迎态度，并提供一些优惠或便利。这种情况下资本输出和出口增长的相关率达到 1∶1，资本输出完全表现为出口增长。

近些年来，资本输出已被广大发达国家普遍利用，作为推动本国出口的重要手段。资本输出的重点由借贷资本转为直接对外投资，流向也已由原来的发展中国家转为发达国家及亚太新兴工业化国家和地区，且呈现出大规模流入高技术产业和服务行业的趋势，这些都表现了强烈的以资本输出替代出口的倾向。资本输出作为一种较为隐蔽的出口鼓励政策越来越受到出口国和进口国的重视。许多国家也已采取以“国产化要求”为代表的措施来阻碍别国借资本输出为名的大规模出口。

五、鼓励出口的组织措施

鼓励出口的组织措施是指政府或行业组织为鼓励出口而制定和采取的各种服务性措施。它主要有以下几种类型。

（一）设立专门促进出口的组织机构

一些国家和地区为促进出口，成立了专门的组织机构，研究与制定出口战略。例如，美国在 1960 年成立了“扩大出口全国委员会”，向美国总统和商务部长提供有关改进鼓励出口的各项措施的建议和资料；1979 年 5 月美国又成立了直接由总统领导的出口委员会。日本政府于 1954 年专门设立了高级的综合协调机构——最高出口会议，负责制定出口政策，以及为实现出口目标而在各省之间进行综合协调。韩国从 1965 年起建立了“出口扩大振兴会议”制度，该会议每月召开一次，专门研究扩大出口的问题。

（二）设立专门的市场调研机构，建立商业情报网，为出口企业服务

发展出口贸易，国际市场动向的信息尤为重要。为此，许多国家都设立了官方或官方与民间混合的商业情报机构，在海外设立商业情报网，专门负责向国内出口企业提供国际市场的商务信息。这类活动一般由国家出资进行，收费很少甚至免费，而且信息较准确，传递速度较快。例如，英国设立的出口情报服务处，其情报由英国 220 个驻外商务机构提供，然后由计算机分析处理，分成 500 种商品和 200 个地区或国别市场情报资料，供国内出口企业参考。又如，日本的贸易振兴会（其前身是 1951 年设立的海外市场调查会）即日本政府出资设立的一个从事海外市场调查，并向企业提供信息服务的机构。

（三）设立贸易中心、组织贸易展览会和贸易代表团

设立贸易中心、组织贸易展览会是对外宣传本国产品、扩大出口的一个重要途径。贸易中心是永久性设施，可以提供陈列展览场所、办公地点和咨询服务等。贸易展览会是流动性展出，有的是集中在国内展出，吸引外商参加，有的则派代表团到国外宣传展览本国产品，有的西方国家一年能组织 20 多次国外展出。政府通常对这类展出提供多方面援助，如德国企业出国展览，政府一般负担起展品运费、场地费和水电费等。我国近些年来也比较重视这方面的促销措施，国内以“广交会”为龙头的各类交易展览洽谈会为促进我国出口贸易做出了巨大的贡献。有些国家为了发展外贸或平衡外贸，常由政府出面组织贸易代表团出访。这类代表团在国外既采购商品也推销商品。

（四）对出口厂商施以精神鼓励

第二次世界大战结束后，各国对出口商给予精神奖励的做法日益盛行，经常组织出口商的评奖活动，对出口成绩显著的出口商，由国家授予奖章和奖状，并通过授奖活动宣传他们扩大出口的经验。例如，日本政府把每年的 6 月 28 日定为贸易纪念日，每年的这一天，由通产大臣向出口成绩卓著的厂商颁发奖状，另外还采取了由首相亲自写感谢信的办法表彰出口成绩卓越的厂商。

六、其他方面的措施

（一）利用金融方面的措施促进出口

除本章第一节中介绍的两种最主要的信贷政策之外，还有许多金融措施被用来激励出口。

（1）外汇留成制，又称外汇分红。是指为了调动出口商的出口积极性，扩大出口，一些实行外汇管制的国家的政府允许出口商从其所得的外汇收入中提取一定百分比的外汇。对

这部分外汇出口商可自由支配，既可用于进口，也可以在外汇市场上按较高的汇率出售。

（2）外汇转移证制，又称外汇转让证制。在这种制度下，出口商按官方汇率向外汇银行结售外汇时，除取得相应本币外，银行还另行发给外汇转移证。企业既可以在需要进口时凭此证向外汇银行购买外汇，也可以在外汇市场上把此证出售给需用外汇的客户（该证上记有出售金额）。出售外汇转移证的收入，实际上是对出口商的额外汇价补贴，是一种变相的复汇率。

（3）复汇率制。一国货币对某一外国货币的汇率规定有两种或两种以上的汇率即为复汇率制。其目的之一是对某些商品的出口给予鼓励。

（二）利用法律等手段维持出口秩序

利用法律等手段维持出口秩序，防止出口商过度降价竞争，是一些国家维护本国出口商利益，谋求出口稳定扩大的重要措施。在这方面日本最为典型。日本政府早在20世纪50年代就专门制定了《进出口贸易法》，规定出口企业可以不受《禁止垄断法》的约束而组织“出口组合”，即通过组织出口卡特尔来维持出口秩序，防止过度竞争，促进出口稳定增长。这一点应为我国所重视。近些年外国对我国反倾销调查的增多，一方面是由于国外对我国不公正、不合理的待遇，另一方面也是由于前段时间外贸秩序混乱、出口商竞相压价和内部争斗。加强内部的联合并利用法律手段稳定出口秩序，是外贸发展的必由之路。

（三）加强出口检查，提高出口商品竞争力

防止劣质商品出口，以维护本国和本地区出口商品的声誉，这是各国稳定地扩大出口的重要条件之一。为此，许多国家和地区非常重视出口检查工作。例如，日本早在1957年就专门制定了《出口检查法》，规定重要商品的出口必须经过政府的检查机关或政府指定的检查机构检查，合格后才准予出口。

（四）通过对外援助促进出口

通过向发展中国家提供对外援助以促进对这些国家的出口，是发达国家经常采用的一种扩大出口的措施。其促销对象一般是过剩农产品或本国机械产品。也有的是在提供对外援助时附加有利于本国出口的条件，或者是政府的低息优惠贷款与商业银行的出口信贷相结合，以提高本国出口产品的竞争力等等。

（五）在引进外国直接投资时注意鼓励扩大出口

许多发展中国家和地区在引进外国直接投资时特别注意与鼓励扩大出口相结合，如对出口比例高的项目在税收和金融方面给予更多优惠。有些在政策上有意控制合资企业中外资比

例的国家也对出口型企业给予特殊照顾。例如，印度尼西亚规定，合资企业中外资比例原则上不得超过 49%，但若属于产品出口型企业，则可根据其出口比率适当提高外资比例。

（六）利用补偿贸易促进出口

补偿贸易是指经济发达国家给经济落后国家提供机器设备等，待后者生产出产品之后，可用产品、原料或部分销售收入来偿付设备的资金。无论对发达国家还是对落后国家，补偿贸易均以易货方式成为促进商品出口的有力措施。

第二节　经济特区政策

经济特区是指实行特殊经济贸易政策的地区。它通常是由一个国家或地区在其关境以外（也有在关境以内的）划出一定区域，在对外经济贸易活动中采取一些特殊的开放政策，用减免关税、提供良好基础设施等优惠措施，吸引外国资本和外国技术，发展转口贸易和出口加工贸易及其他事业，以达到利用外资和促进外贸发展等经济目的。经济特区又称自由经济区或自由贸易区，它不仅是一种出口鼓励措施，而且对整个经济发展有着深远的意义。

一、经济特区的历史及发展趋势

经济特区的发展历史非常悠久，最早出现在封建社会末期，1223 年法国把马赛港开辟为自由贸易区。经济特区真正开始发展起来，是与资本主义国家对外贸易的发展紧密相连的。从资本主义萌芽到自由资本主义完全成熟这一段时期，是经济特区的开创和成长阶段。16 世纪，欧洲的一些国家为发展对外贸易，先后把一些沿海港口开辟为自由港，如 1547 年意大利设置的里窝南自由港；17 世纪以来，随着国际贸易的发展和殖民主义的扩张，经济特区的建设由欧洲扩展到全世界，如 1704 年英国把其殖民地直布罗陀开辟成为自由港，这一时期的许多自由港和自由贸易区都是当时殖民主义者占领的重要港口；20 世纪初叶，美洲也出现了经济性特区。

第二次世界大战结束以后是经济特区大发展的阶段。尤其是 20 世纪 60 年代到 70 年代，由于发展中国家为实现以出口增长带动经济起飞的发展战略，也由于发达国家劳动密集型产业急于向海外转移等，以在本国设立出口加工区为主要形式的经济特区取得了前所未有的发展。1959 年爱尔兰在香农国际机场附近设立了世界上第一个出口加工区；1965 年我国台湾地区的高雄成为第一个以出口加工区命名的经济特区；到 1980 年全世界已有 40 多个国家设置了 80 多个出口加工区，大部分都在发展中国家。

70 年代末到 80 年代上半期，经济特区又取得了突破性进展，向高级化和综合化转变。

其主要特点有：首先，这一阶段建立的经济特区大都属科技型特区。许多国家和地区的出口加工区都在由劳动密集型向资本和技术密集型过渡，甚至专门设置特区，发展高级技术产业。例如，我国台湾地区从 1980 年开始设立的科学工业园区，引进外资，发展技术密集型产业，带动了全岛经济的技术升级。此外，随着国际经济的发展，有一些经济特区开始向多行业、多功能、综合型的方向发展。它们不仅重视对外贸易和出口加工工业，而且也经营农业、商业、旅游业、房地产业、金融业、交通通信业、咨询服务业、信息业及教育科技等事业。

当前，经济特区已成为世界各国引进外资、发展经济和对外贸易的重要形式。世界上现在共有各类经济特区 600 多个，遍布于 80 多个国家和地区，发达国家的经济特区约占世界经济特区总数的 1/3，其中经济特区数目最多的国家是美国。发展中国家的经济特区约占世界经济特区总数的 2/3。

二、设立经济特区的作用

大多数经济特区的设立都对促进国际贸易和设置国经济乃至整个世界经济的发展起到了积极作用。

（一）促进了国际贸易的发展

具体表现为：①各种类型的经济特区多数都划在关境之外，外国商品可以自由进出，过境、转船或再出口都比较方便，这就无形中消除了各类贸易壁垒的限制；②由于自由港和多数自由贸易区地理位置及软硬环境都比较优越，世界上大量的商品都流经经济特区，国际贸易额因此而大大增加，再加上各类出口加工区引进国外先进技术设备、原材料和零部件，再将成品出口，亦推动了国际贸易发展；③经济特区通过各种优惠政策，减少了投资厂商的生产费用和各类支出，降低了经济特区商品的生产成本，提高了产品出口竞争力；④自由贸易区等经济特区的存在促进了东西方、南北方贸易的发展。20 世纪 80 年代以来，经济特区在世界贸易中所占的比重不断上升，对国际贸易的促进作用日益加强。

（二）促进了设置国和地区的经济发展

（1）经济特区的设置有利于本国开拓国际市场，促进对外贸易，以出口导向战略带动本国经济全面发展。

（2）经济特区有利于吸引外资，发展出口工业。由于经济特区内投资环境比较好，且有行政、法律、信息、运储等多方面的优惠待遇，外资纷纷涌入，既促进了加工制造业的升级和发展，亦有利于把产品推向国际市场。

（3）经济特区引进了先进技术和科学的管理方法，提高了区内工人和管理人员的技术水平及管理水平，对设置国其他地区也起着示范作用。

（4）有利于增加外汇来源，扩大外汇收入，弥补本国资金及外汇的不足。

（5）经济特区的设置扩大了就业机会，并起到了开发落后地区，带动邻近地区繁荣的积极作用。

（三）促进了世界经济的发展

一方面，经济特区的设置推动了国际资本流动和技术交流，使得世界范围内的资本得到更充分、更合理的配置，加速了发展中国家实现由劳动密集型产业向资本和技术密集型产业转变的步伐。另一方面，经济特区促进了世界范围内产业结构的调整和产业转移。发达国家的传统工业逐渐被淘汰，开始向工资低廉的发展中国家转移，经济特区则因其接近国际市场及具有各种吸引外资的优惠待遇，成为传统产业转移的理想场所。可以说，经济特区加速了这一调整，使世界经济的整个产业结构更加有序、合理。近些年来，发达国家向发展中国家转移的产业不再仅局限于劳动密集型产业，也开始涉及资本和技术密集型产业。

三、经济特区的主要类型

经济特区一般有以下几种主要类型。

（一）贸易型的经济特区

贸易型的经济特区即自由贸易区或自由港，这是较为常见的一种形式。自由港（free port）也称自由口岸；自由贸易区（free trade zone）也称自由区、对外贸易区、免税贸易区、工商业自由贸易区等，二者是指划在一国关境以外的港口或地区。在自由港或自由贸易区内，对进出口商品免征关税，并准许其在港内或区内自由改装、加工、储存、展览和销售等，以此来促进贸易和经济的发展。

贸易型经济特区的政策一般有以下几种：①在自由港或自由贸易区内，对进出口商品全部或绝大多数免征关税。但若港内或区内的外国商品转运至所在国海关辖区内销售时，则须办理报关手续，缴纳进口税。这些报关的商品，既可以是原来货物的全部，也可以是一部分；既可以是原样，也可以是改制品或加工品。各个国家对在港内或区内加工过的外国商品有特定的征税规定。例如，美国规定，用美国零配件和外国原材料装配或加工的产品进入美国市场时，只对该产品所包含的外国原材料的数量或金额征收关税，对该产品的增值部分免征关税。奥地利规定，外国商品在其自由贸易区装配或加工后，商品增值 1/3 以上的，即可取得奥地利原产地证明书，可免税进入奥地利市场；增值 1/2 以上的，即可取得欧洲自由贸易联盟原产地证明书，可免税进入奥地利市场和欧洲自由联盟成员国市场。②各国对允许进入自由贸易区的商品一般都允许自由地拆散、分类、分级、改装、储存、展览、重新包装、重新贴标签、整理、清洗、加工、制造、销毁及与外国的或所在国的原料混合再出口或向所在国国内市场销售。③对于法律上禁止贩运的货物，如军火、毒品等，各国通常都禁止输入自由港或自由贸易区，对一些专卖品如烟草、酒、盐等则规定须凭特种进口许可证才能输入，外国船舶等运输工具进出自由港或自由贸易区时必须遵守主权国家有关卫生、治安等方面的法律规定。

设立自由贸易区或自由港主要是为了扩大转口贸易，并从中获取如运费、保管费、加工费等各种贸易费用，以增加本国外汇收入。自由港或自由贸易区亦可分为完全的自由港或自由贸易区和有限的自由港或自由贸易区两种。前者是把港口或设区所在的城市都划为自由港或自由贸易区，如中国香港；后者则只是把港口或设区所在城市的一部分划为自由港或自由贸易区，如汉堡自由贸易区是由汉堡市的一部分组成。

（二）工业型的经济特区

工业型的经济特区一般称作出口加工区（export processing zone），又称出口工业加工区或加工出口区。它是指一国专门为加工、制造和装配出口产品而开辟的特定区域，实际上是自由贸易区转口贸易功能弱化、出口加工功能强化的产物。出口加工区是在 20 世纪 60 年代后期才在发展中国家广泛兴起的，其目的是吸引外资，引进先进技术和设备，扩大出口加工业，增加外汇收入，带动本地区经济发展。

出口加工区与自由港或自由贸易区有很多相同之处，因为前者是在后者的基础上发展起来的。二者的区别主要在于：①自由港或自由贸易区是以发展转口贸易、取得商业方面的收益为主的，是面向商业的；出口加工区则是以发展出口加工业、取得工业方面的收益为主，是面向工业的。②出口加工区一般设在一国的关境以内，且有十分优惠的减免关税待遇；而自由港或自由贸易区，则一般设在关境以外。

根据产业结构及加工程度的不同，出口加工区可分为三代。第一代以劳动密集型企业为主，加工程度低，只是简单组装；第二代以劳动密集型企业为主，同时向以技术和资金密集型企业为主过渡；第三代则以技术和资金密集型为主，独立创造与高级装配相结合。目前，大部分发展中国家的出口加工区处于第二阶段。

出口加工区可分为综合出口加工区和专业性出口加工区两类。前一种类型可在区内经营多种出口加工工业，如菲律宾的巴丹出口加工区所经营的项目，包括服装、鞋类、电子或电器产品、食品、光学仪器和塑料制品等。后一种类型在区内只准经营某种特定的出口加工产品，如印度孟买的圣克鲁斯机场附近的电子工业出口加工区，专门发展电子工业的生产和增加这类产品的出口。目前世界各地的出口加工区大部分为综合性出口加工区。

各国对出口加工区一般都规定有一整套优惠政策措施。主要有：①税收优惠。对在出口加工区内投资设厂的企业，一般都规定在其进口生产设备、原料、燃料、零件、元件及半制成品时一律免征进口税，生产的产品出口时免征出口税，并减免所得税、营业税、贷款利息税等国内税。②许多国家放宽了出口加工区内合资企业中外资比例的限制，并允许这些外资企业的资本、利润、股息等可以全部汇出国。③在出口加工区内，对于报关手续、土地仓库和厂房等的租金、贷款利息、外籍职工家属的居留权等也都给予各项优待。④建立出口加工区的国家一般都保证有关各项出口加工区的规定长期稳定不变，对外国投资不予以没收或征用，如因国家利益或国际需要而征用时，政府将给予合理的补偿等。

当然，出口加工区的规定也包含一些限制，如外国企业必须向设区主权国注册；对外国投资项目的限制；对外资企业用工人员及工资待遇的规定；对产品销售市场特别是出口实绩的要求；等等。

（三）综合型的经济特区

综合型的经济特区兼有贸易型经济特区和工业型经济特区两种特点和职能。它既像自由贸易区那样为转口、出口贸易提供许多优惠待遇，又提供了发展工业生产所必需的各种基础设施，是两者的有机结合体。在该类型的经济特区中，还可以发展商业、金融、旅游、服务等行业。例如，新加坡的裕廊工业区，它既是一个工业区，区内有几百家工厂企业，又是一个重要的转口贸易自由港，港口有 10 个大型泊位，可以容纳 10 艘巨轮停泊，同时它还是一个旅游区，拥有著名的飞禽公园、仿日本风格的星和园、仿中国园林建筑的裕华园及面积达 80 公顷的裕廊湖。我国自 1979 年起设立的深圳、厦门、珠海、汕头等经济特区，也都具有综合性经济特区的特征。

（四）科技型经济特区

科技型的经济特区是指科学工业园区（science-based industrial park），也可称为工业科学园、科研工业区、高技术园区、科学城等。它是指以加速高新技术研制及应用，服务于本国或本地区的工业现代化，创立技术密集与知识密集的新兴产业，开拓国际市场为目的，通过各种优惠措施和方便条件将智力、资金高度集中，专门从事高新技术研究、开发和生产的新兴产业开发区域。

科学工业园区是在出口加工区的基础上形成和发展起来的，实际上是一种高级形式的出口加工区。它一般以政府科研机构、高等院校和工业区为依托，区内有充足的科技和教育设施，企业设备先进，资金雄厚，技术密集程度高。园区地址一般选在信息渠道通畅、交通网络发达的大城市附近。例如，美国的“硅谷”、日本的“筑波研究学园都市”、法国的“索菲亚·安蒂波利斯科学城”、我国台湾地区的“新竹科学工业园区”、新加坡的“肯特岗科学工业园区”、英国的“剑桥科学公园”及俄罗斯的“新西伯利亚科学城”等，都属于这类科技型的经济特区。

（五）保税区

保税区（bonded area）是指海关设置的，或者经海关批准注册的，受海关监督的特定区域。保税区的功能有些类似于自由贸易区。各国一般都规定，除某些特殊商品外，一般商品可自由进出保税区，存入保税区的商品可以暂时不缴进口税，如果再出口也不必缴纳出口税，但若运入海关管辖区内销售，则需在离开保税区时缴纳进口税。运入保税区的商品也可以进行储存、改装、分类、展览和加工等。

各个国家所设的保税区的政策基本相似，但又有各自的特点。例如，中国自 1990 年底建立第一个保税区——上海外高桥保税区以来，至 2021 年 3 月底，全国共建成综合保税区 150 个，其中江苏省综合保税区数量最高，达到 20 个，其次是山东省和广东省，综合保税区数量分别为 13 个和 11 个。中国保税区内所享有的优惠政策主要包括：①享有"境内关外"的特权。这是指保税区全部区域由隔离设施封闭，海关对进出口这一区域的货物进行特殊监管，即从境外入区的货物不算进口，只登记不报关，不缴关税、增值税和消费税，也不需要交验进出口许可证和配额证书。反之，从国内进入保税区的货物视同出口，应办理出口环节的各种手续，如出口退税等。②保税区内通行外汇。保税区内的企业可以在区内银行设立外汇账户，可以用外币计价结算。不同于其他区域实行的银行"结售汇制"，而是实行自愿结汇。③允许外商在保税区内设立独资或合资的外贸公司，从事转口贸易和进出口贸易，同时允许外商为区内代理进出口业务。④保税区在管理和运营上实行完全的市场经济规则，一切按国际经贸惯例运作。

日本的保税区较具特色，其海关法规定了五种保税区域：指定保税区域、保税棚、保税仓库、保税加工厂和保税陈列区。按 1993 年的统计数字，日本共有指定保税区域 74 个，保税棚 3 325 个，保税仓库 1 265 个，保税加工厂 1 278 个。各自的特点如下：

（1）指定保税区域。是指为了简化和加速办理海关手续，在海关所在地的港口或机场设置的保税区。此保税区域为国家和地方公共所有，属公营性质。外国货物在指定保税区内可暂时装卸、运输、储存。储存的货物可进行检修、改装，样品可以陈列，但期限均不能超过一个月。

（2）保税棚。是指经海关批准而设置的保税场所。它的作用与指定保税区域相类似。所不同的是，保税棚的设立是根据进出口商、发货人、仓储公司的申请而设立的，属私营性质。凡未办理海关手续的货物均可暂时在此装卸、运输或储存，期限为一个月。

（3）保税仓库。是指经海关批准外国货物可以不办理进口手续而长期储存的场所。期限一般不超过两年。

（4）保税加工厂。是指经海关批准，对外国货物可以进行加工、制造、分类、改装及检修等保税业务活动的场所。期限一般为两年，经海关批准可酌情延期。

（5）保税陈列区。是指经海关批准在一定期限内用于展览陈列外国商品的保税场所。它一般是设置在本国或外国政府、地方公共团体举办的国际博览会和样品陈列所中。保税陈列区内的外国商品处于保税状态之中，如需出售、转让，则需办理海关手续。

日本海关规定，进出上述保税区域的货物在所规定的期限内实行货主自我管理，对超出规定期限而未办理海关手续的保税货物置于海关监管下，对逾期两个月仍未办理海关手续的，海关可以将其拍卖。根据 2014 年的数据：日本保税仓库数量由 1998 年顶峰时的 5 585 家减少到 2009 年的 5 206 家。尽管数量持续下降，但保税仓库的面积则在 2003 年到达最低点后出现反弹，呈现上升势头，存留下来的保税仓库具有较强的竞争能力。

（六）过境区

过境区（transit zone）又称中转贸易区，是指某些沿海国家为了便利内陆邻国的进出口货运，根据双边协定，指定某些海港、河港或边境城市作为过境货物自由中转区，对过境货物简化海关手续、免征关税或只征小额的过境费用。例如，赞比亚的很多产品要经过坦赞铁路从达累斯萨拉姆港出口，坦桑尼亚便为赞比亚提供过境区。过境货物可短期储存或重新包装，但不得加工制造，这与自由港或自由贸易区明显不同。一般说来，过境区都提供保税仓库设施。

四、中国的经济特区

（一）中国经济特区的概况

设置经济特区是我国对外开放政策的重要组成部分，它是由邓小平同志倡导，党中央和全国人民代表大会常务委员会决定的。1979 年 7 月，我国首先确定在广东省的深圳、珠海、汕头三市和福建省的厦门市试办出口特区，并于 1980 年 5 月正式定名为经济特区。1988 年和 1992 年，全国人民代表大会常务委员会又先后批准建立海南新区和上海浦东新区。我国对香港和澳门恢复行使主权后，这两个地区亦成为我国的经济特区。

我国经济特区的性质是：在中华人民共和国主权内的，社会主义经济领导下的，以多种经济成分为主体的经济综合体。我国经济特区的特点是：在所有制结构上，以“三资”企业为主；在经济运行上，以市场调节为主；在建设资金上，以利用外资为主；在产品销售上，以外销为主。

（二）中国设置经济特区对出口贸易和经济发展的意义

首先，它可以促进特区本身乃至整个国民经济的发展。经济特区为我国吸引了大量外国直接投资，同时以较低的成本引进了先进技术设备和管理知识；特区企业以出口为主，推动了我国外贸事业的发展。这些都为特区建设、社会主义现代化建设及人民生活水平的提高做出了很大贡献。

其次，经济特区的建立为我国培养出了一大批熟悉国际经济、贸易、金融、法律等方面的专业人才，同时造就了一大批技术人员和熟练工人。各经济特区利用其优势条件，积极联络国内外科研机构，以培训班、讲学等形式大大提高了特区人民的文化素质。

再次，经济特区为我国的经济体制改革提供了重要经验。经济体制改革势在必行，但不能盲目进行，经济特区就成为其试点。通过在试验中进行探索，加以比较，然后把成功经验逐步推广。

最后，经济特区起着“窗口”作用。作为“技术的窗口，知识的窗口，管理的窗口和对外开放的窗口”，经济特区起到了更好地联结国内外的纽带作用。外国人及港澳台胞可通过窗口向里看，了解中国对外政策，消除疑虑，加强合作；我们则可以通过特区向外看，了解国际信息，认识世界，更好地融入世界经济大潮中。

（三）有中国特色的经济技术开发区

经济技术开发区是指我国沿海开放城市内具有明确界限、实行类似特区某些政策的区域。在经济技术开发区内，由国家建设和提供各种基础设施，为引进外资创造良好的投资环境。同时，国家采取各种优惠政策，如减免各种税收、放宽投资审批权限、简化审批手续等，在区域内与外商共同兴建合资、合作企业和合办科技机构，发展合作生产、合作研究设计，开发新技术，研制新产品等等。

经济技术开发区的特点是：以兴办生产性企业和科研机构，开发新技术、新产品和发展新兴产业为主，是技术密集和知识密集型的生产性开发区域。尽管经济技术开发区与经济特区都是我国发展外贸、吸收外资、引进先进技术和管理经验的特殊区域，但仍有如下区别：

在优惠政策方面，当时经济特区的外商投资企业不论是生产型还是非生产型，均按15%的税率征收企业所得税；而在技术开发区内，只有生产和科技领域的企业才能享受这一优惠。

在管理体制上，经济特区是相对独立的行政区域；经济技术开发区则是在所属市人民政府直接领导和具体管辖下的一块实行某些特殊政策的开放区域。

在经济结构上，经济特区是以出口加工工业为主，工贸结合，金融业与旅游等第三产业协调发展，产业结构合理，科技先进的外向型经济；经济技术开发区则以发展先进的工业生产和科研为主，第三产业主要依托所在城市，必要时也可以在区内设立外贸、金融、仓储等设施，为区内的生产经营和生活需要提供服务。

（四）建设中国（上海）自由贸易试验区

中国（上海）自由贸易试验区（China（Shanghai）Pilot Free Trade Zone），简称上海自由贸易区或上海自贸区，是中国政府设立在上海的区域性自由贸易园区，位于浦东境内，面积28.78平方千米，2013年9月正式成立。

建立上海自贸区的意义：

（1）从货物贸易开放到服务贸易开放。1990 年，上海就设立了外高桥保税区，这是中国内地第一个保税区。货物进入保税区可以以保税状态进行展示、加工等，对于贸易的自由开展大有促进作用。而 20 多年后，建立上海自贸区，就是在保税区的基础上进行升级，在货物贸易开放的基础上，引入了服务业的开放。

（2）从政策优惠到制度创新。上海自贸区与以往的开发区、经济特区相比，已经不是局限在政策优惠，而是着重制度创新，即探索新的国际化经济管理方式。自贸区肩负着改革探路石的任务，比如说在政府监管方面引入的“负面清单管理”“准入前国民待遇”，比如说在金融领域对人民币资本项目可兑换、利率市场化的探索等，都有巨大的意义。

（3）通过区域试验探索中国深化对外开放的新路径和新模式。中国（上海）自由贸易试验区的名称就表明这是一个国家试验区，建设目标是成为我国推动改革和提高开放型经济水平的试验田，寻求能够在全国可复制、可推广的制度性建设路径，发挥示范带动和服务全国的积极作用。

在探索总结上海自贸区建设经验的基础上，中国政府在各省市逐渐推广建设新的自贸区。截至 2020 年 9 月，随着北京、湖南和安徽三大自贸区正式挂牌，中国已经建起了 21 个自贸区，这标志着中国正在掀起新一轮深化对外开放的高潮。

第三节　出口管制政策

关税政策、非关税政策及出口鼓励政策是当今各国外贸政策的主要内容。但是，在许多情况下，还需要实行出口管制政策。

一、出口管制及其目的

出口管制政策是指某些国家，特别是一些发达资本主义国家实行贸易歧视，对某些商品向某些国家的出口进行严格管制的政策。它们往往以保护国家的政治、经济、安全利益为由制定出口管制法令，限制某些商品的出口，以达到一定的政治、军事和经济目的。出口管制中也有一些政策是合理的，如对某些稀缺资源的出口管制、对某些历史文物的出口管制等。

出口管制的目的有以下两个：一是政治军事目的。出口国为了干涉和控制进口国的政治与经济，或是为了遏制敌对国或臆想中的敌对国的经济发展，往往以出口控制措施对进口国施以压力或进行经济制裁。例如，美国商务部出版的《美国出口管制规章摘要》即公开写道：“管制战略物资是针对共产党国家的出口。”二是经济目的。出口国为了保护国内稀缺资源或非再生资源，维持国内市场供应，防止或平抑国内通货膨胀，维持国际收支平衡，以及稳定国际市场商品价格，防止贸易条件恶化等等，对有关商品的出口适当控制，甚至禁止出口。

二、出口管制的国家和商品

各个国家都有程度不同的出口管制。一国实施出口管制政策时，一般是根据其国内市场及对外经济、政治关系情况，实行差别性的国别政策，即把受到出口管制的国家分成组别，进行程度不同的管制。这以美国最为典型。它在《出口管理条例》中按宽严程度，把除加拿大以外的国家分成 7 个国家组，以区别对待，列于同一组内的国家，受管制的程度也有差别。

出口管制的商品大致有以下几类：

（1）战略物资及有关的尖端技术产品。例如，对武器、军事设备、军用飞机、军舰、先进的电子计算机及其有关技术资料等进行严格的出口限制，规定必须领取特别出口许可证才准予出口，有的则禁止出口。例如，1983 年美国政府把对中国高级技术产品和先进技术的出口分为绿色地带、中间地带和红色地带三类，绿色地带、中间地带的产品和技术须有出口许可证才准予出口，红色地带的则绝对禁止向中国出口。

（2）国内生产所需要的原材料、半成品及国内市场供应不足的某些重要消费品。西方国家大多对稀有金属、石油和天然气、煤等物品实施出口管制。中国亦对粮、棉、油及重要工业原材料等限制出口，如中国限制或禁止了稀土及铝、锌、镍等有色金属的出口，以首先满足国内工业生产的需要。

（3）出口国“自动”控制出口的商品。有些国家在出口某类商品时，为了缓和与进口国的贸易摩擦，在进口国的要求和压力下，“自动”控制某些商品的出口。

（4）对某个国家或地区实行经济制裁而限制或禁止出口的商品。例如，海湾战争中及战后西方国家对伊拉克实行的禁运。

（5）历史文物和艺术珍品。例如，英国政府规定，古董和艺术珍品历史在 100 年以上者，必须领取出口许可证方能出口，而这类许可证很难领取。我国规定，历史在 150 年以上的古董、艺术珍品不准出口。

（6）被出口国垄断的某些商品控制其出口，目的在于保持垄断商品的垄断高价。例如，石油输出国组织对出口石油的联合控制有效地抬高了国际市场石油价格。

三、出口管制的方式

出口管制的方式一般有以下两种。

（一）单边出口管制

单边出口管制也称单方面出口管制，是指一个国家根据本国的出口管制法案，设立专门的执行机构，独立地对本国某些商品的出口进行审批和颁发出口许可证，实行出口管制。例如，美国的出口管制就是由总统指令美国商务部执行，商务部设立贸易管制局专门办理出口管制商品方面的具体事务。

单方面的出口管制常采用以下措施来实现：①对一些商品的出口实行国家专营，可以起到较为理想的管制效果；②征收出口税，使关税税率保持在一个合理水平上，可以较好地控制出口；③出口许可证制度和出口配额制使政府能够有效地控制出口商品的国别和地区、数量及价格；④出口禁运是最为严厉的一类措施，一般都是针对敌对国家或国内紧缺的原材料或初级产品。

为有效地制定和实施出口管制政策，许多国家都设有专门的机构，颁布专门的法律。例如，美国出口管制法案是根据国内形势和其对外政策的变化而制定和修改的。早在 1917 年美国国会就通过了《1917 年与敌对国家贸易法案》。第二次世界大战后，为加强对社会主义国家实行出口管制，美国国会又于 1949 年通过了《出口管制法》。该法经多次修改，至 1969 年 12 月被《出口管理法》所取代，后者一定程度上放宽了对某些社会主义国家输出战略物资的出口管制，简化了出口许可证颁发手续。1977 年和 1985 年，美国国会又先后修订了《出口管制法》，逐渐放松了对某些国家和某些产品的出口管制。2018 年 8 月 13 日美国总统特朗普签署了一项《2018 年出口管制改革法案》，该法案加强了高新技术产品的出口管制，以维护美国在全球中的技术领先地位。

（二）多边出口管制

多边出口管制是指几个国家为了共同的政治与经济目的，通过一定方式建立国际性的多边出口管制机构，商讨和编制多边出口管制货单和出口管制国别，规定出口管制办法等，以协调彼此的出口管制政策和措施。

1949 年 11 月，在美国一手操纵下成立的输出管制统筹委员会（Coordinating Committee for Export Control，COCOM），又称巴黎统筹委员会，就是一个多边出口管制机构，其目的是建立对社会主义国家实行出口管制的国际网络，共同防止战略物资和先进技术输往社会主义国家，遏制社会主义的发展。该委员会的决策机构由各参加国政府派高级官员参加，组成咨询小组，商讨对有关国家的出口管制问题。1950 年初，这个小组下设调查小组，主管对苏联、东欧和中国等国家的禁运，1952 年又增设了一个所谓“中国委员会”（China Committee，CHINCOM），以加强对我国的“禁运”。

巴黎统筹委员会成立之初参加国有美国、英国、法国、意大利、加拿大、比利时、卢森堡、荷兰、丹麦、葡萄牙、挪威和联邦德国共 12 个国家。日本于 1952 年参加，希腊和土耳其于 1953 年参加，澳大利亚于 1989 年参加。巴黎统筹委员会的主要工作是：编制和增减多边禁运货单，规定受禁运的国别或地区，确定禁运审批程序，加强出口管制，讨论例外程序，交换情报，等等。随着国际形势的变化，该委员会的规定也随之变化，如多边禁运货单已由 20 世纪 50 年代初期的 300 项减至 70 年代的 150 项左右。

巴黎统筹委员会成员国若违反有关规定，擅自向受出口管制的国家出口受管制的产品，是要受到制裁的。轰动一时的“东芝事件”即为一例。1987 年 6 月日本东芝公司违反巴黎统筹委员会规定，向苏联出口了一种技术先进的大型铣床。这种铣床可用来改进苏联潜艇发动机的质量，使其噪声减小，而美国的通信卫星正是根据苏联潜艇的噪声进行跟踪的。美国参众两院大为恼火，向巴黎统筹委员会提出申诉。结果巴黎统筹委员会对东芝公司进行了制裁，除罚款外，5 年内不准东芝公司向苏联出口产品。该事件发生后，由于日本政府对向社会主义国家的出口采取了强化审批和限制政策，我国与东芝公司已签订的金额为 24 亿日元的合同及与其他厂商签订的价值 1 亿日元的合同无法履行，蒙受了很大损失。

20 世纪 90 年代初期，随着苏联的解体和冷战的结束，巴黎统筹委员会在一段时期内处于休眠状态。各成员国都认为巴黎统筹委员会的历史使命已经完成，没有继续存在下去的必要了，经商定，于 1994 年 3 月 31 日宣布巴黎统筹委员会解散。

在新的国际背景下又成立了一个新的国际多边出口控制机构，即瓦瑟纳尔协定，总部设在维也纳。该机构 1996 年 7 月 12 日成立，11 月 1 日正式实施。瓦瑟纳尔是荷兰海牙市的一个区，1995 年 12 月在此制定了框架草案。该机构的工作重点是打击国际恐怖主义，维护世界和平。其主要工作任务是包括限制常规武器在内，对约 110 种产品出口进行管制，从而防止向有可能威胁到和平的国家提供武器。该协定与以前的巴黎统筹委员会相比有两个明显特点：①该协定没有法律约束力，违反了规则没有惩罚措施。②该协定的宗旨是反对国际恐怖主义。这个机构有 41 个国家参加（包括原来巴黎统筹委员会的成员国及俄罗斯和东欧部分国家），对武器等敏感商品的进出口进行管制。

重要术语

直接出口补贴	间接出口补贴	出口信贷	卖方信贷
买方信贷	出口信贷国家担保制	商品倾销	外汇倾销
资本政策	补偿贸易	经济特区	贸易型经济特区
工业型经济特区	科技型经济特区	保税区	过境区
经济技术开发区	出口管制政策	单边出口管制	
多边出口管制	巴黎统筹委员会	瓦瑟纳尔协定	

▶ 重要术语解释请扫描右侧二维码

授课录像

第九章精彩视频请扫描二维码

客观测验题

客观测验题及答案请扫描二维码

复习题

1. 什么是出口补贴？出口补贴有哪两种形式？
2. 什么是间接补贴？它主要有哪几种形式？
3. 什么是出口退税？出口退税为什么会增加出口商品的竞争力？
4. 什么是出口信贷？阐述两种类型的出口信贷的基本运作程序。
5. 什么是买方信贷？请用流程程序图说明它的两种形式。
6. 什么是商品倾销？商品倾销给出口国带来什么利益？
7. 什么是外汇倾销？外汇倾销必须具备哪些条件才能对出口起到促进作用？
8. 举例说明外汇倾销对本国外贸的影响。
9. 资本输出是如何推动出口的？
10. 什么叫经济特区？经济特区有何作用？
11. 试对比出口加工区与自由贸易区的异同。
12. 什么是保税区？
13. 建立上海自贸区有什么意义？
14. 什么是出口管制？它有哪两种形式？

第十章　关贸总协定与世界贸易组织

导 读

近些年，在美国特朗普政府逆全球化政策的影响下，世界贸易组织（World Trade Organization，WTO）的运行困难重重，但是它作为一个全球贸易的主要协调机构依然在发挥着重要作用。世界贸易组织是一个在全球范围内倡导自由贸易原则、制定自由贸易规章、协调各国对外贸易政策、规范各国对外贸易行为、协调解决国际贸易摩擦的全球性多边贸易组织。作为一个永久性的机构，世界贸易组织与世界银行和国际货币基金组织并驾齐驱，成为当今世界经济体系的三大支柱之一。世界贸易组织成立于 1995 年，前身是 1947 年签署的关税与贸易总协定（General Agreement on Tarriff and Trade，GATT），二者的很多条款和基本贸易规则是相似的。因此，要了解世界贸易组织，就需要首先了解关税与贸易总协定，并且要了解曾是关贸总协定原始缔约国之一的中国与这两个国际机构之间复杂关系的历史与现状。

| 本章学习重点 |

1. 世贸组织与关贸总协定的区别
2. 世界贸易组织的宗旨和职能
3. 世界贸易组织的基本原则
4. 中国与 WTO/GATT 关系的历史与现状
5. 加入 WTO 对中国经济发展的正面与负面影响

| 本章教学要求 |

◀ 请扫描左侧二维码

第一节　关税与贸易总协定

《关税与贸易总协定》，简称《关贸总协定》，是世界贸易组织的前身，是有关国际关税减让及调整缔约方之间经济贸易关系和相互权利、义务的国际多边协定，对自由贸易的发展起到了重要的推动作用。

一、关贸总协定的宗旨与作用

（一）关贸总协定的产生

第二次世界大战结束后，各参战国家的经济一片衰败，无论战胜国还是战败国都遭受到战争的磨难，各国政府也都在忙于战后的重建工作。同为战胜国的美国情况却大不相同，由于国土处于战争的大后方而未受到破坏，加上受到战时军需品大量生产的刺激，美国经济急剧膨胀和强大起来。在这种背景下，美国开始大力推动自由贸易，并积极筹划建立一个倡导自由贸易政策的国际贸易组织。

1946 年 2 月，联合国经社理事会第一次会议通过了美国关于召开世界贸易与就业会议和成立国际贸易组织的建议，并成立了筹备委员会。同年 10 月，在伦敦召开了第一次筹委会，审议美国提出的《国际贸易组织宪章》草案，并决定成立起草委员会对草案进行修改。1947 年 4~10 月，美国、英国、中国、法国等 23 个国家参加了在日内瓦举行的筹备委员会第二次会议，进行了关税问题的多边谈判，签订了 123 项关税减让协议。1947 年 4 月，联合国主持的第一次世界贸易与就业会议在哈瓦那召开，会上讨论通过了《国际贸易组织宪章》（即《哈瓦那宪章》）草案，并送交各国政府批准。《哈瓦那宪章》草案包括有关就业与经济活动、经济开发与复兴、限制性贸易做法、政府间商品协定及建立国际贸易组织的条款。由于当时各国之间存在诸多方面的分歧意见，一时无法调和，因而短期内通过该宪章草案是不可能的。此后有关国家遂将《哈瓦那宪章》中关于贸易政策方面的规定和各国在关税减让谈判中取得的协议汇在一起形成了《关税与贸易总协定》，并经过谈判达成一项《临时适用协议书》。关贸总协定的 23 个发起国于 1947 年 10 月 30 日签订了《临时适用协议书》，并于 1948 年 1 月 1 日起开始生效。由于《哈瓦那宪章》后来未获得有关国家政府的批准，故成立国际贸易组织的计划成为泡影。关贸总协定这个临时多边组织一直运作了几十年，到 1995 年 1 月 1 日才被世界贸易组织这个正式的国际组织所取代。

（二）关贸总协定的宗旨

《关贸总协定》的序言明确规定其宗旨是：缔约各国政府认为，在处理它们的贸易和经济事务的关系方面，应以提高生活水平、保证充分就业、保证实际收入和有效需求的巨大持续增长、扩大世界资源的充分利用以及发展商品生产与交换为目的。通过达成互惠互利协议，大幅度地削减关税和其他贸易障碍，取消国际贸易中的歧视待遇等措施，以对上述目的做出贡献。

（三）关贸总协定的作用

关贸总协定实施以后，即开始进行全球多边贸易谈判，几十年间，经过多次关税减让谈判，缔约国关税已有大幅度的削减，世界贸易已增长十几倍，其在国际贸易领域内所发挥的作用越来越大，主要表现在以下几个方面：

（1）关贸总协定为各成员规范了一套处理它们之间贸易关系的原则及规章。关贸总协定通过签署大量协议，不断丰富、完善多边贸易体制的法律规范，对国际贸易进行全面的协调和管理。

（2）关贸总协定为解决各成员在相互贸易关系中所产生的矛盾和纠纷提供了场所和规则。为了解决各成员在国际贸易关系中所产生的矛盾和争议，关贸总协定制定了一套调处各成员争议的程序和方法。关贸总协定虽然是一个临时协定，但由于其协调机制有较强的权威性，大多数的贸易纠纷得到了解决。

（3）关贸总协定为成员举行关税减让谈判提供了可能和方针。总协定为各国提供了进行关税减让谈判的场所。关贸总协定自成立以来，进行过八大回合的多边贸易谈判，关税税率有了较大幅度的下降。发达国家的平均关税已从 1948 年的 36%降到 90 年代中期的 3.8%，发展中国家和地区同期降至 12.7%。这种大幅度地减让关税是国际贸易发展史上所未有的，对于推动国际贸易的发展起了很大作用，为实现贸易自由化创造了条件。

（4）关贸总协定努力为发展中国家争取贸易优惠条件。关贸总协定成立后被长期称作“富人俱乐部”，因为它所倡导的各类自由贸易规则对发达国家更有利。但随着发展中国家成员国的增多和力量的增大，关贸总协定不再是发达国家一手遮天的论坛，已经增加了若干有利于发展中国家的条款，对发展中国家分享国际贸易利益起到了积极作用。

（5）关贸总协定为各国提供经贸资料和培训经贸人才。关贸总协定与联合国合办的“国际贸易中心”，从各国搜集统计资料和其他资料，经过整理后再发给各成员国，并且举办各类培训班，积极为发展中国家培训经贸人才。

二、《关税与贸易总协定》条款的主要内容

《关税与贸易总协定》的条款共有 38 条，分为四大部分。

第一部分包括第 1 条“一般最惠国待遇”和第 2 条“关税减让表”，其中第 1 条规定各缔约方之间在关税与贸易方面相互提供无条件的最惠国待遇的内容是整个《关贸总协定》的核心。

第二部分从第 3 条到第 23 条，主要规定国内税和国内规章的国民待遇，取消进口数量限制和在某种商品大量进口使某缔约方的同类产品遭受重大损害和威胁时，该缔约方可以采取的紧急措施，其中大部分属于对非关税措施的约束。

第三部分从第 24 条到第 35 条，主要规定《关贸总协定》的适用范围，参加和退出总协定的手续及程序等方面的问题。

第四部分是 1965 年增加的，从第 36 条到第 38 条，主要规定对发展中国家的贸易与发展应尽量给予关税和其他方面的特殊优惠待遇。

随着国际经贸形势的发展变化，在乌拉圭回合多边贸易谈判中对总协定的部分条款进行了修改，称为《1994 年关税与贸易总协定》，它成为此后建立的世界贸易组织的有关协定和条款的组成部分，继续作为国际贸易的重要法律准则发挥作用。

三、关税与贸易总协定的历次多边贸易谈判

自关贸总协定生效以来，共组织了八轮多边贸易谈判（又称“回合”）。这八个回合的贸易谈判取得了丰硕的成果。前五个回合的谈判都把关税减让作为主要议题，使关税水平大幅下降。20 世纪 60 年代进行的肯尼迪回合谈判加进了反倾销的新内容。70 年代进行的东京回合谈判达成了一系列限制非关税壁垒的协议。1986 年开始的乌拉圭回合谈判，是关贸总协定有史以来历时最长、参加方最多、谈判议题最广、难度最大的一次多边贸易谈判。其谈判范围涉及三项新内容，即服务贸易、知识产权及与贸易有关的投资，并最终达成 45 项协议，其中一项便是关于建立世界贸易组织的协议（表 10-1）。

表 10-1 关贸总协定历次多边贸易谈判及成果一览表

名称	地点与起止时间	参加国家和地区	谈判主要成果
第 1 轮 日内瓦回合	瑞士日内瓦 1947 年 4~10 月	23	1.达成 4.5 万多项产品的关税减让协议，使占进口值 54%的商品平均降低关税 35%。 2.促使 GATT 于 1948 年 1 月 1 日起临时生效。
第 2 轮 安纳西回合	法国安纳西 1948 年 8~10 月	33	就近 5 000 多项产品达成新的关税减让协议，使占应征税进口值 5.6%的商品平均降低关税 35%。
第 3 轮 托奎回合	英国托奎 1950 年 8 月~1951 年 4 月	39	1.达成 8 700 项产品的关税减让协议。 2.使占应征税进口值 11.7%的商品，平均降低税率 26%。
第 4 轮 日内瓦回合	瑞士日内瓦 1956 年 1~5 月	28	1.就 3 000 个税目的商品达成新的关税减让协议。 2.使占应征税进口值 16%的商品平均降低税率 15%。

续表

名称	地点与起止时间	参加国家和地区	谈判主要成果
第 5 轮 狄龙回合	瑞士日内瓦 1960 年 9 月~1962 年 7 月	45	就 4 400 项商品达成关税减让协议，使占应征税进口值 20%的商品平均降低关税 20%。
第 6 轮 肯尼迪回合	瑞士日内瓦 1964 年 5 月~1967 年 6 月	54	1.就 60 000 多项商品达成关税减让协议。 2.分阶段降低工业品关税，至 1972 年 1 月 1 日工业品进口关税平均下降 35%。 3.通过第一个反倾销协议。
第 7 轮 东京回合	瑞士日内瓦 1973 年~1979 年 4 月 （在东京发起）	99	1.达成 27 000 多项产品的关税减让协议，全部关税减幅为 25%~35%。 2.首次谈判非关税壁垒，达成反倾销、反补贴、政府采购、海关估价、进口许可证程序、贸易技术壁垒等多项协议。
第 8 轮 乌拉圭回合	瑞士日内瓦 1986 年 9 月~1993 年 12 月 （在乌拉圭发起）	117	1.货物贸易关税全面降低近 40%，减税产品涉及贸易额高达 1.2 万亿美元，并在近 20 个产品部门实行了零关税。 2.将农产品贸易、纺织品贸易纳入 GATT。 3.首次将 GATT 规则范围扩大到服务贸易、知识产权和与贸易有关的投资。 4.建立 WTO。

四、关税与贸易总协定的局限性

由于关税与贸易总协定不是一个正式的国际组织，这使它在体制上和规则上有着多方面的局限性。

（1）关贸总协定的有些规则缺乏法律约束，也无必要的检查和监督手段。例如，规定一国以低于“正常价值”的办法，将产品输入另一国市场并给其工业造成“实质性损害和实质性威胁”就是倾销。而“正常价值”“实质性损害和实质性威胁”难以界定和量化，这很容易被一些国家歪曲和加以利用来征收反倾销税。

（2）关贸总协定中存在“灰色区域”，致使许多规则难以很好地落实。所谓“灰色区域”是指缔约方为绕开关贸总协定的某些规定，所采取的在关贸总协定法律规则和规定的边缘或之外的歧视性贸易政策措施。这种“灰色区域”的存在，损害了关贸总协定的权威性。

（3）关贸总协定的条款中对不同的社会经济制度带有歧视色彩。例如，对“中央计划经济国家”进入关贸总协定设置了较多的障碍。

（4）关贸总协定解决争端的机制不够健全。虽然关贸总协定为解决国际商业争端建立了一套制度，但由于总协定解决争端的手段主要是调解，缺乏强制性，容易使争端久拖不决。

（5）允许纺织品配额和农产品补贴长期存在，损害了关贸总协定的自由贸易原则。

正是由于关税与贸易总协定的种种局限性，这个临时性准国际贸易组织最终被世界贸易组织所取代。

第二节　世界贸易组织的建立与运作机制

世界贸易组织是一个在全球范围内倡导自由贸易原则、制定自由贸易规则、协调各国对外贸易政策、规范各国对外贸易行为、协调解决国际贸易摩擦的全球性多边贸易组织。作为一个永久性的机构，世界贸易组织与世界银行（World Bank，WB）和国际货币基金组织（International Monetary Fund，IMF）并驾齐驱，成为当今世界经济体系的三大支柱之一。

一、世贸组织的建立

建立一个广泛协调各国之间经济贸易关系的世界性组织的构想，早在第二次世界大战结束的 20 世纪 40 年代中期就已产生。1945 年 12 月，在布雷顿森林会议的基础上建立了世界银行和国际货币基金组织这两个维系世界各国货币体系、从金融方面调节各国经济关系的重要的世界性组织。当时，各国还就建立第三个具有重要作用的世界性组织——国际贸易组织进行了筹划。这种筹划后来在古巴的哈瓦那会议上结束，与会代表签署了这个组织的宪章，即《哈瓦那宪章》。按照当时的构想，为了永久避免因各国为争夺世界资源、市场和解决国内经济危机及就业问题而引发战争，将建立一个能够广泛调节国家之间经济关系的世界性组织，并与世界银行、国际货币基金组织一样，同属联合国下属机构，共同支撑世界经济体系。但是，这一构想最终因各国之间存在诸多分歧意见无法调和而流产。然而，《哈瓦那宪章》中有关贸易政策方面的协议和谈判各方就关税减让达成的协议却被认同和付诸实施，并由此而成立了世界贸易组织的前身——关税与贸易总协定。它作为一个临时性的多边贸易机构在第二次世界大战后存在了近 50 年并不断发展壮大。

在关贸总协定的第八轮谈判即“乌拉圭回合”开始之前，其成员方（缔约方）已由成立之初的 23 个国家扩大到 91 个，所调节的世界贸易量已占世界贸易总量的 90%。与关贸总协定成立之初的年代相比，世界经济格局与运行方式都发生了巨大的变化。最突出的标志是，区域集团化趋势加强，世界经济被划分为多个板块，形成区域内互惠和对区域外的壁垒。这种状况对关贸总协定的多边贸易体系构成了巨大挑战。另外，以货物、资本、技术、服务结合在一起的国际经济一体化运动方式取代了过去比较单一的货物贸易方式，但除了货物贸易之外的其他经济活动方式都缺少比较权威的多边规则来调节和约束。尽管关贸总协定后来的几轮谈判都注意到对其自身规则框架进行修补，但面对如此迅速变化的世界经济贸易形势，关贸总协定不论规范的范围还是规则的刚性，都远远不符合现实要求。各种绕过关贸总协定规则框架的“灰色区域”手段频频出现；各种贸易战时常发生；一些国家，诸如美国等，以单边手段置于多边规则之上。这些都使人们强烈感到了对关贸总协定这一旧的多边贸易体系进行彻底更新的必要。

为此，在发起“乌拉圭回合”谈判的埃斯特角城部长级会议宣言中，明确地将“建立一个更广泛、更强有力、更具有生命力的多边体系”作为该次谈判的主要目标之一。但在谈判开始时所拟定的谈判议题中并没有引入建立世界贸易组织问题，而只是设立了一个关于修改和完善关贸总协定体制职能的谈判小组。1990 年初，担任欧共体主席国的意大利首先提出建立一个多边贸易组织（Multilateral Trade Organization，MTO）的倡议。后来以 12 个欧共体成员国的名义正式提出，得到了加拿大、美国等主要西方国家的支持。1990 年 12 月“乌拉圭回合”布鲁塞尔部长会议正式做出决定，责成关贸总协定下属的体制职能小组负责“多边贸易组织协定”的谈判。该小组经过一年的谈判，于 1991 年 12 月形成了一份《关于建立多边贸易组织协定草案》。1993 年 12 月 15 日“乌拉圭回合”结束时，又根据美国的建议把多边贸易组织改名为世界贸易组织。

《建立世界贸易组织协议》（简称《WTO 协定》）于 1994 年 4 月 15 日在摩纳哥的马拉喀什部长级会议上获得通过，被 104 个参加方政府代表签署。根据该协议，世贸组织于 1995 年 1 月 1 日开始运行，与关贸总协定并存一年后，于 1996 年 1 月 1 日起完全取代关贸总协定，成为规范和协调当代全球经济贸易关系的最权威的组织。

二、世贸组织与关贸总协定的区别

世贸组织与其前身关贸总协定相比，在很多主要的方面是相同的，如基本精神和基本原则、成员的权利与义务等，但也存在若干重要的区别。二者的区别主要有：

（1）世贸组织是一个正式的国际组织。原来的关贸总协定只是一个临时性的协定，是个准国际组织，它不是一个国际法人。世贸组织则是一个正式的国际组织，是一个国际法人。《WTO 协定》是经成员方的立法机构批准而具有凌驾于国内法之上的权威性的国际正式协定。

（2）世贸组织的管辖范围增大了。世贸组织调节国际经贸活动的范围已大大超过了关贸总协定的调节范围，不仅包括货物贸易，还包括服务贸易、与贸易有关的投资问题、与贸易有关的知识产权问题，并且把与贸易有关的环境保护等问题纳入了世贸组织的管理范围。

（3）世贸组织的权威性加强了。世贸组织规定，各个成员要一揽子接受“乌拉圭回合”通过的所有多边协定。关贸总协定的缔约方则常常采取“各取所需”的方式，对自己有利的就接受，不利的就找借口不执行。世贸组织还规定，成为世贸组织成员后，如果本国的贸易政策与多边协定不相符，可以有一个过渡期，过渡期一结束，本国的贸易政策就必须向多边协定的政策靠拢。

（4）世贸组织的运作机制健全了。例如，解决贸易争端的机制中，世贸组织成立了上诉庭。在出现争端后的一段时间内，争端双方可以进行谈判；如解决不了，世贸组织就成立一个专家小组进行仲裁；如对仲裁不服，可以告到上诉庭，上诉庭裁决后就有了法律效力；如果这还不行，就要对不服从裁决的一方进行贸易制裁。

三、世贸组织的宗旨与职能

（一）宗旨

世贸组织的宗旨主要体现在《WTO 协定》的前言中，与关贸总协定的宗旨相似，其宗旨是：提高生活水平，保证充分就业，大幅度和稳定地增加实际收入和有效需求量，扩大世界资源的充分利用，削减贸易壁垒，取消国际贸易中的歧视待遇，促进国际贸易的发展。

与关贸总协定的宗旨不同的是，世贸组织的宗旨中又加入了下列新内容：①扩大服务贸易；②保护环境；③积极努力确保发展中国家，尤其是最不发达国家在国际贸易增长中获得与其经济发展相适应的份额。

（二）职能

（1）促进《WTO 协定》及各项多边协议的执行、管理、运作及宗旨的实现。

（2）为成员提供谈判的场所和谈判成果执行的监督机构。

（3）为成员提供解决贸易纠纷的场所。按统一的争端解决机制，通过独立的专家所组成的专案小组，主持解决成员之间未能通过双边磋商达成谅解的贸易纠纷。

（4）管理贸易评审机制。按贸易评审机制，世贸组织要定期审查各成员的贸易体制，监视各成员的贸易政策，收集各成员的有关统计信息资料。

（5）负责与国际货币基金组织和世界银行及其会员机构的合作，以促进全球经贸政策的统一。

四、世贸组织的机构

《WTO 协定》对该组织内部的机构设置及其职责范围做了明确的规定。

（一）部长级会议

部长级会议是世贸组织的最高决策机构。但它不是一个常设机构，只是一个由全体成员方的部长参加，每两年举行一次会议，对国际贸易重大问题做出决策的会议制度。

部长级会议具有以下具体职责：

（1）部长级会议设立贸易与环境委员会、贸易与发展委员会、收支平衡限制委员会，以及预算、财务与管理委员会，在适当情况下也可设立其他委员会。

（2）任命总干事并制定有关规则，确定总干事的权力、责任、任职条件和任期，并确定秘书处工作人员的职责及任职条件。

（3）对《WTO 协定》和多边贸易组织协议做出解释。

（4）豁免某成员方对《WTO 协定》和其他多边贸易协定所承担的义务，并应对超过一年的豁免按规定进行审议，决定对豁免的延长、修改和终止。

（5）审议成员方提出的对《WTO 协定》或多边贸易协议进行修改的协议。

（6）决定将某一贸易协议补充进多边贸易协议或将其从该协议之中删除。

（7）决定加入世贸组织的国家或地区。

（8）审议互不适用多边贸易协议的执行情况并提出适当建议。

（9）决定《WTO 协定》及多边贸易协议生效的日期及续延的时间。

（二）总理事会

总理事会由所有成员方代表组成，主要在部长级会议休会期间履行部长级会议的职责。总理事会是除部长会议之外的最高权力机构，负责日常对世贸组织的领导与管理。理事会会议可根据需要随时召开。

总理事会的具体职责包括：

（1）审批各委员会的程序规则。

（2）适时召开会议，以使世贸组织的纠纷解决机构按有关协议的规定履行职责。

（3）适时召开会议，以使贸易政策审议机构能按有关协议的规定履行职责。

（4）总理事会下设分理事会，包括货物贸易理事会、服务贸易理事会和与贸易有关的知识产权理事会。总理事会批准这三个分理事会的程序规则，并指导三个分理事会的工作。

（5）为贸易发展委员会、收支平衡限制委员会、贸易与环境委员会，以及预算、财务与管理委员会安排工作，听取贸易发展委员会关于执行多边贸易协议中对最不发达国家优惠条款的执行情况的报告，并采取适当行动。

（6）了解多边贸易协议执行机构的活动情况。

（7）同与世贸组织工作有关的政府间组织进行有效合作。

（8）同与世贸组织工作有关的非政府组织进行协商与合作。

（9）批准世贸组织的年度预算和财务报告，批准有关成员方应缴纳会费的财务规则。

（10）对《WTO 协定》和多边贸易协议进行解释。

（三）分理事会及下属委员会

世贸组织为使各项制度及协定得到圆满的执行和使成员方之间发生的纠纷得到迅速有效的解决，在总理事会之下又设立了分理事会及下属委员会。主要有三个：

（1）货物贸易理事会。主要负责管理监督《1994 年关贸总协定》及其附属的 12 个协议的执行。在该分理事会之下，又分设 12 个委员会，具体负责各专项协议的执行。

（2）服务贸易理事会。主要负责管理监督《服务贸易总协定》的执行。在该分理事会下，目前有三个谈判小组、一个委员会和一个工作小组，分别为：基础电信谈判小组、自然人移动谈判小组、海上运输服务谈判小组、金融服务委员会及专业服务工作小组。

（3）与贸易有关的知识产权理事会。主要负责管理监督世贸组织保护知识产权协定的执行。

（四）秘书处及总干事

世贸组织设立秘书处，秘书处由总干事负责。秘书处的工作人员及他们的职责、任职条件都由总干事决定。总干事及秘书处工作人员必须具有国际性质，在履行职责时不得寻求或接受任何政府或世贸组织之外机构的指示。秘书处负责定期审议各国的贸易政策，撰写出被审成员的贸易报告，要求有关成员“澄清其贸易政策和实践”，甚至指出成员方应予以纠正或改进的贸易实践，敦促其做出必要的改革。目前的秘书处有 420 多人。

（五）纠纷解决机构和贸易政策审议机构

这两个机构都直接隶属于部长会议或总理事会。纠纷解决机构下设专家小组和上诉机构（上诉庭），负责处理成员方之间基于各有关协定、协议所产生的贸易纠纷。贸易政策审议机构主要负责定期审议各成员方的贸易政策、法律与实践，并做出一定指导。

（六）隶属部长会议的委员会

根据《WTO 协定》第四条第一款的规定，部长级会议可根据需要建立某些委员会，使其分管某方面的事务。目前有四个隶属部长级会议的委员会。

（1）贸易与环境委员会。主要职责是协调贸易与环境措施之间的矛盾，制定必要的规范，以促进贸易的持久发展。

（2）贸易与发展委员会。主要职责是定期审议多边贸易协定中对欠发达国家优惠条款的执行情况，并定期向总理事会报告，以便采取进一步行动。

（3）收支平衡限制委员会。主要负责监督审查有关协定中涉及国际收支平衡条款及依据这些条款而采取限制进口措施的执行情况。

（4）预算、财务与管理委员会。主要负责确定并收缴成员方应缴的会费，提出世贸组织的年度财务报告及预算，负责管理世贸组织的财产及内部行政事务。

除了上述四个委员会外，目前正在酝酿中的新建部长级会议下属委员会有“区域贸易协定”“投资”“竞争规则”“劳动标准或贸易与劳工”等委员会。

五、《WTO 协定》内容

《WTO 协定》由正文 16 条和 4 个附件组成。

正文 16 条并未涉及规范和管理多边贸易关系的实质性原则，只是就世贸组织的结构、决策过程、成员资格、接受、加入和生效等程序性问题做了原则规定。

4 个附件所涉及的内容较广，既包括各成员的权利与义务，也包括成员在外经贸活动中应遵循的基本原则及解决贸易纠纷的规则等。附件 1 包括 13 个多边货物贸易协议、《服务贸易总协定》和保护知识产权协议。13 个多边货物贸易协议是：①《1994 年关税与贸易总协定》；②《农产品协议》；③《实施动植物检疫措施协议》；④《纺织品与服装协议》；⑤《技术性贸易壁垒协议》；⑥《与贸易有关的投资措施协议》；⑦《关于实施〈1994 年关税与贸易总协定〉第六条的协议（《反倾销守则》）；⑧《关于实施〈1994 年关税与贸易总协定〉第七条的协议》（《海关估价守则》）；⑨《装运前检验协议》；⑩《原产地规则协议》；⑪《进口许可程序协议》；⑫《补贴与反补贴措施协议》（《反补贴守则》）；⑬保障措施协议。附件 2 包括争端解决规则与程序。附件 3 包括贸易政策审议机制。附件 4 包括 4 个多边协议：①民用航空器贸易协议；②政府采购协议；③国际奶制品协议；④国际牛肉协议。

在上述附件的各种协议中包含着世贸组织的若干基本原则，这与关贸总协定的基本原则大同小异。

六、世贸组织的运作机制

世贸组织健全的运作机制贯穿在该组织的很多方面。较为典型的是贸易政策审议机制和贸易纠纷解决机制。

（一）贸易政策审议机制

世贸组织的贸易政策审议机制主要由以下内容构成。

（1）审议机构。世贸组织设有贸易政策审议机构（Trade Policy Review Body，TPRB），该机构直接隶属于部长级会议或总理事会，负责定期审议成员方的贸易政策、贸易法规和贸易实践等。

（2）审议周期。世贸组织所有成员方的贸易政策和实践无一例外地受到评审，但不同的成员方可以有不同的审议周期。成员方的贸易政策和贸易实践对多边贸易体制运作的影响是决定审议周期长短的主要因素，而成员方对多边贸易体制运作影响的大小又取决于该成员某一时期内在世界贸易中所占份额的大小。以此为依据，四个最大的贸易实体，即欧盟、美国、日本、加拿大，每两年接受一次审议；排列其后的 16 个实体每 4 年接受一次审议；其他成员每 6 年审议一次；最不发达国家的审议周期可以更长。在例外的情况下，当某一成员方的贸易政策和实践发生大的变化，并对贸易伙伴发生重大影响时，贸易政策审议机构在与该成员磋商后，可对其进行提前审议。

（3）定期报告。凡轮到接受评审的成员，必须在当年向贸易政策审议机构提交其贸易政策和做法的详尽报告。该报告的撰写是按照贸易政策审议机构规定的统一格式进行的。在两次审议中间，若一成员的贸易政策发生重大变动，必须及时向贸易政策审议机构提供简要报告。此外，每一成员还必须按照统一格式提供最新年度统计数据。最不发达国家可在其提交的贸易政策报告中，详细说明其所面临的困难，以便贸易政策审议机构在审议中予以特别考虑。

（4）审议过程。审议过程分为下面几个步骤：第一步，贸易政策审议机构应与接受审议的成员方磋商，确定每年的审议方案，同时完成其他审议前的准备工作。接受审议的成员方可以派出人员在审议过程中介绍有关情况。第二步，被审议的成员方提供一份贸易政策和实践报告。世贸组织的秘书处，根据其所掌握的有关资料及其他有关成员提供的资料，另外做成一份报告。在此过程中，秘书处可要求有关成员对其贸易政策和做法加以澄清。第三步，贸易政策审议机构召开会议，审议接受评审的成员方呈交的报告及秘书处起草的报告。由贸易政策审议机构任命的主发言人以个人身份引导贸易政策审议机构的讨论。任何与接受审议的国家有利害关系的成员均可出席审议会议，并针对有关的贸易政策和实践提出质询、批评或表扬。第四步，接受审议方的贸易代表针对各方提问进行答辩。

审议结束后，世贸组织秘书处负责将成员方提交的报告、秘书处的报告及贸易政策审议机构会议记录概要三份文件合订在一起，印刷出版。所有这些文件将提交给部长级会议，部长级会议对这些文件记录在案。

（二）贸易纠纷解决机制

世贸组织的贸易纠纷解决机制主要由以下内容构成：

（1）纠纷解决机构。世贸组织设立了专门负责解决争端的机构——纠纷解决机构（dispute settlement body），该机构直接隶属于部长级会议或总理事会。纠纷解决机构由一位主席主持，负责处理成员方之间所产生的贸易纠纷。

（2）解决纠纷的工作时限。世贸组织条文对纠纷解决的各个阶段都确定了具体的工作时限：①接到磋商（谈判）的请求后，纠纷解决机构应在 10 日内做出响应，并于 30 日内开始磋商。②若有关成员在 10 日内对磋商要求置之不理，或在 60 日后磋商未果，则申诉方可要求成立专家组进行仲裁。专家组的职责范围应在 20 日内确定，专家组的人员组成应在 30 日内完成。③专家组的审案时间一般不超过 6 个月；遇有紧急情况，则应在 3 个月内完成。但无论遇到何种情况，审案时间都不得超过 9 个月。④争端解决机构应在专家组提出仲裁报告后 60 日内通过该报告，除非当事一方已通知其有意上诉，或纠纷解决机构以“反向一致”的方式反对该报告。⑤若进行上诉，其程序一般不应超过 60 日，最多不超过 90 日，上诉庭就应做出裁决。

（3）上诉庭。世贸组织解决纠纷的程序中设立了上诉程序，并建立了相应的常设上诉庭（appellate body），受理上诉的案件。上诉庭可以维持、修改或推翻专家组的结论。上诉庭所做的裁决具有法律效力，当事人必须执行。纠纷解决机构应在上诉庭提出裁决报告 30 日内通过该报告，除非有“反向一致”的意见反对该报告。

（4）对仲裁或裁决的执行。世贸组织规定，在专家组的仲裁报告或上诉庭的裁决报告通过的 30 日内举行的纠纷解决机构会议上，有关方必须表明其执行裁决的意向。如果立即执行做不到，可在“一段合理时间内”做到；如果仍然做不到，则须与申诉方谈判，以确定可相互接受的补偿。如果在 20 日内，谈判仍未达成协议，则申诉方可要求纠纷解决机构授权其对另一方中止减让或其他义务，即实施贸易报复。

第三节　世界贸易组织的基本原则与多哈回合

为了有效地实现其宗旨，世贸组织的各项协议与条款中贯穿了一系列的基本原则。这些基本原则主要来自《1994 年关税与贸易总协定》，在世贸组织中仍然适用，并在世贸组织的多轮部长级会议和多哈回合谈判中不断被修改完善和贯彻实施。

一、世贸组织的基本原则

（一）非歧视原则

非歧视原则又称无差别待遇原则，是世贸组织的重要基本原则，是各种规则与体系的基础，体现了公平与互利。非歧视原则包括两项内容：最惠国待遇原则和国民待遇原则。

（1）最惠国待遇原则。最惠国待遇是指一成员方现在和将来给予任何第三方的优惠和豁免，也应该给予其他各成员方。给予最惠国待遇的一方称给惠方，享有最惠国待遇的一方称受惠方。

最惠国待遇是世界多边贸易体系的核心，是世贸组织赖以生存的基石。在 WTO 中，最惠国待遇原则是指签订双边或多边贸易条约的成员一方在贸易、关税、航运、公民法律地位等方面，如给予任何第三方以减让、特权、优惠或豁免时，另一方或其他成员方也可以得到相同的待遇。给惠方一经承诺给予最惠国待遇，就意味着它保证不在各成员之间实行差别待遇，所有成员都应在平等的地位上享有平等的贸易优惠。

从本质上说，签订最惠国待遇原则的目的就在于实现贸易上的一视同仁、平等相待、不加歧视。在这样的原则下，成员之间的双边关税减让谈判成果可扩大为多边体系的基础，产生自动减少贸易限制的多边效应，起到帮助国际统一规则形成的作用，从而有效地消除存在于成员之间的贸易、关税等方面的歧视待遇，使所有的成员拥有均等的贸易机会和条件，平等地进行贸易竞争，促进成员的贸易往来和经济发展，推动自由贸易的发展。该原则还保证了经济实力较弱的国家能够不受阻碍地享受经济强国之间达成的最佳贸易条件，使 WTO 对国际贸易的保护作用得以加强，有利于推进自由贸易的发展，抑制贸易保护主义的扩张。

（2）国民待遇原则。国民待遇是指在成员之间相互保证给予另一方的自然人（公民）、法人（企业）和商船在本国境内享有与本国（地区）自然人、法人和商船同等的待遇。在国际贸易中，国民待遇是指成员方在征收国内税和有关国内销售、购买、运输、分配或使用所适用的法令、法规、条例等方面，对进口产品和国产产品应一视同仁。除征收关税以外，一旦进口商品进入国内市场，其所受待遇不得低于相应的国内商品，不应对进口商品实行差别待遇。因为如果对内外商品实行差别税率或其他非关税限制措施，那么 WTO 所要求的关税减让的好处就会被国内税和其他限制措施所抵消，有违 WTO 宗旨。

最惠国待遇原则与国民待遇原则是相辅相成的，既有差别，也互相补充。

二者的差别在于：最惠国待遇原则规定的是不准对不同成员的商品实施差别待遇；而国民待遇原则规定的是不准在国产产品与进口产品之间实施差别待遇。

二者的互相补充在于：最惠国待遇原则的适用，使关税减让结果适用于各成员方，从而达到进口关税降低的目的。但成员方仍可以用国内立法的手段对已进口的产品施以歧视，从而减弱进口产品对国产产品的竞争力。国民待遇原则正是在这一点上做了补充，防止了消极结果的出现。

（二）互惠原则

互惠原则又称对等原则，是指 WTO 成员之间要互惠互利，贸易特权与贸易利益要相互让与。互惠原则是 WTO 的重要原则之一，它不仅是成员之间进行贸易谈判并维持正常贸易关系的基础，而且是 WTO 得以发挥作用的主要机制。在国际贸易中，互惠是指在 WTO 体制下，以大幅度地、普遍地降低关税水平为目标，成员方在关税谈判中均做出对等的妥协，相互之间给予贸易上的优惠待遇，从而在双方之间建立一种互惠互利的贸易关系，最终使双方进出口按大致相当的规模增长。几百年来，关税互惠一直在国际贸易政策中占有重要地位，当代互惠已扩大到其他方面，如航运、个人到对方国家居住与旅行的权利。在各种对外贸易管制措施上所做的减让及商标、版权与专利权待遇等的互惠原则已成为国际贸易关系中的一项基本原则。

（三）透明度原则

透明度原则要求成员方的贸易政策和法规在全国统一实施和透明，要求成员方有效实施的有关关税及其他税费和有关进出口贸易措施的所有法令、条例和普遍采用的司法判例及行政决定，成员方之间缔结的贸易协定，都必须公布。进出口贸易商可以得到，人人都可以了解到这些法律和规章。这种透明度是互惠的，各成员方彼此要公开这些内容。

透明度原则的目的在于防止成员方之间进行不公开的贸易，并防止国产产品与进口产品间出现不公平条件和不公平竞争，从而造成歧视性的存在。

（四）关税保护原则

关税保护原则包含三项具体原则：允许关税保护原则、关税稳定减让原则和取消数量限制原则。

（1）允许关税保护原则。该原则是指各成员只能通过关税对其国内产业实行保护，而不能采取其他非关税措施。换言之，各成员只能通过制定关税税则，如对某些商品征收较高的关税来调节进口，以达到保护本国产业的目的，但不能采取实施进口限额或其他非关税形式的保护手段来达到这一目的。

（2）关税稳定减让原则。关税稳定减让原则是指成员之间相互约束关税的减让水平，即成员之间通过谈判达成的关税税率的削减，必须稳定在一定水平上，三年之内不得随意提高。三年后如要提高，必须同当初进行对等谈判的成员协商，而且要用其他产品的税率减让来补偿，促使成员的关税水平稳定下降。

关税稳定减让原则是对关税保护原则的补充：虽然成员方可以用关税保护本国产业，但关税率也必须保持稳定下降的趋势，以便向完全的自由贸易迈进。

（3）取消数量限制原则。取消数量限制原则是指在商品的进出口贸易活动中不允许用数量限制（如规定配额）的方法进行管理。数量限制是通过规定进出口数量来管制进出口贸易的一种行政方法，是影响国际贸易发展的一种非关税壁垒。在各种形式的非关税壁垒中，数量限制简单易行，保护效果明显，因而在国际贸易中最为普遍。数量限制会给价格机制带来障碍，使国际贸易中市场经济的作用受制约，妨碍公平竞争，还易导致出口国受歧视性待遇，与 WTO 的精神相悖。

取消数量限制原则也是对关税保护原则的补充：虽然 WTO 只承认关税作为唯一合法的保护措施，但随着关税减让谈判的不断进展，各国越来越趋向于增加使用非关税措施进行保护，非关税措施已成为国际贸易发展的严重阻碍，取消数量限制原则对此加以约束。

由于目前要求完全禁止进口数量限制难以做到，因此，WTO 允许在国际收支陷入窘境、为促进发展中国家经济发展、为稳定本国农产品市场等几种情况下有例外。

（五）公平贸易原则

公平贸易原则是指各成员方在外贸业务中不允许进行商品倾销和实施出口补贴，因为倾销和补贴行为易造成市场扭曲，属于不公平竞争。WTO 允许成员在某些情况下，采取征收反倾销税或反补贴税等措施来抵消因别国的倾销或出口补贴对本国所造成的损害。

针对倾销与反倾销行为，WTO 规定，如果经过调查证明进口商品确有倾销的事实，而且证明倾销的产品与进口方某项工业所遭受的损害之间具有因果关系，则该受损的成员方可根据规定，对该项倾销的产品征收反倾销税，但反倾销税的数额不得超过这种产品的倾销差额。反倾销税是暂时性的，仅限于消除因倾销所造成的损害后果所需要的时间，而且在征收反倾销税时应遵守非歧视原则。

WTO 对出口补贴与反补贴行为也作了若干规定，如果出口补贴对另一成员国内工业造成重大损害或产生重大威胁，该成员可征收反补贴税。但此条对发展中国家也有不同的规定，发展中国家不仅对初级产品，而且对工业制成品也可以给予出口补贴，不受发达国家所承担的对工业品不得给予出口补贴的义务的约束。

（六）对发展中国家特别优惠原则

为促进发展中国家经济与贸易的发展，关贸总协定在 1965 年对条款做了一次重要补充，增加了第 36 条至 38 条，规定对发展中国家尽量给予特别优惠待遇。这些优惠待遇主要包括：①发展中国家尤其是收入较低的发展中国家所实施的关税制度允许有更大的弹性；②发达国家应尽可能多地承担义务，优先降低或撤除与发展中国家之间存在的和潜在的与出口利益有关的贸易壁垒，并不再建立新的关税或非关税壁垒；③全体成员应共同采取措施，包括通过国际安排和建立某些必要的机构来促进发展中国家的贸易与发展。

（七）例外条款

世界贸易组织的有关条款规定，在某些特殊情况下成员方可以对 WTO 基本原则进行例外处理，被称为例外条款。

（1）幼稚产业保护例外。当成员方的某项产业刚开始发展，还处于幼稚阶段，缺乏竞争力，可以实行进口限制，对该产业进行保护。通常是采用成员方提出申请保护的方式，由世贸组织审议批准予以确认。对确认的产业，成员方可以用提高关税、继续保持较高关税、进口许可证等措施加以保护，但这种对幼稚工业的保护是有期限的。

（2）关税同盟和自由贸易区例外。在关税同盟和自由贸易区成员之间相互给予的贸易优惠政策可以不必同时给予非成员方。

（3）保障条款。保障条款是指当某类产品的进口大量增加，对进口方的同类行业造成“严重损害”或产生“严重威胁”，并且“严重损害”或“严重威胁”与该类产品进口激增之间存在因果关系时，进口方可以对该类产品实行临时性进口限制。

保障条款为成员方产业遭受进口产品的扰乱提供了临时保护，保持了世贸组织规则的弹性和有效性。但由于该条款在概念界定、判断标准量化等方面尚存诸多缺陷，所以很难避免一些成员会任意使用该条款，从而采取不正当竞争手段实行贸易保护。

二、世贸组织的多哈回合谈判

（一）多哈回合谈判的背景和主要内容

多哈回合谈判是指世贸组织成员之间的多边贸易谈判。2001 年 11 月，世贸组织在卡塔尔首都多哈举行第四次部长级会议，启动了新一轮多边贸易谈判，人们称之为“多哈回合”。世贸组织承诺，多哈回合要给发展中国家带来真正的好处，因此这一轮谈判也被称为“发展回合”或“多哈发展议程”。世界银行认为，多哈回合如果能成功结束，将使世界经济额外增加 3 000 亿美元的好处，发展中国家将最受益。

多哈回合谈判的宗旨是促进世贸组织成员削减贸易壁垒，通过更公平的贸易环境来促进世界各国特别是较贫穷国家的经济发展。

多哈回合谈判的主要内容包括 8 个议题：农业、非农产品市场准入、服务贸易、规则谈判、争端解决、知识产权、贸易与发展、贸易与环境。谈判的关键是农业和非农产品市场准入问题，主要包括削减农业补贴、削减农产品进口关税及降低工业品进口关税三个部分。

多哈回合谈判虽是多边谈判，但真正谈判主角是美国、欧盟及由发展中国家组成的 20 国协调组。20 国协调组也称 G20，是发展中国家的集体性称呼。这个集团 2003 年 9 月在世界贸易组织第五次部长级会议时首次出现。G20 拥有全球 65%的人口、72%的农场主及 22%的农作物输出。G20 的核心会员主要有四个国家：印度、巴西、中国及南非，因此也经常合称为 G4 bloc（bloc 为“团体、联盟、集团”之意）。

（二）多哈回合谈判历程艰难

多哈回合按计划应在 2005 年 1 月 1 日前结束谈判并达成协议，但因涉及各方利益的进退取舍，多哈回合启动以来的谈判进程一波三折，截至 2006 年上半年依然没有结果。最终于 2006 年 7 月 22 日世界贸易组织总理事会的批准下全面中止。其主要谈判历程如下：

（1）新一轮全球多边贸易谈判在多哈启动。关贸总协定时期有过八轮多边贸易谈判，多哈回合是世界贸易组织取代关贸总协定后启动的第一轮多边贸易谈判。2001 年 11 月在第四次部长级会议上发起的多哈回合谈判，最初计划在 2004 年年底达成协议，并确定了 8 个谈判领域，是到目前为止目标最宏伟、参与方最多的一轮多边贸易谈判。

（2）世贸组织第五次部长级会议中多哈回合陷入僵局。2003 年 9 月，在墨西哥坎昆举行的世界贸易组织第五次部长级会议上，由于各成员国无法达成共识，多哈回合谈判陷入僵局，不能按最初计划在 2005 年 1 月 1 日前结束。其中，农业问题成为分歧的核心。

（3）达成《多哈回合框架协议》。2004 年 8 月，世贸组织总理事会议上经各方协商达成《多哈回合框架协议》，同意将结束时间推迟到 2006 年底。协议明确规定美国及欧盟逐步取消农产品出口补贴及降低进口关税，为全面达成协议跨出了重要一步。

（4）世贸组织第六次部长级会议中多哈回合再陷僵局。2005 年 12 月 13 日，在中国香港召开的这次会议重点是推进世贸组织多哈回合谈判，使之能够在 2006 年底最后期限前结束。但是由于各方利益的冲突和矛盾，2006 年 7 月 22 日，多哈回合谈判全面中止。

（5）谈判在多种不确定因素下多次恢复并多次失败。2007 年 1 月，在各国的努力下谈判再次恢复，但依旧无果而终。这不禁让人们担心本次多哈回合谈判能否走出困境。有分析人士认为，如果 2007 年年底前无法达成协议，多哈回合谈判将面临被长期搁置的风险。2008 年 7 月 21 日，来自 35 个主要世贸组织成员的小型部长级会议在日内瓦举行，谈判再次艰辛启动，各方依然未能达成妥协，在经过 9 天的讨价还价后，7 月 29 日还是以谈判失败告终。

2015 年 12 月 19 日，162 个 WTO 成员方的贸易部长汇聚肯尼亚首都内罗毕开会，他们没有“重申”回归多哈回合谈判，这是 2001 年大张旗鼓启动该回合以来第一次出现这种情况。一位高级贸易官员表示，世贸组织的内罗毕部长级会议无异于宣告“多哈回合的死亡，以及新 WTO 的诞生”。

人们普遍认为阻止多哈回合议程前进的并非多边和地区贸易协议的激增，而是美国、日本、印度等成员不愿在农产品出口竞争议题上让步。美国首次公开呼吁放弃多哈回合全球贸易谈判。主导 TPP（Trans-Pacific Partnership Agreement，跨太平洋伙伴关系协议）谈判的美国贸易代表撰文称，在多哈回合谈判开始后的十多年里“根本没有达成任何结果”，应废除多哈回合谈判机制。然而，很多发展中国家并不愿意放弃多哈回合谈判。在内罗毕会议上，多个发展中国家围绕是否继续多哈回合各执己见。巴西、中国和印度等国，以及 WTO 很多非洲成员国坚称多哈回合应继续，因为多哈回合谈判包括一些对较贫穷国家至关重要的问题，如限制美国和欧盟等富裕经济体农业补贴的努力。印度表示，抛弃多哈回合说明世贸组织背叛了最贫穷的成员方。

尽管发达国家和发展中国家关于是否取消多哈回合争议颇大，但内罗毕会议也有一些重要进展，各成员首次承诺，愿意全面取消农产品出口补贴。根据会议协定，发达国家必须立即取消它们的农产品补贴政策，发展中国家必须在 2018 年底前终结对农产品的直接出口支持。但一些成员被允许放宽到 2023 年。按照 WTO 当时的总干事阿泽维多的话说，这是 WTO 历史上“在农业方面最重要的成果”。

（三）多哈回合谈判的主要分歧和障碍

在多哈回合谈判中，各方争论的焦点主要集中在农业和非农产品市场准入问题上，具体包括削减农业补贴、削减农产品进口关税及降低工业品进口关税等。

多年来，美国和欧盟通过实施巨额农业补贴和高关税壁垒保护自身农业利益。这种做法严重扭曲了国际农产品贸易，不仅导致发展中国家本应具有成本优势的农产品无缘于发达国家市场，而且让享受补贴的发达国家如美国等农产品在国际市场上大行其道，严重挤压了发展中国家农业的发展空间。因此，发展中国家一直要求美国和欧盟削减农业补贴和降低进口关税。但美国和欧盟出于自身利益考虑，不仅提出的削减额度有限，还往往以此为筹码要求发展中国家降低工业品进口关税，开放工业品市场。

多哈回合谈判的关键争议，是美国和印度这两个国家在“特保”触发水平上的差距无法弥合，从而导致了谈判的最终失败。所谓“特保”，即农产品特殊保障机制，是指发展中成员可在农产品进口激增的情况下，采取提高关税等特殊保障措施以保护本国农业免受冲击。美国等国家将激增的底线定为40%。以印度为代表的发展中成员则希望能收紧动用特殊保障措施的底线，如20%，来充分保护本国相对脆弱的农业生产和农户生计，维护粮食安全。由于国内有大量贫穷农民，印度等发展中成员担心，如果没有从紧执行的特殊保障机制，发达国家成员大规模生产的低价农产品会让国内自给自足的农民大范围破产。在这一问题上印度得到了上百个发展中成员的支持。但美国拒绝让步，因为对于美国来说，严格限制发展中国家动用特殊保障措施，就能够保护美国农产品顺利涌入发展中国家市场。

美国之所以不让步的另一个目的，是在农产品特殊保障机制问题上把谈判拖死，不让其进入下一个敏感问题，即美国谈判的软肋——棉花问题。在棉花问题上，美国一方面始终不肯完全取消国内棉花补贴，另一方面却要求发展中成员削减棉花进口关税。美国的巨额棉花补贴扭曲了国际市场中的棉花贸易，而发展中国家有限的棉花进口关税则是保护农民基本生计的合法手段，两者不应成为谈判的交换条件。

由于谈判双方均不让步，多哈回合多次陷入僵局。这种多边贸易谈判的连续挫折与失败，极大地打击了人们对于多边贸易体制的信心，这对世贸组织的信誉和权威性，以及对全球贸易的发展都是不利的。

（四）中国在多哈回合谈判中的立场

在多哈回合谈判中，7个核心成员发挥了主要作用。美国、欧盟、日本、澳大利亚、印度、巴西和中国，这7个世贸组织核心成员多次在小范围谈判中磋商有关发展中国家农产品特殊保障机制、减少农产品补贴等方面的分歧。以前多边贸易谈判主要是由发达国家成员主导，现在3个新兴成员加入了进来。这种格局也是发展中国家力量增强的体现，发展中国家成员的参与将促使世界贸易体系更加平衡地发展。

中国作为一个新加入世贸组织的成员，在多哈回合谈判中发挥了积极作用，维护了 10 多个新加入成员的利益。更重要的是，作为一个负责任的发展中国家，中国还为发展中国家成员的利益进行了积极辩护。中国是在 2001 年 11 月伴随着多哈回合的启动而加入世贸组织的。“入世”后，中国积极、全面参与了多哈回合谈判，并在大连举行小型部长会议，以推动这一谈判的进程。在多哈回合谈判的多个议题上，中国明确表达了自己的立场和观点，还就个别议题提出了自己的提案。中国与世贸组织成员协调立场，参加了农业谈判协调机构。中国在农业谈判中基本保持与巴西、印度同进退的立场。中国商务部长及高层官员，积极参加了历次多哈回合谈判的小型部长会议和高官会议。中国在大连和香港先后举办小型部长级会议，更是表明中国在努力为各成员部长搭建一个讨论、协商、沟通的平台，以积极、建设性姿态参与和推动多哈回合谈判。

第四节　中国与世界贸易组织的关系

中国曾是关贸总协定的原始缔约国之一。出于种种历史原因，中国与关贸总协定的关系中断了几十年。20 世纪 80 年代之后，中国一直以积极的态度申请恢复关贸总协定的缔约国地位和加入世界贸易组织。中国改革开放的形势和世界经济发展的形势越来越表明了一个道理：中国的发展需要世贸组织，世贸组织的发展也需要中国。

一、中国与 GATT/WTO 关系的演变

（一）中国是关贸总协定的原始缔约国

中国是关贸总协定的 23 个原始缔约国之一。1947 年 4 月至 10 月，中国与美国、英国、法国等 23 个国家参加了在日内瓦举行的成立国际贸易组织的筹委会，并进行了关税减让谈判，达成了 123 项减税协议。这次会议实际上是关贸总协定的第一轮多边贸易谈判。1947 年 10 月 30 日，中国在关贸总协定的最后文件上签了字，成为关贸总协定的原始缔约国。

1949 年 10 月 1 日，中华人民共和国宣告成立，中华人民共和国成为代表中国的唯一合法政府。美国鉴于在中国大陆的贸易利益已丧失殆尽，怂恿台湾当局退出关贸总协定。1950 年 3 月 6 日，台湾代表提交了退出关贸总协定的报告，经过总协定的简单讨论，该“退出报告”于 1950 年 5 月 5 日生效。台湾当局是否能够代表中国退出关贸总协定，当时某些缔约国对这一行为的合法性提出过疑问。例如，捷克斯洛伐克代表团在 1950 年 11 月 6 日的总协定会议上曾声明：中国退出关贸总协定一事，系由法律上无权代表中国的人提出的，捷克斯洛伐克不予承认。中国政府也从未承认过这种退出的合法性，认为 1949 年中华人民共和国的成立，并未改变中国的国际法主体资格，台湾当局 1950 年以中国名义退出关贸总协定是

非法的和无效的。然而，无论中国及其友好国家在这一问题上持何种态度，中国于 1950 年退出关贸总协定已经是既成事实。

1965 年 1 月，台湾当局要求以观察员的身份参加关贸总协定的会议，获得了总协定的批准。1971 年 10 月第 26 届联合国大会通过了《恢复中华人民共和国在联合国合法权利》的 2758 号决议，同年 11 月，关贸总协定根据凡属政治性质的问题服从联合国决定的精神，取消了台湾当局在总协定中的观察员身份。

70 年代之前，由于特定的历史背景和国内外政治环境，中国与西方发达国家及各种国际组织进行的交往甚少，对台湾当局非法代表中国退出关贸总协定一事，当时没做任何反应，对是否应重返关贸总协定问题也未列入政府的议事日程。70 年代，中国与西方各主要发达国家逐步恢复了正常关系，同时也开始较积极地参加各种国际组织的活动。1980~1981 年，中国三次派人参加了关贸总协定举办的商业政策讲习班。1981 年 4 月，中国申请列席参加关贸总协定纺织品委员会会议，同年 5 月取得了关贸总协定观察员资格。1982 年 11 月，中国首次派团以观察员的身份列席了关贸总协定第 38 届缔约国大会，并就恢复中国关贸总协定缔约国地位问题与总协定秘书处交换了意见。此后，中国又多次以观察员身份参加了关贸总协定的各种活动。

（二）中国从复关到入世的历程

1986 年 1 月 10 日，关贸总协定总干事邓克尔应邀来华访问。中国政府领导人在会见邓克尔时表示中国政府希望恢复在关贸总协定中的地位。同年 3 月，中英联合联络小组根据 1984 年签订的《中英两国政府关于香港问题的联合声明》第三条第（六）项中“香港特别行政区将保持自由港和独立关税地区的地位”的声明，就香港在关贸总协定中的地位问题达成协议。1986 年 4 月 23 日，香港以“中国香港”的名义正式成为关贸总协定的缔约方。

1986 年 7 月 11 日，中国驻联合国代表团大使钱嘉东代表中国政府正式向关贸总协定总干事邓克尔提交了恢复中国关贸总协定原始缔约国地位（简称复关）的申请。国际舆论认为，这是中国推行改革开放政策的必然结果。

1987 年 2 月 13 日，中国政府又向关贸总协定提交了《中国外贸制度备忘录》，涉及的内容有：中国经济体制改革、对外开放政策、对外贸易政策、外贸体制改革、海关关税制度、商品检验制度、进出口商品作价方法、外汇管理制度、经济特区和沿海开放城市情况、中国参加的国际经济贸易和金融组织及有关的国际公约。

1987 年 3 月，关贸总协定成立了中国问题工作组，负责审议中国的复关问题。该工作组的职责是：①审议中国的外贸制度；②草拟一份关于中国在关贸总协定中权利和义务的议定书；③安排中国与关贸总协定缔约方进行关税减让谈判；④就中国的缔约国地位向理事会提出建议报告。

中国问题工作组成立后召开了多次会议。以关贸总协定代表为一方，以中国代表为另一方的谈判深入讨论了中国的复关问题。这些会议和谈判的主要内容是审议《中国外贸制度备忘录》和讨论中国复关的条件问题。中国代表团通过书面和口头方式详尽解答了各缔约方就中国外贸制度提出的几千个问题，使他们对中国近些年外贸体制的改革和外贸政策的完善有了较全面的了解。中国政府也在复关条件中的主要内容——降低贸易壁垒等方面做了大幅度的调整，以更加开放的市场来表达中国政府重返关贸总协定的决心和诚意。

中国复关的谈判漫长而曲折。中国政府曾希望以大幅度的关税减让为条件，力争能在世贸组织成立之前，即能在 1994 年底复关，以便成为新建立的组织——世界贸易组织的创始成员。然而，终因某些大国的干扰而没有达到目的。

到 1995 年底，中国的复关谈判仍未有结果。进入 1996 年后，GATT 自动取消，WTO 成了唯一的全球性贸易组织。由于 GATT 已不复存在，中国复关问题的谈判也就难以为继。从 1996 年开始，中国问题工作组所讨论的已经是“中国申请加入世贸组织”的问题了。

经过艰苦谈判，中国最终与 WTO 有关成员都签署了双边协议。2001 年 11 月 11 日在世贸组织多哈部长级会议上中国被批准加入 WTO。2001 年 12 月 11 日中国正式成为世界贸易组织的成员。

二、中国为加入世贸组织而进行的经贸政策与体制改革

中国政府要求加入世贸组织的态度是真诚的。中国加入世贸组织不仅仅是为了获取某些利益，也是为了促进全球贸易自由化的进程，因此愿意承担应该承担的义务。中国政府积极响应世贸组织所提出的合理要求，为早日加入该组织而采取了如下措施：

（1）大幅度降低进口商品关税。尤其是自 1992 年初以来，我国已分几次大幅度下调进口关税，使平均关税率从 1992 年初的 43.2%降为 1997 年的 17%。到 2001 年底入世前降到了 15.3%。

（2）大批量取消进口商品的非关税壁垒措施。例如，1996 年 4 月 1 日一次就取消了 176 种商品的进口配额和许可证管理措施。

（3）取消出口补贴。我国从 1991 年 1 月 1 日起取消了已实行多年的对出口商品进行补贴的做法。

（4）增加了外贸政策透明度。我国从 1991 年起就开始在向全球发行的《国际商报》上分期分批地公布我国外经贸系统的各种内部管理条文或文件，并取消了很多已经过时的内部管理条文。

（5）汇率制改革。1994 年我国把以前的复汇率制改为单一的、以市场为基础的、有管理的浮动汇率制。

（6）我国的外贸体制确立了市场导向的改革目标。政府对进出口业务主要以指导性计

划和经济手段进行调节。

（7）逐步开放服务市场。除了已部分开放的金融、保险、贸易、零售等行业外，其他的服务性行业也逐步向外商开放。

此外，我国在给外商和外资企业以国民待遇和保护知识产权等方面，也采取积极措施进行调整和改善，努力与国际惯例保持一致。

三、加入世贸组织对中国经济发展的利与弊

（一）有利之处

（1）使我国经济与世界经济运行全面接轨，有利于我国经济体制改革和企业制度改革。各国经济发展的经验表明，一个全面开放的社会会更有希望获得成功和走向繁荣。加入世贸组织使我国社会更加开放，我国的经济体制改革和企业制度改革也会更多地借鉴别国的成功经验，在保留公平机制的前提下，更多地加入效率机制，使我国经济能够长期持续快速地增长。

（2）增强了我国在国际贸易活动中的发言权和主动权，巩固和提高我国的国际政治地位，使我国能在国际事务中更多、更好地发挥作用。

（3）使我国与一些国家间的贸易障碍自动取消。我国进入世贸组织后，可享受关贸总协定和世贸组织以前的多轮谈判所达成的关税减让等成果，从而避免了逐国谈判签约的烦琐。

（4）加入世贸组织后，我国可以享受发展中国家应得到的各种特殊优惠待遇，使我国能以更有利的条件在经济上追赶发达国家。

（5）有利于我国开展“新领域”中的国际经贸合作。经过“乌拉圭回合”谈判，世贸组织的管辖范围已从传统的货物贸易扩大到服务贸易、与贸易有关的知识产权和投资等新领域。在这些新领域中开展国际合作，将会促进我国外经贸事业的全面发展。

（6）我国可以利用世贸组织的纠纷解决机制公平合理地解决与其他国家间产生的贸易争端。目前有些西方国家常常以本国的是非准则和贸易法案（如美国的“301 条款”）去评判和制裁其他国家，这是有失公允的。世贸组织既为我们提供了一个场所，也提供了一套各国都赞同的机制，来审议和裁决国际贸易摩擦与纠纷，这对近些年经常遇到贸易争端的中国来说是有利的。

（二）不利之处

（1）从长期看，我国经济发展会受到世界经济周期波动的影响。我国经济以前较好地受到政府政策的保护，才有了 20 世纪 90 年代世界经济出现衰退时中国经济一枝独秀的结果。全面开放国内市场后，中国经济发展就联入了世界经济运行的总轨道，外部的风浪将会不可

避免地通过各种传导机制传入中国，中国经济长期平稳增长的局面将会受到干扰。例如，2008年由美国次贷危机引发的全球金融危机风暴席卷而来时，中国也没有幸免，外贸和经济发展连续走低，使中国经济在经历了30多年年均9%以上高速增长后，进入了2012至2019年年均7%左右的经济增长“新常态”。

（2）从近期看，中国部分行业会受到外国竞争者的强烈冲击。进行国际横向比较，中国的服务业、化工业、农业等行业处于相对落后的状态，在政府的保护政策下尚有生存和发展的余地。如果受到外部压力而取消保护，大量物美价廉的外国同类产品的冲击，可能会把这些行业逼到绝路上去。虽然中国政府向世贸组织寻求了一段保护时期，但不断降低的贸易壁垒仍然会使此类行业中的部分企业破产或开工不足。

总之，加入世贸组织对中国经济发展来说既是一种挑战，也是一种机遇。中国从2001年底入世至今20来年，中国经济在此期间快速发展，这与中国加入世贸组织是分不开的。尽管世界贸易组织面临很多困难，但是依然在运行，对我们也依然是机遇与挑战并存。我们只有继续紧紧抓住机遇，勇敢面对挑战，才能使我国的企业和产品在全面开放的国际环境中磨炼出更强大的生存能力和应变能力，并在激烈的竞争中更好地求生存、求发展。经济全球化是当代的大潮流，学习和掌握国际贸易惯例，包括熟悉世贸组织规则进行合法竞争和维护自身权益，成为我们的一个必然选择。

重要术语

世界贸易组织	关税与贸易总协定	乌拉圭回合	非歧视原则
最惠国待遇原则	国民待遇原则	互惠原则	透明度原则
关税保护原则	公平贸易原则	保障条款	多哈回合

▶ 重要术语解释请扫描右侧二维码

授课录像

第十章精彩视频请扫描二维码

客观测验题

客观测验题及答案请扫描二维码

复习题

1. 什么是关贸总协定？它产生的历史背景和意义是什么？
2. 简述关贸总协定的局限性。
3. 世界贸易组织与关贸总协定有何不同？
4. 世贸组织的宗旨和职能是什么？
5. 试述世贸组织的基本原则与例外条款。
6. 简述多哈回合谈判的主要内容。
7. 简述中国与世贸组织关系的历史与现状。
8. 试述中国为加入世贸组织而进行的经贸政策与体制改革。
9. 试述加入世贸组织对中国经济发展的利与弊。

第十一章 跨国公司与国际贸易

导读

在当代国际经贸活动中，跨国公司与国际贸易分属于两个不同的经济领域，前者属于投资领域，后者属于贸易领域，但二者的经济活动又是密不可分的。能够把这二者即投资领域和贸易领域串联起来的经济行为，主要就是跨国公司的内部贸易。跨国公司通过建立内部市场，以公司内国际贸易的方式，能够达到在全球范围里实现利润最大化的目的。跨国公司在第二次世界大战后的迅猛发展，影响和改变着世界经济领域的方方面面，其中也包括对全球国际贸易的巨大影响。本章重点介绍和分析跨国公司内部形成的国际贸易及跨国公司对当代国际贸易的影响。

本章学习重点

1. 公司内国际贸易迅速增长的原因
2. 公司内国际贸易的内部化理论
3. 跨国公司对全球国际贸易的影响

本章教学要求

◀ 请扫描左侧二维码

第一节 跨国公司的经营特点

一、跨国公司的定义及发展

（一）跨国公司的定义

跨国公司（transnational corporation）曾有多种名称，如多国公司（multinational enterprise）、国际公司（international firm）、国际企业（international enterprise）、世界公司（world corporation）等。20 世纪 70 年代初，联合国经济社会理事会成立专家小组，较为全面地考察了各种准则和定义，并于 1974 年通过决议，决定统一使用“跨国公司”这一名称。从此，“跨国公司”成为被国际社会普遍接受的名称。

1983 年，联合国跨国公司委员会对跨国公司的定义问题取得了一致的意见，认为跨国公司必须包含三个要素：①跨国公司是指在两个或两个以上的国家从事生产经营活动的经济组织；②这个组织应有一个中央决策系统，组织内部各单位的活动都是为全球战略目标服务的；③组织内部各单位共享资源和信息，共担责任和风险。

（二）跨国公司的发展

跨国公司最早出现于 19 世纪下半叶的欧洲，是资本主义发展到垄断阶段的产物。这一阶段的垄断企业和垄断财团利用其庞大的经济实力，以世界为目标进行经济扩张，以便在更大的范围里获取垄断利润。第二次世界大战结束以来，跨国公司进入了快速增长时期。特别是从 50 年代后期起，随着主要资本主义国家对外直接投资的迅速增长和世界性投资环境的改善，跨国公司的数目有了空前的发展，行业分布也不断扩展。

据联合国跨国公司委员会统计，20 世纪 60 年代中期，西方发达国家有跨国公司 7 276 家，受其控制的国外子公司有 2.7 万家；1995 年，全世界的跨国公司数目已达 4 万家，受其控制的国外子公司和分支机构达 25 万家；到了 2002 年，全世界约有 6.4 万家跨国公司，在海外拥有 87 万多家分支机构，跨国公司海外分支机构共雇用了大约 5 300 万名员工。2008 年，全世界跨国公司总数超过 8 万家。

据《世界投资报告 2019》的数据，全球外国直接投资 2018 年大幅度下滑，较 2017 年下降 13%，降至 1.3 万亿美元。这是全球外国直接投资连续第三年下降。这种下降趋势也影响了跨国公司的发展，因为跨国公司是对外直接投资的主力军，目前全球对外直接投资的 90%是跨国公司完成的。

从投资的行业看，第二次世界大战前，跨国公司在海外重点投资于矿业和石油业等初级产品部门；第二次世界大战后，跨国公司投资的行业结构发生了较大变化，在行业分布不断扩展的同时，投资重点逐渐转移到制造业和服务业。例如，1989 年制造业投资所占比重为41.7%，服务业为 38.4%，初级产品加工业为 16.9%。

第二次世界大战后，部分发展中国家也有了自己的跨国公司，从而打破了以往这一领域被工业发达国家独占的局面。近些年，一些发展中国家和地区为了加速经济发展，在积极引进外资和先进技术的同时，不断增加对外直接投资，跨国公司也得到了迅速发展。在 2008年 8 万家的全球跨国公司中，超过 28%是发展中国家的，这比 20 世纪 90 年代的不足 10%有了明显的提高。2020 年全球大型跨国公司排行榜前 5 位的公司依次为：①沃尔玛，②中国国家电网，③中国石化，④中国石油，⑤苹果公司。中国公司在其中占了三个，由此可见中国跨国公司近些年发展速度很快。

二、跨国公司的经营特点

（一）跨国公司以对外直接投资作为向外扩张的主要手段

跨国公司的国际化经营是以对外直接投资为主要手段的。对外直接投资是指在国外进行“直接”所有权的投资，而不是“间接”债权的投资。所有权投资与债权投资，差别很大：债权投资，债权人可以不必操心公司业务的运转，可以坐享其成地获得固定利息；而所有权投资，所有权人必须参与公司的管理和经营活动，承担公司经营风险，只有公司获利后才能得到投资收益。跨国公司的对外直接投资活动一般分为两个阶段：第一阶段，主要是商品输出和在国外建立销售分公司，这是最简单的所有权式的投资；第二阶段，是随着竞争的加剧，为绕开贸易壁垒，争夺世界市场，在国外建立生产基地和销售网。具体做法有两种：一种是对外直接投资，就地创建新企业；另一种是兼并东道国原有的企业。

跨国公司对外进行所有权投资的方式在发生变化，由早期倾向于单一的独资经营方式逐步向多种形式并存发展，特别是向合资经营的形式发展。以往，跨国公司为了对企业进行严密的控制，为了技术和经营方针的“保密”，为了减少企业管理和利润分成等方面的矛盾，坚持独资经营的方式。但第二次世界大战结束以来，有些发展中国家对外国企业实行国有化，对外资实行有限的控制和管理，迫使西方跨国公司在股权问题上采取灵活的做法，在合资企业中接受“多数股权”或“少数股权”。但“少数股”“多数股”“独资”，只是说明母公司对子公司持有的所有权之大小，而对制造加工及销售业务的控制一般没有太大的影响。例如，跨国公司对某东道国的子公司虽然只拥有“少数股权”，但只要掌握生产中的关键技术，同样会对该子公司具有控制权。

（二）战略目标全球化

国内企业的战略目标是以国内市场为导向的，它们偏重在本国范围内有效地组织生产经营，以实现利润最大化。而跨国公司则是以全球作为活动的舞台，以世界市场作为其角逐的目标。它们通过对公司所处的竞争环境和公司本身条件的分析，进行多种可能的论证和抉择，制定全球化战略目标，确定产品方向和子公司的发展规模，以及向新地区、新领域扩张的步骤等。跨国公司的全球性战略目标在于使整个公司取得最大限度的利润和长远的利益。因此，跨国公司在作经营决策时，不是孤立地考虑某一子公司所在国的市场、资源等情况和某一子公司的局部得失，而是从多国或全球角度考虑整个公司的发展。有时甚至让某分公司亏损，以求在总体上取得最大利润。跨国公司在经营决策时，不仅要考虑当前的利益，而且要考虑未来的发展。它往往按照合理的规模布设营业点，组织跨国界的生产线，实行定点生产、定点销售。

（三）管理体制集中化

跨国公司实现其全球战略的关键，在于实行“公司内部一体化”原则。这一原则要求实行高度集中的管理体制，即以母公司为中心，把遍布世界各地的分支机构和子公司统一为一个整体。所有国内外分支机构和子公司的经营活动都必须服从总公司的利益，在总公司的统一指挥下，遵循一个共同的战略，合理利用人力和财力资源，进行全球性经营活动。近几年来，跨国公司日益向混合型多种经营方向发展，使国外经营业务更为复杂，这就要求跨国公司的经营管理权高度集中在母公司手中，由母公司的最高决策机构掌握整个公司的产权、财权和人权。各分支机构和子公司的生产组织、产品销售、利润分配、资金筹措与运用及人事安排等方面的决策，母公司都在一定程度上具有管理权。

（四）运行方式开放化

国内企业通常把营运过程的所有阶段，包括研究开发、投资建厂、生产制造和销售产品都放在国内进行，只把营运过程中的最后阶段，即销售产品阶段部分地放在海外进行，因而其运行方式基本上是内向、封闭型的。跨国公司则是以整个世界为自己的活动舞台，它们通常把营运过程的各个阶段全部地或部分地放在海外进行，所以其运行方式是外向、开放型的。

（五）生产经营跨国化

生产经营跨国化是跨国公司经营方式最基本的特征。国内企业主要局限于国际流通领域，单独地从事一两项（如商品输出或劳务输出）涉外经济活动，并且这些活动不涉及在国外投资建立经济实体；而跨国公司则在世界经济的各个领域，全面地从事资本、商品、人才、技术、管理和信息等交易活动，而且这种“一揽子活动”是在母公司控制下进行的，其子公司也像外国企业一样参加了当地的再生产过程。在国内企业中，国内外经济活动的关系是松散的，有较大的偶然性，其涉外经济活动往往交易完成后就立即终止，不再参与以后的再生产过程；而在跨国公司中，国内外经济活动的关系则是紧密的，有其必然性：一方面，国外子公司受制于国内母公司；另一方面，母子公司的业务在分工协作的基础上融为一体，相辅相成。国内企业的许多涉外经济活动是以国际市场为媒介的，交易的对方是另一家企业；而跨国公司的许多涉外经济活动则是在公司内部，如母公司与子公司之间、子公司与子公司之间进行的，交易过程中没有其他企业参加。国内企业是以产品出口作为向海外扩张的主要手段；而跨国公司则是以直接投资作为向海外扩张的主要手段。

（六）跨国公司在技术革命中始终保持领先地位

跨国公司为了在国际市场竞争中占据优势，通常把开发新技术和研制新产品放在头等重要的位置上。实践表明，跨国公司仅仅依靠巨大的生产规模已越来越难以保持长久的竞争优势，只有技术领域不断地推陈出新，才能真正在竞争中立于不败之地。因此，跨国公司以开发新技术为经营的主要武器，以使自己始终在新技术部门占领先地位。例如，20 世纪 80 年代最大的 866 家跨国公司的国外总产值中有 60%集中在先进技术部门，23%集中在中等技术部门，而简单的技术部门仅占 17%。第二次世界大战后迅速发展起来的新技术工业，如电子、制药、石化、飞机工业等，几乎全部为跨国公司所控制。

跨国公司之所以能保持其技术优势，主要原因在于其巨额的研究开发投资。据统计，20 世纪 70 年代，美国跨国公司支出的科学技术研究与发展经费占美国工业技术支出总经费的 80%以上。著名的苹果公司 2018 财年研发费用高达 142 亿美元。在研发资金投入方面，中国华为公司 2009~2018 年累计投入了 3 940 亿元的研发费用，仅 2018 年一年的研发费用就投入了 897 亿元（约合 130 亿美元），仅次于苹果公司当年的研发资金投入。华为公司常年坚持自主研发，最终得到回报，目前在 5G 技术上已经走在了世界前列。

跨国公司的技术优势，还得益于其特有的技术转让战略。跨国公司的技术转让战略，是在全球范围内进行生产成本的比较，选择最佳生产基地，以确保利润最大化。其具体做法是：首先，把研制的专利技术应用于母国的国内生产，垄断国内市场，并通过产品出口满足国外市场的需要，以此获取垄断性高额利润。其次，经过一个时期后，将新技术转让给设在其他发达国家的子公司，取得当地市场的技术优势。最后，又经过一段时间，再向发展中国家的子公司转让技术。这种分期分批的技术转让战略，无疑可以延长技术独占时间。此外，跨国公司在转让技术时对不同的子公司加以区别对待。对拥有全部股权的子公司无偿或低价提供技术专利，以提高这类子公司的利润率和竞争力；对拥有部分股权的子公司则往往以较高的价格提供技术专利，以减少这类公司的技术性利润流入合伙人之手。

第二节　公司内国际贸易

一、公司内国际贸易的含义

公司内国际贸易即跨国公司的内部贸易，是指跨国公司母公司与国外子公司之间，以及国外子公司相互之间在产品、技术和服务方面所进行的贸易。之所以称其为“公司内国际贸易”，是因为这种交易虽然导致商品跨越国界的运动，但交易行为的主体实际上是同一个所有者。这种交易既具有公司内部商品调拨的特征，也具有国际贸易的特征。这种公司内国际贸易在整个国际贸易中所占的比重很大，因而其对国际贸易的发展有至关重要的作用。

据专门研究跨国公司问题的著名英国经济学家邓宁的调查，20 世纪 80 年代初期，世界上最大的 800 家公司所从事国际贸易额的 30%多是在本公司系统内部完成的。另据统计，1993 年公司内部贸易的市场规模为 1.63 万亿美元，相当于世界贸易量的 1/3，并且还有继续扩大的趋势。另据一项调查，1977~1980 年美国进出口总额的 35%~40%是在美国的跨国公司内部进行的，1988 年美国进口货物的 53%是通过其跨国公司的附属公司进行的。这种跨国公司内国际贸易的普遍进行，是当代世界经济发展的特点之一。

二、关于公司内国际贸易的内部化理论

跨国公司内国际贸易的普遍开展及它对整个国际贸易影响的不断增大，引起了经济学家们对这一问题的深切关注，出现了各种与此相关的经济理论。其中比较著名的是内部化理论。

内部化理论起源于 20 世纪 30 年代的科斯定理。科斯（R.H.Coase）于 1937 年在其著作《公司的性质》中提出了一个十分重要的思想：由于外部市场的不完全性，增加了产品的交易成本，迫使企业不得不从事公司内部交易。随着时间的推移，这一思想的重要意义越来越显露了出来，人们称其为科斯定理。1992 年，科斯因其在经济理论中的杰出贡献而荣获诺贝尔经济学奖。科斯指出，企业并不仅仅从事商品的生产，还要从事研究开发、采购、销售、职工培训等。这些活动都要与市场发生关系，并因此而支付一定的成本。这些交易成本包括：寻找合适贸易价格的成本、在合同中规定双方权利和义务的成本、与接受合同有关的风险成本、对市场贸易所支付的交易成本等。科斯认为，由于外部市场的不完善（效率过低、垄断过强），企业所付出的交易成本太高，这对企业是不合理的。企业自己虽然无力改变外部市场的不完善，却能够通过把各项交易尽可能地在企业内部完成的方式来节省向外部市场支付的交易成本。

在科斯之后，有很多经济学家都进一步论述过内部化理论，其中比较著名的有英国里丁

大学的学者巴克雷和卡森。二人合著并于 1976 年出版的《跨国公司的未来》和 1978 年出版的《国际经营论》是他们经济理论的代表性著作。他们在其著作中运用科斯的思想，提出了现实意义更强的内部化理论。

巴克雷和卡森认为，影响企业交易成本并因而决定市场内部化的因素主要有四个：

（1）产业因素。主要包括产品的性质、规模经济及外部市场的结构等。

（2）国家因素。主要包括国家的政治制度、法律制度和财政金融政策对公司行为的影响。

（3）地区因素。主要包括有关区域内的地理和社会特点，如地理位置、社会心理、文化环境的不同对交易成本的影响。

（4）企业因素。主要包括企业的组织机构、管理经验、控制和协调能力等。

二人认为，在上述因素中，产业因素和企业因素是影响内部化行为的关键因素。产业部门中如果存在多阶段生产的特点，企业就容易出现内部化和跨地区内部交流倾向。这主要是因为在多阶段生产过程中必然存在若干的中间产品，如果这些中间产品的供需是通过外部市场来组织的，则难以排除不完全市场的影响，如受垄断的影响和供求剧烈变化的影响等而造成生产成本的提高，使企业失去产品竞争优势。而如果各种中间产品都由自己的分公司或子公司去生产，则把市场上的买卖关系变成了企业内部的关系，用企业自己的控制来配置资源，可以起到降低交易成本和提高产品竞争力的作用。

二人认为，各类中间产品在公司内部交易，交易双方对产品的质量比较放心，产品的价格也会定得比较合理，因而会大大减少外部市场交易中普遍存在的风险。例如，中间产品中最为重要的技术与信息产品，这种产品开发成本很高，通过内部市场交易，其价格远远低于外部市场价格。当内部化行为超越国界时，就表现为母公司在国外建立子公司。例如，当企业开发出一项非常先进的生产技术后，如果该企业不想把先进技术出卖给其他国家，却又想利用技术优势在国外赚钱，最好的选择就是在国外建立子公司，使技术在跨国公司内部转移。

三、公司内国际贸易迅速发展的动因

从以上对内部化理论的介绍中可知，公司内国际贸易的产生是由于市场的不完全性及因此导致的交易成本过高。如果在完全竞争的市场体制下，是没有必要采取公司内国际贸易做法的。具体来分析，公司内贸易之所以能迅速发展并成为当代国际贸易发展的一大趋势，是与跨国公司经营动机密切相关的。我们可以把公司内贸易的动机和原因概括为以下几点。

（一）防止技术优势的扩散和丧失

在跨国公司的诸多优势中，技术优势是最重要的。然而，技术优势的获得和保持却并非轻而易举的事情。开发技术需要投入大量的资金和一定的时间。公司一旦取得了某项能够“克敌制胜”的技术，竞争对手们便会想尽一切办法得到。技术的销售固然可以获得很大利益，但在很多情况下技术的垄断能够获得更多利益。如果以转让的方式把公司的知识产权或技术诀窍（专有技术）推入外部市场进行交易，使其具有了公共财产的性质，便会增大泄密和被更多企业无代价使用的可能性。通过内部化贸易的方式可以避免以上损失的发生，并可通过国内外的子公司使用该项技术来获取更多收益。

（二）降低外部市场交易造成的不确定性

公司在生产过程中需要使用很多在性能、规格乃至供货时间等方面都有特殊要求的原材料和零部件。如果通过外部市场来获得这些产品，则会存在供给的不稳定性和价格的不确定性，并会因此而影响公司在交货时间、产品质量等方面的信誉度，使竞争条件下降。如果通过内部化贸易，把这些产品的生产和供应都纳入跨国公司体系之中，便会在很大程度上消除上述的不稳定状况。例如，公司的产品生产中需要有大量的、稳定的、长期的某种矿产品的供应，公司如能在某国建立一个子公司，专门生产并向母公司供应这类矿产品，则其效益一般会比从外部市场买进要好得多。

（三）可以减弱国际市场不完全所引致的损失

各国政府都有各种干预市场的政策或法令，但各国在贸易管理、资本管理、税收管理和价格管理等方面的宽严度是很不相同的。在外部市场交易中必须严格遵守这些政策和法令，公司的利益经常会因此而受损失。通过内部市场交易，则可在一定程度上减少这种损失。例如，有的发展中国家规定，外资企业的产品必须要出口 50%以上，否则就不能享受减免税收等优惠待遇。跨国公司的子公司如果在外部市场难以达到这一标准，便可以通过内部市场来解决这一问题。

（四）可以利用转移价格获取高额利润

转移价格又常被称为转账价格、划拨价格或调拨价格，是指跨国公司内部的母公司与各子公司之间及子公司相互之间交换产品的结算价格。这种转移价格的制定常常可以既不考虑产品生产成本，也不考虑市场供求情况，主要考虑的是本公司的总体利益和长远发展目标。转移价格的作用主要表现为：

（1）排挤竞争对手，控制销售市场。如果子公司所在的东道国市场竞争十分激烈，母公司和其他子公司可以利用转移价格向该子公司提供援助。具体表现为，以低价提供原材料、中间产品和生产技术，以低息提供贷款，从而使该子公司降低生产成本，以质优价廉的商品挤垮对手，控制当地市场。跨国公司也常常以这种内部转移价格的方式向新市场渗透。

（2）调拨资金。跨国公司向东道国投资建厂后，总是希望能早日获利并将投资早日收回。然而，许多国家的政府都实行宽严不同的外汇管制政策，包括规定外资公司所获利润每年只能按一定的百分比汇回母国。跨国公司利用内部市场的转移价格可以变相地从东道国把所获利润收回到母国。其做法是，以高价向子公司出售中间产品并以低价向子公司购买产成品。跨国公司也可以用这种方法冲破当地政府的限制，把资本从低利率国家转向高利率国家，实现资本在跨国公司内部的合理配置。

（3）调节子公司盈利水平。跨国公司为了提高子公司在东道国当地的信誉，可以通过划拨价格提高该公司的盈利水平；反之，跨国公司为了减轻工会要求提高工资的压力，又可以通过划拨价格来降低子公司的盈利水平。在与东道国当地资本合资经营企业的情况下，跨国公司可以通过划拨价格将这家企业的利润转移到设在母国的母公司或其他国家的子公司，减少该企业的盈利水平。

（4）减少按货物价格缴纳的关税。进出口货物可以按量征收关税，称为从量税；也可以按价征收关税，称为从价税。目前各国普遍采用的方法是从价税。为了达到少缴纳关税的目的，子公司以较低的转移价格从母公司进口中间产品，并以较低的转移价格向母公司出口制成品。子公司的进口和母公司的进口都会因此而少缴纳关税。

（5）逃避国内税。世界各国对企业的生产与经营征收各种名义的国内税，但各国的税率高低相差很大。跨国公司可以利用内部市场的转移价格逃避国内税。例如，设在高赋税的 A 国的母公司以低价将中间产品售予设在低赋税的 B 国的子公司，B 国子公司再将该批产品以高价售予设在高赋税的 C 国的子公司。其结果是：母公司虽在高赋税国家，但因产品售价低、利润低，因而纳税也低；B 国子公司低价进商品，高价卖商品，盈利率很高，但因所在国的税收低，所以纳税也相对较低；C 国子公司的情况与母公司相似，虽然所在国实行高赋税政策，但因买入的中间产品价格太高，导致了低盈利率，纳税也因此较低。各国的税率高低不同，但跨国公司在各国都少纳了税这点却是相同的，这是实行内部市场和转移价格的一项重要结果。世界上有许多类似上例中 B 国这样的避税地。例如，瑞士、巴拿马等就是税收很低的国家，而巴哈马、摩纳哥、汤加等国甚至不征收所得税。各大跨国公司纷纷在这些国家建立子公司，以实现避税的目的。这种公司往往是“皮包公司”，既不生产也不销售，只负责避税。上例中，假设 A 国母公司把中间产品以低价卖给 B 国（如巴哈马）的子公司，B 国子公司再以高价卖给 C 国子公司。事实上，货物是由 A 国直接运抵 C 国，货款也不经过 B 国，仅在账面上做了一次周转，便达到了避税的目的。跨国公司的这种因减轻税负而获得的额外利润，在低税收国家中的子公司积累了起来，然后通过适当的方式在跨国公司内部进行合理分配。

由上可见，跨国公司通过建立内部市场，以公司内国际贸易的方式，能够达到在全球范围里实现利润最大化的目的。

四、公司内国际贸易的特点

在跨国公司内开展的国际贸易具有以下几个特点。

（一）公司内国际贸易在研究与开发密集度较高的产业中的比率高于其他产业

据一项调查，研究和开发密集度与公司内贸易呈正相关关系。产品的研究和开发密集度最高的跨国公司，出口额中公司内贸易方式所占的比重达到50%以上，而研究和开发密集度最低的公司，这一比重低于20%。另外，据跨国公司研究专家邓宁教授的研究，跨国公司母公司内部出口贸易在其总出口中所占比重，计算机工业为91.3%，汽车工业为62.4%，石油工业为51%，电子工业为36.5%，纺织业为12.8%，食品业为9.8%。公司内国际贸易呈现这种特点的原因，主要是跨国公司在海外的经营活动是在一个不熟悉的环境中进行的，风险性和不稳定性比国内经营大得多，要在这种情况下求生存，就必须在技术上和管理上拥有自己的优势，而这些优势的获得往往是以付出高昂的研究与开发费用为代价的。因此，始终保持技术上的优势是跨国公司成功的关键。为了保证技术上的独占性和垄断性，防止技术向外部扩散和被模仿，跨国公司只好通过转移价格在母公司与子公司之间以内部贸易的方式转移技术产品。

（二）公司内国际贸易的产品构成主要是最终产品

据统计，在1977年美国制造业公司的内部出口贸易中，最终产品占63.1%，中间产品占34.1%。在德国27家大跨国公司向其子公司出口的产品中，有2/3被子公司直接销售或略做加工后销售掉。公司内国际贸易呈现这一特点的原因主要有两个：一个是第二次世界大战后的跨国公司在很大程度上采取横向一体化的生产形式，即在母公司和子公司之间有较多产成品的流通，以便利用跨国公司在生产技术和销售技术上的优势及子公司在东道国的便利条件，建立起横向一体化的国际生产体系，通过公司内贸易求得长期的生产上的规模效益。这种状况与第二次世界大战前跨国公司内部的纵向一体化生产形式，即在母公司和子公司之间从事同一产品的各个不同阶段的生产及经营是很不相同的。另一个原因涉及避税问题。世界各国，无论是发达国家还是发展中国家，为了保护国内市场而对进口产品征收税率差别很大的关税，较为普遍的做法是对进口的最终产品征收的税率最高，中间产品次之，初级产品的税率最低。为了避免缴纳高关税，跨国公司的最终产品便更多地利用内部贸易及转移价格的方式流向了设有子公司的各个国家。

（三）公司内国际贸易实行转移价格

公司间的国际贸易是通过自由竞争的市场完成的，其价格通常由国际市场的供需关系来决定。而公司内国际贸易价格则是跨国公司根据其全球战略目标由其总部决定的，即前面所分析的转移价格。

第三节 跨国公司对当代国际贸易的影响

跨国公司在第二次世界大战后的迅猛发展，影响和改变着世界经济领域的方方面面，其中也包括对国际贸易的巨大影响。

一、跨国公司推动了第二次世界大战后国际贸易的大发展

国际贸易在第二次世界大战后的发展速度远远超过了第二次世界大战前的发展速度，而且也远远超过了第二次世界大战后世界经济的整体发展速度，这是与跨国公司的推动分不开的。据统计，1970 年跨国公司的出口额占当年发达国家出口总额的 50%以上，20 世纪 90 年代之后，这一比重上升到了 80%以上。

第二次世界大战后跨国公司对国际贸易大发展的推动作用主要体现在两个方面。一是跨国公司的发展扩展了国际贸易的商品范围。跨国公司为了能在竞争激烈的国际市场中取胜，利用自身雄厚的资金和技术力量，不断扩大研究和开发工作，促进了科学技术尤其是实用性技术的发展。跨国公司耗资巨大的研究与开发工作，带来了一大批科技新成果，产生了一批新兴工业部门，大量新工艺、新产品得以应用，从而扩展了国际贸易的商品范围。二是跨国公司的发展加速了国际生产的专业化与协作。跨国公司的一大优势是可以实现生产要素在全球范围内的最佳配置，这是通过在不同的国家和地区设厂布点来完成的。跨国公司所生产的产品越来越成为世界性产品，因为产品的各部分来自不同国家的子公司。跨国公司的这种国际性生产方式，加速了国际生产专业化和协作化的发展，生产的专业化和协作化的发展是国际分工深化的表现，而国际分工是国际贸易发展的前提条件。跨国公司在促进国际分工深化的同时，也必然会促进国际贸易的发展。

二、跨国公司对国际贸易商品结构和地理方向的影响

第二次世界大战以前，国际贸易商品结构中初级产品的比重一直比工业制成品要高。第二次世界大战后，这种状况发生了相反的变化，工业制成品在国际贸易中的比重已远远超过了初级产品。造成这种变化的重要原因之一，是跨国公司对外投资结构的变化。跨国公司在战前的对外投资，主要集中在矿产、石油等初级产品的生产部门中，并把这些产品大量运回母国或第三国，促使了国际贸易中初级产品贸易的兴旺。第二次世界大战后，很多发展中国家的政府为维护本国经济利益，从跨国公司手中收回了矿产资源的开采权，或者是对跨国公司开采矿产资源附加种种限制条件。在这种背景下，跨国公司投资结构的重点逐渐转向了工业制成品部门。跨国公司在发达国家的投资是以资本和技术密集型的制造业为主，在发展中

国家的投资则是以劳动密集型的制造业为主。大量的公司内贸易和公司间贸易便在这种新型投资结构的基础上发生和完成着，从而影响了国际贸易的商品结构。

第二次世界大战后国际贸易的地理方向也发生了重大变化，发达国家的对外贸易在世界贸易中的比重不断上升，而发展中国家的比重则相对下降，同时发达国家之间贸易的发展速度也快于它们与发展中国家相互贸易的发展速度。这种国际贸易地理方向的变化是与跨国公司对外投资方向的变化密切相连的。早期的跨国公司对外投资主要是投向经济落后的亚非拉国家，第二次世界大战后的跨国公司对外投资则主要投向了经济发达的欧、美、日。例如，1989 年，日本对外直接投资额的 48%投向了美国，22%投向了西欧。1990 年，美国对外直接投资额的 74%投向了发达国家。据联合国《1992 年世界投资报告》统计，1990 年流向发达国家的外国直接投资额占全世界外国直接投资总额的 80%以上，其中欧、美、日所吸收的外国直接投资就占总额的 70%。造成这种变化的原因是多种多样的，除了第二次世界大战后殖民体系崩溃限制了发达国家的跨国公司向发展中国家的投资外，还有两个重要的原因：一是随着第二次世界大战后科技革命的高速发展，新兴的高新技术部门成了市场竞争中的优胜者，而那些老的产业部门则在逐渐走下坡路，成了夕阳产业。在这种发展的大潮中，跨国公司投资于高新技术部门的资本比重也日益增大，而高新技术部门更适宜生存在发达国家而不是发展中国家。二是发达国家的投资环境对跨国公司更具吸引力，无论是通信、交通、供水、供电等硬环境，还是立法、司法、行政效率等软环境，都为跨国公司获取稳定的投资回报率提供了保障。

然而，近些年上述趋势有了明显变化，发展中国家越来越成为国际直接投资的主要参与者。从对外投资看，发展中国家对外直接投资大幅上升，亚洲发展中经济体成了全球最大对外投资来源地。2014 年，发展中国家跨国企业对外投资劲升 23%，达到 4 680 亿美元，创造了新的历史纪录。发展中国家占全球对外投资总量的比重从 2008 年全球经济危机前的 13%上升到 2014 年的 1/3 以上。亚洲发展中经济体首次超过北美和欧洲，成为全球最大的对外投资方。再从吸引外资看，2009~2018 年的 10 年里，全球外国直接投资对发展中经济体始终保持每年超过 2 000 亿美元的净流入。2018 年发展中经济体 FDI 净流入 2 884.9 亿美元，同比增长 26%。其中，亚洲发展中经济体的 FDI 流入量 2015 年至 2018 年占比一直超过 70%。

研究显示，经济增长潜力越大的国家越有利于 FDI 净流入。例如，2020 年受新冠疫情的影响，全球直接投资下跌严重，其中，发达国家 2020 年吸引的 FDI 总额下降了 69%，发展中国家下降了 12%。但是中国却比上年度增长 4%，吸引了 1 630 亿美元 FDI。美国 2020 年吸引了 1 340 亿美元 FDI，比上年度大降 49%。2020 年中国取代美国成为全球新增 FDI 的首选目的地。跨国公司投资方向的这种变化，造成了国际贸易地区分布和贸易走向的变动，使得亚洲、尤其是中国的国际贸易额快速地走到了世界前列。

三、跨国公司促进了技术贸易的迅速增长

由于跨国公司在世界范围里追逐高额利润的内在冲动，以及面对同行们激烈竞争的外在压力，跨国公司时时刻刻都不敢放松在技术开发上的努力，并把不断推出的一代又一代新技术通过公司内贸易和公司间贸易的方式传播到世界各国，由此推动了国际技术贸易的发展。例如，20 世纪 70 年代，拥有世界大部分跨国公司的主要发达国家，专利使用费收入平均每年递增 15.7%，超过同期它们对外直接投资 12.7%的平均增长率，发展中国家在 80 年代向美国和德国支付的技术贸易款项有 80%~90%是通过跨国公司向母公司付款的方式进行的。据联合国统计，全球国际技术贸易额 1985 年为 500 亿美元，到 1995 年达到 2 500 亿美元，2010 年以来每年已超过 5 000 亿美元。跨国公司是进行国际技术贸易的主角。世界最大的 866 家跨国公司海外总资产的 60%集中在它们的先进技术部门，它们每年投入的研发费用占世界科研费用的 30%以上。据统计，目前跨国公司掌握着世界 80%以上新技术和新工艺的专利权。这些数据都表明了跨国公司在全球技术贸易发展中的重要作用。联合国有关资料显示，1965 年世界各国的知识产权贸易额为 30 多亿美元，1975 年为 110 亿美元，1985 年达到 500 多亿美元，1995 年达到 5 950 亿美元，30 年间增加了 190 多倍。进入 21 世纪后，世界知识产权服务贸易仍然保持较快的增长速度，2009 年全世界仅特许与许可服务贸易出口总额就达到了 2 264.74 亿美元，2019 年这一数值又增加到 4 091.73 亿美元，十年间变为原来的 1.8 倍。

四、跨国公司在促进自由贸易和自由竞争的同时，也一定程度地制造了国际贸易中的障碍和垄断

为了自身的对外扩张，跨国公司极力倡导全球范围里的自由贸易。随着第二次世界大战后跨国公司普遍而快速的发展，人们越来越深切地感受到各国保护性的经济政策和措施对跨国投资和跨国贸易行为的限制与妨碍。为了消除障碍加快发展，跨国公司利用自身的能量，通过不同的方式和渠道对本国政府、东道国政府，甚至对国际性的经济贸易组织施加影响和压力，在发达国家和发展中国家全面减少贸易保护主义政策，降低贸易保护主义程度，包括大幅度削减影响商品在国际自由流动的关税壁垒和各种非关税壁垒。这在一定程度上推动了全球贸易自由化的进程。

由于跨国公司的快速发展和在各种类型国家中的普遍存在，国际市场中的竞争也随之加剧，这种竞争主要表现在跨国公司之间的竞争及跨国公司与东道国企业的竞争上。第二次世界大战后初期，美国的跨国公司倚仗其雄厚的经济实力，大量向西欧和日本等主要资本主义国家进行投资，控制了这些国家的许多关键工业部门和产品市场。60 年代，西欧和日本的经济经过战后十几年的恢复与调整，开始进入快速增长时期，当地的民族工业与美国跨国公司之间的矛盾也开始显露出来，控制与反控制的斗争和竞争日趋激烈。进入 70 年代后，西

欧和日本的大公司以攻为守，大举向美国投资，在美国本土与当地的跨国公司展开了激烈的较量。与此同时，西欧与日本的跨国公司之间在世界市场上的冲突也不断尖锐化。从那时起，美、欧、日的经济发展势均力敌，各有短长，经济竞争也因此而呈现出持续化和白热化的状态。跨国公司与东道国的中小企业及与发展中国家逐渐崛起的跨国公司之间的竞争也非常激烈。西方发达国家的跨国公司总是在力图控制发展中国家和地区的经济，这种状况遭到了发展中国家越来越多的反对。1974 年 4 月，联合国大会第六次特别会议通过的《建立新的国际经济秩序宣言》和《行动纲领》，就提出应采取有利于发展中国家国民经济的措施，限制和监督跨国公司的活动。具体实施中，发展中国家普遍采取了限制外资股权、管理利润汇出和控制进出口贸易等措施对跨国公司的活动进行限制。发展中国家同时也采取各种倾斜政策扶植民族工业和本国的跨国公司，以增强它们在国际市场较量中的竞争力。可以看出，跨国公司的存在，特别是发达国家大型跨国公司的存在，给世界经济注入了竞争的活力，使各种类型的企业不敢稍有懈怠，否则，它们就会在激烈的市场竞争中被挤垮或被吃掉。

跨国公司的发展，在促进世界市场中的自由贸易和自由竞争的同时，也制造了若干障碍和垄断。跨国公司在其发展和扩张过程中，总是力图控制住东道国的某些生产部门或产品价格。这种控制往往是通过一些非正常的经济手段进行的，于是便出现了某些产品的销售价格扭曲、利润水平失常等与正常市场机制相违背的现象。跨国公司通过对国际生产和国际流通过程的垄断和控制，赚取了大量的垄断超额利润。

跨国公司对国际贸易的控制主要是通过公司内转移价格和公司外垄断价格进行的。公司内转移价格的确定一般不考虑跨国公司的某个局部利益，而主要是考虑公司的总体利益。转移价格表面看起来似乎会损害某个子公司的利益，实质上却是在损害东道国的利益。外国子公司通过这种内部转移价格降低了公司利润，逃避了东道国的税收，而母公司的利润却因此而大增。跨国公司的这种行为既损害了东道国的利益，也干扰了正常国际贸易的进行。公司外垄断价格也是跨国公司经常使用的一种手段。跨国公司利用自身的力量，或利用几家大跨国公司联合的力量，在国际商品市场中制造一种垄断价格。这种垄断价格既包括对发展中国家生产的农矿产品的收购价格，也包括向世界市场推销某些工业制成品的销售价格。这种公司外垄断价格的存在，使跨国公司获得高额利润的同时，人为地破坏了市场机制，使正常的国际贸易难以顺利进行。

重要术语

跨国公司　债权投资　所有权投资　公司内贸易　内部化理论　转移价格

▶ 重要术语解释请扫描右侧二维码

授课录像

第十一章精彩视频请扫描二维码

客观测验题

客观测验题及答案请扫描二维码

复习题

1. 跨国公司有哪些经营特点？
2. 什么是公司内国际贸易？其迅速发展的动因是什么？
3. 公司内国际贸易的特点有哪些？
4. 什么是跨国公司的转移价格？转移价格的作用主要表现在哪些方面？
5. 举例说明跨国公司如何利用内部市场的转移价格来逃避国内税。
6. 简述公司内国际贸易的内部化理论。
7. 试述跨国公司对当代国际贸易的影响。

第十二章 区域经济一体化与国际贸易

导读

区域经济一体化是第二次世界大战以来世界经济格局的突出特征。第一次区域经济一体化浪潮出现在20世纪50年代，为应对世界政治经济不平衡，破除阻碍经济运行的人为因素，经济一体化概念诞生，目标是通过统一协调创造适宜的国际经济结构。20世纪80年代中期，区域经济一体化再次形成一股强劲的浪潮，这股浪潮推进之迅速，合作之深入，内容之广泛，机制之灵活，形式之多样，前景之广阔，都是前所未有的。区域经济一体化对集团内和集团外国家的经济发展和国际贸易都有着深远的影响。2020年11月15日，RCEP签署，成为至签署日为止全球最大的自由贸易区。本章首先介绍区域经济一体化的含义、基本形式，然后重点分析区域经济一体化理论及区域经济一体化与国际贸易的关系，最后简要介绍当前主要的区域经济一体化组织。

本章学习重点

1. 区域经济一体化的含义与类型
2. 关税同盟理论
3. 协议性国际分工理论
4. 区域经济一体化对国际贸易的影响
5. 当代主要的区域经济一体化组织

本章教学要求

◀ 请扫描左侧二维码

第一节 区域经济一体化概述

一、经济一体化与区域经济一体化

“经济一体化”（economic integration）一词最早出现在西方经济学文献中时，其含义几乎包括了贸易、货币关系、资本、劳动力的国际流动等与国际经济相关的所有方面，到 20 世纪 50 年代初，人们开始用它专门表述各国之间在经济上结合起来逐步形成一个经济联合体的过程，即区域经济一体化。

荷兰经济学家丁伯根认为经济一体化是指为消除有关阻碍经济最有效运行的人为因素，通过相互协调和统一，创造出最适宜的国际经济结构。美国经济学家林德特认为，经济一体化是指宏观经济政策的一体化和生产要素的自由移动及成员国之间的自由贸易。贸易一体化是范围较大的各种经济一体化的一部分。美国经济学家平德认为，经济一体化是达到一种联盟状态的过程，为此不仅要消除各成员国经济单位之间的歧视，而且要形成和实施协调的和共同的政策，其范围应是以保证实现主要的经济与福利为目标。

在《新帕尔格雷经济学大辞典》中，经济一体化被定义为：“一方面，两个独立的国民经济之间，如果存在贸易关系就可以认为是一体化；另一方面，经济一体化又指各国经济之间的完全联合。”即经济一体化既是一个过程，又是事物的一种状态。作为一个过程，它旨在消除不同国家之间的歧视；作为事物的一种状态，它指各国家之间不存在各种形式的歧视。换言之，经济一体化是将各个国家联合起来而成为一个整体，即两个或两个以上的国家不仅允许各种生产要素和商品在它们之间自由流动，而且还必须就消除因各国的经济政策而可能存在的无形的歧视，做出一定程度的政策协调。

上述关于经济一体化含义的表述尽管存在差异，但有两点共识：一是经济一体化的最终目标是要在成员国之间建立单一的经济空间，实现经济的完全联合；二是经济一体化要通过一定的方式、步骤，分阶段地实现最终目标，是一个由低级向高级不断发展的渐进过程。本书将区域经济一体化定义为：区域经济一体化是指组成区域经济集团的成员国通过达成某种协议而建立的经济合作组织，目的是逐步消除贸易壁垒，实现生产要素在成员国之间无阻碍的流动。

二、区域经济一体化的形式

由于参加区域经济一体化的国家和地区存在着经济规模、合作程度和经济发展水平方面的差异，区域经济一体化组织也各具特色，按不同的标准可以划分为不同的类型。

（一）按照贸易壁垒取消的程度划分

1. 优惠贸易安排

优惠贸易安排（preferential trade arrangements）是指各成员国之间通过协定或其他形式，对全部商品或部分商品实行特别的关税优惠，对非成员国之间的贸易则设置较高的贸易壁垒的一种区域经济安排，是最初级和最松散的区域经济一体化组织形式。例如，1932 年英国与其以前的殖民地国家之间实行的英联邦特惠制。

2. 自由贸易区

自由贸易区（free trade area）是指区域内成员国之间废除关税和数量限制，使各成员国的商品可以完全自由流动，但每个成员国仍然保持对非成员国的贸易壁垒。例如，1994 年由美国、加拿大、墨西哥三国建立的北美自由贸易区（North American Free Trade Area，NAFTA）。

3. 关税同盟

关税同盟（customs union）是指两个或两个以上的国家缔结协议，建立统一的关境，在统一关境内缔约国完全取消相互之间的关税和其他壁垒，并对非同盟国家实行统一的关税率和外贸政策。关税同盟排除非同盟国的竞争，带有超国家的性质。关税同盟的构想最早由 19 世纪德国经济学家李斯特提出，1862 年“德意志关税同盟”（Deutscher Zollverein）是最早的关税同盟，欧洲经济共同体的前身（1968 年由 6 国组成、1973 年变为 9 国、1992 年扩为 12 国）就是典型的关税同盟。

关税同盟规定成员国之间实行共同对外关税，实际上是将关税的制定权让渡给了经济一体化组织。它不像自由贸易区那样，只是相互之间取消关税，而不做权利让渡。因此关税同盟对成员经济体的约束力比自由贸易区大。

4. 共同市场

共同市场（common market）是指除了在成员国之间完全废除关税与数量限制并建立对非成员国的共同关税外，还允许生产要素的自由流动。例如，1992 年底建成的欧洲经济共同体。

共同市场的建立需要成员国让渡多方面的权利，包括进口关税的制定权；非关税壁垒，特别是技术标准的制定权；国内间接税率的调整权；干预资本流动权，等等。这些权利的让渡使一国政府干预经济的权利减小，经济一体化组织干预经济的权利增大。

5. 经济同盟

经济同盟（economic union）是指成员国之间商品和生产要素可以自由流动，建立对外共同关税，并要求成员国制定和执行某些共同经济政策和社会政策，逐步废除政策方面的差异，使一体化的程度从商品交换扩大到生产、分配乃至整个国民经济，形成一个庞大的经济实体。1999 年 1 月 1 日欧元启动，标志着欧盟已经进入这一阶段。

经济同盟意味着，各成员国不仅让渡了建立共同市场所需让渡的权利，更重要的是成员国让渡了使用宏观经济政策干预本国经济运行的权力。而且成员国不仅让渡了保持内部平衡的权力，如财政和货币政策等；也让渡了维持外部平衡的权利，如汇率政策等。

6. 完全经济一体化

完全经济一体化（complete economic integration）是指各成员国之间完全消除商品、资金、劳动力等自由流通的人为障碍，并完全统一经济、金融、财政等方面的政策。完全经济一体化就其过程而言是逐步实现经济及其他方面制度的一体化。这是最高层次的一体化组织，欧盟正努力实现这一目标。

综上，依照参与国合作的深入程度和内部贸易壁垒取消的程度，各类区域经济一体化组织形式的特征如表 12-1 所示。

表 12-1　区域经济一体化组织的特征

合作特征	自由贸易区	关税同盟	共同市场	经济同盟	完全经济一体化
取消内部关税	√	√	√	√	√
设立共同壁垒		√	√	√	√
要素自由流动			√	√	√
协调经济政策				√	√
经济政策统一					√

自由贸易区是区域经济一体化的主要形式。根据 WTO 对区域经济一体化不同类型的数量统计，截至 2021 年 2 月末，仍有效的区域经济一体化协议（含重复统计）共 552 个，其中关税同盟 30 个，经济同盟 181 个，自由贸易区 313 个①。20 世纪 90 年代以来，大部分国家之间签署的区域经济一体化协定都是自由贸易区，这是由于自由贸易区与其他几种类型相比具有明显的优点。例如，自由贸易区和关税同盟相比具有较大的灵活性，它只要求签署协定的成员国之间相互降低和取消关税，而不要求对其他非成员国采取统一关税政策，这样保证了各个国家的贸易政策的独立性。

（二）按照参与经济一体化组织的范围划分

1. 部门经济一体化

部门经济一体化（sectoral economic integration）是指区域内各成员国间的一个或几个部

① 资料来源：WTO 网站，http://rtais.wto.org/UI/publicsummarytable.aspx，2021 年 2 月 28 日查询。

门纳入一体化范畴，实现局部经济部门中的协调一致。例如，欧洲煤钢共同体、欧洲原子能共同体、美加汽车贸易协议等。

2. 全盘经济一体化

全盘经济一体化（overall economic integration）是指区域内各成员国之间的所有经济部门均纳入一体化的范畴。例如，欧盟、北美自由贸易区等。

（三）按照成员国的经济水平不同划分

1. 水平经济一体化

水平经济一体化（horizontal economic integration），也称横向经济一体化，是指由经济发展水平大致相同或接近的国家组成的一体化组织，主要包括南南型区域一体化组织和北北型区域一体化组织。例如，欧盟，主要由发达国家组成；东南亚国家联盟，主要由发展中国家组成。

2. 垂直经济一体化

垂直经济一体化（vertical economic integration），又称纵向经济一体化，南北型区域一体化，指由经济发展水平差异较大的国家或地区组成的一体化。例如，北美自由贸易区，由美国、加拿大两个发达国家和墨西哥这一发展中国家组成。

在 20 世纪 50~70 年代的第一轮区域经济合作浪潮中，水平经济一体化是主流。当时除了欧共体外，在拉丁美洲、非洲和东南亚出现了众多的南南型区域一体化组织。而 20 世纪 90 年代以来的区域经济合作浪潮中，垂直经济一体化逐渐占据了主导地位。许多早期的南南型区域贸易协定已名存实亡，甚至解散。

三、当代区域经济一体化的发展

（一）区域经济一体化发展概况

最早的区域经济一体化组织可以追溯到 1241 年在普鲁士城邦间成立的汉萨联盟。19 世纪中期，普鲁士等德国北部邦国又在汉萨联盟的基础上成立了德意志关税同盟。20 世纪初，先后出现了南部非洲关税同盟、比利时–卢森堡关税同盟及英联邦特惠关税区。1948 年 1 月正式成立的比荷卢关税同盟是第一个现代意义上的区域经济一体化组织。欧洲经济共同体的成立更是把区域经济一体化推向了一个崭新的阶段。第二次世界大战以来，区域经济一体化经历了以下几个发展阶段。

1. 发展时期

20 世纪 50 年代到 60 年代，经济一体化组织因世界政治和经济的发展不平衡而出现，其特点是政治上两大阵营对抗，经济上形成了以市场经济为主的西方体系和以计划经济为主的东方体系的对立。经济一体化组织带有明显的对抗性和浓厚的意识形态色彩。1949 年 1 月建立的“经济互助委员会”，是以苏联为首的社会主义国家的经济集团，目标是建立社会主义的统一世界市场。西欧国家中的法国、联邦德国、意大利、比利时、荷兰和卢森堡，于 1957 年签订了《罗马条约》，1958 年建立了欧洲经济共同体。英国、瑞典、丹麦、挪威、瑞士、奥地利和葡萄牙于 1960 年签订了《建立欧洲自由贸易公约》，建立了欧洲自由贸易联盟。20 世纪 60 年代后，发展中国家建立起了 20 多个区域经济和贸易组织，主要有：拉美一体化协会、东南亚国家联盟、阿拉伯合作委员会、海湾合作委员会、马各里布联盟、南亚地区合作组织、安第斯条约组织、中美洲共同市场、西非国家经济共同体等。

2. 停滞时期

20 世纪 70 年代以后，由于各资本主义国家普遍存在经济“滞胀”现象，除欧洲共同体内部一体化保持缓慢发展外，其他一体化组织大都遭受了挫折，许多组织纷纷中断活动或解体。70 年代到 80 年代中期前，是一体化组织建立和发展的停滞时期。

3. 高涨时期

20 世纪 80 年代中期以后，区域经济一体化又进入了迅速发展的时期，许多一体化组织纷纷建立，在世界范围内出现了经济一体化的新浪潮，不仅发达国家无一例外地加入了组建区域经济一体化的浪潮，广大的发展中国家也纷纷组建、巩固和发展自身的区域经济合作组织。按照 WTO 的统计，区域性贸易组织/协定的实施数量，1950~1959 年为 3 个，1960~1969 年为 19 个，1970~1979 年为 39 个，1980~1989 年为 14 个，而 1990~1998 年为 82 个，从 1992 年以后每年向 WTO 通报的都在 10 个以上。

根据 WTO 的统计，1948 年至 2021 年向 GATT/WTO 通报的区域合作组织已有 552 个。如图 12-1 所示。

（二）区域经济一体化迅速发展的原因

1. 区域经济一体化可以为成员国带来多种积极的经济效应

无论是发达国家的区域经济一体化，还是发展中国家的区域经济一体化，其根本原因都是维护自身的经济和贸易利益，为本国的发展和综合国力的提高创造更良好的外部环境。区

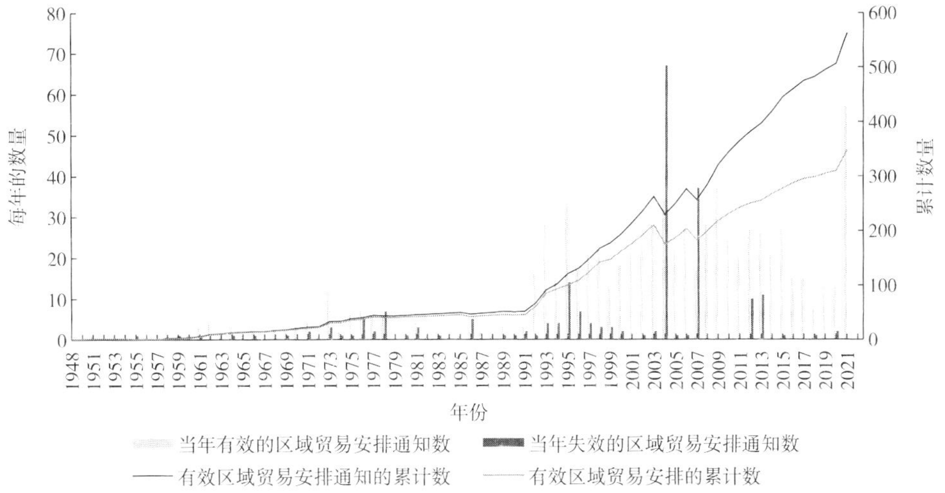

图 12-1 1948~2021 年区域协定（RTAs）变化情况

资料来源：WTO 网站，http://rtais.wto.org/UI/charts.aspx#

域经济一体化有利于生产要素和商品的流动，可以起到优化资源配置、提高经济运行效率、强化竞争的作用；成员国之间相互取消或消减关税和其他贸易壁垒，有助于通过“贸易创造”扩大对外贸易规模，实现规模经济，这对于那些国内市场相对狭小的国家来说尤其具有重要意义；区域经济一体化对非成员国的产品具有一定的排斥作用，非成员国为了抵消这种不利影响，会倾向于将生产点转移到区域内部，因此，有助于成员国吸引外部投资。

2. 科学技术和社会生产力的高速发展的影响

第二次世界大战后，第二次科技革命的兴起和发展，大大地加速了社会生产力的发展，进一步促进了世界范围内的生产社会化。同时贸易和金融等领域的相互渗透、相互依存加强，经济日益国际化。发达的交通运输网络和现代通信将整个世界连成一体。在这个过程中，生产要素尤其是资本的流动越来越具有国际性。借助于现代金融工具，资本能方便地从一个国家迅速移到另一个国家，生产要素具有高度流动性。这种生产力迅猛发展所产生的国际经济的相互依赖为区域经济一体化的形成和发展提供了重要基础。它迫切地要求各国之间打破国界进行经济协调和联合，一国的经济情况将受到其他国家发生的事件的影响，同时一国要做的事情在某种程度上也取决于其他国家的行为和政策。这不仅为发达国家，也为发展中国家的区域经济一体化奠定了物质基础。

3. 贸易保护主义和多边贸易体制局限性的影响

20 世纪 70 年代中期以来，贸易保护主义重新抬头，许多国家的贸易自由化政策发生了转变，各国纷纷向区域性的自由贸易寻找出路。GATT/WTO 虽然是推动世界贸易自由化和经济全球化的主要力量，但由于其多边贸易体制自身存在的局限性，如根据 WTO“一揽子接受”方式，其成员对各项议题的谈判，只有在一致同意的基础上才能进行，注定了要在短时间内达成所有成员共识和消除矛盾并非易事。近年来多边贸易谈判所遭遇的挫折和困难，客观上也刺激了世界区域经济集团的发展。

4. 世界政治格局变化的影响

随着“冷战”结束，和平与发展成为世界主题。世界上越来越多的国家，包括一些大国考虑问题和制定战略的主要出发点已不再是意识形态纷争、政治集团对抗和军备竞赛，而是把经济发展特别是追求本国经济利益置于优先的位置，世界各国间竞争的战场转向经济舞台。面对日趋激烈的国际市场竞争，各国在加强内部经济关系和结构调整的同时，势必需要借助于地区经济联合的外力。欧盟、北美自由贸易区等的建设和亚太区域经济一体化的发展，都是有力的佐证。

5. 抗衡其他区域集团的需要

区域经济一体化可以使其成员国联合起来，通过集体的力量改善成员国的经济、政治和安全地位。例如，欧盟的不断发展和扩大，美国谋求美洲乃至亚太地区的经济贸易主导权，日本极力在亚太地区推行“雁阵模式”等都是具体反映。

6. 多米诺骨牌效应的结果

日内瓦国际研究院的理查德·鲍德温将区域经济一体化组织建立后的连锁效应称为“地区主义的多米诺骨牌效应”。由于区域经济一体化组织对成员国和非成员国实行差别待遇，因此，在扩大区域内贸易的同时，必然减少区内成员国与区外国家之间的贸易往来，从而形成贸易转移效应。因此，当几个国家签订区域经济一体化协议后，就会对其他非成员国形成压力，促使它们也加入这个区域经济一体化组织或是建立他们自己的区域经济一体化组织。而新的区域经济一体化组织的建立，又会进一步对其他非成员国产生压力，进而促使更多的区域经济一体化组织出现。

（三）当前区域经济一体化发展的特点

1. 区域经济一体化的战略作用更加凸显

区域经济一体化成为实现对外贸易和对外投资、区域安全和全球布局等政治经济利益的重要手段。区域经济一体化密切了彼此之间的关系，提升发生政治冲突的经济成本，增加了和平的力量。通过在区域内部就重大议题先行达成一致，能够提升成员国在多边议题领域的谈判实力。区域经济一体化也被某些大国当作区域布局的重要手段，通过签署区域经济一体化协议帮助其完成新的地缘政治集团、巩固传统的外交联盟关系，配合实现其全球战略。

2. 区域经济一体化组织具有强烈的自我扩张性

首先，很多发展中国家像拉美地区一样，从过去几十年的内向型进口替代模式转向更加强调外向型的国际竞争战略，对单边贸易自由化和对外资开放同等重视，因此，迫切地需要加入区域经济一体化协议。其次，当区域贸易集团出现后，其贸易伙伴因担心在竞争中处于不利地位，传统市场遭到侵蚀，他们或者加入已形成的贸易集团，或者另组贸易集团与之抗衡，这使得世界上的区域经济一体化集团越来越大并越来越多。最后，区域经济一体化集团一旦形成，如果没有出现难以克服的困难，都具有自我强化的动力，他们需要扩大合作领域，深化合作层次，不断提高区域一体化水平。总之，区域经济一体化顺应了发展中国家参与全球化潮流、应付危机的需要，顺应了西方国家优势权势体系的经济、政治和战略的全球扩张需要，具有强烈的自我扩张的能力和倾向。

3. 区域经济一体化的内容更加深入广泛

新一代区域经济一体化协议不仅包括 WTO 框架内的议题，而且包括许多在 WTO 多边体制中没有出现的议题，如直接投资、服务贸易、竞争政策、环境标准和劳工标准、规制一致性，甚至反腐败、社会责任、国有企业等新议题。新一代区域经济一体化协议在利益取向上更为重视政治经济学、直接投资与就业、基本的经济改革等非传统内容，而与贸易创造和贸易转移有关的传统内容则处于相对次要地位。

4. 区域经济一体化存在多重治理等问题

不少区域经济一体化组织的成员国同时参加了多个区域经济一体化组织，或是除了区域经济一体化协议外，还与其中的一些成员国签订了双边自由贸易协定，这样，必然面临双边和区域自由贸易协议的多重贸易规则，如 NAFTA 与 TPP 就形成了这样的结构，东盟国家与中、日、韩三国也分别签订有自由贸易协议，其错综复杂的贸易规则会降低贸易效率。泛滥的区域经济一体化的交叠，形成了“意大利面条碗”效应[①]，增加了维护和经营成本。而对区域外国家的歧视，挑战了 WTO 等多边体制的透明度规则。过多考虑政治安全等非经济因素也使得区域经济一体化协议的经济效应难以充分体现。

5. 区域经济一体化组织之间竞争加剧

区域经济一体化通过“谁参与，谁受惠”使成员国有优先竞争的机会。成员国之间关税水平降低、其他贸易壁垒减少，这也意味着非成员国关税水平和贸易壁垒相对增加，从而将成员国和非成员国隔离开来，并将非成员国置于不利的地位。因此，为了在国际经济竞争中

① 又称“意大利面条碗”现象（Spaghetti bowl phenomenon），源于巴格沃蒂（Bhagwati）1995 年出版的《美国贸易政策》（U.S. Trade Policy）一书，是指在双边自由贸易协定（FTA）和区域贸易协定（RTAs）中，各协议规定了不同的优惠待遇和原产地规则，这些优惠待遇和原产地规则就像碗里的意大利面条，一根根地绞在一起，互相既有联系又有矛盾。

取得有利地位，很多国家和地区开始缔结区域经济一体化协议，以扩大自己的竞争优势，国家之间的竞争扩大为区域经济一体化组织之间的竞争。

第二节　区域经济一体化理论

一、关税同盟理论

对关税同盟理论研究较多的西方学者有维纳（J.Viner）、李普西（R. G. Lipsey）。他们的主要观点有以下几方面。

（一）关税同盟的静态效果

假设 A 国是一个贸易小国，B 国是 A 国的贸易伙伴国。D 是 A 国对某种商品的需求曲线，S 是 A 国的该种商品国内供给曲线。P_w 为该种商品的世界市场价格，P_b 为 B 国该种商品的价格。A 国与 B 国结成关税同盟后，A 国的贸易和福利变化取决于以下两种效应。

1. 贸易创造效应

贸易创造效应是指缔结关税同盟之后，同盟内部各成员国之间相互取消关税，导致成员国一部分原先在关税保护下由国内供应的商品被来自同盟内其他成员国的较低生产成本的进口商品所替代，于是同盟成员国之间的贸易量扩大，带来资源利用效率的改善和福利水平的提高。

如图 12-2 所示，结成关税同盟前，假定 A 国对于从 B 国和国际市场进口的该种商品都征收数量为 t 的从价关税。那么，A 国从国际市场和 B 国进口商品的国内价格分别上升到 P_{wt} 和 P_{bt}。由于 $P_{wt}< P_{bt}$，A 国从国际市场进口该种商品，数量为 Q_1Q_2。B 国的商品不能进入 A 国市场。

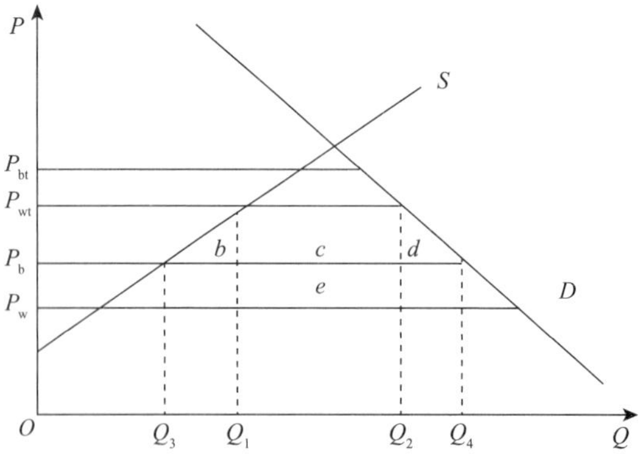

图 12-2　贸易转移与贸易创造

结成关税同盟后，A 国仍维持对国际市场进口的关税，但取消了从 B 国的进口关税，此时，在 A 国内市场上，由于 $P_{wt}>P_b$，A 国改从 B 国进口 Q_3Q_4 数量的商品，商品进口量增加 $Q_1Q_3+Q_2Q_4$，且 A 国因资源节约和消费扩大而增长面积为 $b+d$ 的福利。由于福利的增进来源于关税同盟所导致的贸易增长，故被称为贸易创造效应。

2. 贸易转移效应

贸易转移效应是指，缔结关税同盟之后，成员国间相互取消关税，导致贸易流向发生变化，成员国的部分进口商品供给从低成本非成员国转移至成本较高的成员国，从而恶化世界资源配置，造成福利损失。

如图 12-2 所示，A 国与 B 国结成关税同盟前，A 国从国际市场进口数量为 Q_1Q_2 的商品，政府获得的关税收入等于 $c+e$。结成关税同盟后，由于征收歧视性的进口关税，使 $P_{wt}>P_b$，A 国进口渠道从生产效率较高的非成员国改成生产效率较低的 B 国，贸易转移 Q_1Q_2。A 国损失的关税收入 e 实际上代表了 B 国生产者以高于国际市场价的价格进行生产所造成的世界资源浪费。这种损失是因为进口来源由非成员国转向成员国所致，故称贸易转移效应。

3. 关税同盟的净福利效应

一国参加关税同盟后，可能会面临双重的影响：一是贸易创造效应所引起的福利增加；二是贸易转移效应所引起的福利损失。显然，净福利效应取决于贸易创造效应与贸易转移效应的差额[$(b+d)-e$]。若 $b+d>e$，则净福利增加；若 $b+d<e$，则净福利减少。

根据面积 $b+d$ 与面积 e 的对比，可以推断，影响净福利的因素主要是：①本国的供给和需求弹性；②本国与成员国的商品成本差异或者缔结同盟前本国与成员国的贸易壁垒高低；③成员国与非成员国的商品成本差异。一般的，国内供求弹性越大，本国与成员国成本差异越大，成员国与非成员国成本差异越小，则贸易创造利益越大，贸易转移损失越小，福利越能得到改善。反映在图 12-2 中，S 和 D 曲线越平坦，$P_{wt}-P_b$ 越大，P_b-P_w 越小，面积 $b+d$ 大于面积 e 的可能性越大。

关税同盟的静态效果还表现在可以减少行政开支、减少走私及加强集体谈判力量等方面。

（二）关税同盟的动态效果

关税同盟的动态效果主要是分析关税同盟对成员国就业、生产、国民收入、国际收支和物价水平的影响。

（1）关税同盟由于取消了内部关税，使成员国之间的竞争加强，专业化程度加深，资源使用效率提高。西陶斯基（T. Scitovsley）认为，关税同盟建立后，促进了商品的流通，加强了商品的竞争，打破了垄断，经济福利因此而提高。但对此也有人持相反的看法，认为消除贸易壁垒后，市场扩大容易达到生产的规模经济，反而容易产生垄断，使经济福利下降。

（2）获得规模经济。关税同盟建立后，成员国结为一体，自由市场扩大，因此可以获得专业化与规模经济的利益。巴拉萨（B.Balsas）认为，建立关税同盟后可以使生产厂商获得重大的内部与外部规模经济利益。但也有人认为，欧共体成员国生产厂商原有的生产规模已经很大，关税同盟建立后生产规模再扩大不一定更有利，因为生产规模太大，效率反而可能下降。

（3）刺激投资。关税同盟建立后，随着市场的扩大，风险与不稳定性降低，从而吸引成员国新的厂商增加投资。关税同盟建立后，商品的自由流通会使竞争加剧，为了提高竞争能力，关税同盟成员国原有的厂商会增加投资，以改进产品品质，降低生产成本。关税同盟建立后，成员国之间完全取消关税，对外则征收统一关税，结果会吸引关税同盟以外的国家到关税同盟内建立避免关税工厂（tariff factory），以求获得免税的利益。但也有人认为，关税同盟建立后，成员国之间彼此侵占对方的市场，一国遭受贸易创造效果打击的产业将会减少投资；关税同盟非成员国到成员国内投资，将会使成员国的投资机会减少，使关税同盟厂商遭到不利的影响。因此，关税同盟建立后，其成员国的投资不一定增加。

（4）促进技术进步。关税同盟建立后，壁垒取消，市场扩大，竞争加强，投资增加，生产规模扩大，以上因素将促使生产厂商更愿意投资研究和发展计划，导致技术不断进步。

（5）提高要素的流动性。关税同盟建立后，市场趋于统一，生产要素可以在各成员国之间自由流动，因此，提高了生产要素的流动性，促进了生产要素的合理配置。

（6）促进了经济增长。如果以上有利之点都能成立，则关税同盟的建立，必将促进成员国经济加速增长。

二、大市场理论

大市场理论是以共同市场为研究对象的理论，它是超越静态关税同盟理论的动态的理论。其代表人物是西陶斯基和德纽（J.F.Deniau）。

这种理论认为，以前各国之间推行狭隘的只顾本国利益的保护贸易政策，把市场分得过于细小而缺乏弹性，因而只能提供狭窄的市场，无法实现规模经济和大批量生产的利益。共同市场的目的就是把那些被保护主义肢解的分散的、孤立的小市场统一起来，结成大市场，通过大市场内部的激烈竞争，实现大批量生产的利益。大市场理论的核心有两点：①建立大市场的目的就是通过大市场来获得规模经济利益；②依靠因市场扩大化而竞争激化的经济条件，实现上述目的。

西陶斯基从西欧的情况出发，提出了一个西欧曾存在的“高利润恶循环”或“小市场与保守的企业家态度的恶性循环”的命题。他认为，在组成共同市场之前，由于人们交往于狭窄的市场，竞争趋于消失，陷入高利润率、低资本周转率、高价格的矛盾中。由于价格高，很多现代的日用消费品到不了大众之手，普及率很低，企业不能进行大批量生产，却自以质量高为荣。形成共同市场之后，撤除了成员国之间的贸易壁垒，各国厂商必须迎接集团内其他国家厂商的竞争，从而刺激劳动生产率的提高和成本的下降，并刺激新技术的开发和利用。产品成本和价格下降了，再加上人们收入水平随生产发展而提高，过去只供少数富人消费的高档商品将转为多数人的消费对象，从而形成良性循环。当然，在竞争增强的同时，一体化经济集团往往会出于同集团外部国家竞争的需要，促成集团内企业的合作与兼并，有导致集团内企业厂商之间形成垄断的可能，并导致竞争淡化，效率下降。但这些问题可以通过反垄断法来制止。

德纽认为，只有市场规模迅速扩大，才能促进和刺激经济扩张。由于市场扩大，机器、设备得到充分利用。大量生产、专业化、最新技术的应用、竞争的恢复，这些因素都会使生产成本和销售价格下降，再加上取消关税也可能使价格下降一部分，这一切都将导致购买力的增加和实际生活水平的提高，进而促使消费增加和投资增加，经济就会开始滚雪球似的扩张。

大市场理论提出了经济一体化的动态效果。但是，西陶斯基和德纽的论述面太窄，因此，人们对大市场理论仍存在疑问：实现规模经济这一目的与竞争激化这一手段是否能导致共同市场内部贸易创造和谐地扩大？因为竞争激化的结果往往是垄断，这对于共同市场内部的分工是不利的。

三、协议性国际分工

日本经济学家小岛清认为，为了各国互相实现规模经济、和谐地扩大共同体内的贸易，就需要一种修正补充的、与过去的比较优势原理不同的国际分工理论。这要从成本长期递减的角度来寻找国际分工的动因。以前的国际经济学家所讲的只是在成本递增下通过比较优势形成的国际分工和平衡，而对成本递减或成本不变的情况却没有提及，现实世界经济的状况却是成本递减成为一种普遍现象。经济一体化的目的在于通过市场扩大化来实现规模经济，这实际上就是成本递减问题。小岛清是沿用“两个国家、两种商品”的模式来说明这个问题的，如图 12-3 所示。

图中所画的是 A 国和 B 国 X、Y 两种商品成本递减曲线，实线的高度表示两国分别生产两种商品的成本。现假定 X 商品完全由 A 国生产，并且 B 国把 X_2 量的市场提供给 A 国；Y 商品完全由 B 国生产，并且 A 国把 Y_1 量的市场提供给 B 国。专业化生产后，两种产品的

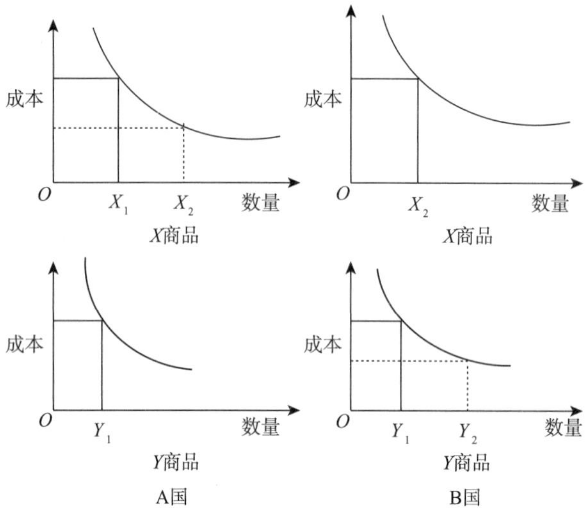

图 12-3 协议性国际分工示意图

成本都会明显下降（图 12-3）。当然，这只是分析每种商品的产量与专业化前两国产量之和相同的情况，如果考虑到因成本下降而引起的需求的增加，那么两种产品的成本还存在进一步下降的可能。

小岛清认为，如果两个国家达成相互提供市场的协议，在协议基础上进行国际分工，就可实现规模经济。这一规模经济的实现依靠的是两国的合作而不是竞争。如果听任竞争机制去发挥作用，那么 A、B 两国都会去扩大两种商品的生产规模，以谋求降低成本和增强竞争力。但需求的增长是有限度的，它并不是无限地适应各国生产的增长。因此，单纯通过竞争，规模经济在两国都很难实现。

对于两个国家来讲，达成相互提供市场的协议是实现其规模经济的关键。要达成相互提供市场的协议必须存在一些条件，因为协议性分工远不如竞争机制具有强制性。小岛清提出了三个条件：①两个国家的资源禀赋差别不大，经济发展阶段大致相同，协议性分工对象商品在任何一个国家都可进行生产。②作为协议对象的商品，必须是能够获得规模经济的商品。这种效应，在重化工业中最大，轻工业较小，农业几乎难以实现。③不论对哪个国家，生产 X 商品或生产 Y 商品的利益都不存在大的差别，即一国实行专业化的产业和转让给对方的产业之间，在规模扩大后的成本降低率，与随着分工而增加的需求量和需求增长率等方面没有优劣之分。

以上三个条件表明，共同市场必须在同等发展阶段的国家之间建立；在发达工业国之间可以进行协议性分工的范围更广、利益更大。在生活水平和文化互相接近的地区，容易达成协议，并且容易保证相互需求的均等增长。应当承认，协议性分工理论是有新意的，反映了在国际分工日益深化条件下需要更多的国际协调的事实。但这一理论明显缺乏发生作用的现实机制。即使是实现了协议性分工，又如何保证专业化生产某种商品的厂商不利用其垄断地位来谋求自身利益呢？而且，对于现实经济生活中客观存在的发达国家与发展中国家的经济一体化问题，协议性分工理论也是无法解释的。

第三节　区域经济一体化对国际贸易的影响

一、区域经济一体化对区域经济集团成员国的影响

（一）对区域经济集团成员国的有利影响

1. 区域经济一体化促进了集团内部贸易的自由化

区域经济集团的建立，意味着成员国间关税壁垒和非关税壁垒的消除，使成员国间的贸易量显著增长。这一趋势在发达国家的贸易集团中尤为明显，如欧洲经济共同体成员国早在20世纪70年代初，内部工业制成品和半制成品贸易已占其贸易总额的3/4左右。由于贸易壁垒的消除，集团成员国之间的贸易往来迅速增长，相互间经济上的依赖加强，集团内部贸易在成员国对外贸易中所占的比重显著提高。

2. 区域经济一体化加强了一体化组织的谈判力量

组成区域经济集团，增强了区域组织的经济实力，加强了其对外谈判的力量，有利于成员国贸易条件的改善。从现实状况来看，区域集团化在发展中国家之间的进展远远落后于发达国家之间，与发达国家不断改善的贸易条件相比较，发展中国家的贸易条件十分不利。

3. 区域经济一体化有助于成员国之间加强科技和经济合作

当今的国际贸易竞争重在技术竞争，各区域经济集团加强了内部科技方面的协调与合作。有些重大科技项目单靠一国无法完成，往往需要借助于区域经济集团来实现。区域经济集团的建立使其成员国利益更加密切相关，又为其进行协作提出了客观要求。

4. 区域经济一体化促进了区域内的相互投资

由于区域内成员国之间消除了投资的壁垒，大大促进了区域内的相互投资，区域内投资超过区域间投资的趋势日益明显。尽管国际直接投资有迅速上升的态势，但区域间的投资却赶不上区域内的投资。

5. 区域经济一体化有利于增加就业，促进生产

由于区域内市场的扩大，其成员国的企业获得了内部市场扩大和规模效益提高及从其他成员国获得廉价原材料、中间产品的好处，增加了就业和生产。

6. 区域经济一体化有利于优化资源配置

区域经济一体化的快速发展，使区域内成员国之间的资源分配因竞争的强化而更为合理。广阔的内部统一市场，给区域内企业提供了重新组织资源和提高竞争能力的机会和客观条件。通过兼并或企业间的合作和大市场内资源的优化配置，促进了企业效率的提高。

（二）对成员国内部经济贸易的不利影响

区域经济一体化加剧了成员国间市场的竞争，一些中小企业遭到淘汰和兼并。大企业在市场扩大和竞争的压力下，纷纷结成垄断组织，而垄断组织的形成反过来又对内部市场的自由竞争造成了不利的影响，影响了生产要素的合理配置。

二、区域经济一体化对国际经济与贸易的影响

（一）区域经济一体化对国际经济与贸易的有利影响

1. 区域经济一体化促进了国际贸易的发展

各个区域经济集团内部都不同程度地规定了消除和减免关税和其他贸易限制，保证工农业产品在集团内部自由流通的政策和措施，这显然有利于改善集团内部各成员国之间的商品贸易条件，推动区域内贸易的发展。区域内贸易的增加，会大大促进国际贸易量的增长和提高。

2. 区域经济一体化促进了国际分工的不断深化

区域经济一体化使成员国之间取消了关税和非关税壁垒，生产要素能够自由流动，为各国在国际分工中发挥优势，发展专业化生产创造了条件，使国际分工能顺利开展。区域经济一体化既是国际分工不断深化的要求，又促进了国际分工深化的进程。

3. 区域经济一体化加速了国际投资的发展

区域经济集团的建立，取消了集团内部的各种限制，促进了成员国之间的相互投资。同时，由于区域经济集团的形成和发展，集团外的商品进入集团内部遇到了障碍，集团外的国家为了不使自己的产品受到排挤，纷纷采取直接投资的方法进入集团内。

（二）区域经济一体化对国际经济与贸易的不利影响

1. 对国际贸易的消极影响

由于区域经济贸易集团的各种优惠措施大都仅仅适用于区域内的各个成员国，而对集团

外的国家依然维持一定程度的贸易壁垒，从而影响了成员国与非成员国的贸易扩大。

2. 降低了集团外国家在区域经济一体化组织成员国中的地位

区域经济一体化组织具有“贸易创造”和“贸易转移”两种效果，都有助于区域经济一体化组织贸易内向性的增强，降低了区域外国家在其成员国中的地位，从而使区域外国家的贸易环境不利。区域经济集团国家谈判力量的增强和各项政策的协调一致，都有可能对区域外国家造成不利影响和较严重的损害。例如，欧共体（欧盟）的“共同农业政策”对美国的农产品出口和世界农产品贸易都产生了很大影响。

3. 不利于区域外国家吸收外部投资

区域经济一体化的发展使外部国家的商品进入区域内部遇到了障碍，国际投资作为一种冲破区域贸易壁垒的工具，已日益成为各个国家加紧向外渗透、打入区域经济集团内部的有力手段。目前各主要发达国家都加强了相互间的对外直接投资，从而使国际投资流向越来越多地密集于一体化组织内部。例如，在欧洲一体化和北美自由贸易区的发展过程中，美国对外直接投资主要集中于欧盟国家，日本企业的海外投资的主要对象是美国和西欧。这种因区域经济一体化而引起的国际投资流向的变化，对于区域外部国家吸收投资是十分不利的。

4. 对发展中国家的经济发展造成不利影响

区域经济一体化使发展中国家，特别是没有参加区域集团化的发展中国家的贸易条件日趋恶化。随着区域经济一体化的建立，集团内部成员国间的贸易比重在提高，而与集团外部国家的贸易比重在下降。绝大多数发达国家都已成为各种一体化组织的成员国，其对区域经济集团之外的需求相对减少。由于发展中国家的主要贸易对象是发达国家，出口品主要是初级产品和初级的制成品，结果会使发展中国家的贸易条件恶化。

5. 加剧了世界经济发展的不平衡

区域经济一体化趋势使得世界范围内发达国家和发展中国家的经济不平衡进一步加剧，其根源是大多数发展中国家被排除在发达国家组成的区域经济集团之外。区域经济一体化使国家之间的竞争演化为集团之间或国家与集团之间的竞争，使发达国家之间的摩擦和矛盾激化，这将使世界经济的不平衡更加突出。区域经济一体化的发展也并不能消除集团内部经济发展的不平衡，甚至会因生产要素等的自由流动而使区域内部的不平衡加剧。

三、区域经济一体化与全球一体化的关系

关于区域经济一体化和全球经济一体化之间的关系问题，经济学界存在较大的争议。有

人对区域经济一体化持否定态度，认为区域经济一体化是一种新型的集团式贸易保护主义，与传统的单边贸易保护主义相比，其方式更为隐蔽。也有人对区域经济一体化持肯定态度，认为区域经济一体化的最基本的目标是通过建立自由贸易区实现贸易自由化，这与多边贸易体制的基本目标是一致的，区别只是贸易自由化的地理范围。

我们认为，区域经济一体化和全球经济一体化之间是一种对立统一和竞争互补的关系。从对立统一角度来看，区域经济一体化与全球一体化是对立的，甚至是在减缓全球一体化的历史进程，但它却可以提高整个世界的经济质量，通过竞争层面的不断攀升，缩小区域内各国经济发展的差距，丰富世界市场的内容。从竞争互补的角度来看，区域经济一体化与全球一体化之间既有互补又有竞争，互补与竞争关系的相互转化，为贸易自由化的整体发展注入了生机与活力，推动和加速了区域集团与多边贸易体制的"最终汇合"，使得基于全球贸易自由化的全球经济一体化得以实现。

（一）区域经济一体化对全球经济一体化的有利影响

1. 区域经济一体化是全球经济一体化的务实选择

从本质上看，全球一体化和区域经济一体化都是超出国界而进行的各国之间的国际分工、国际投资、国际贸易等使各国经济成为相互依存的整体的活动，其区别仅在于一体化的范围不同，而且区域经济一体化无不将实现全球贸易自由化作为其最高宗旨。在全球经济一体化不可能短时期内实现的情况下，区域经济一体化是一种务实的选择，并可以为全球经济一体化积累经验。

2. 区域经济一体化对全球经济一体化具有推动作用

如果区域经济集团的成立不对区域外的国家和地区形成额外的贸易壁垒，那么它在世界贸易自由化过程中所起的作用就不是消极的。例如，欧洲统一市场的建立使其内部独立性增强并不意味着它试图对进入其市场的贸易者增加贸易壁垒，因为区域集团的建立并不是要求实现区域内的自给自足，而是要从包括区域内外的全球贸易中获得好处。

3. 区域经济一体化可以作为全球经济一体化的"试验场"

区域经济一体化在合作内容上不再局限于传统的货物贸易和服务贸易领域，而是向海关程序、电子商务、投资、竞争政策、技术标准、劳工标准及环境保护等新领域不断拓展，并终将对多边贸易体制的谈判产生良好的示范效应。因此，在区域经济一体化和全球经济一体化之间，并不存在不可逾越的鸿沟。

4. 区域经济一体化组织的联合将推动全球经济一体化的真正实现

例如，欧共体和欧盟已经七次扩大，其成员国由 6 国分别增到 9 国、10 国、12 国、15

国、25国、27国和28国（随着2021年1月英国正式“脱欧”，欧盟又变成27国）。而由三个同心圆构成的“同心圆欧洲”计划最终将组成一个地域从大西洋到乌拉尔山，包括全部欧洲国家在内的统一的大欧洲经济区。欧盟也许会成为世界经济真正一体化的可能的发展趋势。不仅整个欧洲，而且整个非洲、美洲及亚太地区的一体化都确定了时间表。而各大洲及跨洲的区域经济集团之所以能够成立，前提是已有了若干个诸多国家组成的区域贸易集团。正是在这个基础上，才能建立跨洲的大的区域经济集团，各大洲和跨洲的一体化的实现就为下一阶段全球经济一体化的真正实现奠定了坚实的基础。可以预见，区域经济一体化与全球一体化双轨并行的局面只是历史性的过渡形式，多边这条“大鱼”，终归会吃掉各个区域这类“小鱼”。

（二）区域经济一体化对全球一体化的不利影响

（1）区域经济一体化的蓬勃发展对于多边贸易体制的核心原则和法律制度的有效实施造成了极大威胁。众所周知，区域经济一体化安排是作为最惠国待遇原则的最大例外而存在的。如果说GATT成立时由于区域贸易协定的数量极少，对其作为最惠国待遇的例外还算是名副其实的话，而现在区域经济一体化组织数量众多，且发展势头强劲，已日益呈现出与多边贸易体制并驾齐驱之势，其实际法律地位已远非当初的例外可比了。在区域贸易协定缔结和实施的过程中，违反透明度原则而进行“暗箱操作”的情况，也屡见不鲜。例如，很多自由贸易区和关税同盟，均制定了各自的原产地规则，这不仅造成贸易成本增加，而且对多边贸易体制所倡导的贸易自由化造成侵蚀。

（2）由于区域经济一体化着眼于既得利益，各成员国专注于区域贸易安排，而弃多边贸易谈判于不顾。区域经济一体化因其成员的数量少、经济实力相当或经贸利益互补性强等特征，在特定的经贸领域形成协调意志要相对容易。因此，当多哈回合多边贸易谈判进展不顺，坎昆会议失败之后，一些有影响的 WTO 成员纷纷将目光投向自由贸易区的谈判，从而延缓了多边贸易自由化进程。

（3）区域经济一体化增加了国际市场上的垄断势力，抑制了竞争，不利于 WTO 体制发挥作用。区域经济一体化组织对外奉行统一的关税政策和经贸政策，破坏了集团内外的公平竞争秩序，是对经济全球化的割裂，在一定程度上降低了世界整体福利水平。

第四节　当代主要区域经济一体化组织

近年来，区域经济一体化蓬勃发展，出现了很多新的区域经济集团，这些区域经济一体化组织跨洲合作、互相交叉，融合与竞争并存（图12-4）。本节对部分重要的区域经济一体化组织进行介绍。

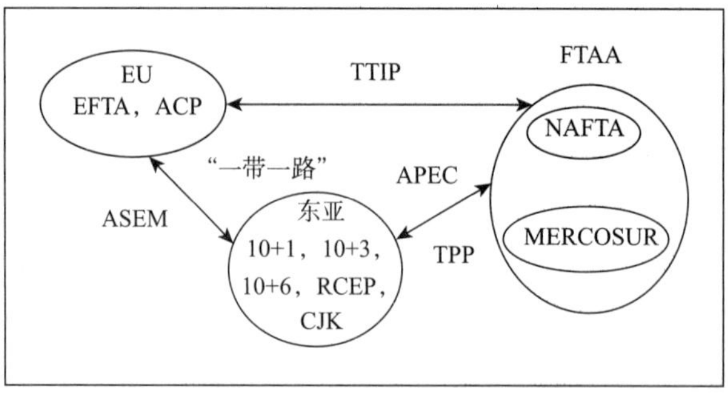

图 12-4　当前世界区域经济一体化组织格局

资料来源：第十二届 WTO 学术年会，稍有修改

注：ACP：African, Caribbean and Pacific Group of States，非洲、加勒比和太平洋国家集团；APEC：Asia-Pacific Economic Cooperation，亚太经济合作组织；EFTA：European Free Trade Association，欧洲自由贸易联盟；EU：European Union，欧盟；FTAA：Free Trade Area of the Americas，美洲自由贸易区；MERCOSUR：Mercado común del Sur，南方共同市场；NAFTA：North American Free Trade Agreement，北美自由贸易协议；RCEP：Regional Com-prehensive Economic Partnership，东亚地区区域全面经济合作伙伴关系；CJK：China-Japan-Korea Free-Trade Area，中日韩自由贸易区；TPP：Trans-Pacific Partnership Agreement，跨太平洋伙伴关系协定；TTIP：Transatlantic Trade and Investment Partnership，跨大西洋贸易与投资伙伴协定；ASEM：Asia-Europe Meeting，亚欧会议

一、欧盟

欧洲一体化是世界区域经济一体化的典范，欧盟（European Union，EU）已成为当前一体化程度最高、制度建设最完备的区域经济一体化组织。欧洲共同体和欧盟主要经历了以下几个阶段。

1. 欧洲共同体

欧盟的前身是欧洲共同体，简称欧共体。1952 年，法国、联邦德国、意大利、荷兰、比利时和卢森堡六国组建成立欧洲煤钢共同体。1958 年，六国又共同建立欧洲经济共同体和欧洲原子能共同体。1967 年，欧洲煤钢共同体、欧洲经济共同体和欧洲原子能共同体合并，统称欧洲共同体。欧共体经历了数次扩大，1973 年，英国、丹麦和爱尔兰加入欧共体。1981 年，希腊成为欧共体第十个成员国。1986 年，葡萄牙和西班牙加入欧共体。

2. 基本建成内部大市场

欧共体先后采取了近 300 项立法措施，克服了贸易壁垒、技术壁垒和财政壁垒，在 1992 年底以前基本建成了内部大市场，在共同体范围内实现了商品、劳务、资本和人员无国界的自由流动。

3. 签署并实施《马斯特里赫特条约》

欧共体成员国在 1992 年 2 月 7 日签署了《欧洲联盟条约》（又称《马斯特里赫特条约》），

规定了欧洲经济与货币联盟的具体目标和实施步骤，将欧共体原来的“政治合作”升格为共同外交和共同安全政策，并建立起在内政和司法方面的合作机制，将欧共体的一体化推进到经济联盟阶段。该条约 1993 年 11 月 1 日正式生效，欧共体易名为欧洲联盟。

4. 建立欧洲经济区

1994 年 1 月 1 日，欧盟 12 国与欧洲自由贸易联盟 6 国宣布成立欧洲经济区。两大区域组织合并为一个，实现商品、劳务、资本和人员自由流动的经济区，标志着欧洲经济联合又迈出了一大步。

5. 欧盟第四次扩大

1995 年 1 月 1 日，奥地利、瑞典、芬兰正式加入欧盟，成员国扩大到 15 个。欧洲联盟成为一个具有近 330 万平方千米土地、3.675 亿人口、7.4 万亿美元国内生产总值和占全球贸易量 43%的世界最大贸易区。

6. 欧元的诞生与流通

1995 年 12 月 16 日，欧盟马德里首脑会议最终把未来欧洲统一货币的名称确定为欧元。1996 年 12 月 14 日，欧盟都柏林首脑会议通过了《稳定与增长公约》、《欧元的法律地位》和《新的货币汇率机制》的欧元运行机制文件。1999 年 1 月 1 日，欧盟正式启动欧元。2002 年 1 月 1 日，欧元正式流通。3 月 1 日，欧元成为欧元区国家唯一法定货币。

7. 欧盟第五次扩大

2004 年 5 月 1 日，欧盟正式吸收塞浦路斯、匈牙利、捷克、爱沙尼亚、拉脱维亚、立陶宛、马耳他、波兰、斯洛伐克和斯洛文尼亚 10 个中东欧国家入盟，扩大后的欧盟成员国从 15 个增加到 25 个，人口增加到约 4.55 亿，整体国内生产总值增加到 10 万多亿美元。

8. 欧盟第六次扩大

2007 年 1 月 1 日，罗马尼亚和保加利亚正式加入欧盟，这是欧盟的第六次扩大。欧盟的成员国达 27 个，人口超过了 4.99 亿。

9. 欧盟第七次扩大

2013 年 7 月 1 日，克罗地亚加入欧盟，欧盟的成员国达到 28 个。目前，欧盟扩大的进程仍在继续，土耳其已经启动了与欧盟的入盟谈判，马其顿等国已被欧盟接纳为入盟候选国。

10. 英国脱欧

2016 年 6 月 23 日，英国就是否留在欧盟举行全民公投，投票结果显示支持“脱欧”的票数以微弱优势胜出，英国将脱离欧盟。2018 年 11 月 25 日，欧盟各成员国首脑在布鲁塞尔的特别峰会上通过了英国退出欧盟的条约，2021 年 1 月 31 日，英国正式结束过渡期，脱离欧盟。

二、北美自由贸易区

1989 年美国和加拿大两国签署了《美加自由贸易协定》。1991 年美国、加拿大及墨西哥开始就一项三边自由贸易协定正式展开谈判，经过 14 个月的谈判，1992 年 8 月 12 日，美国、加拿大及墨西哥三国签署了《北美自由贸易协定》(North American Free Trade Agreement, NAFTA)。1994 年 1 月 1 日，该协定正式生效，宣告了北美自由贸易区的成立。协定决定自生效之日起在 15 年内逐步消除贸易壁垒、实施商品和劳务的自由流通，以形成一个拥有 3.6 亿人口，超过 12 万亿美元国内生产总值的自由贸易集团。由美、加、墨三国组成的北美自由贸易区开创了不同经济发展层次的国家共同组成垂直一体化区域经济共同体的先河。

2017 年 4 月美国、加拿大、墨西哥开始就《北美自由贸易协定》(NAFTA) 重新谈判，2018 年 9 月 30 日最终达成协议，2019 年 12 月 19 日美国众议院通过了《美墨加协定》(The United States-Mexico-Canada Agreement，USMCA)，《美墨加协定》正式取代《北美自由贸易协定》，成为北美自由贸易区新的协议。

三、亚太经合组织

亚太经合组织 (Asia-Pacific Economic Cooperation，APEC) 是亚太地区层级最高、领域最广、最具影响力的经济合作机制。1989 年 11 月 5 日至 7 日，澳大利亚、美国、日本、韩国、新西兰、加拿大及当时的东盟六国在澳大利亚首都堪培拉举行 APEC 首届部长级会议，标志着 APEC 正式成立。

亚太经合组织的组织机构包括领导人非正式会议、部长级会议、高官会、委员会和专题工作组等。其中，领导人非正式会议是亚太经合组织最高级别的会议，首次会议于 1993 年 11 月在美国西雅图召开。会议形成的领导人宣言是指导亚太经合组织各项工作的重要纲领性文件。至 2020 年底，APEC 共 21 个成员，分别是中国、澳大利亚、文莱、加拿大、智利、中国香港、印度尼西亚、日本、韩国、墨西哥、马来西亚、新西兰、巴布亚新几内亚、秘鲁、菲律宾、俄罗斯、新加坡、中国台湾、泰国、美国和越南。1997 年温哥华领导人会议宣布 APEC 进入十年巩固期，暂不接纳新成员。此外，APEC 还有三个观察员，分别是东盟秘书处、太平洋经济合作理事会、太平洋岛国论坛秘书处。

亚太经合组织的宗旨是支持亚太区域经济可持续增长和繁荣，建设活力和谐的亚太大家庭，捍卫自由开放的贸易和投资，加速区域经济一体化进程，鼓励经济技术合作，保障人民安全，促进建设良好和可持续的商业环境。采取自主自愿和协商一致的合作方式。所做决定须经各成员一致同意。会议成果文件不具法律约束力，但各成员在政治上和道义上有责任尽力予以实施。

自成立以来，特别是在领导人非正式会议成为固定机制之后，亚太经合组织在促进区域贸易和投资自由化便利化方面不断取得进展，在推动全球和地区经济增长方面发挥了积极作用。

四、东南亚国家联盟与区域全面经济伙伴关系

东南亚国家联盟（Association of Southeast Asian Nations，ASEAN，简称东盟）于1967年8月成立，印度尼西亚、马来西亚、菲律宾、新加坡和泰国等五个国家为创始国；1984~1999年，文莱、越南、缅甸、老挝和柬埔寨加入东盟，目前东盟10国总面积450万平方千米，人口约5.3亿。2002年1月1日东盟自由贸易区正式启动，自由贸易区的目标是实现区域内贸易的零关税。文莱、印度尼西亚、马来西亚、菲律宾、新加坡和泰国六国已于2002年将绝大多数产品的关税降至0~5%。越南、老挝、缅甸和柬埔寨四国于2015年实现这一目标。2011年11月，东盟提出"区域全面经济伙伴关系（Regional Com-prehensive Economic Partnership，RCEP）"倡议，旨在构建以东盟为核心的地区自贸安排。2012年11月，东盟国家与中、日、韩、印、澳、新（西兰）六国领导人同意启动"区域全面经济合作伙伴关系"谈判。2020年11月15日，东盟10国及中国、日本、韩国、澳大利亚、新西兰15国正式签署《区域全面经济伙伴关系协定》，这是目前全球规模最大的自由贸易协定。RCEP的签署标志着中国自贸区提升战略的开端，为亚太区域经济一体化发展奠定基础。如图12-5所示。

五、《跨太平洋伙伴关系协定》与《全面与进步跨太平洋伙伴关系协定》

《跨太平洋伙伴关系协定》（Trans-Pacific Partnership Agreement，TPP）最初由三个太平洋小国新西兰、智利和新加坡于2002年10月在墨西哥洛斯卡沃斯举行的APEC峰会上发起，目标是缔结一个《太平洋3国更紧密经济关系伙伴协定》（Pacific Three Closer Economic Partnership，亦称P3-CEP）。2005年4月后文莱成为创始成员，协定的名称也随之改为《泛太平洋经济战略伙伴协定》（即P-4）。P-4的目的是探索签订一个高质量的自贸区协定，为未来扩大范围的自贸区谈判乃至全球贸易自由化提供一个可借鉴的范本。P-4成立初期并未受到较多关注。2009年9月，作为"重返亚洲"战略的一部分，美国开始高调介入P-4的谈判，并成为P-4议程的主导者，至此，P-4也被更名为TPP。在美国的带动下，澳大利亚、秘鲁、越南、马来西亚、加拿大、墨西哥、日本相继加入谈判，使TPP成员国扩大到12个。2015年10月5日，12国在美国亚特兰大正式签署TPP协定。

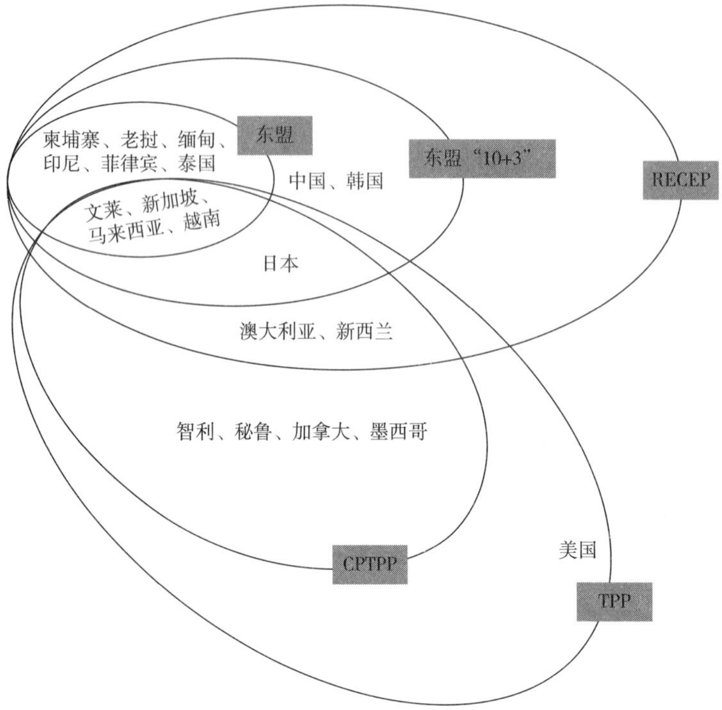

图 12-5 亚太地区主要区域贸易协定

资料来源：复旦金融评论

《全面与进步跨太平洋伙伴关系协定》(Comprehensive and Progressive Agreement for Trans-Pacific Partnership，CPTPP）脱胎于 TPP。2016 年，参与 TPP 谈判的 12 国在新西兰签署协议，但该协议并没有得到所有成员国国内立法部门的批准。2017 年，特朗普就任美国总统的当天宣布美国退出 TPP。随后，只签署但未生效的 TPP 开始由日本主导。在搁置了包括识产权在内的 5%左右的条款后，2018 年 3 月 8 日，除美国外的 11 国最终达成协议，也就是 CPTPP。2018 年 12 月 30 日，CPTPP 正式生效。此后，中国与韩国均表示了加入 CPTPP 的兴趣。

尽管放弃了 TPP 中约 5%的条款，但 CPTPP 仍被认为是目前世界上高水平的经贸自由机制。据测算，CPTPP 覆盖 4.98 亿人口，国内生产总值之和占全球经济总量的 13%。

六、《跨大西洋贸易与投资伙伴关系协定》

2013 年 2 月，美国与欧盟领导人发布联合声明，宣布启动《跨大西洋贸易与投资伙伴关系协定》(Transatlantic Trade and Investment Partnership，TTIP）谈判。按照美欧的设想，TTIP 各项谈判预计在两年内完成。作为占全球约二分之一产出和三分之一贸易量的两大经济体，TTIP 一旦顺利建成，无疑将成为全球最大的区域经济一体化组织，对全球贸易标准产生重大影响。TTIP 谈判在以出口额衡量的中国第一和第二大贸易伙伴之间建立自由贸易安排，这一进程难免会对中国的对外贸易和经济运行产生重大影响。

七、“一带一路”倡议

“一带一路”的提出，始于 2013 年中国习近平总书记访问哈萨克斯坦和印度尼西亚。“一带一路”是中国综合了国内国际各种因素之后，形成的一个战略构思体系。“一带”指丝绸之路经济带，主要包括三条走向：一是从中国西北、东北经中亚、俄罗斯至欧洲（波罗的海）；二是从中国西北经中亚、西亚至波斯湾、地中海；三是从中国西南经中南半岛至印度洋。战略走向以中亚五国、中南半岛有关国家和俄罗斯、蒙古为重点，通达西亚、中东和中东欧各国。“一路”指 21 世纪海上丝绸之路，主要包括两条走向：一是从中国沿海港口过南海，经马六甲海峡到印度洋，延伸至欧洲；二是从中国沿海港口过南海，经印尼抵达南太平洋。该战略走向以东盟 10 国和斯里兰卡等南亚国家为重点，远期考虑北冰洋方向。“一带一路”涉及约 65 个国家（含中国），总人口约 44 亿，年生产总值 21 万亿美元，分别占全球的 62.5%和 28.6%。截至 2020 年 11 月，中国已经与 138 个国家、31 个国际组织签署 201 份共建“一带一路”的合作文件。

“一带一路”是中国参与制定国际政治、经济规则的手段，涉及八大领域：基础设施、经贸合作、产业投资、能源资源、金融合作、人文交流、生态环境和海上合作等，目标是与沿线国家“共同打造政治互信、经济融合、文化包容的利益共同体、命运共同体和责任共同体”。“一带一路”倡议分三个阶段实施：第一阶段，到 2016 年，夯实基础，包括基础设施开工，沿线形成共识，以及自由贸易区（10+1，中国-海合会自贸区，RCEP，中国-斯里兰卡自贸区）建设实现突破。第二阶段，到 2024 年，一体化格局形成，包括沿线国家高标准自由贸易区网络基本形成，通往波罗的海和印度洋的战略通道安全畅通。第三阶段，到 21 世纪中叶，建成以中国为主的共同体（利益、责任、命运），包括“两翼齐飞”和“五通”（政策沟通、设施互通、贸易畅通、资金融通、民心相通）基本实现，中国在周边事务和全球治理结构中将会占据主导优势。

重要术语

区域经济一体化　优惠贸易安排　自由贸易区　关税同盟
共同市场　经济同盟　完全经济一体化　水平经济一体化
垂直经济一体化　贸易创造效应　贸易转移效应　关税同盟的净福利效应
大市场理论　协议性国际分工　欧盟　北美自由贸易区
亚太经济合作组织　东南亚国家联盟　跨太平洋伙伴关系协定
跨大西洋贸易与伙伴关系协定　“一带一路”倡议

▶ 重要术语解释请扫描右侧二维码

授课录像

第十二章精彩视频请扫描二维码

客观测验题

客观测验题及答案请扫描二维码

复习题

1. 区域经济一体化有哪些组织形式，各有什么特点？
2. 区域经济一体化迅速发展的原因何在？
3. 当前区域经济一体化发展有何新特点？
4. 简述关税同盟理论。
5. 简述大市场理论。
6. 什么是协议性国际分工理论？
7. 分析区域经济一体化对区域经济集团成员国的影响。
8. 分析区域经济一体化对国际贸易的影响。
9. 试述区域经济一体化和全球经济一体化的关系。
10. 当代主要区域经济一体化组织有哪些？

第十三章 国际服务贸易

导 读

国际服务贸易不同于国际货物贸易和国际投资，属于无形贸易的范畴，其特点是这种交易的标的物不具有实物形态，而是服务。国际服务贸易在 20 世纪六七十年代发展成为相对独立的贸易领域，迄今由于其大大超过世界货物贸易的发展速度以及在国际贸易领域所占比重不断上升，已引起各国政府和经济理论界的高度重视。至“乌拉圭回合”通过《服务贸易总协定》（General Agreement on Trade in Services，GATS）后，有关国际服务贸易的国际协议形成了一个系统而又完整的体系。近些年，在双边和区域自贸协定中关于国际服务贸易的协议越来越成为重要内容。本章首先介绍国际服务贸易的基本含义和分类，再分析当代国际服务贸易迅速发展的原因，最后介绍和探讨国际服务贸易多边协议和体系的内容及发展变化。

本章学习重点

1. 掌握国际服务贸易的含义、范围和分类
2. 掌握国际服务贸易迅速发展的现状及其原因
3. 了解《服务贸易总协定》的主要条款的内容及其作用
4. 了解国际服务贸易规则的变动趋势

本章教学要求

◀ 请扫描左侧二维码

第一节　国际服务贸易的含义及分类

面对国际服务贸易的迅速崛起，目前世界各国对其理论研究则显滞后，人们对服务贸易的理解往往只停留在经验上，尚没有一个为大家所公认的、成熟的理论体系。本节关于国际服务贸易的含义及分类主要依据于《服务贸易总协定》的规定、国际收支平衡表的统计概念及发达国家较为流行的用法等。

一、国际服务贸易的含义及范围

经济学把通过付出经济成本而获得的商品称为经济物品。经济物品有实物形态和非实物形态两种。实物形态的经济物品通常被人们称作商品或货物（goods），而非物质实体形态的经济物品通常被人们称作服务（services）。国际服务贸易指的是各种类型的服务业的“产品”越出一国国界而在国际上进行的交易活动。与货物贸易不同，服务贸易有其自身的特点：①服务的生产和消费通常是同时发生的；②服务是难以贮存的、易逝的；③服务是无形的，在交易完成后就会消失。

由于国际服务贸易的无形性，人们一般把它等同于无形贸易，但严格说来，国际无形贸易比国际服务贸易范围更广，除了包括服务贸易中的所有项目外，国际投资产生的利息、股息、利润等都包括在无形贸易中。

长期以来，人们还把服务业叫作第三产业，其实，它们也是有区别的。第三产业的界定采用的是剩余法，凡不属于第一产业（农业）和第二产业（工业）的经济部门，都归属于第三产业，这就使得其涵盖范围不易确定。因为学术界关于第一产业和第二产业的涵盖范围也并没有统一的意见，如说建筑业属于第二产业就一直存有争议。与此相比，服务业的概念是比较稳定和明确的，它以能否提供或生产各种类型的服务为标准。第三产业概念的立足点主要是国内经济，而服务业概念的经济结构含义是面向国际、国内两个市场的，有些属于第三产业的政府服务和社会服务不具备可贸易性质，如保健、社会福利等，而服务业一般是指可提供贸易性服务的经济行业。

国际服务贸易所涉及的范围很广，在“乌拉圭回合”服务贸易谈判中，各成员方所提出的服务项目有 150 多种。对此，关贸总协定在 1994 年 4 月 15 日生效的《服务贸易总协定》中给予了一个原则性的规范，将服务贸易定义为以下四种形式，这也是目前较为权威的定义。

1. 跨境支付

跨境支付是指从一缔约方境内向任何其他缔约方境内提供的服务，以获取报酬。一般来说，跨境的含义是指服务过境，可以没有人员、物资的流动，一般借助于电讯、互联网的形式来实现，如一家咨询公司在本国向其他国家的客户提供服务；也可以存在人员、物资的流动，如国际租赁服务。这类服务贸易是国际服务贸易的基本形式。

2. 境外消费

境外消费就是指一成员方的服务提供者在其境内向来自其他成员方的消费者提供服务。例如，外国人到本国旅游、留学等。

3. 商业存在

商业存在是指一缔约方的服务提供者通过在任何其他缔约方境内建议商业机构，为所在国和其他成员的服务消费者提供服务，这是国际服务贸易的主要形式。例如，投资设立合资、合作和独资的各类服务性企业（银行分行、饭店、零售商店、会计事务所等）。

4. 自然人流动

自然人流动是指一缔约方的自然人在另一缔约方境内提供的服务。例如，外国教授访问留学、文化艺术者到国外提供文化、娱乐服务等。

2017 年服务贸易四种模式的比例，如图 13-1 所示。

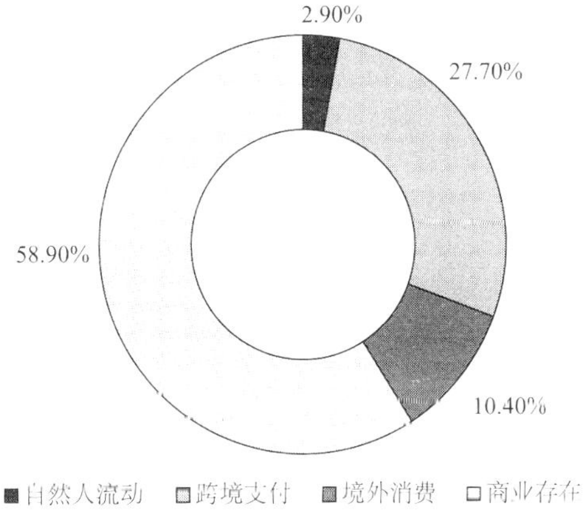

图 13-1　2017 年服务贸易四种模式比例

资料来源：2019 年世界贸易报告

以上四点原则规定主要是突出国际服务贸易的特殊性和国际经济往来的属性，对服务贸易概念的外延做出了一个基本规定，并没有明确国际服务贸易的具体范围。根据对这个原则规范的不同理解，各国政府及其学术界提出了狭义的国际服务贸易范围和广义的国际服务贸易范围。

联合国贸易与发展会议利用过境来对服务贸易进行定义，将国际服务贸易定义为货物的加工、装配、维修及货币、人员、信息等生产要素为非本国居民提供服务并取得收入的活动，是一国与他国进行服务交换的行为。

狭义的国际服务贸易范围的确定以服务业产品（服务）区别于物质产业产品（货物）的特性为界定标准，既看该交易项目是否属于服务业产品的交易，是否具备生产和消费的同时性，不可贮藏，并且是非实体形态的；又看该项目是否严格符合国际经济交往的贸易概念。属于服务业产品，但并不进入国际经济往来的项目，则不属于国际服务贸易的范围，如政府服务等。属于服务业产品，也参与国际经济往来，但不严格符合贸易的定义，如服务项目的国际间单方面转让等，也不能划归为国际服务贸易。只有那些符合严格贸易概念的服务产品的国际交易，才被视作国际服务贸易的内容。广义的国际服务贸易范围的划定以国际经济关系中国际收支流量的统计项目为依据。在国际收支平衡表（balance of international payments，BOP）中的经常项目和资本项目项下，除商品贸易和无偿转让以外的所有可以引起国际收支的“实际往来”内容，都可以归属到国际服务贸易的范围。也就是说，广义的国际服务贸易范围不但包括了狭义国际服务贸易所涵盖的所有内容，还包括了资本报酬项下的收支——利息、股息和利润。在这里，一般地把资本要素的跨国流动视为资本要素的跨国服务，其利息、股息及利润就是资本要素服务的报酬。当然，如果把资本要素的跨国流动视作投资，利息、股息及利润的流量被划入国际服务贸易的流量就完全是统计意义上的。不过，目前国际上广泛接受的国际服务贸易概念基本上是属于广义的。

二、国际服务贸易的分类

国际服务贸易种类繁多，并且随着社会进步不断出现一些新的服务贸易项目，根据不同的分类标准，可以把国际服务贸易做不同的分类。

（一）按是否与有形商品贸易有关联为标准，可分成国际核心服务贸易和国际追加服务贸易

（1）国际核心服务贸易。国际核心服务贸易是指同有形商品的生产和贸易无直接关系，而作为消费者单独所购买的、能为消费者提供核心效用的一种服务。这类服务本身是市场需求和市场供给的核心对象。

国际核心服务贸易供给者与需求者的接触形式有两种：远距离服务（long-distance service）和面对面服务（face to face service）。远距离服务是指无需提供者和需求者的实际接触而跨越国界交易的服务。由于这种服务可以像有形商品一样进行交易而无需人员的移动，因而被视作比较纯粹的国际服务贸易。但是，这种远距离服务往往需要借助一定的媒介体，如借助现代通信卫星而传递的国际视听服务，借助国际互联网等电信技术而传递的数据处理、经贸信息和国际咨询服务，等等。

面对面服务是指需要供给者和需求者实际接触才能实现的服务。这种实际接触方式可以是供给者流向需求者，如聘请外国专家进行人才培训；也可以是需求者流向供给者，如国际

旅游；还可以是两者之间的双向流动，如国际运输。但无论是哪一种实际接触方式，通常都伴随着人员或生产要素的跨国界流动。

根据提供服务的目的性，国际核心服务贸易可以划分成生产性国际服务贸易和消费性国际服务贸易，前者构成国际核心服务贸易的主要部分。

生产性国际服务贸易主要包括金融服务贸易、企业管理知识与技能服务贸易、国际咨询、国际技术贸易和国际人才交流与培训等。由于生产性服务涉及同生产有关的一切领域，是其他商品和服务进一步生产的中间投入，因此这种服务实际上是人力资本、知识资本和技术资本进入生产过程的桥梁。生产性国际服务贸易的扩大必然会全面提高世界各国的总生产效率和能力。

消费性国际服务贸易形式主要有饮食、旅馆、旅游、娱乐、体育等。随着科学文化的发展和社会生活水平的提高，世界各国人民的交往越来越频繁，本国居民到外国去休闲、观光、居住、看体育比赛等逐渐变成平常之事，外国人到本国来从事同样的活动也变得司空见惯，人们在本国以外所享受到的各种服务业提供的消费服务都属于消费性国际服务贸易。

（2）国际追加服务贸易。国际追加服务贸易是指随附商品实体出口而提供的追加服务。它本身并不向其需求者提供直接的、独立的服务效用，而是围绕着商品实体的核心效用而衍生、附加的派生效用。由于现代科学技术革命的推动，国际商品竞争日趋激烈，在此背景下，追加服务往往在很大程度上影响着消费者对其所需核心效用的选择，对产品的服务的要求已变得比产品的价格更加重要了。与此相适应，各国企业都大力发展这类服务，尤其是各种知识、技术密集型的追加服务，正在被广泛地应用于有形商品生产与销售的各个阶段。

国际追加服务大体分三个阶段：①上游阶段。要求有先行的追加服务投入，包括可行性研究、风险资本筹集、市场调研、产品构思和设计等服务。②中游阶段。既要求与有形商品融为一体的追加服务，包括质量控制与检验、设备保养和维修等；又要求与有形商品生产平行的追加服务投入，包括财务会计、人事管理、情报和图书资料等软件的搜集整理与应用、不动产管理、法律、保险、通信、卫生安全保障及职工后勤供应等。③下游阶段。要求的追加服务项目包括广告、运输、商品使用指导、退货索赔保证及供应替换零件等一系列售后服务。以上这些追加服务，有些很难与某一特定生产阶段脱离，只能与一定比例的生产要素相结合，从而完全附着于有形商品价值体，而并不成为一种独立的市场交易对象，如产品设计、质量检验等；另外一些追加服务虽然与有形商品有关，但可以外在化而成为独立的市场交易对象，如法律、保险等。

（二）按服务贸易中是否包含生产要素分类，可分成要素服务贸易和非要素服务贸易两种

（1）要素服务贸易。根据传统的生产力三要素论，财富的产生都是劳动、资本和土地（自然资源）提供服务的结果。由于土地被认为不能流动，因而它不能够提供跨国的要素服

务。劳动要素虽然可以跨国流动并提供服务，但在国际收支平衡表中，由于它与资本项目没有直接关系，也被排除在要素服务贸易之外。在国际服务贸易领域，要素服务贸易的含义专门指资本服务收益流量的跨国转移。在当代世界经济体系中，国际资本流动的基本形式是国际金融资产的跨国输出和输入，主要的实现方式有两种：国际投资和国际信贷。

国际投资包括国际直接投资和国际间接投资。国际直接投资的收益流量包含两种成分：一是资本要素的报酬流量——利息或股息；二是经营管理技能的报酬流量——利润。这两种成分都作为要素服务收益的内容计入国际收支平衡表的服务贸易项目。国际间接投资（亦称国际证券投资）的主要目的在于获得金融资产的利息或股息收益，这是一种较为纯粹意义上的要素服务报酬，从而被计入国际收支平衡表的服务贸易项目。

国际信贷（有人认为国际信贷也属于国际间接投资的一种形式）包括民间国际信贷、国际金融机构信贷和政府间贷款三种基本形式。它和国际间接投资一样，其利息收入也被作为金融资产的要素报酬计入国际收支平衡表的服务贸易项目。

总之，一切与国际收支的资本项目直接相关的金融资产收益流量，无论其表现形式是利息、股息还是利润，在国际服务贸易统计分类的标准之下，都划归国际服务贸易的要素服务贸易类型。

（2）非要素服务贸易。在国际收支平衡表统计分类中，经常项目中除了商品贸易和单方面转让，再去掉作为要素服务贸易的国际资本流动，剩余部分即属于非要素服务贸易的范围。换言之，那些在国际收支平衡表中只同经常项目相关，而同国际间资本流动或金融资产流动无直接关联的国际服务贸易流量，称作非要素服务贸易流量。与要素服务贸易相比，非要素服务贸易的内容要繁杂得多，它们在国际收支平衡表统计分类中的关系大致如图 13-2 所示。

- 国际服务贸易
  - 非要素服务贸易项目
    - 国际旅游
    - 国际运输
    - 金融、保险服务
    - 专业服务（咨询、管理、技术服务）
    - 特许使用项目（许可证等）
    - 其他私人服务
  - 要素服务贸易项目
    - 股息
    - 利息
    - 利润
    - 国外再投资的收益
    - 其他资本净收益

图 13-2　国际收支平衡表中的国际服务贸易分类

（三）《服务贸易总协定》对国际服务贸易分类

《服务贸易总协定》按照供应模式将服务贸易划分为 12 大类。目前，国际上一般依据《服务贸易总协定》的标准。12 大类主要包括以下几个方面。

1. 商业服务

商业服务是指在商业活动中涉及的与服务贸易相关的活动。这类服务中又包括专业性服务、计算机相关服务、研究与开发服务、不动产服务、设备租赁服务、其他服务六大类。

2. 通信服务

通信服务主要是指与信息产品、操作、存储设备和软件功能相关的服务。通信服务是由通信部门和信息服务部门提供，主要提供有点服务、信使服务、电信服务等内容。

3. 建筑及相关工程服务

建筑及相关工程服务主要是指工程建筑从设计、选址到施工的整个服务过程。具体包括：工程选址服务，建筑物的安装及装配工程、工程项目施工建筑、固定建筑物的维修服务，其他服务。

4. 销售服务

销售服务是指产品销售过程中的服务交换。主要包括：商业销售，主要是指批发业务；零售服务；与销售有关的代理费用及佣金等；特许经营服务；其他销售服务。

5. 教育服务

教育服务指各国间在高等教育、中等教育、初等教育、学前教育、继续教育、特殊教育和其他教育中的服务交往，如互派留学生等。

6. 环境服务

环境服务是指进行污水处理服务、废物处理服务、卫生及相似服务等。

7. 金融服务

金融服务主要是指与银行和保险业相关的金融服务活动。

8. 健康及社会服务

健康及社会服务主要是指医疗服务，以及其他的与人类健康相关的服务、社会服务等内容。

9. 旅游及相关服务

旅游及相关服务是指旅馆、饭店提供住宿、餐饮服务，膳食服务及相关服务，以及旅行社和导游服务。

10. 文化、娱乐及体育服务

文化、娱乐及体育服务是指不包括广播、电影、电视在内的一切文化、娱乐、新闻、图书馆、体育服务，如文化交流、文艺演出等。

11. 交通运输服务

交通运输服务主要包括：货物运输服务，如航空运输、海洋铁路运输、管道运输、公路运输、客运服务、船舶服务及附属于交通运输的服务等。

12. 其他未包括服务

第二节　国际服务贸易发展概况

在国际经济学文献中出现“国际服务贸易”的概念只是最近几十年的事情。有关“无形贸易项目”的观念也只是到了20世纪60年代才开始引起人们的重视。20世纪70年代末80年代初，国际服务贸易在国际经贸关系中的地位迅速提升，成为与世界货物贸易同等重要的国际贸易领域。

一、当代国际服务贸易发展规模

20世纪60年代以来，全球产业结构加快调整，全球服务业在世界经济中的地位持续攀升。1990年全球服务业占全球国内生产总值的比重突破60%，标志着全球服务型经济格局的形成。自2011年以来，服务贸易一直在以比货物贸易更快的速度快速扩张。服务业目前约占发达经济体国内生产总值的四分之三，高于1950年的40%。2010~2019年，全球服务贸易额由7.8万亿美元增长至11.9万亿美元。2019年全球服务出口价值为6.1万亿美元，占包括货物在内的出口总值的四分之一，占世界国内生产总值的7%。在世界一半以上的经济体中，它们在国内生产总值中的份额超过10%。预计到2040年，全球服务贸易的总额将提高至50%。

伴随服务型经济的发展，20世纪80年代以来全球经济竞争的重点正从货物贸易转向服务贸易。据WTO统计，从2005年到2017年，全球服务贸易增长速度超过货物贸易，平均每年增长5.4%。需要说明的是，由于统计标准的缺乏和跨国公司内部服务贸易难以统计等，世界服务贸易的现有统计数字要远远低于其实际数字。

国际服务贸易的发展不但表现在规模扩大和发展速度加快方面，而且还表现在服务贸易范围不断扩展上。随着科学技术的日新月异和人类社会交往的日益频繁，国际服务贸易领域有了开拓性的进展，许多原先不具备贸易性质的服务项目，特别是以前没有的服务项目正越来越多地进入国际服务贸易领域。分销和金融服务各占服务贸易的近五分之一，而计算机服务和研发贸易在 2005 年至 2017 年的年均增长率最高（超过 10%）。一些服务，如教育、卫生或环境服务，目前在贸易中所占份额微不足道，但正在迅速上升。

二、国际服务贸易发展的地区格局

目前工业发达国家在国际服务贸易中占绝对优势。1980 年以来，美国、英国、德国、法国和日本一直居服务贸易出口前五名。2005 年，发展中经济体（不包括最不发达国家）对服务贸易的贡献分别占世界服务出口额和进口额的 14.7%和 25.2%。2017 年，其对服务贸易的贡献分别占世界服务出口额和进口额的 23%和 34.4%，2015~2017 年出口额和进口额分别增长了 8.3 和 9.2 个百分点。但这种增长主要集中在五个经济体（中国、印度、新加坡、韩国、中国香港）中。

在服务贸易进口中，2019 年前五位的国家依次是：美国、中国、德国、英国、爱尔兰。美国是世界上服务贸易最发达的国家，2019 年美国国际服务贸易进出总额达到 14 641.84 亿美元，在世界服务贸易进出口总额的比重约达 12.2%，远高于其他国家的比重，在国际服务贸易中处于绝对主导地位。美国服务贸易的优势地位，是其经济高度服务化在国际经济活动中的重要表现，这主要得益于它先进的科学技术和在海外服务业的大规模投资。尽管美国在货物贸易方面已不占优势，但显示一个国家经济发展水平和潜在实力的服务贸易却一直占据着垄断地位，保持着巨额顺差。

2019 年国际服务贸易的前 20 位出口和进口国家（地区）主要集中在北美、欧洲和亚洲三大区域（表 13-1）。其中仅欧洲就集中了德国、英国、法国、荷兰、爱尔兰、意大利等 11 个国家。前 10 名服务贸易出口国占据了世界 55%的世界服务贸易出口份额。

表 13-1　2019 年世界服务贸易前 20 位国家和地区排名

国家（地区）	服务总额		服务输入		服务输出	
	百万美元	排名	百万美元	排名	百万美元	排名
全球	11 970 369		5 826 335		6 144 034	
美国	1 464 184	1	588 359	1	875 825	1
中国	783 872.3	2	500 680.1	2	283 192.2	5
德国	705 327.4	3	364 597.6	3	340 729.8	3
英国	700 092.4	4	283 785	5	416 307.4	2
爱尔兰	560 115.7	5	321 155.5	4	238 960.3	7

续表

国家（地区）	服务总额		服务输入		服务输出	
	百万美元	排名	百万美元	排名	百万美元	排名
法国	550 462.8	6	262 845.6	6	287 617.2	4
荷兰	510 515.7	7	246 388.5	7	264 127.2	6
日本	408 642.1	8	203 585.3	8	205 056.8	9
新加坡	403 863.5	9	199 049.8	9	204 813.7	10
印度	393 542.9	10	179 178.4	10	214 364.5	8
意大利	246 224.9	11	124 215.6	12	122 009.3	12
西班牙	244 439	12	86 366.47	17	158 072.6	11
比利时	241 354.9	13	120 413.4	13	120 941.5	14
韩国	228 852.7	14	126 421.7	11	102 431	16
瑞士	225 679.9	15	104 038.2	15	121 641.8	13
加拿大	215 509	16	115 166.6	14	100 342.4	18
卢森堡	199 450.1	17	86 260.99	18	113 189.1	15
中国香港	180 324.3	18	79 006.07	19	101 318.2	17
俄罗斯	161 520.5	19	98 813.92	16	62 706.55	27
瑞典	150 472.8	20	73 860.27	22	76 612.56	20

资料来源：UNCTAD

发展中国家在国际服务贸易中的地位相对落后，但是近年获得了较快的增长，在国际服务贸易中发挥着越来越重要的作用，服务贸易国际竞争力不断提高，国际地位得到很大提升。2019 年，发展中国家和地区在国际服务贸易进口和出口前十五位的国家（地区）中分别占有四个席位和三个席位。作为世界上最大的发展中国家，中国以 7 838.72 亿美元的服务贸易进出口总额位居世界第二位。2019 年我国服务贸易保持平稳增长，同比增长 2.8%。受新冠肺炎疫情等因素影响，我国服务贸易规模下降，2020 年 1~7 月，我国服务进出口总额 26 193 亿元，同比下降 15.2%。

发展中国家和地区的服务贸易除新加坡外，一般表现为逆差，只有旅游业、劳务汇款等个别项目表现为顺差。就目前情况来看，绝大多数发展中国家的服务贸易对本国经济做出的贡献还偏小。那些因劳务输出而获得顺差的项目，通常由于缺少资本和信息，或者由于大型服务性跨国公司的控制（主要在旅馆业、航空业等领域），而没有能力留住大部分的附加值。另外，为在竞争日益激烈的市场上寻找出口商品的机会，发展中国家不得不从发达国家进口服务（主要在知识产权、咨询、法律、培训等方面），以取得进入该国商品市场进行销售的机会，因此而导致的国际收支赤字显示出持续、不断上升的趋势。

发展中国家之所以在国际服务贸易方面处于劣势，是因为整体经济和科技发展水平低。有些消费型服务，如旅游、娱乐等一般属奢侈性消费，只有在人们的收入水平有很大提高、恩格尔系数大大下降的情况下，一国的这类服务业才会有较大的发展。有一些服务业，如文化，其发达程度及国际影响力也与一国经济实力有关。有的服务属知识或技术密集型的，如金融服务、技术服务等，发展这方面的服务出口要求出口国有很强的专业技术队伍和管理人员队伍。还有些服务，如运输业、电力、通信等，虽然在技术上并不太复杂，但多数属资本密集型产业，所需投资规模大，而回收期较长。所有这些要求都是发展中国家的弱点所在，它们的国际服务贸易地位较低也就不足为怪。

对于国际服务贸易的落后地位，发展中国家的态度与政策不尽一致。许多发展中国家通过采取各种鼓励和优惠措施致力于发展对外服务贸易，取得了比较显著的成果。例如，在高级劳务输出方面，巴基斯坦培养的医生等高级专业人才有一半以上到英国求职；在海外的埃及人中有 1/4 以上从事管理、技术工作。在技术密集型国际服务方面，印度已成为世界上十分重要的计算机软件出口国。在服务输入方面，有些发展中国家因其经济发展的需要，在某些方面采取较自由的开放政策。例如，中东产油国吸收了大批的外籍劳工；东南亚、拉美的金融市场吸引来众多的外国投资者和大批的金融机构。

但从总体上看，大多数发展中国家对自由发展服务贸易是持消极态度的。发展中国家一般认为，服务贸易自由化的获益者主要是发达国家，自己从中获得的利益十分有限。不仅如此，由于服务行业是发展中国家经济中最为薄弱的环节，发展中国家担心一旦实行服务贸易自由化，本国的服务行业将会被发达国家的服务业冲垮，外国资本将会控制本国的服务业，这是发展中国家难以接受的。

但是，在世界服务贸易不断发展，它在世界贸易总额中的比重不断增加，以及服务贸易自由化已成为不可逆转的趋势下，发展中国家在有效地保护本国服务行业的同时，适当地开放本国服务市场，应是较为有利的选择。如果发展中国家长期听任发达国家单方面提出有关服务贸易自由化的方案，而不是主动应战，提出自己的关于服务贸易自由化的建议，将会在服务贸易谈判和实践中处于十分被动的地位，其自身的利益将得不到有效的保护。

从长远看，适当引进外国服务业，不但可以给发展中国家提供发展这些行业必需的资金、技术，还可给国内服务行业创造竞争环境，促进发展中国家服务业的市场化，从而促进国民经济的发展；通过适当开放本国服务业市场来换取发达国家对本国占有比较优势的制造业出口的进一步开放，从而减少在商品贸易领域里的摩擦，也不失为一种明智的策略。

三、国际服务贸易项目结构

国际服务贸易项目种类繁多，在实际统计操作中，人们一般依据国际货币基金组织的方法，把它视为由国际旅游、国际运输和其他民间服务三个基本项目组成的贸易结构。就总的发展情况看，世界服务贸易结构逐渐向新型服务贸易部门倾斜，以通信、计算机和信息服务、金融、保险、广告、专有权利使用和特许为代表的其他民间服务贸易类型快速发展，其增速远远高于国际运输、国际旅游等传统服务贸易项目。据 2019 年的世界贸易报告统计，2017 年，商业存在，即通过外国子公司提供服务（GATS 模式 3）占服务贸易的 58.9%，其次是跨境服务交易（模式 1），接近 30%。商业存在在金融和分销部门的贸易中占有更大的份额。分销和金融服务是服务贸易最重要的组成部分，分别占服务贸易的近五分之一，其次是电信、视听和计算机服务，合计占 13.2%。教育、卫生和环境服务等其他部门的贸易虽然目前相对较小，但是正在迅速增长。

2019 年，所有国际贸易服务中有 68%由发达经济体提供。在交通和旅行方面，这一比例略低：分别为 60%和 58%。在其他服务（其中许多服务依赖于技术先进的产品和网络）中，发达国家的份额为 69%[①]。

（一）国际旅游服务

国际旅游服务是指国际访问者包括私人旅游者、公务旅行者、学生、受培训人员及其他旅客在餐饮、住宿、娱乐、购物等方面所享受的服务。本国人在国外的旅游开支列为进口，外国人在本国的旅游开支列为出口。

在国际服务业中，旅游业的历史是较为悠久的。旅游业（tourism）一词最早出现于 19 世纪初，19 世纪中叶英国人托马斯·库克开创火车包价旅游，标志着现代旅游业的诞生。此后，国际旅游业得到了迅猛的发展，成为世界上最为重要也最富有活力的部门之一。据设在布鲁塞尔的世界旅行和旅游委员会的统计，1950 年全世界国际旅游人数为 2 525 万人次，旅游收入为 21 亿美元；1995 年全世界国际旅游人数达到 5.67 亿人次，旅游收入（不包括国际交通费在内）为 3 720 亿美元，两项指标分别增长 21 倍和 176 倍。2005 年全世界国际旅游人数增加到 8.08 亿人次，2010 年世界旅游入境人数达到 9.35 亿人次，2017 年，全球国际游客数量上升至约 13.3 亿人次，世界旅游业贸易额达到 10.29 亿美元，是 2005 年的两倍。贸易摩擦和新冠肺炎大流行病导致的全球经济放缓对国际旅游业产生了重大影响。2019 年中国赴美游客数量下降了 5%，反映出两国之间的贸易紧张。2019 年，去往美国旅游中有 280 万名中国游客，在美国的外国游客数量中仅排名第五。然而，中国仍然是美国旅游收入的主要来源，领先于加拿大和墨西哥。2019 年，旅游出口仅增长 1%，低于 2017 年和 2018 年的 8%。这是由于消费者的可支配收入减少，一些国家的货币贬值，以及许多消费者选择不旅行，全球国际游客人数下降。2019 年，世界旅行收入仍占全球商业服务出口的近四分之一，总额为 1.44 万亿美元，占世界国内生产总值的 1.7%[①]。

2019 年世界旅游服务贸易前 10 位的国家和地区是：美国、西班牙、法国、泰国、英国、意大利、澳大利亚、日本、德国、中国。2017 年和 2018 年国际游客增长率分别为 7%和 6%。2019 年增速有所下降，但是仍然是增长态势，入境游客人数增长率为 3%。在 2009~2019 年，

---

① World Trade Statistical Review 2020。

国际旅游收入增长了 54%，超过了世界国内生产总值增长 44%的水平。

欧洲为世界第一大国际旅游目的地，2019 年入境旅游人数为 7.44 亿人次；亚太地区是世界第二大国际旅游目的地，入境旅游人数为 3.62 亿人次。2019 年，美国旅游收入 2 140 亿美元，支出 1 520 亿美元，美国的旅游顺差为 620 亿美元，居世界第一。旅游收入排在前 10 位的国家和地区则是：美国、西班牙、泰国、中国澳门、土耳其、日本、意大利、希腊、葡萄牙、墨西哥。在旅游业发达的国家，旅游总收入约占国内生产总值的 10%以上。据世界旅游组织测算，旅游业每直接投入 1 元，国民经济相关产业的产出会增加 4.3 元；旅游业部门每增加 1 个从业人员，全社会就可以增加 5 个就业机会。因此，旅游业被人们称为“无烟的出口业”“20 世纪的经济巨人”。

由于 COVID-19（Coronal Virus Disease 2019，新型冠状病毒性肺炎）大流行，2020 年 1 月至 10 月，国际游客入境人数（过夜游客）与 2019 年同期相比下降了 72%，这归因于病毒遏制缓慢，旅行者信心低下以及仍然存在重要的旅行限制。2020 年 1 月至 10 月，由于旅行限制，消费者信心低下及全球遏制 COVID-19 病毒，国际游客人数下降了 72%，下降水平达到了 1990 年的水平。国际入境旅游人数相比 2019 年同期下降了 9 亿，相当于 935 亿美元的损失[1]。

国际旅游正在为各国经济的发展发挥越来越大的作用。在许多中小国家，如瑞士、冰岛、新加坡等，旅游业的外汇收入占了国家经常项目收入的很大比重。旅游业对一国的交通、通信、城市建设等部门也起到了极大的促进作用。大批游客的到来，给当地的餐饮、旅馆、零售等行业的发展带来了有利的影响，旅游国从这些方面赚取的收入甚至可能大大超过直接从旅游服务中所得到的收入。此外，旅游业还有利于提高旅游国的声誉，从而对该国吸引外资产生积极的影响。鉴于此，世界各国特别是发展中国家近年来致力于旅游景点的开发和建设，并注重配套设施的建设和服务质量的提高。因此，20 世纪 80 年代以来，特别是近几年，国际旅游区域结构发生了明显变化，发达国家的国际旅游地位相对下降，而发展中国家的国际旅游地位明显提高，如新加坡、韩国、泰国、马来西亚、印度尼西亚、墨西哥等已成为旅游业较发达的国家。根据联合国世界旅游组织的长期预测，到 2030 年，国际游客人数将达到 18 亿。新兴目的地的入境人数预计将以发达经济体的速度增长两倍（分别为 4.4%和 2.2%每年）。新兴经济体的市场份额已从 1980 年的 30%增长到 2016 年的 45%，预计到 2030 年将达到 57%，相当于超过 10 亿的国际游客。

（二）国际运输服务

国际运输服务包括航运服务、港口服务、旅客服务及有关保险等。20 世纪 70 年代以来，由于运输技术水平的提高、设备的多样化，特别是世界各国货物贸易额的不断扩大和国际人

---

① 联合国世界旅游组织。

员往来的不断增多，国际运输规模呈日益扩大趋势。70 年代，世界运输服务出口额年平均增长达 17.8%，进入 80 年代，速度虽有所放慢，但规模仍在扩大。世界运输服务出口额从 1970 年的 225 亿美元提高到 1994 年的 2 920 亿美元，2005 年达到 5 640 亿美元，2011 年又进一步提高到 8 680 亿美元。到 2019 年，达到 4 860 亿美元。国际运输服务和商品贸易二者密切相关，由于 2019 年商品贸易合同量的下降，2019 年国际运输服务下降 2%。继 2017 年和 2018 年的增长之后，运输运营商的出口损失为 130 亿美元①。货运服务年度变化趋势，如图 13-3 所示。

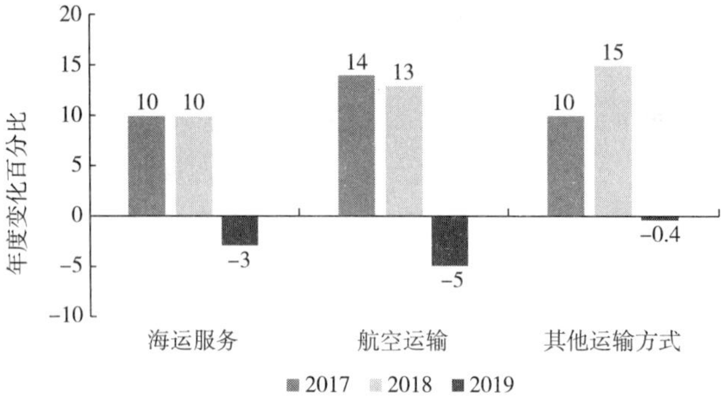

图 13-3 货运服务年度变化趋势

资料来源：World Trade Statistical Review 2020

在国际运输服务中，随着交通工具的进步，20 世纪 80 年代以来国际航空运输获得长足发展，陆路运输的面貌也日新月异，但到目前为止，海运业仍然占据国际运输业的头等重要地位，特别是在世界货物运输方面，海运业承担着 75%以上的运量。然而，自 2010 年以来，全球海运服务大幅下滑。在过去十年中，海运在全球总货运服务中所占份额减少了 10.5 个百分点，从 2010 年的 67.5%降至 2019 年的 57%（图 13-4），反映出产能过剩和全球需求疲软导致运输成本降低。2019 年，世界海运服务减少了 3%，降至 2 770 亿美元。几位主要海运交易国家经历了下跌。全球最大出口国新加坡的出口下降 5%，日本下降 14%，韩国下降 7%。

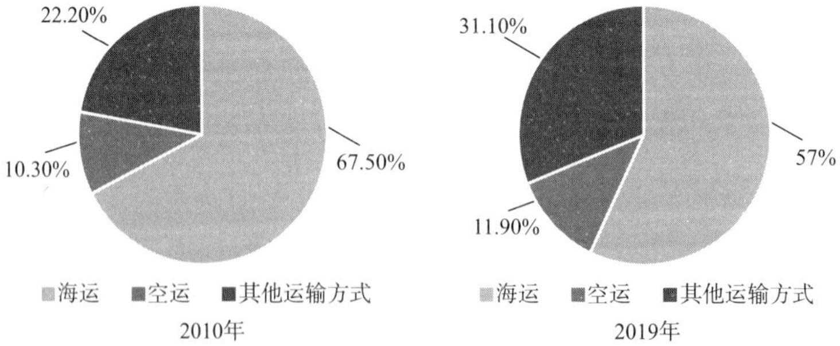

图 13-4 货运服务运输比例变化

资料来源：World Trade Statistical Review 2020

① Trade Profiles 2020。

在国际客货运输服务中，发达国家依靠雄厚的技术和资金力量，保持着大部分的份额。据国际货币基金组织统计，1975 年发达国家和发展中国家运输服务出口额之比是 419 : 84，1984 年为 896 : 293。在 2005 年，发达国家的国际服务出口额是发展中国家的 2.5 倍，2010 年发达国家是发展中国家的 2 倍，2019 年发展中国家是 363 349.6 百万美元，发达国家是 619 988.2 百万美元，是发展中国家的 1.7 倍，发展中国家在货物运输服务上与发达国家的差距在不断减少。像中国、韩国、新加坡已成为世界重要的海运大国。2019 年世界运输服务出口前 12 位的国家和地区是：美国、德国、新加坡、法国、中国、荷兰、英国、丹麦、中国香港、阿拉伯、韩国、日本[1]。

这里需要说明的是，在统计发展中国家对外运输服务贸易额的时候，应考虑由于广泛流行的悬挂方便旗制度的存在，含有一定的虚假成分。

（三）民间服务

民间服务贸易概念比较宽泛，它包括知识产权服务贸易、劳务贸易及其他经营服务贸易（包括金融、保险、通信、计算机信息加工处理、经营咨询、教育、人才培训、研究与开发、广告、法律等）。20 世纪 80 年代以来，民间服务贸易增长速度最快，到 2010 年在世界服务贸易中的比重已经超过一半。从民间服务贸易单项发展情况看，知识产权服务贸易尤为突出。

知识产权服务贸易，又称为技术贸易，是指政府机构或企业之间按照商业条件签订技术协议或合同进行有偿的技术转让，是国际技术转让的主要形式之一。知识产权技术包括两类：一类是工业产权的技术，如专利、商标、实用新型与外观设计等，这类技术是受有关国家的法律保护的；另一类是无工业产权的技术，主要是指专有技术。专有技术的内容主要通过图纸、设计方案、具体指导、技术说明、技术示范及口头传授等予以表示。

知识产权服务贸易专指上述两类系统知识或技术的贸易，而不包括相关的货物买卖或涉及货物出租的交易。

知识产权服务贸易主要有以下几种交易方式：①许可证贸易（licensing）。在许可证贸易中，专利许可、商标许可和专有技术许可三种方式可单独出现，也可以某两种或三种类型的混合方式出现。许可证贸易是当前国际知识产权服务贸易中最主要和最基本的方式。②技术咨询和技术协助。是指技术持有方与技术接受方通过签订协议或合同，由前者就某项工程技术课题、产品销售、企业管理、人员培训等向后者提供咨询或传授技术、经验等的商业性服务。这在国际知识产权服务贸易中是一种比较灵活而广泛的方式。③合作生产。生产合作中，或者各自生产同一产品的不同零部件，由一方或双方装配成最终产品出售；或者分别生产对方所需要的零部件，相互交换，然后各自组装成自己的产品出售。合作过程也就是技术转让的过程。④工程承包，也称交钥匙项目。工程承包是一种综合性的国际

---

① UNCTAD

经济合作方式，其中包括大量的技术转让内容，因此成为常见的知识产权服务贸易的方式。国际工程承包的环节一般包括：招标、投标、开标、评标、中标、签订承包合同、组织工程实施、竣工付款等。

知识产权服务贸易是当代国际技术传播的重要形式。近40年来，特别是“冷战”后世界各国已清楚地认识到，单靠自身技术提高本国的经济实力已经很不够，还特别需要吸收和引进别国的先进技术，因此知识产权服务贸易额不断增长，达到了前所未有的规模。根据联合国有关资料统计，1965年世界各国的知识产权贸易额为30多亿美元，1975年为110亿美元，1985年达到500多亿美元，1995年达到5 950亿美元，超过了农产品贸易，30年间增加了190多倍。进入21世纪后，世界知识产权服务贸易仍然保持较快的增长速度，2009年全世界仅特许与许可服务贸易出口总额就达到了2 264.74亿美元，2019年这一数值又增加到了4 091.73亿美元，十年间增加了1.8倍[①]。随着新技术革命的深入发展，产品生命周期趋向缩短，各国加紧产业结构调整，经济全球化速度加快，知识产权贸易必将进一步扩大。

就知识产权贸易参加国来说，目前世界知识产权贸易额的80%以上集中在发达国家。居世界知识产权贸易额前10位的国家，除巴西外全是发达国家，它们占有了全世界知识产权出口额的95.9%和进口额的84.7%。其中美国是最大的知识产权进出口国，1993年出口额为204亿美元，占世界出口总额的53%；进口额为48亿美元，占世界进口总额的13.9%。2014年，美国知识产权出口额增加到1 163.80亿美元，是全世界知识产权出口总额的44.1%，2019年，美国知识产权出口额增加到1 174.01亿美元（表13-2），是全世界知识产权出口总额的28.7%，它在知识产权贸易领域的实力可见一斑。与知识产权相关的服务还包括与专利、R&D产品、工业流程和设计及特许经营权和商标的国际使用相关的费用。2017年，全球知识产权相关服务的跨境贸易总额估计为3 960亿美元，主要是发达国家之间的流动，包括发达国家间92%的出口和75%的进口。相比之下，发展中国家一直处于不利地位。发达国家对知识产权市场的垄断、技术差距的扩大、知识产权贸易的单轨性都加重了发展中国家的不利处境。发展中国家的知识产权贸易额在世界贸易总额中所占比例很小，其中主要是对知识产权的进口，而出口额则微不足道。据联合国统计，2019年发展中国家知识产权出口额为320.64亿美元（图13-5），仅占全世界知识产权出口总额的7.8%。这种情况表明，发展中国家要打破发达国家在知识产权领域里的垄断地位，需要付出长期的艰苦努力。

表13-2 2013~2019年中美两国知识产权出口交易费用 单位：百万美元

国家	2013年	2014年	2015年	2016年	2017年	2018年	2019年
中国	886.67	676.38	1 084.6	1 167.5	4 762.12	5 563.01	6 644.04
美国	113 824	116 380	111 151	112 981	118 147	118 875	117 401

资料来源：UNCTAD

① UNCTAD。

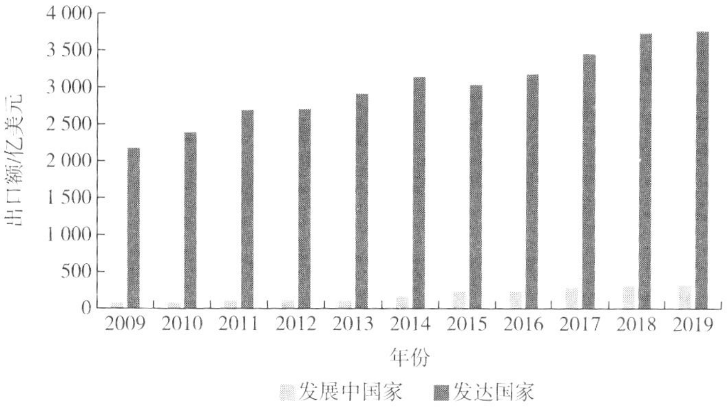

图 13-5 知识产权使用费出口额比较

资料来源：UNCTAD

四、国际服务贸易迅速发展的原因

当代国际服务贸易迅速发展的原因是多方面的，具体讲主要有以下几点。

（一）世界产业结构及国民经济重心向服务业偏移

第二次世界大战后，特别是20世纪70年代以来，随着世界各国经济实力的增长，各国产业结构不断升级，逐步由农业经济过渡到工业经济，再由工业经济发展到服务经济。20世纪60年代初，西方主要工业化国家都已完成了本国的工业化进程，开始步入后工业化的发展阶段，即国内经济重心向服务业偏移。其后，新兴工业化国家和地区自80年代以来在加速工业化进程的同时，服务经济的发展也越来越突出。其他发展中国家近二三十年的经济结构也明显出现这一升级趋势。

从20世纪70年代初到80年代末（1970~1988年），在发达国家和发展中国家国内生产总值构成中，农业、工业所占比重呈下降趋势，而服务业所占比重则呈上升趋势。2019年，全球服务出口价值为6.1万亿美元，占包括货物在内的出口总值的四分之一，占世界国内生产总值的7%。在世界一半以上的经济体中，国际商业服务贸易在国内生产总值中的份额超过10%。中国服务业目前占国内生产总值的比重超过52%，高于制造业的41%。在印度，服务业目前占国内生产总值接近50%，而在1970年仅为30%。巴西的服务业在国内生产总值中的份额甚至更高，占比为63%[①]。1980~2015年，所有发展中国家服务业在国内生产总值中的平均份额从42%增至55%[②]。2019年，美国在国际上服务出口价值为8 760亿美元，仍然是世界上最大的出口国，占全球服务出口的14%[②]。

① 世界银行，2019。

② UNCTAD。

随着服务业的发展，发达国家和发展中国家的就业人口也逐渐从农业、工业转向服务业。据统计，1960~1985 年，发达国家服务业就业人数占整个就业人数的比重由 51.6%上升到 60.7%，其中美国从 57.2%上升到 65.8%，欧共体国家从 43.4%上升到 56.8%，日本从 40.9%上升到 54.4%。同期发展中国家这一比重由 41.8%上升到 44.9%。在所有经济合作与发展组织（Organization for Economic Co-operation and Development，OECD）成员国中，2017 年服务业就业劳动力的比例超过 70%；在 OECD 高收入工业化成员国中，除希腊外，这一比例超过 80%。根据 OECD 的贸易就业数据库的数据，2005~2015 年，美国与服务出口相关的工作岗位数量增加了 40%。世界各国服务经济的快速发展，直接导致国际服务贸易的高速增长。一方面，各国经济能力的增长、产业结构不断升级及大规模调整，增加了对国际服务的需求；另一方面，服务产业规模的扩大和专业化程度的提高，也提升了服务业的劳动生产率，从而刺激了向国外的输出，增加了国际市场的服务供给。

（二）商品贸易和国际投资增长的带动

同国际商品贸易直接关联的传统服务贸易，会随着世界商品贸易的增长和自由化而不断增加数量和扩大规模。第二次世界大战后半个多世纪以来，国际商品贸易流量不断扩大，1950 年世界货物贸易出口总值为 611 亿美元，1990 年达到 33 949 亿美元，2012 年达 183 250 亿美元，2019 年达到 189 330.37 亿美元，半个多世纪增长了近 300 倍，其增长速度远远超过了世界工业生产和国民生产总值的增长速度。在商品贸易高速增长的带动下，同货物进出口直接关联的传统服务贸易项目，如国际运输服务、国际货物保险、国际结算服务等，也相应地在数量上、金额上成倍地增长。

国际投资的迅速扩大和形式多样化，同样会使广义服务贸易项目的投资收益（股息、利息、利润）流量加大。国际直接投资自 20 世纪 70 年代开始快速增长，从 1983 年到 1990 年这类投资的增长速度是世界生产总值增长速度的 4 倍，是全球国际贸易增长速度的 3 倍。这种增长势头在 90 年代初因世界性经济衰退而有所减慢，但自 1993 年起又开始恢复，1999 年全世界对外直接投资为 8 000 亿美元，2013 年增加至 1.4 万亿美元，2019 年进一步增加到 1.54 万亿美元，在 2017 年和 2018 年出现大幅下降之后，2019 年全球外国直接投资流量温和增长。国际投资不但带动了货物贸易及其与之关联的服务贸易的发展，而且其投资收益作为要素服务项目，它的扩张本身就构成海外服务贸易流量的扩大。此外，国际直接投资的产业也趋向服务业倾斜。1975~1990 年，西方国家对第一产业和第二产业的国际投资比重有所下降，而对服务业投资的比重却从 31.4%上升到 48.4%。投资于服务业的比重逐年提高，到 2019 年这一比重上升到 51%。由于服务的生产和消费是同时进行的，因此服务业的跨国直接投资必然驱动国际服务贸易的进一步国际渗透。

（三）科技革命的有力推动

科技革命，特别是20世纪60年代以来的信息技术革命，有力地推动了国际服务贸易的迅猛发展。首先，高新技术不但使越来越多的新服务被创造出来，而且使服务业的可贸易性急剧提高，使许多原先不可贸易的服务变成可贸易的服务，从而使国际服务贸易的种类增加、范围扩大。例如，一些传统的教育服务、健康服务一向被认为是不可贸易的服务，现在可被储存在磁盘或软件中进行买卖。信息技术和通信的发展，促使银行、保险、咨询、管理、商品零售等得以在全球范围内开展业务。交通运输条件的改善，为跨国界提供服务带来了机遇，促进了国际旅游业的蓬勃发展。其次，由于科技革命，发达国家的产业结构逐渐高级化，其传统产业向新兴工业化和发展中国家转移，而后两类国家则利用本地区丰富廉价的劳动力资源，赚取服务性外汇收入，形成大规模的境内服务输出。此外，科技革命推动生产进一步的自由化、机械化，从而促进了专业科技人员和高级管理人才向其他国家流动，推动了国际服务贸易流量的扩大。

（四）社会生活国际化的促进

社会生活的国际化直接导致国际服务贸易的增加。随着世界各国人民的生活水平和收入水平的提高，“冷战”后意识形态领域里的对抗日趋淡化，加之交通和通信工具的便利，人们在日常生活中能消费越来越多的外国服务。像出国旅游，接受外国教育，观看国外的电影、电视节目、球赛，欣赏外国的音乐和舞蹈等等，日益成为平常之事。当然社会生活国际化所推动的国际服务贸易的最大受惠者还是发达国家。根据美国的官方统计，2019年，美国旅游服务贸易总额3 664.38亿美元，同比增长2%。随着各国经济的发展，同社会生活国际化相关的服务贸易将会有更大的发展。

（五）地区经济一体化的促进

20世纪60年代以来地区经济一体化组织的发展，消除了服务在成员国之间流动的障碍，因而有了一个如同商品在一体化组织内流动一样的贸易创造（trade creation）效应，也促进了国际服务贸易的发展。

总之，当代国际服务贸易迅速发展的根本原因在于世界经济结构发生了历史性的变化，而第二次世界大战后以来一浪高过一浪的新科技革命，则加速了这种变化的进程，导致了世界贸易结构和人们社会生活方式的改变。建立在科技发展、经济增长基础上的社会收入水平的提高，导致服务消费需求以递增的速度发展，直接为国际服务贸易提供了广阔的需求市场。

第三节 国际服务贸易多边协议及体制

早在18~19世纪，就出现了国际服务贸易的一些专项协议。第二次世界大战后，由于国际服务贸易在世界经济、政治中的地位日益提高，关于国际服务贸易的协议越来越多，至“乌拉圭回合”通过《服务贸易总协定》后，有关国际服务贸易的国际协议形成了一个系统而又完整的体系。同时世界贸易组织的建立，对国际服务贸易的发展发挥着越来越大的作用。

一、GATT关于服务贸易的谈判简况

国际服务贸易如同商品贸易，为了有序、健康地发展，需要国际协调。由于影响国际服务贸易的主要是政策、制度等非关税因素，政府间的政策协调显得更重要，同时难度也更大。因为协调各国与服务贸易有关的政策，需要参与协调国让渡出一定的政策自主权，以牺牲部分国内经济目标换取国际经济整体目标的实现。一般而言，各国的国内经济规模都远大于其涉外经济的规模，各国政府在面临政策目标选择时多是偏向于追求国内经济目标，而暂时放弃国际经济目标，许多与服务贸易有关的政策，如金融政策等，乃是一国最基本的政策工具，各国政府不会轻易放弃这类政策的自主权。另有许多服务部门，如交通运输、通信、娱乐、文化、教育等，尽管政策上的含义并不太大，但它们对一国的政治、经济生活有至关重要的影响，各国政府也不情愿放弃对其的控制和扶持政策。

基于此，在第二次世界大战后相当长一段时间内，在国际服务贸易有了很大增长的情况下，各国政府也没有像对待商品贸易那样进行深入的谈判，并签订一个一般性的多边协议。关贸总协定条文规定及前七轮多边贸易谈判内容涉及的主要是商品的国际贸易自由化问题。

20世纪70年代以来国际服务贸易迅猛增长，其在国际贸易中所占的地位日益提高，世界各国特别是发达国家再也不能置之不理了。在GATT“东京回合”即将结束时，美国代表率先要求将国际服务贸易列入下一轮谈判的议题。其他发达国家经过研究，一致赞成美国的提案，而绝大多数发展中国家尽管反应冷淡，也不得不顺应潮流，接受这一提案。

1986年9月开始的“乌拉圭回合”谈判，共有四个重要议题：服务贸易、知识产权、与贸易相关的外国投资和农产品贸易，前三个基本上是服务贸易问题，因此，服务贸易问题成了“乌拉圭回合”谈判的中心议题。

“乌拉圭回合”谈判一开始，缔约方全体就通过了服务贸易谈判的指导原则，主要包括：通过谈判拟定关于服务贸易的一般规则及重要的部门协议；拟定的服务贸易协议既要促进服务贸易的自由化，又必须适当照顾发展中国家的特殊需要；拟定的服务贸易协议应同现有的有关国际服务贸易的国际协议相协调。

由于国际服务贸易的特殊性，发展中国家和发达国家在本轮谈判中存在很大的分歧，主

要表现在：

（1）服务贸易自由化的程度和领域。发达国家由于在国际服务贸易中占有绝对优势，因此主张积极扩大服务贸易自由化的程度，要求发展中国家开放更多的服务业领域（如金融、通信等）。发展中国家对服务贸易自由化基本持消极态度，要求考虑自身的特殊性，在制定服务贸易协议时给予优惠待遇，要求允许对一些重要的服务业部门给予特殊保护，同时要求发达国家开放劳工与建筑承包市场。

（2）知识产权问题。发达国家主张就知识产权保护问题制定一项单独的多边国际协议，加大保护力度。发展中国家反对订立新的有关知识产权保护的协议，反对不计代价地给予保护，认为对知识产权的国际保护不力固然会挫伤人们发明创造的积极性，但保护过度则会损害消费者的利益。发展中国家还认为，由于知识产权的所有者主要是西方发达国家，因而加强知识产权保护有利于发达国家，而不利于发展中国家。

（3）外国投资问题。发达国家认为，由于服务贸易的特殊性，它往往要求服务的生产者和消费者直接接触，而这除了人员的国际流动外，只有通过对外直接投资才可以做到。因此，国际服务贸易同外国直接投资有着密不可分的关系。要实现国际服务贸易的自由化，就不能不涉及对外国投资的自由化问题，因此，主张制定一项有关国际投资自由化的协议。发展中国家认为，国际投资本身并不是贸易，在主管国际贸易的 GATT 谈判中讨论该问题是不合适的，应仅就影响贸易的投资政策举行谈判。这一观点最终被所有缔约方接受。

（4）关于多边框架问题。美国等主张建立一项内容涵盖所有服务行业的关于服务贸易的多边协议，协议内容包括所有 GATT 的基本原则和内容，在多边协议的前提下拟定出各服务部门的专门协议。一些发展中国家（及欧共体国家）则认为，鉴于范围广泛的一般协议较难达成，谈判应先就一些服务部门制定协议，然后再协商签订一般性的服务贸易协议。

（5）服务贸易和经济发展。发展中国家主张考虑本国国内服务业不发达的现状及经济发展的需要，拟定服务贸易多边协议时应豁免发展中国家在最惠国待遇、国民待遇、不歧视、政府补贴等方面的义务。但发达国家则坚持发展中国家也应大幅度地履行服务协议的义务。

由于各缔约方关于服务贸易的分歧很大，争论激烈，所以谈判延续时间很长，直到 1993 年底，各缔约方才通过了服务贸易的一般协议和某些服务部门的协议。但在其他一些服务部门（如娱乐业）未能达成协议，在某些服务部门（如金融业）仅通过了临时的协议或草案。

二、《服务贸易总协定》的主要内容

《服务贸易总协定》（General Agreement on Trade in Services，GATS）作为“乌拉圭回合”的主要成果之一，由协定正文和附件两部分组成。正文共 6 部分 35 项条款，包括前言、范围和定义、一般义务和原则、具体承诺、逐步自由化、组织机构条款和最后条款等。附件共5项，包括最惠国待遇豁免的附录、提供服务的自然人流动附录、金融、电信和航空运输的部门附录等。其主要条文包含以下内容。

（一）最惠国待遇

GATS第二条规定：任何缔约方给予其他缔约方的服务和服务提供者的待遇，应立即和无条件地给予所有的协定缔约方。与GATT相比，该原则的不同之处在于：在GATT中，该待遇仅给予商品，而不给予商品的提供者；而在GATS中，最惠国待遇原则不仅适用于服务，而且适用于服务的提供者。另一个重要的不同是：在GATT中，最惠国待遇为承诺义务；而在GATS中，则为一般义务。

（二）国民待遇

GATS第17条规定：任何缔约方在相同的环境下，给予其他缔约方的服务及服务提供者在所有法律规章、行政管理、决定等方面的待遇应不低于其给予本国服务及服务提供者的待遇。与GATT的国民待遇原则的不同之处在于：①GATS中的国民待遇原则为承诺义务，而GATT中的国民待遇原则为一般义务，这与最惠国待遇原则的情形正好相反。②在GATS中，国民待遇原则既适用于服务本身，也适用于服务提供者；而在GATT中，国民待遇原则仅适用于所交易的商品，而不适用于商品的提供者。③GATS的国民待遇原则注重的是政府政策的实际实施效果，即使形式上有差异，只要实际上不对外国服务和服务提供者造成歧视，也被认为符合国民待遇原则；而GATT的国民待遇原则则只考虑形式上是否存在对外国商品的歧视。造成这一不同的主要原因是相对商品贸易而言，服务贸易更为复杂，由于外国服务和服务提供者同本国服务和服务提供者相比具有不同的特点，因而同样的服务政策对于二者造成的影响可能会有很大的不同，从而导致对外国服务和服务提供者实际上的不公平待遇。例如，外汇管制虽然是平等地实施于一国所有的银行机构，但由于外国银行分支机构对外部资金的依赖往往较本地银行为重，因此外汇管制对前者的不利影响要远远大于后者。

（三）透明度

GATS第三条规定：除非在紧急情况下，各缔约方必须将影响其国际服务贸易的所有有关法律、法规和行政命令及所有其他的决定、规则及习惯做法，无论是由中央政府或地方政府做出的，还是由非政府的、但有权制定规章的机构做出的，都应最晚在它们生效之前予以公布。任何缔约方都必须公布其正式参加的所有有关的或影响其国际服务贸易的其他国际条约（如区域性国际合作协定）。

（四）发展中国家的特别待遇

GATS 第五条规定：应充分考虑一些最不发达国家履行本协议义务的困难，并对这些国家做出某些特殊规定。例如，发展中国家之间可以订立优惠性的区域合作协议，可以在国际收支发生困难时对服务贸易采取某些特别的限制性措施，可以对本国服务业提供更多的补贴，允许少数发展中国家有选择地开放服务领域，在服务贸易自由化的进程上给予更大的灵活性，对个别发展中国家承担的义务给予适当的照顾等。

（五）关于影响国际服务贸易的歧视性措施

GATS 对于一些主要的影响国际服务贸易的政府措施作了具体规定，主要包括：①支付和转移。协定禁止各缔约方通过外汇管制措施来限制国际服务贸易，但并不反对缔约方出于平衡国际收支的目的而对服务贸易导致的外汇收支采取临时性措施，不过这种限制措施的制定与实施应取得 GATT 和国际货币基金组织的认可和合作。②政府采购。要求各缔约方应努力尽早使 GATS 的有关最惠国待遇和国民待遇原则能适用于政府服务。③补贴。当一缔约方认为另一缔约方提供给国内的服务补贴损害了自己的利益时，可以要求与另一缔约方进行交涉，另一缔约方对此应予善意的考虑。同时协议还要求各缔约方举行谈判并拟定一份有关补贴的多边协议。

（六）国内规定

GATS 第六条规定：只要不违反 GATS 的有关规定，不产生对外国服务及服务提供者的实际上的歧视，各缔约方有权根据自身经济政策目标的需要，自行制定有关国内服务业的政策规定、标准或限定条件，并要求外国服务和服务提供者遵守。同时，缔约方之间还可以就相互承认对方关于服务的规定和标准签订双边或多边协议。

（七）市场准入和逐步自由化

GATS 规定：任何缔约方均应根据 GATS 的精神和其他缔约方举行双边谈判，并在此基础上拟定市场准入的具体承诺开价单及其实施的时间计划表。谈判结束后，即应百分之百地履行其承诺。协定规定，缔约方应在协定签字后继续就服务贸易自由化问题定期举行新的多边谈判，以进一步减少服务贸易自由化的政策障碍。

（八）争端的解决

各缔约方在执行 GATS 过程中，如发生争议，其解决办法等同于 GATT-WTO 就商品贸易争端解决办法。缔约一方如认为受到损害，可提出书面申诉，另一涉及缔约方应予以善意回应。争议双方经磋商如不能达成妥协，可提请全体缔约方裁决。为此，关贸总协定设立一专门理事会负责此类事务的调查、仲裁或裁决，如仲裁或裁决不能得到有效而认真地执行，关贸总协定授权被损害一方暂停对违反协定一方所应承担的义务。

三、关于知识产权的协议

知识产权因其同服务贸易存在密切关系，在“乌拉圭回合”中被列为独立的谈判议题之一，经过发达国家与发展中国家的讨价还价，于 1991 年 12 月通过了《与贸易有关的知识产权协议》，简称《TRIPS 协议》。

《TRIPS 协议》共分 7 个部分，主要规定了知识产权服务贸易的基本原则，知识产权效力、范围及使用标准，知识产权的实施及转让手续，知识产权服务贸易惯例及争议的防止与解决等方面的内容。与过去颁布的各项有关知识产权的单项多边协议相比，内容更为广泛，标准更为严格。主要表现在以下几个方面。

（1）保护的范围更为广泛。《TRIPS 协议》不仅将知识产权所有的形式均包括在内，甚至还将未申请专利的秘密技术等不属知识产权的内容也包括在内。《TRIPS 协议》关于“未泄露信息”的规定对秘密技术提供了几乎同专利同样严格的保护。对于计算机软件等新的知识载体，《TRIPS 协议》要求给予同“文学作品”一样的版权保护。此外，医药、化工、食品等也被列入专利的保护范围。这些都是过去的知识产权协议所没有涉及的。

（2）给予知识产权所有人的保护更为严格。《TRIPS 协议》在保护的有效期限、权利范围等方面较已有的有关知识产权保护的国际协议更长更宽。例如，《TRIPS 协议》规定专利的保护期限不应低于 15 年，药品为 20 年，商标的保护期限不应低于 10 年。无论是在专利方面还是在商标方面，《TRIPS 协议》都鼓励各缔约方采取更长的保护期。《TRIPS 协议》在知识产权保护的实施方法方面也做了详细规定，如有关知识产权保护的行政、民事、刑事程序等。这些在以前的有关知识产权保护的国际协议中一般视为各国的内部事务不加规定。

（3）解决纠纷的程序更为规范。在解决有关知识产权的国际争端方面，《TRIPS 协议》也制定了 WTO 下的协调解决机制。而目前已有的有关知识产权保护的国际协议则缺乏这样一种机制。

《TRIPS 协议》在很大程度上反映了发达国家在知识产权方面的要求，但发展中国家的利益也在协议中得到了某些照顾。例如，在协议中既保护知识产权持有者的权益，也考虑到消费者的权益。各缔约方有权采取它认为适当的措施来防止知识产权的滥用或有害于国际技术交流的行为；反对为保护本国知识产权而制造违反 GATT 原则的贸易障碍。在实施《TRIPS 协议》的过渡安排方面，也对发展中国家作了优惠规定，如一般缔约方的过渡期为一年，而发展中成员则为 5 年，最不发达成员为 10 年。

四、WTO新体制对国际服务贸易的影响

随着“乌拉圭回合”的结束，关贸总协定为组织更完备、效率更高的世界贸易组织所取代，形成规范所有国际贸易领域的新体制。在新体制中，其运行规则和法律效应对待服务贸易和货物贸易是平行的。在多边贸易协定方面，对应多边货物贸易协定，有《服务贸易总协定》；在组织机构上，世界贸易组织成立了与货物贸易理事会相对应的服务贸易理事会。这种规范的形成和组织措施的处理都表明，WTO 新体制将对国际服务贸易的未来发展产生深刻的影响。

（1）WTO体制为国际服务贸易的发展创立了各成员方必须共同遵守的国际准则。长期以来，尽管国际服务贸易发展迅速，但并没有一套参与国际服务贸易的国家或地区共同遵守的国际规则，缺乏针对性的约束机制。以往各国服务贸易政策和规则的协调主要体现出两个特点：一是服务贸易政策的协调以双边和区域协调为主要形式；二是协调范围以行业为主。这种特点大大限制了国际服务贸易的自由化发展和贸易流量的扩大。WTO 体制则通过国际服务贸易总协定及组织机构上的安排，使各成员方有了一个涵盖几乎所有服务贸易领域，并为大家共同遵守的国际规则。这必然为国际服务贸易的发展扫清许多障碍。

（2）推动了国际服务贸易自由化。所谓服务贸易自由化，是指服务业在各国或地区间没有障碍地自由流动。货物贸易可以通过减少以至最终消除关税壁垒来达到自由化的目的。服务贸易不存在关税问题，但却存在同货物贸易相似的非关税壁垒。在 WTO 体制下，通过实施成员方相互给予最惠国待遇和国民待遇，增加各成员方有关服务贸易政策法规的透明度，实行市场准入及给予发展中国家一定的优惠和鼓励等原则，将会使国际服务贸易沿着自由化的进程获得较快的发展。

（3）促进了国际服务贸易在各个方面的发展。对国际服务贸易和服务业的发展，会有以下几方面的推动作用：①促进服务贸易的全面增长。随着服务贸易总协定的生效、运行和服务贸易壁垒的削减，必然会促进传统服务项目和高新服务项目贸易额的较大幅度增长。②对不同类型的服务贸易会产生不同的推动力，从而导致不同类型服务贸易发展的差异。一般来说，WTO 体制对高新科技类的服务贸易会产生较大的推动力，而对一些传统的服务项目推动作用则相对较小，这会加剧不同经济发展水平的国家之间的服务贸易的不平衡。③刺激各国国内服务业的发展，使各国不断改进技术，改善经营管理。④推动世界服务业国际分工的进一步深化。

五、WTO国际服务贸易谈判进展及区域

在 WTO 框架下，服务贸易谈判自 2000 年 3 月启动，谈判的主旋律是 WTO 各成员方对服务贸易的要价和出价。在开放市场方面，GATS 尊重各成员的发展水平并赋予发展

中国家一定灵活性。GATS 第十九条也规定在新一轮谈判中，“发展中国家成员应有适当的灵活性，以开放较少的部门放开较少类型的交易，以符合其发展状况的方式逐步扩大市场准入”。

经过多年的要价和出价谈判，到 2006 年为止有 69 个成员提交了最初出价，在此基础上又有 32 个成员提交了改进出价。本应该在 2003 年 3 月提交的最初出价中仍有 11 个 WTO 成员（主要是发展中成员）未提交。中国于 2003 年 7 月向 WTO 秘书处提交了最初出价，并于 2005 年 7 月正式提交了改进出价。

从成员提交的最初出价和改进出价的内容来看，成员出价的减让水平普遍不高，大多数只是对开放现状的描述。在教育、医疗等敏感领域的新出价很少。由于 WTO 多哈回合的谈判于 2006 年 7 月 27 日无限期中止，服务贸易的谈判也相应停顿下来。

由于 WTO 国际服务贸易谈判进展艰难，由少数 WTO 成员组成的次级团体——“服务业真正之友集团”（Real Good Friends of Services，RGF）于 2011 年底成立，展开《国际服务贸易协定》（Trade in Services Agreement，TISA）的谈判。TISA 谈判旨在建立新的、反映 21 世纪贸易需求的服务贸易自由化规则。从谈判进程看，当前已进入了市场准入的谈判阶段，对各领域贸易规则的谈判，也从规则建议到了谈判文本阶段。从发展趋势看，目前仅实行有条件最惠国待遇的区域性协定谈判。我国于 2013 年 9 月 30 日正式宣布参加《国际服务贸易协定》谈判。欧洲议会全体会议 2016 年 2 月 3 日高票支持中国参加《国际服务贸易协定》谈判，认为中国参加谈判是《国际服务贸易协定》未来实现多边化的重要一步。

重要术语

国际服务贸易　国际核心服务贸易　远距离服务　面对面服务
生产性国际服务贸易　消费性国际服务贸易　要素服务贸易　非要素服务贸易
国际旅游服务贸易　国际运输服务贸易　服务贸易总协定　国际服务贸易协定

▶ 重要术语解释请扫描右侧二维码

授课录像

第十三章精彩视频请扫描二维码

客观测验题

客观测验题及答案请扫描二维码

复习题

1. 什么是国际服务贸易？它有何特点？
2. 国际服务贸易是如何分类的？
3. 简述国际服务贸易的发展情况。
4. 什么是知识产权服务贸易？它主要有哪些交易方式？
5. 当代国际服务贸易高速发展的原因是什么？
6. 简述《服务贸易总协定》的主要内容。
7. 试述 WTO 新体制对国际服务贸易的影响。

第十四章 国际技术贸易与知识产权保护

导读

第二次世界大战以后，在第三次科技革命的推动下技术贸易快速发展，成为战后国际贸易的重要组成部分。国际技术贸易无论在加强国际技术合作、传播科学技术、提高各国科技水平，还是在促进国际贸易和各国经济发展等方面，都发挥着重要的作用。发展技术贸易与知识产权保护密切相关。知识产权保护是当前国际政治、经济、科学技术和文化交往中一个受到普遍关注的问题。围绕这个问题展开的国际双边、多边的谈判，特别是关税与贸易总协定《与贸易有关的知识产权协议》的达成，促使世界范围内对知识产权的保护标准达到了一个新的水平。本章主要讲解国际技术贸易的特点、内容与方式，并对保护知识产权的国际公约及其相关规则进行详细探讨。

本章学习重点

1. 影响国际技术贸易产生和发展的因素
2. 国际技术贸易的具体内容与方式
3. 知识产权的定义与特征
4. 保护知识产权的国际公约

本章教学要求

◀ 请扫描左侧二维码

第一节　国际技术贸易的内容与特点

一、国际技术贸易的产生与发展

作为生产要素的技术，其水平的高低受到生产力的发展水平、生产方式、社会形态等因素的制约。从横向看，在同一时代，各地区技术未必都处于同一水平，一般都存在不同程度的差异，这种差异成为技术转让的原动力。因此，技术一经问世就产生了扩散或转让的问题。

国际范围的技术转让有着悠久的历史，一些新的发明和实用技术总是通过各种渠道不断传播、扩散到世界各地，对这些国家乃至世界经济发展产生重要影响。早在公元6世纪左右，我国的养蚕、织丝技术，就通过丝绸之路传到了中亚、西亚和欧洲，我国古代的四大发明在公元12~15世纪先后传到了欧洲。诞生于16世纪初的德国机械表制作技术在100多年后先后传入日本和中国。不过，受交通工具和国际语言文字的制约，那时的技术传播主要是通过人员的流动传播到其他国家，因此传播速度非常缓慢，与今天的国际技术贸易不是一个概念。

18世纪初至19世纪中叶的英国工业革命使技术贸易发生了革命性的变化，它成为技术贸易的分水岭和转折点。英国工业革命使专利、商标的概念逐步为人们所认识和关注，技术的有偿转让开始出现。伴随着西欧专利制度的形成和专利法的颁布，专利买卖得以产生，并逐步发展成现代的专利技术许可证贸易。此后，许可证贸易的内容由专利技术扩展到专有技术和商标等领域。19世纪后期第二次产业科技革命的发生，使人们对科学技术愈加重视，为对科技成果进行保护，大多数西方国家都建立了以鼓励发明创造和保护发明者权利为宗旨的专利制度，极大地推动了技术转让活动的开展。就此，以许可证贸易为主要形式的国际技术贸易在这些国家间迅速展开。但在第二次世界大战以前，与国际货物贸易相比，国际技术贸易的规模一直很小。

第二次世界大战以后，整个世界政治、经济形势发生了巨大的变化。特别是第三次科技革命的发生，有力地推动了以信息技术、生物技术、新材料技术等为代表的高新技术的迅猛发展，在这种情况下，国际技术贸易不论其内涵、方式还是规模都发生了巨大变化。技术贸易的快速发展成为战后国际贸易的一个显著特征。据统计，1965年国际技术贸易额仅为25亿美元，到1975年，已经增加到110亿美元。20世纪80年代以来，国际技术贸易发展呈现出新的趋势。在国际技术贸易发展速度加快的同时，高新技术贸易比重不断提高，国际技术贸易结构呈现不断升级趋势。各国之间的经济竞争，归根结底是技术水平、科技竞争力的较量。因此，许多国家都大力发展科技，增加科技投资，积极扩大高新技术及其产品的出口。1985~2005年的20年间，主要发达国家技术出口额的平均增长速度达到219.2%，国际技术贸易额以每10年翻两番的速度增长，这一增长速度大大超过了同期国际商品贸易额的增长速度。高新技术产业发展促进了国际技术贸易的迅猛发展。

2008 年国际金融危机以后，受国际经济下滑的不利影响，国际技术贸易额轻微下降，世界主要国家的技术出口额均出现了一定程度的下滑。然而，随着全球经济的复苏，国际技术贸易逐渐走出金融危机的阴霾，再次呈现强劲增长的态势。国际技术贸易额稳步回升，高新技术产业仍是国际贸易中富有活力的重要组成部分。例如，2018 年中国高新技术产品贸易进出口总额达 14 085.7 亿美元，同比增长 12%。中国 2018 年高新技术产品贸易中，出口额为 7 430.4 亿美元、进口额为 6 655.2 亿美元，分别较上年增长 10.8%、13.4%，高新技术产品进出口贸易占商品贸易总额比重达到 30.5%。

美国未来学家托夫勒曾预言：从长远看，发达国家之间有形贸易的作用会越来越小。因为科学技术越发展，人们按照自己的需要去创造资源的可能性也就越大，因此，用本地资源代替进口原料的可能性也就越大。不过，在全球化的知识经济时代，任何国家的发展都难以独善其身，只将目光局限于国内资源研究已经无法满足创新驱动发展的要求。技术信息与知识需要进口，如何利用全球资源提升国家在全球创新网络中的位置成为后发国家关注的重要议题。所以，技术贸易将可能成为未来世界贸易的中心。

二、国际技术贸易的含义与特点

国际技术贸易作为国际贸易的重要组成部分，与国际货物贸易有着不同的含义和特点。

（一）国际技术贸易的含义

技术作为独立的生产要素在国际间流动和转移，也就是国际技术转让或转移有两种形式，一种是无偿的、非商业性的技术转移，主要是与学术交流、技术信息传递和技术人员交往有关；另一种形式是有偿的、商业性的技术转让，即国际技术贸易。国际技术贸易是指在不同国家的经济组织、企业或个人之间，按一般商业条件，向对方出售或从对方购买技术使用权的一种国际贸易行为。一般情况是，一国的技术供给方向另一国的技术需求方提供所需的技术，承担某些义务，并从需求方取得一定的报酬。

在中国，通常所说的技术贸易是指技术进出口的贸易。《中华人民共和国技术进出口管理条例》第二条对此下了一个定义："本条例所称技术进出口，是指从中华人民共和国境外向中华人民共和国境内，或者从中华人民共和国境内向中华人民共和国境外，通过贸易、投资或者经济技术合作的方式转移技术的行为。"条款规定的行为包括专利权转让、专利申请权转让、专利实施许可、技术秘密转让、技术服务和其他方式的技术转移。

（二）国际技术贸易的特点

国际技术贸易是以技术作为交易内容，在国际间发生的交换行为，必然遵循商品交换一般规律。但是，由于技术这类商品有自己的特点，在某些方面不同于有形商品，因此，技术贸易也不同于一般的商品贸易，它有着自身的特点：

（1）国际技术贸易的标的物是无形的知识产品。一般商品贸易是有形贸易，标的物是各种看得见摸得着的物质产品，可以用一定的工具进行度量和检验，而技术贸易则是无形贸易，交易对象是技术，是无形的知识，是人们在科学实验和生产过程中创造的各种科技成果，无法被称量，也难以检验其质量，不能以大小轻重来衡量。这是因为技术革新、创造发明可能是一个数学公式、一项原理、一种工艺，或是提供的一项服务，可以写在纸上，也可以记录在录音带上，但是，文字和录音只是技术的载体，可以表示技术的内容，并不是技术本身。

（2）国际技术贸易一般只限于技术使用权的转移。一般商品的所有权随贸易过程发生转移，原所有者既失去了对该商品的所有权，无权继续使用和支配该商品，也不可能将同一商品出售给多个买主。而在国际技术贸易中，转让方转让的是技术的使用权、产品制造和销售权。交易后，转让方仍然保留所有权，可以继续使用并再次转让。另外，货物贸易通常表现为一种单纯的买卖关系，而国际技术贸易可以是单纯的技术交易，如许可贸易，也可以与资本、人员、货物和生产结合起来，成为一种经济技术合作关系。

（3）国际技术贸易的当事人是合作与竞争的关系。一般商品贸易只是简单的买卖关系，钱货两清，贸易关系终结。而技术贸易是一种长期合作关系：一项技术从一方转移到另一方，往往须经过提供资料、吸收技术、消化投产，最后才完成技术贸易行为，因此，技术交付不是双方关系的终结，而是双方关系的开始，在合同期间，技术贸易双方当事人在传授和使用技术的过程中，构成较长时间的合作关系。同时，双方又存在竞争关系，因为技术的受让方总是希望从出让方那里获得最先进的技术，以尽快提高自己的生产能力和技术水平，而技术出让方既想通过技术转让获取更多利润，又不希望受让方成为自己的竞争对手，所以总是千方百计地对技术受让方使用技术加以限制，因此二者会存在潜在利益冲突和竞争关系。

（4）国际技术贸易的价格确定具有复杂性。一般货物商品的价值量是由生产该商品的社会必要劳动时间决定的，其价格以商品的价值为基础；而技术的价值量是由该技术发明所需的个别劳动时间直接构成的。因为新技术具有先进性、新颖性特点，往往是社会唯一的，不可能形成社会平均必要劳动时间，同时新技术又具有垄断性、独占性特点，这就决定了技术商品作价原则的特殊性，技术商品价格构成也复杂得多。

（5）国际技术贸易所涉及的问题和法律不同。一般商品贸易的贸易条件比较简单，而技术贸易所涉及的问题非常复杂，除了供求双方的责任、权利和义务外，还涉及对工业产权的保护，对技术秘密的保守、限制与反限制，技术的定价、保证、支持办法等问题，所涉及的国内法律和国际法律、公约比货物贸易多，因此，从事技术贸易远比从事货物贸易难度大。

（6）政府干预程度不同。政府对技术贸易的干预程度大于对货物贸易的干预程度。由于技术出口实际上是一种技术水平、制造能力和发展能力的出口，故为了国家的安全和从经济利益上考虑，政府对技术出口审查较严。例如，美国长期对其敏感性设备、软件和技术的出口进行管制，从而达到维护国家安全利益并推动达成外交政策的目标。由于在技术贸易中，技术转让方往往在技术上占优势，为了防止其凭借这种优势迫使引进方接受不合理的交易条件，也为了国内经济、社会、科技发展政策上的考虑，国家对技术引进也予以严格的管理。

三、国际技术贸易的内容

工业产权和专有技术是国际技术贸易的主要内容，其中工业产权又包括专利和商标。

（一）专利

（1）专利的含义。专利（patent）通常指专利权，是由政府机构（或代表几个国家的地区机构）根据发明人的申请，认为其发明符合法律规定的条件，而在一定时期内授予发明人的并予以法律保护的一种权利。

各国专利法中所指的专利包括：发明专利、实用新型专利、外观设计专利。发明专利是开辟一个新领域的发明或具有较高创造性的发明所取得的专利。实用新型专利是指对产品的形状、构造或二者结合所做出的革新方案，这种类型的发明创造性较低，审批手续简单、快捷，保护期也较短，一般在 10 年以内。此类发明虽小，但实用价值大，经济效益也较高，有的国家称为“二级专利”。外观设计专利是指对物的形状、图案、色彩或其结合所做出的富有美感并能应用于工业的新设计，只涉及商品外表或形态，通常不涉及产品制造和设计要求。

（2）专利的特点。专利是一种无形的财产权，具有与其他财产权不同的特征，即专利具有独占性、无形性、地域性、时间性和实施性。

独占性也称专有性或排他性，专利权人在专利的有效期内享有专有权，即独家占有权。同一发明在一定的地域范围内，其专利权只能授予一个发明者，做出同一发明的其他人不能获得同一发明内容的专利权。发明人被授予专利权后，其在一定时期内享有独立制造、使用和销售权，其他人如欲使用，必须征得专利人的同意，否则属于侵权行为。

无形性是指专利权是一种无形资产权。专利权是无形的，因而是不可计量的。

地域性是指专利只有在法律管辖区域内有效，受法律保护。但同一发明可以在两个或两个以上的国家申请专利，获得批准后便可以在有关国家受到法律的保护。

时间性是指专利只有在法律规定的有效期限内才有效、才存在。专利有效期结束后，发明人所享有的专利权便自动丧失，一般不能续展，发明便成为社会公共的财富，其他人可以自由地使用该发明制造产品。《中华人民共和国专利法》规定，发明专利权的期限为 20 年，实用新型专利权和外观设计专利权的期限为 10 年，均自申请日起计算。TRIPS 协议对发明专利和外观设计可享有的保护期分别规定为不少于自提交申请之日起的 20 年和 10 年。

实施性是指对发明者所得到的专利权，除美国等少数几个国家以外，大多数国家都要求专利人在给予保护的国家内实施其专利权，即利用专利技术制造产品或转让其专利，让专利技术产生经济效益和社会效益。

（二）商标

（1）商标的含义。商标（trade mark）是工商企业为使本企业生产或经营的商品受到法律保护，用有色泽的文字、图形、记号或与其相结合而构成的标明在商品上面的一种特定标志。商标按其用途可分为制造商标、销售商标和服务商标。

商标权是商标的使用者向主管部门依法申请、经主管部门核准所授予的商标专用权，也称商标专利权，受法律保护。

（2）商标权的特点。商标权也是一种工业产权，他人未经许可不得在同种或同类商品上使用与注册相同或近似的商标，否则就是侵权行为。商标权具有独占性、时间性、地域性的特点。

独占性是指商标是其所有人的财产，所有人对其享有排他的使用权，并受到法律保护，其他人不得使用。

时间性是指商标的保护是有时间限制的，一般为 7 年，中国为 10 年。但与专利不同的是，在商标保护期满以后，可以申请续展，而且续展次数不限。商标权所有人在按期交纳费用并按期办理续展手续的前提下，可以永远保持商标的所有权。

地域性是指商标权的所有人，只有在授予该商标的国家境内受到保护。如果想在其他国家得到同样的保护，商标所有人必须依法在其他国家申请注册，才能得到当地法律的保护。

（3）商标的注册原则。根据各国商标法的规定，必须由商标使用人提出书面申请，并交纳申请费。商标申请经主管部门批准后，才予以登记注册，授予商标权。各国对商标权的规定大致有三种原则：

使用在先原则。使用在先原则是指商标的所有权归属于首先使用的申请人，而不管其是否办理了商标注册手续，只要存在着首先使用的事实，法律就予以承认和保护。

注册在先原则。注册在先原则是商标权属于先注册的申请人。注册后取得的权利压倒其他人的权利，包括商标的最先使用人。

混合原则。混合原则又称在法定期限内对已注册无人提出异议的原则。这一原则实际上是上述两种原则的折中。按照这一原则，商标权原则上授予先注册人，但先使用的人可以在规定的期限内提出异议，请求撤销。超过规定的期限无人提出异议，则商标权属于先注册人。如在规定的期限内，先使用人提出异议，并且异议成立，已经授予先注册人的商标权即被撤销，而授予先使用人。

目前大多数国家采用的是注册在先原则，我国的商标法也采用这一原则。

（三）专有技术

（1）专有技术的含义。专有技术（know-how）即 Know how to do something 的简称，有的译为技术秘密、技术诀窍、专有技术等，现在统称为专有技术。专有技术是指从事生产活动所必需的未向社会公开的秘密技术知识、工艺流程、设计方案和实践经验等。

（2）专有技术的特点。专有技术不像专利技术那样经过法律的认可而得到保护，它是一种非法定的权利。其特征如下：

第一，实用性。由于专有技术具有商品的属性——价值和使用价值，因而专有技术具有实用性。人们可以把专有技术用于实践中，并获得经济效益。专有技术可以在国际市场上有偿转让和许可使用。

第二，秘密性。专有技术是不公开的、未经法律授权的秘密技术。专有技术的所有者只能依靠自身的保护措施来维持其技术的专有权，专有技术一旦为公众所知，便成为公开的技术，从而丧失其商业价值。

第三，可传授性。专有技术作为一种技术必须能以言传身教或以图纸、配方、数据等形式传授给他人。不可传授的生理性技能等不属于专有技术。

第四，非专有性。在特定的时期、国家或地区内，同一专有技术的所有人可能不止一个，因为法律并不排斥他人对自己开发出来的相同技术的所有权。即只要是自己的智力成果，并以合理的措施予以保密，同一项专有技术可能有两个或两个以上的所有人。

第五，无时效性。专有技术无法律限定的有效期限，只要其所有人愿意并实施保密，他便可长期地拥有该项专有技术。典型的例子是可口可乐的配方已历时百年。

第六，无地域性。专有技术无法定的地域限制。

第二节　国际技术贸易的方式

国际技术贸易的标的物是知识产权，一般只涉及使用权的转让，技术所有权并不随着使用权的转让而转移。目前，最常见的国际技术贸易方式有许可证贸易、技术服务、国际合作生产、国际工程承包等。

一、许可证贸易

许可证贸易（licensing trade）是国际技术贸易中最常见、使用最广的交易方式。它是指知识产权或专有技术的所有人作为许可方，通过与被许可方（引进方）签订许可合同，将其所拥有的技术授予被许可方，允许被许可方按照合同约定的条件使用该项技术，制造或销售合同产品，并由被许可方支付一定数额的技术使用费的技术交易行为。

（一）许可证贸易的分类

按授权的范围可以分为独占许可、普通许可、排他性许可、从属许可和互换许可。

1. 独占许可

它是指在合同规定的期限和地域内，被许可方对转让的技术享有独占的使用权，即许可方自己和任何第三方都不得使用该项技术和销售该技术项下的产品。所以这种许可的技术使用费是最高的。

2. 普通许可

它是指在签订技术转让许可证协议后，许可方自己仍有权使用这项工业产权或专有技术，也有权再与其他人签订同样主题的许可证协议，把同样的技术给其他人使用。在普通许可证合同中，被许可方往往要求订立一项最优惠条款，规定在该地域内如果许可方就同样的技术与其他人签订许可证协议时，被许可方应享有最优惠待遇。

3. 排他性许可

排他性许可，又称独家许可。它是指在合同规定的期限和地域内，被许可方和许可方自己都可使用该许可项下的技术和销售该技术项下的产品，但许可方不得再将该项技术转让给第三方。

4. 从属许可

从属许可，是指技术被许可方将其得到的权利再转让给第三方的交易方式。出让从属许可的企业大部分是跨国公司的子公司或其驻外机构，这些跨国公司出于某些原因不能直接出让许可给第三者，就将技术出让给其子公司或海外机构，然后再由这些子公司与第三者签订从属许可技术贸易合同。

5. 互换许可

互换许可，又称交叉许可证贸易，是指技术许可方和被许可方双方将各自拥有的专利权、商标权和专有技术使用权提供给对方使用，其实质是双方以价值基本相等的技术，在互利互惠的基础上，交换技术的使用权。互换许可一般是在特定条件下采用的，如合作生产、合作设计、共同研究开发等项目中通常会用到这种方式。互换贸易的交易双方更多的是合作关系，而不是单纯的买卖关系。

（二）许可证贸易的优势

许可证贸易作为最常见、使用最广泛的国际技术贸易方式，具有如下优势：一方面，许可证贸易可以在一些方面降低成本，许可证贸易与直接对外投资、产品出口相比，可以很大程度上避免进口国贸易壁垒等方面的限制，与此同时，也可以节省高昂的运输、销售等方面的费用，提高价格竞争力；另一方面，为一些不便通过直接投资、进出口贸易形式进入国际市场的服务型贸易企业提供了途径，如咨询公司、技术服务公司等企业，其本身并不制造产品，许可证贸易便为它们的无形产品（技术）进入国际市场提供了便利条件。

二、特许专营

特许专营是近二三十年迅速发展起来的一种新型商业技术转让方式。它是指由一家已经取得成功经验的企业，将其商标、商号名称、服务标志、专利、专有技术及经营管理的方式或经验等全盘地转让给另一家企业使用，由后一企业（被特许人）向前一企业（特许人）支付一定金额的特许费的技术贸易行为。

（一）特许专营的特点

首先，特许专营的受方与供方经营的行业，生产和出售的产品，提供的服务，使用的商号名称和商标（或服务标志）都完全相同，甚至商店的门面装潢、用具、职工的工作服、产品的制作方法、提供服务的方式也都完全一样。例如，美国的麦当劳快餐店在世界各地几乎都有它的被授人，他们所提供的服务同美国一样，所生产和销售的汉堡包的味道也完全一样。

其次，特许专营类似许可，但它的特许方与一般的许可方相比要更多地涉入对方的业务活动，从而使其符合特许方的要求。因为全盘转让，特别是商号、商标（服务标志）的转让关系到自己的声誉。

最后，特许专营合同是一种长期合同，它适用于商业和服务业，也适用于工业。特许专营是发达国家的企业进入发展中国家的一种非常有用的形式。由于风险小，发展中国家的企业也乐于接受。

（二）特许专营与许可证贸易的不同点

特许专营作为生活中比较常见的国际技术贸易的方式，与许可证贸易有一定的不同之处。

（1）目的不同：许可证贸易的主要目的是绕开进口壁垒，特许专营除具有避免贸易壁垒目的，还具有扩大特许方企业规模、提高特许方企业国际影响力的目的。

（2）关系不同：特许专营的被特许方与特许方之间只是一种买卖关系。各个特许专营企业并不是由一个企业主营的，被特许人的企业不是特许人企业的分支机构或子公司，也不是各个独立企业的自由联合。它们都是独立经营、自负盈亏的企业。特许人并不保证被特许人的企业一定能盈利，对其盈亏也不负责任。许可证的许可方和被许可方是一种合作关系，许可证只构成一种经营凭证。

（3）提供范围不同：特许专营的特许方相较于许可证贸易的特许方而言，提供范围较为广泛，除了提供商品商标之外，还提供给被特许方全套的管理和行销制度，从而保障被特许方的市场竞争能力和生存能力。

三、技术服务

技术服务也是国际上广泛采用的一种技术贸易方式。技术服务也称技术咨询与技术协助，技术服务不同于许可证贸易和技术服务，服务双方不具有许可证贸易和技术服务双方较为密切的合作关系，是指技术持有方与技术接受方通过签订协议或合同，由前者以自己的技术知识为后者提供有偿服务。技术服务的内容包括咨询服务和工程服务两个部分。咨询服务的主要项目有市场估计、产品诊断、产品设计、投资分析、原料供应、建议厂址、选择技术等。工程服务主要是工厂项目设计、设备器材的供应及提供工程建设和生产指导。

技术服务对于我国而言具有重要的意义。中华人民共和国成立之初，我国生产技术落后，那时作为技术接收方，接受了来自苏联等国家在汽车、武器、飞机等重工业领域的大量技术服务，对我国最初工业基础的形成具有重要的意义；现在，经过中华人民共和国成立以来70多年，特别是改革开放以来40多年的发展，我国在各个领域的技术水平都有了一个明显的提升，现已成为航空航天、高铁、信息技术等领域的主要服务技术的输出国。

四、国际合作生产

国际合作生产是指两国企业根据签订的合作生产合同，合作完成制造某些产品。国际合作方式多用于机器制造业，特别是在制造某些复杂的机器时，引进方为了逐步掌握所引进的技术，且能尽快地生产出产品，需要和许可方在一个时期内建立合作生产关系，按照许可方提供的统一技术标准和设计进行生产，合作的过程也就是技术转让的过程，因此，引进方在合作过程中就可以达到掌握先进技术的目的。

这种合作生产的方式常常和许可证贸易结合进行。有时合作双方可以共同研究、共同设计、共同确定零部件的规格型号，双方互相提供技术，取长补短。利用国际合作生产来引进国外的先进技术，已成为各国的普遍做法。例如，1973年7月由法国提议并联合欧洲11个国家共同研制生产的阿丽亚娜火箭，综合了当时欧洲各国最先进的技术。到2015年已研制成功5种型号，共完成224次轨道发射任务。最近一次是2020年8月15日，阿丽亚娜5型运载火箭在法属圭亚那航天中心发射成功。欧洲在国际航天市场的角逐中占有重要地位，目前世界商业卫星的发射业务大约有50%由阿丽亚娜火箭承担。

五、国际合作开发

国际合作开发（development cooperation）是指不同国家的两个以上的自然人、法人或其他组织，为完成一定的科研工作，如新技术、新产品、新工艺或者新材料等的研发，由当事人各方共同投资、共同参与研发活动、共同承担研发风险并共同分享研发成果。国际合作开发的特点是合作开发的各方共同投资，既可以约定共同进行全部的研发工作，也可以按照合同约定进行分工研发。

例如，新冠肺炎疫苗的生产就是一种典型的国际合作开发方式。2020 年 8 月 6 日，英国医药公司阿斯利康宣布与中国疫苗厂商康泰生物签署中国内地市场独家授权合作框架协议，通过技术转让积极推进阿斯利康与牛津大学合作的腺病毒载体新冠疫苗 AZD1222 在中国内地市场的研发、生产等过程，为全球抗击疫情做出了重要的贡献。

六、国际工程承包

国际工程承包又称“交钥匙工程”，是国际技术贸易的方式之一。国际工程承包是指具有法人地位的承包人与发包人之间通过国际招标、投标、议标、评标、定标等程序，按一定的条件签订承包合同，承包人提供技术、管理、材料、组织工程项目的实施，并按时、保质保量完成工程项目的建设，经过验收合格后，交付发包人的一项系统工程。国际工程承包具备以下两条特点：

（1）工程承包项目大部分为大型建设项目，一般都伴随着技术的转让。

（2）在施工过程中，承包商将使用最新的工艺和技术，并采购一些国家的先进设备，有些项目还涉及操作人员的技术培训、生产运行中的技术指导及专利和专有技术的转让。

因此，许多国家都希望通过国际工程承包来改善本国基础设施，推动本国企业技术改造。

我国自改革开放以来，就开始从事国际工程承包项目，以 EPC（engineering、procurement、construction，设计、采购、施工）为主要模式，发展到现在已经有 40 多年的经验。2019 年我国对外承包工程业务新签合同额 17 953.3 亿元。随着“一带一路”倡议的推进实施，我国国际工程承包业务迎来了历史性的发展机遇，2019 年在“一带一路”沿线的 62 个国家新签对外承包工程项目合同 6 944 份。

七、国际 BOT 方式

BOT 为英文 Build-Operate-Transfer 的简称，译为建设—运营—移交。BOT 是政府吸引非官方资本参与基础设施建设的一种投资和融资方式。其运行过程是：政府与非官方资本签订项目特许权经营协议，将基础设施项目的建设和投产后一定时间内的经营权交给非官方资本组建的投资机构，由该机构自行筹集资金进行项目建设和经营，在特许期内非官方投资机构收回项目建设成本，并取得合理利润，经营期期满后将该基础设施无偿移交给政府。因此，BOT 方式是一国利用外资引进大型工业技术和进行基础设施建设的一种有效的国际经济技术合作方式。BOT 方式流程图，如图 14-1 所示。

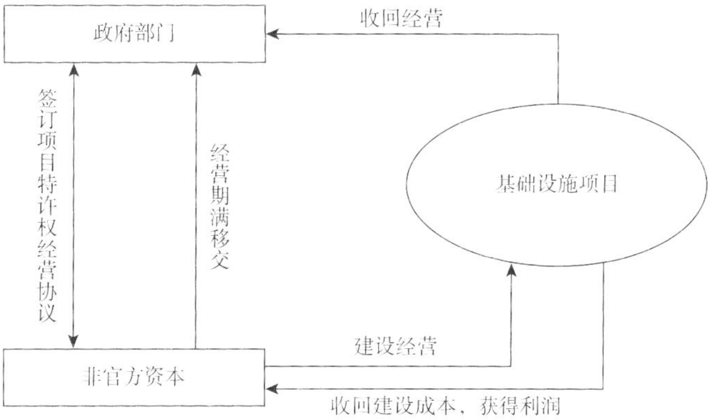

图 14-1　BOT 方式流程图

BOT 投资方式具有以下基本特点：①政府同私营部门的项目公司签订合同，由项目公司筹集资金建设某项基础设施项目；②项目公司在特许权协议期内拥有、运营和维护该项目设施；③项目公司通过收取使用费或服务费用回收投资，并获取合理的利润；④项目公司在特许权期满时，将项目无偿移交给政府。这种方式主要用于发展收费公路、发电厂、地铁、桥梁、码头、海底隧道、供暖、供水等基础设施项目。

国际 BOT 方式，有利于降低政府的财政负担，减少政府的风险，减少政府和企业之间的利益纠纷，但是，政府与企业之间需要经过一个长期的调查了解，因此，项目的时间会较长，投标费用较高。

第三节　知识产权的侵权与保护

国际技术贸易是以技术知识为交易对象的特殊的国际贸易活动，知识产权则是国际技术贸易的主要交易客体。知识产权与国际技术贸易之间是一种相互促进、共同发展的关系。一方面，在国际技术贸易中，技术的受让方有效地保护知识产权，能够减少技术出让方的顾虑，提高其转让技术的积极性。另一方面，国际技术贸易又是知识产权价值体现的重要形式之一。因此，在国际技术贸易中加强知识产权的保护，防范侵权行为的发生，是推进国际技术贸易蓬勃发展的重要前提。

一、知识产权的含义与范围

知识产权又称为智慧财产权，是指公民、法人或其他组织对其在科学技术和文学艺术等领域内，主要基于脑力劳动创造完成的智力成果所依法享有的民事权利。概括地说，知识产权是关于人类在社会实践中创造的智力劳动成果的专有权利。各种创造诸如发明、文学和艺术作品，以及在商业中使用的标志、产品外观等，都可受到知识产权保护。

到目前为止，世界上还没有一个关于知识产权的确切定义。原因在于知识产权的对象非常宽泛，并且它所对应的客体在不断拓展。不同国家、地区及国际组织对知识产权的理解不尽相同，从而产生了对知识产权的不同界定范围，但基本采取列举法来规定知识产权的种类。

传统的知识产权可分为"工业产权"和"著作权"（版权）两类。工业产权是指工业、商业、农业和采掘业等领域的智力成果所有者对其成果所享有的一种专有权。按照《保护工业产权巴黎公约》（简称《巴黎公约》）的规定，工业产权包括发明、实用新型、外观设计、商标、服务标记、厂商名称、货源标记、原产地名称以及制止不正当竞争的权利。著作权分为著作人格权与著作财产权。其中著作人格权的内涵包括公开发表权、姓名表示权及禁止他人以扭曲、变更方式利用著作损害著作人名誉的权利。著作财产权是无体财产权，是基于人类智慧所产生之权利，故属智慧财产权，是知识产权的一种。

根据 1967 年在斯德哥尔摩缔结的《建立世界知识产权组织公约》第 2 条第 8 款规定，知识产权的范围包括：①关于文学、艺术和科学作品的权利；②关于表演艺术家的表演以及唱片和广播节目的权利；③关于人类一切活动领域的发明的权利；④关于科学发现的权利；⑤关于工业品外观设计的权利；⑥关于商标、服务标记以及商业名称和标志的权利；⑦关于制止不正当竞争的权利；⑧在工业、科学、文学艺术领域内由于智力创造活动而产生的一切其他权利。该公约明文规定，加入该公约的成员国，不得作任何保留。因此，世界上绝大多数国家对上述知识产权的列举定义都是接受和认可的。

在世界贸易组织的《与贸易有关的知识产权协议》第 1 条第 2 项中规定，知识产权的范围包括：①版权及有关权利；②商标权；③地理标识权；④工业外观设计权；⑤专利权；⑥集成电路布图设计权；⑦未披露过的信息专有权（即商业秘密权）。

《中华人民共和国民法总则》规定，民事主体依法享有知识产权，它的对象主要包括：①作品；②发明、实用新型、外观设计；③商标；④地理标志；⑤商业秘密；⑥集成电路布图设计；⑦植物新品种；⑧法律规定的其他客体。

二、知识产权的特征

知识产权是一种有别于动产与不动产所有权的知识财产所有权。知识产权作为一种财产权，与通常人们所拥有的普通意义上的财产权不同，它具有以下特点。

（一）知识产权具有客体的无形性

客体的无形性是知识产权的最本质特征，是知识产权与有形财产权的根本区别所在。知识产权的客体是知识产品，它通常是创造性智力劳动的产物，其本质是一种信息。这种信息能够使专有权人获得某种合法的市场垄断权，并凭借这种权利获取经济利益和阻止他人与自己展开竞争。当代西方学者将财产分为动产、不动产与知识财产。他们认为智力劳动的创造物之所以称为“知识”财产，在于该项财产与各种信息有关。作为知识产品本质的信息，其根本特征是无形性，它并不是以诸如土地、空气、野生动物的形式存在。

正是由于知识产权客体的无形性，使得知识产权贸易中的标的物只能是知识产权这种无形财产权的使用权，而不同于有形商品贸易中贸易标的物是有形商品，在贸易中既存在着商品的使用权，又存在着商品所有权的转移。同样，由于知识产权客体的无形性，法律上有关知识产权的保护、知识产权侵权的认定等要比有形商品更为复杂。

（二）知识产权具有专有性

由于知识产权的客体具有无形性的特征，权利人对知识产权的控制不能以“占有”这种控制有形财产的方式实现，故知识产权法通过赋予权利人在一定时期内对其智力成果等享有“排他性”的专有权利，实现法律层面的保护，从而造就了知识产权的“垄断性”。知识产权具有垄断权，与有形财产权人对客观物的自然占有不同，知识产权人对知识产品的占有是一种人为的法定垄断权。这一特性使除权利人同意或法律规定外，权利人以外的任何人不得享有或使用该项权利。这表明权利人独占或垄断的专有权利受严格保护，不受他人侵犯。只有通过“强制许可”“征用”等法律程序，才能变更权利人的专有权。

知识产权的客体是人的智力成果，既不是人身或人格，也不是外界的有体物或无体物，所以既不能属于人格权也不属于财产权。另外，知识产权是一个完整的权利，只是作为权利内容的利益兼具经济性与非经济性，因此也不能把知识产权说成是两类权利的结合。例如，说著作权是著作人身权（或著作人格权、精神权利）与著作财产权的结合，是不对的。知识产权是一种内容较为复杂（多种权能），具经济的和非经济的两方面性质的权利。因而，知识产权应该与人格权、财产权并立而自成一类。

（三）知识产权在时间与地域上具有有限性

有形财产权以有形物的存在为前提，有形物一旦发生灭失，所有人的权利也就随之消亡。而知识信息，具有非损耗性的特征，且任何知识信息都不可能在完全隔断历史联系的情况下产生，因而具有“永续性”的特点。然而为了鼓励知识产品的广泛传播与流通，从而促进科技、经济发展和社会全面进步，法律硬性规定了知识产权的存续期限，知识产权只在这一法定期限内有效，期限届满，权利归于消灭。各国法律对保护期限的长短可能一致，也可能不完全相同，只有参加国际协定或进行国际申请时，才对某项权利有统一的保护期限。

与知识产权的时间性相伴而生的是其地域性。由于知识产权是由国家法律直接确认的，权利的获得是以法律对这些权利有直接而具体的规定为前提，通过履行特定的申请、审查、批准等手续才能获得。因此，知识产权只在所确认和保护的地域内有效，即除签有国际公约或双边互惠协定外，经一国法律所保护的某项权利只在该国范围内发生法律效力。所以知识产权既具有地域性，在一定条件下又具有国际性。知识产权在法律效力空间上的有限性特征在《巴黎公约》第 4 条所规定的专利独立性原则中得到了充分体现，按照独立性原则的要求，一个成员国批准或驳回一项专利，并不决定其他成员国是否对同一发明的申请案批准专利；同样，一个成员国撤销了一项专利或宣布它无效，也并不影响其他成员国就同一发明已经批准的专利继续有效，且各国知识产权保护的实体内容和保护范围均是独立的。

（四）知识产权具有可复制性

知识产权的可复制性是指知识产权的权利客体可由一定的有形物去固定、去复制。知识产权作为智慧劳动的成果，其无形性的特点使其必然要以一定的有形物为载体表现出来。无论是专利、商标、专有技术，还是著作权、商业秘密，都要通过产品、作品或其他有形物加以体现。与印刷、照相、录音、录像、电视、复印等传统复制方式相比，数字化技术对知识产权权利客体的复制，呈现出高速、简便、高质量、低成本的特点。在网络环境下，数字化作品在网上会发生一系列的复制，包括上载的复制，也包括在信息传输过程中由网络服务器做出的一系列的自动复制。从这一点来看，知识产权权利人已经越来越难以控制他人对知识产权保护对象的复制，知识产权的可复制性得到了进一步的强化。

三、知识产权的侵权及其特征

（一）知识产权的侵权含义

由于知识产权所具有的客体的无形性和易于传播特点，给知识产权保护、知识产权侵权认定带来了许多复杂的问题。这也正是目前我国不少个人与企业侵害他人知识产权而不知其为侵权的主要原因。

凡违反法律规定而损害知识产品所有人专有权利的行为，均为侵犯知识产权。因此，知识产权侵权行为的构成要件有二：一是擅自行使知识产权人的权利或侵害其他利益；二是行为的不法性，如果行为人擅自行使知识产权人的某项权利，但此种行为是法律所准许的，如合理使用或者法定许可行为，其行为并不构成侵权。例如，侵犯著作权，是指“未经著作权人许可，在法律允许的范围之外，擅自使用其著作权的行为”；侵犯专利权，即“未经专利权人许可，实施其专利的行为”；侵犯商标权，是指“不法侵害他人注册商标权”的行为。

（二）知识产权侵权的特征

侵犯知识产权行为，与一般侵权行为有着相同的法律性质、又有着相似的法律后果。但由于其侵害对象不同，侵犯知识产权行为表现出自己独有的基本特征。

（1）侵害形式的特殊性。在侵权行为中，对于财产所有权的侵犯主要表现为侵占、妨害和毁损。这些行为往往是直接作用于客体物的本身，与客体物之间的联系是直接的、紧密的；侵权行为的具体表现内容，涉及占有、使用、收益和处分各个方面。对于知识产权的侵犯则主要表现为剽窃、篡改和仿制。这种侵权行为作用于作者、创造者的思想内容或思想表现形式，与知识产品的物化载体无关。例如，非法将他人创作的字画据为己有，它涉及的是物体本身，即创作的物化载体，该行为应视为侵犯财产所有权的行为；如果行为人虽未占有这一字画，但擅自将其翻印出售，则该行为涉及的是无形财产，即作者的思想表现形式，应以侵犯知识产权认定。与有形财产的侵权行为不同，对知识产品的侵权行为在形式上似乎并不影响作者的权利行使。这种行为之所以构成侵权，主要在于它是对知识产品所有人"专有""专用"权利的侵犯，是对知识产权绝对性和排他性的违反。

（2）侵权行为的高度技术性。由于科学技术的不断发展，生产方式的不断革新，公众消费能力大大提高，社会生活内容呈现出科技化、现代化的趋势。在这种情况下，出现了一些新型的侵权行为。侵害知识产权的行为与具有智力创造性特征的知识产品的利用相联系，往往有相当程度的技术含量，因而给侵权行为之防范、侵权责任构成之认定、侵害后果之避免等方面带来相当的困难。首先，新信息技术、新传播媒介的发展，对著作权、专利权等带来直接的威胁。运用电子新技术，印刷品、音像制品和图表资料等可以进行无数次扫描、取样、复制。随着信息高速公路热潮的兴起，互联网络与电脑"黑客"相伴而生，借助于电脑和高新技术工具的侵权者，将会轻而易举地将他人的专利技术和经营秘密窃取并公开。其次，涉及知识产品的侵权行为大都技术手段高明，较之一般财产权侵害有着更大的隐蔽性和欺骗性。当前，互联网的迅猛发展，使人类信息一体化成为现实，其社会效益与经济效益不言而喻。但是，网络侵权、网络窃密、网络破坏等造成知识产权的流失，使人们措手不及，防不胜防。再次，侵犯知识产权行为，其因果关系十分复杂。由于知识产品的非物质性特点，权利人无法控制他人的非法使用。本来在传统环境中，无形的精神创造尚可"固化"为商标、专利产品、图书资料、唱片乐谱等物质载体，侵权责任的举证就有相当难度。最后，在网络空间中，一切知识产品都表现为数字化的电子信号，人们感知的只是计算机终端屏幕上瞬时生灭的数据和影像，从而为侵权行为认定带来更多困难。

（3）侵害范围的广泛性。由于知识产品的非物质性和公开性特征，对同一知识产品的合法使用与侵权使用通常会在同一时空条件下发生，数个甚至数十个侵权使用可能会在不同地域同时发生。在知识产品利用极为便利的条件下，使用行为极有可能构成侵权行为，且受侵害的对象往往不是某一单项权利。由于现代信息技术、传播技术的出现，侵犯知识产权的行为出现两个重要的趋势：一是个体侵权行为"普及化"。静电复印技术的推行，使得大规模复印文字作品变得极为便利，并对社会公众购买复印作品的习惯产生巨大影响。而电子录制技术的普及，使得私人复制音乐和电视节目成为亿万家庭的嗜好。二是高科技侵权行为“国际化”。在国际互联网络广泛普及的空间中，知识产品可以以极快的速度、极方便地在全球范围传播，从而为不同国家的不同主体所接收和使用（包括合法使用与非法使用）；由于信息流跨空间、跨区域的大规模高速度的运动，跨国侵权也就成为一件容易的事情。侵权人足不出户，就可能充当“网络黑客”进入他国国民的数据库，以获取所需要经营信息和技术秘密，或是在计算机上输入、贮存、显示他人的网络作品。即使是针对本国国民的侵权，也可以利用网络从国外迂回以其他身份进入本国。在上述情况下，每一项知识产品都可能处于“国际化”侵权的威胁之中。

（4）侵害类型的多样性。在立法上，侵害知识产权有直接侵权行为与间接侵权行为之分，法律对此规定了不同的过错条件及处罚标准。所谓间接侵权行为有两种含义：一是指行为的行为本身并不构成侵权，但其行为帮助和导致了直接侵权行为的发生，因而对权利人造成了损害，亦称为“二次侵权”。例如，在著作权领域中，故意出售、出租、进口侵权品的行为；在专利权领域中，故意制造、销售只能用于专利产品的关键部件的行为；在商标权领域中，故意为他人侵犯商标权的活动提供仓储、运输、邮寄、隐匿等便利条件的行为。二是指“行为人”并没有从事任何侵权行为，但由于特定社会关系的存在，依法须对他人的侵权行为承担一定的责任。例如，法定代理人对无行为能力人实施的侵权行为、雇主对雇员因完成本职工作而实施的侵权行为、委托人对受托人因履行委托合同而实施的侵权行为等，他们均为间接侵权行为人。上述间接侵权行为与直接侵权行为人应承担共同侵权责任。

四、保护知识产权的国际公约

知识产权是人们利用自己的知识用脑力劳动所创造的智力成果依法而享有的一种权利。1893 年，据《巴黎公约》成立的国际局和据《保护文学和艺术作品伯尔尼公约》（简称《伯尔尼公约》）成立的国际局合并，成立“国际知识产权保护联合局”（United International Bureau for the Protection of Intellectual Property，BIRPI）。从那时起，知识产权保护就成为文明社会的一个重要概念。目前，在知识产权保护方面，已经通过的最重要的国际公约和协定有《保护工业产权巴黎公约》《商标国际注册马德里协定》《商标注册用商品和服务国际分类尼斯协定》《专利合作条约》《与贸易有关的知识产权协议》等。

（一）《保护工业产权巴黎公约》

《保护工业产权巴黎公约》（Paris Convention on the Protection of Industrial Property）简称《巴黎公约》，于 1883 年 3 月 20 日在巴黎签订，1884 年 7 月 7 日生效。《巴黎公约》自 1883 年签订以来，已做过多次修订，最后一次是 1980 年 2 月在日内瓦修订。1985 年 3 月

19 日中国成为该公约成员国。

《巴黎公约》是世界上参加国最多和影响最大的保护知识产权的国际公约，其调整对象即保护范围是工业产权，包括发明专利权、实用新型、工业品外观设计、商标权、服务标记、厂商名称、产地标记或原产地名称以及制止不正当竞争等。《巴黎公约》的基本目的是保证成员国的工业产权在所有其他成员国都得到保护。但由于各成员国间的利益矛盾和立法差别，《巴黎公约》没能制定统一的工业产权法，而是以各成员国内立法为基础进行保护，因此它没有排除专利权效力的地域性。公约在尊重各成员国国内立法的同时，规定了各成员国必须共同遵守的几个基本原则，以协调各成员国的立法，使之与公约的规定相一致。巴黎公约的基本原则和重要条款有以下几方面。

（1）国民待遇原则。在工业产权保护方面，公约各成员国必须在法律上给予公约其他成员国相同于其本国国民的待遇；即使是非成员国国民，只要他在公约某一成员国内有住所，或有真实有效的工商营业所，亦应给予相同于本国国民的待遇。

（2）优先权原则。《巴黎公约》规定凡在一个缔约国申请注册的商标，可以享受自初次申请之日起为期 6 个月的优先权，即在这 6 个月的优先权期限内，如申请人再向其他成员国提出同样的申请，其后来申请的日期可视同首次申请的日期。优先权的作用在于保护首次申请人，使他在向其他成员国提出同样的注册申请时，不致由于两次申请日期的差异而被第三者钻空子抢先申请注册。发明、实用新型和工业品外观设计的专利申请人从首次向成员国之一提出申请之日起，可以在一定期限内（发明和实用新型为 12 个月，工业品外观设计为 6 个月）以同一发明向其他成员国提出申请，而以第一次申请的日期为以后提出申请的日期。其条件是，申请人必须在成员国之一完成了第一次合格的申请，而且第一次申请的内容与日后向其他成员国所提出的专利申请的内容必须完全相同。

（3）独立性原则。申请和注册商标的条件，由每个成员国的本国法律决定，各自独立。对成员国国民所提出的商标注册申请，不能以申请人未在其本国申请、注册或续展为由而加以拒绝或使其注册失效。在一个成员国正式注册的商标与在其他成员国——包括申请人所在国——注册的商标无关。这就是说，商标在一成员国取得注册之后，就独立于原商标，即使原注册国已将该商标予以撤销，或因其未办理续展手续而无效，但都不影响它在其他成员国所受的保护。同一发明在不同国家所获得的专利权彼此无关，即各成员国独立地按本国的法律规定给予或拒绝、或撤销、或终止某项发明专利权，不受其他成员国对该专利权处理的影响。这就是说，已经在一成员国取得专利权的发明，在另一成员国不一定能获得；反之，在一成员国遭到拒绝的专利申请，在另一成员国则不一定遭到拒绝。

（4）强制许可专利原则。《巴黎公约》规定：各成员国可以采取立法措施，规定在一定条件下可以核准强制许可，以防止专利权人可能对专利权的滥用。某一项专利自申请日起的 4 年期间，或者自批准专利日起 3 年期内（两者以期限较长者为准），专利权人未予实施或未充分实施，有关成员国有权采取立法措施，核准强制许可证，允许第三者实施此项专利。如在第一次核准强制许可特许满两年后，仍不能防止赋予专利权而产生的流弊，可以提出撤销专利的程序。《巴黎公约》还规定强制许可，不得专有，不得转让；但如果连同使用这种许可的那部分企业或牌号一起转让，则是允许的。

（5）商标的使用。《巴黎公约》规定，某一成员国已经注册的商标必须加以使用，只有经过一定的合理期限，而且当事人不能提出其不使用的正当理由时，才可撤销其注册。凡是已在某成员国注册的商标，在其他成员国注册时，对于商标的附属部分图样加以变更，而未变更原商标重要部分，不影响商标显著特征时，不得拒绝注册。如果某一商标为几个工商业公司共有，不影响它在其他成员国申请注册和取得法律保护，但是这一共同使用的商标以不欺骗公众和不造成违反公共利益为前提。

（6）驰名商标的保护。无论驰名商标本身是否取得商标注册，《巴黎公约》各成员国都应禁止他人使用相同或类似于驰名商标的商标，拒绝注册与驰名商标相同或类似的商标。对于以欺骗手段取得注册的人，驰名商标的所有人的请求期限不受限制。

（7）商标权的转让。如果其成员国的法律规定，商标权的转让应与其营业一并转让方为有效，则只需转让该国的营业就足以认可其有效，不必将所有国内外营业全部转让。但这种转让应以不会引起公众对贴有该商标的商品来源、性质或重要品质发生误解为条件。

（二）《商标国际注册马德里协定》

《商标国际注册马德里协定》（Madrid Agreement for International Registration of Trade Marks）简称《马德里协定》，是关于简化商标在其他国家内注册手续的国际协定。1891 年 4 月 14 日在马德里签订，1892 年 7 月生效。《马德里协定》自生效以来共修改过多次，与 1989 年签署的《商标国际注册马德里协定有关议定书》（简称《马德里议定书》）合称为商标国际注册马德里体系。随着特立尼达和多巴哥于 2021 年 1 月份的加入，《马德里协定》的缔约方总数已经达到 107 个。1989 年 10 月 4 日中国成为《马德里协定》成员国。

《马德里协定》保护的对象是商标和服务标志。主要内容包括商标国际注册的申请、效力、续展、收费等。该协定规定：商标的国际注册程序是协定的成员国国民，或在成员国有住所或有真实、有效营业所的非成员国国民，首先在其所属国或居住或设有营业所的成员国取得商标注册，然后通过该国商标主管机构，向设在日内瓦的世界知识产权组织国际局提出商标的国际注册申请。如果申请得到核准，由国际局公布，并通知申请人要求给予保护的有关成员国。这些成员国可以在一年内声明对该项商标不予保护，但需要说明理由；申请人可以向该国主管机关或法院提出申诉。凡在一年内未向国际局提出驳回注册声明的，可以视为已同意了商标注册。经国际局注册的商标享有 20 年有效期，并且可以不限次数地续展。协定便利了其成员国国民在协定的其他成员国取得商标注册。

此外，根据《马德里协定》，如果取得了国际注册的商标在其取得国际注册之日起 5 年内被本国商标主管机关撤销了其本国注册或宣告本国注册无效，则该商标在协定其他成员国的商标注册也将随之被撤销。只有当取得国际商标注册届满 5 年之后，该商标在协定各其他成员国的注册才能独立于其本国注册。《马德里协定》是对《保护工业产权巴黎公约》关于商标注册部分的一个补充，根据协定规定，须先参加《保护工业产权巴黎公约》，才能参加《马德里协定》。

（三）《商标注册用商品和服务国际分类尼斯协定》

《商标注册用商品与服务国际分类尼斯协定》（Nice Agreement Concerning the International Classification of Goods and Services for the Purpose of the Registration of Marks，简称《尼斯协定》）于 1957 年 6 月 15 日在法国尼斯签订，1961 年 4 月 8 日生效。后经 1967 年、1977 年、1979 年、1994 年多次修订，现行的是 1994 年 5 月 5 日的《尼斯协定》。

《尼斯协定》共 14 条，以及商品和服务分类表。分类是由一个建立在商品和服务类别基础之上的类目清单组成的。商品和服务分类表将商品分为 34 大类，服务项目分为 11 大类，并包括按字母顺序排列的商品与服务表。由于该协定建立了统一的商品和服务的国际分类，为申请人在国外注册商标提供了方便，受到了世界各国的欢迎。中国于 1994 年加入该协定。

（四）《专利合作条约》

《专利合作条约》（Patent Cooperation Treaty，PCT）签订于华盛顿，1978 年 1 月 24 日生效。它是在《巴黎公约》原则指导下产生的一个国际专利申请公约。因此其成员国必须是《巴黎公约》的成员，我国于 1994 年 1 月 1 日正式加入该条约。该条约主要内容是统一缔约国的专利申请手续和审批程序，以及就专利文献的检索工作和批准专利权的初步审查工作等方面进行合作，以使一项发明通过一次国际申请便可同时在申请人选定的几个或全部成员国获得批准。

《专利合作条约》的主要意义在于：简化了成员国国民在成员国范围申请专利的手续，一份申请，以一种语言，向一个受理局提出，进入各国家阶段以前，可代替多份外国申请；以最小的花费，向各成员国提出申请的决定可以推迟到自优先权日起 30 个月；减轻了条约各成员国专利局的工作量，也加快了专利情报的传播速度，扩大了传播范围。

（五）《与贸易有关的知识产权协议》

《与贸易有关的知识产权协议》（Agreement on Trade-Related Aspects of Intellectual Property Rights，TRIPS）简称《TRIPS 协议》，是当前世界范围内知识产权保护领域中涉及面广、保护水平高、保护力度大、制约力强的一个国际公约。

《TRIPS 协议》内容涉及面广，几乎涉及知识产权的各个领域，并且将关贸总协定（GATT）和世界贸易组织（WTO）中关于有形商品贸易的原则和规定延伸到对知识产权的保护领域。它不但强化了知识产权执法程序和保护措施，还强化了协议的执行措施和争端解决机制，把履行协议保护产权与贸易制裁紧密结合在一起，同时设置了“与贸易有关的知识产权理事会”作为常设机构，监督该协议的实施。《TRIPS 协议》主要包括以下几部分内容。

1.《TRIPS 协议》的目标

《TRIPS 协议》的规定主要限于合法的有形货物买卖及假冒商品贸易中涉及的知识产权问题，并不管辖诸如卫星通信等非贸易领域的知识产权保护。《TRIPS 协议》的序言说明了该协议的目标：为减少国际贸易中的扭曲和阻力，有必要促进对知识产权进行充分、有效的保护，保证知识产权执法的措施与程序不至于变成合法贸易的障碍。

2.《TRIPS 协议》基本原则

《TRIPS 协议》规定，所有缔约方应遵守《巴黎公约》《专利合作条约》《商标注册马德里协定》，并继续承担对《伯尔尼公约》《保护表演者、音像制品制作者和广播组织罗马公约》（简称《罗马公约》）《集成电路知识产权条约》的义务；所有缔约方在保护知识产权方面除了要遵守世界知识产权组织（World Intellectual Property Organization，WIPO）确定的原则外，还必须遵守规定的国民待遇和最惠国待遇原则。

（1）国民待遇原则。各成员在知识产权保护上，对其他成员的国民提供的待遇不得低于其本国国民。但《巴黎公约》《伯尔尼公约》《罗马公约》《集成电路知识产权条约》允许在某些情况下以互惠原则代替国民待遇原则；对表演者、录音制品制作者和广播组织而言，国民待遇仅适用于《TRIPS 协议》所规定的权利；一些司法和行政程序，如必须在一成员管辖范围内指定送达地址或委托代理人，也可以成为国民待遇的例外。

（2）最惠国待遇原则。在知识产权保护上，某一成员提供其他国国民的任何利益、优惠、特权或豁免，均应立即、无条件地适用于全体其他成员的国民。把最惠国待遇原则引入知识产权的国际保护，是 WTO 的创造。也许正因为这一点，这个原则有更多的例外，即来自一般性的而非专门针对知识产权保护的司法协助或法律实施国际协定的优惠；来自《伯尔尼公约》和《罗马公约》的互惠性保护；《TRIPS 协议》未规定的表演者、录音制品制作者和广播组织权；WTO 成立前的知识产权协议所产生的优惠。

最惠国待遇和国民待遇还有一个总的例外，即这两个原则不适用于世界知识产权组织主持下订立的有关取得或维持知识产权的多边协定中所规定的程序。

3.《TRIPS 协议》有关知识产权的效力、范围及利用标准

（1）版权与邻接权应遵守《伯尔尼公约》的规定。版权与邻接权的范围包括：①《伯尔尼公约》所指的“文学艺术”：文学、科学和艺术领域内的一切作品，不论其表现形式或方式如何，如书籍、演讲、戏剧、舞蹈、配词、电影、图画、摄影作品、地图等。②计算机程序与数据的汇编。③表演者、录音制品制作者及广播组织权利。版权的保护期，自其创作或出版起不得少于 50 年；表演者和录音制作者的权利应至少保护 50 年；广播组织的权利应

至少保护20年。

（2）商标。商标为任何能够将一企业的商品或服务与其他企业的商品或服务区分开的标记或标记组合。这些标记包括人名、字母、数字、图案、颜色的组合。这些标记应能够作为商标获得注册。注册商标所有人享有专有权，以防止任何第三方未经许可而在贸易活动中使用与注册商标相同或近似的标识，去标记相同或类似的商品或服务。驰名商标应受到特别的保护，即不相同或类似的商品或服务，也不得使用他人已注册的驰名商标；在确定一个商标是否驰名时，应考虑相关公众对该商标的了解程度，包括在该国因促销而获得的知名度。商标的首期注册及各次续展注册的保护期，均不得少于7年。商标的续展注册次数应系无限次。如以未使用为由撤销注册商标，则必须是连续3年未使用。

（3）地理标志。地理标志指下列标志：标志出某商品来源于某成员地域内，或来源于该地域中的某地区或某地方；该商品的特定质量、信誉或其他特征，主要与该地理来源相关联。各成员应对地理标志提供保护，包括对含有虚假地理标志的商标拒绝注册或宣布注册无效，以防止公众对商品的真正来源产生误解或出现不公平竞争。

（4）工业品外观设计。应对新的或原创性的独立创造的工业设计提供保护。受保护的工业品外观设计的所有人，有权制止第三方未经许可而为商业目的制造、销售或进口带有或体现有受保护设计的复制品或实质性复制品之物品。工业品外观设计的保护期应不少于10年。纺织品设计具有周期短、数量大、易复制的特点，因此对纺织品设计给予保护的条件，特别是费用、审查和公布方面的条件，不得影响这些设计获得保护。

（5）专利。《TRIPS协议》对专利保护对象的限制很少，只要符合新颖性、创造性、实用性三个条件，除了医疗方法和动植物外，都应授予专利。协议规定专利权的内容包括制造、使用、销售及进口专利产品，使用专利方法或使用、销售、进口以专利方法直接生产的产品。但如果某些产品的商业性开发会对公共秩序或公共道德产生不利的影响，包括对人类和动植物的生命健康和环境造成严重损害，则各成员可以不授予专利。另外，对人类或动物的诊断、治疗和外科手术方法，除微生物外的植物和动物，以及除非生物和微生物外的生产植物和动物的主要生物方法，也可不授予专利权。但植物新品种应受到专利或其他制度的保护。各成员的法律可以允许未经权利所有人授权即可使用一项专利，包括政府使用或政府授权其他人使用（即强制许可、非自愿许可），但必须有严格的条件，并受到严格的限制。例如，授权应一事一议；只有此前在合理时间内以合理商业条件要求授权而未成功，才可申请强制许可；授权应给予适当的报酬。专利保护期不少于20年。

（6）集成电路布图设计。应按照《集成电路知识产权条约》对集成电路布图设计提供保护。各成员应禁止未经权利持有人许可的下列行为：以商业目的进口、销售或以其他方式发行受保护的布图设计；以商业目的进口、销售或以其他方式发行含有受保护的布图设计的集成电路；或以商业目的进口、销售或以其他方式发行含有上述集成电路的物品。保护期为10年，从注册或首次付诸商业利用起计算。

（7）对未披露的信息的保护。未披露过的信息属于秘密，并非通常从事有关该信息工作之领域的人们所普遍了解或容易获得；具有商业价值；为保密已采取合理措施。合法控制该信息的人有权防止他人未经许可而以违背诚实商业行为的方式，披露、获得或使用该信息。违背诚实商业行为的方式是指违反合同、违背信任，以及第三方明知或因严重疏忽未知其信息的获得是以这种方式实现的。为获得药品或农药的营销许可而向政府提交的机密数据也应受到保护，以防止不公平的商业利用。

（8）对协议许可中限制竞争行为的控制。国际技术转让中的限制竞争行为，如独占性返授（即技术的转让方要求受让方将其改进的技术的使用权只授予转让方，而不得转让给第三方），禁止对有关知识产权的有效性提出异议或强迫性的一揽子许可（即技术的转让方强迫受让方同时接受几项专利技术或非专利技术），可能对贸易具有消极影响，并可能阻碍技术的转让与传播。各成员可采取适当措施防止或控制这些行为。有关成员还可就正在进行的限制竞争行为和诉讼进行磋商，以在控制这些行为方面进行有效的合作。

五、中国知识产权法律保护的现状及其完善

（一）中国知识产权法律保护的现状与进步

1. 知识产权法律制度建设不断完善

中国的知识产权制度伴随改革开放建立和发展起来。1980 年，国家知识产权局的前身中国专利局成立。同年 6 月，中国加入世界知识产权组织，成为该组织第 90 个成员国，《建立世界知识产权组织公约》对中国生效，中国知识产权事业开始快速、蓬勃发展。

中国自 20 世纪 80 年代以来，颁布实施了《中华人民共和国商标法》《中华人民共和国专利法》《中华人民共和国著作权法》《中华人民共和国反不正当竞争法》《中华人民共和国知识产权海关保护条例》《集成电路布图设计保护条例》《计算机软件保护条例》《音像制品管理条例》等一系列以知识产权保护为主要内容的法律法规，对知识产权的保护实践也不断有新的进展。

2001 年加入世界贸易组织后，中国对相关的法律法规进行了全面修改，意图在立法精神、保护标准和救济手段等方面与 WTO 的 TRIMS（Agreement on Trade-Related Investment Measures，《与贸易有关的投资措施协议》）相符。中国加入了几乎所有主要的知识产权国际公约，包括《保护工业产权巴黎公约》《商标注册马德里协定》《保护文学和艺术品伯尔尼公约》《专利合作条约》等，建立起了门类较为齐全的知识产权法律法规，全面履行知识产权保护职责。

以 2008 年《国家知识产权战略纲要》的制定为标志，中国开始进行战略规划和整体推进，并陆续推行知识产权强国战略和创新驱动发展战略，知识产权保护进入顶层性、系统性、前瞻性和自觉性设计的新阶段。十八大以来，中国又相继出台了一系列知识产权方面的重要

文件。其中，习近平总书记主持召开中央全面深化改革领导小组会议，审议通过了《知识产权综合管理改革试点总体方案》《知识产权对外转让有关工作办法（试行）》《关于强化知识产权保护的意见》等。国务院出台了《深入实施国家知识产权战略行动计划（2014—2020年）》《新形势下加快知识产权强国建设的若干意见》《"十三五"国家知识产权保护和运用规划》，对我国进一步加强知识产权保护做出顶层设计与全面部署。

2. 知识产权执法保护力度不断提升

2004年，我国公布了"关于办理侵犯知识产权刑事案件具体应用法律若干问题的解释"，为此，在我国对知识产权的保护实施了行政保护和司法保护的"双轨制"。法院可以根据诉讼类型的不同，对当事人给予行政、民事乃至刑事三种不同的救济形式。同时，我国的知识产权保护工作重点也逐渐由立法转向执法方面。从2004年9月到2005年8月，我国在全国范围内组织开展了为期一年的保护知识产权专项行动，对各类假冒商标、侵犯专利等犯罪活动展开了严厉的打击。2006年4月1日在上海闭幕的中国知识产权刑事保护论坛上，中国与世界知识产权组织、美国、加拿大、澳大利亚、法国、德国等组织和国家的有关执法机构一致通过了《上海宣言》，加强国际合作共同打击侵犯知识产权的犯罪行为。2014年8月31日，全国人大常委会决定，在北京、上海和广州三个城市建立知识产权法院，按国际惯例处理知识产权纠纷问题。行政执法方面，2013~2018年，查处专利侵权假冒案件26.9万件，商标侵权假冒案件20.1万件。司法保护方面，国家专门成立最高人民法院知识产权庭，负责审理专利等专业技术性较强的知识产权民事和行政上诉案件。2018年全国法院新收知识产权一审案件达到20多万件。

3. 知识产权创造取得显著成绩

2017年，我国专利已相继实现了两个100万件的重大突破：一是年发明专利申请量突破了100万件；二是有效发明专利拥有量突破100万件，我国已成为一个名副其实的知识产权大国。2018年7月，中国国务院新闻办公室发表《中国与世界贸易组织》白皮书，其中数据显示，从2001年起，中国对外支付知识产权费年均增长17%，2017年达到286亿美元。世界知识产权组织年度报告《2020世界知识产权指标》显示，中国经济长期增长持续推动全球知识产权事业显著发展，2019年中国继续在世界知识产权领域发挥引领作用并做出了巨大贡献，在专利、商标与工业品外观设计等大多数领域继续位居世界第一。世界银行发布的《2020年营商环境报告》显示，中国营商环境在全球的排名从2017年的第78位大幅跃升至第31位，连续两年进入全球营商环境改善幅度最大的十大经济体。世界知识产权组织发布的《2020年全球创新指数》报告显示，中国名列第14位，排名从2013年至2020年提升了21位，是全球创新指数前30位中唯一的中等收入经济体。这些情况都表明当前中国知识产权法制建设整体发展趋势是好的，在立法、执法、司法、专利申请、商标保护等方面，都取得了较大的成绩。随着知识经济时代的到来，它建立和完善了一整套的知识产权法的保护体系，而且极力推动世界范围内的知识产权保护。

（二）中国知识产权法律保护工作中存在的问题

我国的知识产权法律保护中存在的问题主要表现在以下几个方面：

（1）我国知识产权立法上存在较为严重的分散、冲突和缺乏统一性的问题。这是由于各部法律实施的时间不同，所以它们在司法和行政保护的范围及力度上存在差异，这主要表现在“专利法”、“商标法”和“著作权法”等知识产权法律制度方面。著作权、专利权、商标权“三权合一”改革虽取得一定成就，但依然残留大量问题，如政策法规不衔接、行政执法不透明、司法审判不专业，亟待完善。

（2）我国知识产权立法上存在滞后现象。近年来随着知识和信息量的增加及高新技术的不断涌现，我国现有的知识产权保护体系不足以应对这类新兴技术的发展需求。尤其是微型芯片这类高新技术的保护方面，尚未形成完整、系统和更高位阶的立法，缺乏对技术创新的有效激励机制，在保护力度与方式等方面都难以满足科技创新对法律制度的需求。此外，通过网络侵害商业秘密、侵犯版权等问题，国外均有立法，我国则出现法律的真空地带。

（3）在知识产权保护执法效果方面不够理想，主要是对知识产权的侵权行为打击力度不够，对受害人的救济措施不完善。此外，我国现行知识产权保护制度处在一种条块分割的管理体制下，主管机构的多元化直接导致了执法效率和相互协调性的缺乏。

（4）在如何结合知识产权保护法和反垄断法，达到激发竞争，提高资源配置效率，推动科技创新和保护消费者利益的终极目标方面，还缺乏一个科学合理的利益衡量标准。因为只有既保护知识产权人的利益，又考虑社会公众的利益要求，才能真正促进知识产权的创新与传播，推进经济的发展与科技的进步。2015 年 4 月，国家工商总局公布了我国首部知识产权滥用方面的反垄断规定，即《关于禁止滥用知识产权排除、限制竞争行为的规定》，但适用范围较窄，可操作性方面也有待提升。

（三）中国知识产权法律保护还需要继续完善

面对上述问题和全球知识产权保护的发展趋势，为实现建设创新型国家的战略目标，我国要建立起完善的现代化知识产权保护法律制度，要做好以下几方面工作：

（1）更新观念，加大对科技创新和知识产权保护的投入，加强培训组织指导、专业人才队伍建设、知识产权保护教育，尽快培养一批高素质、现代化的知识产权法律保护执法队伍。这是知识产权法律制度建设的关键一环。

（2）健全法律、法规，进一步扩大现有的知识产权保护范围，深化权利的保护内容。要健全大数据、人工智能、基因技术等新领域新业态知识产权保护制度，及时研究制定传统文化、传统知识等领域保护办法。将现代知识产权的保护范围从传统的专利、商标、版权扩大到计算机软件、集成电路、商业秘密、生物技术等对象。统筹推进专利法、商标法、著作权法、反垄断法、科学技术进步法等修订工作，增强法律之间的一致性。

（3）加强对民众和企业的知识产权保护意识的宣传。要加强知识产权保护宣传教育，增强全社会尊重和保护知识产权的意识。这是整个知识产权保护得以实现的社会基础。只有广大民众彻底改变了漠视侵权的行为，企业真正重视了专利、发明的申请，知识产权的法律制度才能产生深远的影响。提升企业知识产权保护意识，引导企业成立知识产权专门管理机构，在定期维护各类型知识产权基础上，了解跟进国际知识产权动态、参与企业决策。

（4）加大对侵权行为的法律制裁力度。一方面，实行知识产权侵权惩罚性赔偿制度，大幅提高侵权法定赔偿额上限，加大损害赔偿力度，激励和保护科技创新。另一方面，完善刑事法律和司法解释，加大刑事打击力度。此外，加大行政执法力度，提升行政执法效能，开展关键领域、重点环节、重点群体行政执法专项行动。

（5）面对国际竞争，积极推动知识产权保护国际合作。随着知识经济浪潮的不断扩展，我们还应尽快修订国内的相关知识产权法律法规，以应对日益增大的国际压力，其中包括美国的"特别 301 条款"和"337 条款"，欧盟的"欧盟条例"等等。我们应当主动加入国际研究的行列，让更多的人看到我们的成就和诚意，并希望能逐渐改变知识产权保护国际化进程中的被动状态。积极参与各个层面的知识产权国际合作交流，在世界知识产权组织框架下，积极推动建立开放包容、平衡有效的知识产权国际规则。深化共建"一带一路"知识产权合作新机制、新模式，全面落实《区域全面经济伙伴关系协定》知识产权章节。

重要术语

国际技术贸易	专利	商标	商标权	许可证贸易
独占许可	普通许可	排他许可	从属许可	互换许可
特许专营	技术服务	国际合作生产	国际合作开发	国际工程承包
BOT	知识产权	工业产权	著作权	TRIPS 协议

▶ 重要术语解释请扫描右侧二维码

授课录像

第十四章精彩视频请扫描二维码

客观测验题

客观测验题及答案请扫描二维码

复习题

1. 什么是国际技术贸易？其包括哪些内容？
2. 国际技术贸易区别于国际商品贸易的特点有哪些？
3. 国际技术贸易有哪些类型和方式？
4. 简述专有技术与专利的联系与区别。
5. 许可证贸易按授权的范围分为几种？其区别是什么？
6. 什么是知识产权？知识产权有什么特征？
7. 有关知识产权保护的国际公约有哪些？
8. 我国知识产权保护现状及应采取的措施。

第十五章 国际产业内贸易

导读

2020年11月RCEP正式签署标志着全球最大自由贸易区的建立，伴随贸易自由化与区域经济一体化的发展，国际分工与贸易模式发展呈现出了诸多新趋势。自20世纪60年代以来，产业内贸易作为新的贸易模式迅速发展。本章介绍了产业内贸易的类型、基本特征及度量方法，分析了产业间贸易与产业内贸易的差异，在此基础上系统阐述了影响产业内贸易发展的国家特征因素与产业特征因素。影响产业内贸易水平的国家特征因素主要包括各国经济发展水平、市场容量、地理区位和一体化程度，影响产业内贸易水平的产业特征因素则主要包括各产业中的产品差异化程度、规模经济、进入壁垒及国际直接投资的类型等。在此分析的基础上，本章进一步探讨了产业内贸易的经济效应及不同类型国家间的产业内贸易发展状况。

本章学习重点

1. 产业内贸易的基本类型及度量方法
2. 影响产业内贸易发展的国家特征因素
3. 影响产业内贸易发展的产业特征因素
4. 产业内贸易的经济效应

本章教学要求

◀ 请扫描左侧二维码

第一节　产业内贸易的基本分类与主要特征

关于产业内贸易的研究最早可以追溯到20世纪60年代，Balassa、Kojima、Grubel等在分析产业内贸易这种新型货物贸易模式的基础上，提出了产业内分工专业化以及在多产出的产业中存在两种国际贸易模式的革命性发现。然而，对于产业内贸易的系统性研究则始于20世纪70年代中期，主要代表人物有Grubel、Lloyd、Dixit和Lancaster等。近年来，Greenaway等对垂直型与水平型产业内贸易的分类及其影响因素进行了分析，Azhar等在衡量产业内贸易规模的综合动态度量指标方面做出了进一步的研究，Sichei等对南非国家与美国服务部门产业内贸易的决定因素进行了研究，程大中分析了中美服务部门的产业内贸易及其影响因素，蓝庆新等则对中国与东盟之间产业内贸易发展进行了分析，此外，国内部分学者对"一带一路"沿线国家产业内分工与贸易水平进行了分析。

一、产业内贸易与产业间贸易

事实上，出现产业内贸易现象的研究纯属偶然。Verdoorn在研究"荷比卢经济同盟"集团内贸易模式变化时，发现经济同盟建立后区内同类产品跨国流动明显增多，并且伴随区内贸易的发展，出现了产品高度差异化和产业内分工专业化的趋势。

因此，根据国际分工专业化的不同特征，可以将国际贸易模式分为两大类，即产业间贸易和产业内贸易。产业间贸易（inter-industry trade），是指各国之间以不同产业所生产的产品进行交换，如印度向美国出口服装产品，同时从美国进口高档轿车的现象。产业间贸易主要表现为同一产业产品的跨国单向流动，因此又被称为单向贸易（one-way trade）。产业内贸易（intra-industry trade）则是指各国之间彼此交换同一产业部门所生产的产品，即一个国家的对外贸易中同时存在进口和出口同类产品变体的行为，也有人称之为双向贸易（two-way trade）或贸易重叠（trade overlap）、交叉贸易。例如，日本向美国出口丰田普瑞斯轿车，同时又从美国进口福特Probe轿车的现象。

李嘉图的比较优势理论认为，各个国家都有自己的相对优势和相对劣势。有些国家的优势表现在技术密集型产业或资本密集型产业上，有些国家的优势则表现在土地密集型产业或劳动密集型产业上。因此，传统的比较优势理论主要研究各国之间在"先天"优势基础上展开的产业间分工专业化与贸易。各国在对外贸易中必然是出口其生产中拥有相对优势的产品而进口其生产中处于相对劣势的产品，也就是说，贸易国进口和出口的是国内不同生产部门所生产的产品，即各国从事的是一种产业间的国际贸易。

近半个世纪以来，人们在对现代国际贸易状况进行调查和统计中发现，发达国家之间的工业制成品贸易在整个国际贸易中所占比重越来越大，已占世界贸易总额的一半以上。并且在这类贸易中，一个国家出口和进口同类产品的情况比比皆是，如美国与日本之间的汽车双向贸易等。同样，近年来，随着东亚新兴经济体的迅速崛起，发展中国家与发达国家之间产品双向流动的规模也在不断扩大，如中国与日本之间电子印刷线路的双向贸易等。对这种产业内贸易产生的原因应做何解释呢？传统的国际贸易理论难以对此做出合理的解答，于是以Krugman、Helpman等为代表的产业内贸易理论应运而生。

二、产业内贸易分类及其划分方法

自20世纪60年代以来，国际产业内贸易迅速发展，其形式也日趋多样化，这里从不同的角度将其主要分类介绍如下。

（一）按照经济发展水平划分

从经济发展水平的角度可以将其划分为经济发展水平相近国家或经济体之间的产业内贸易和经济发展水平不同国家或经济体之间的产业内贸易。最初，引起人们注意与研究兴趣的主要是经济发展水平相近的工业化国家之间的产业内贸易，其中最典型的案例要数美国加拿大汽车产业内贸易。随着北美自由贸易区的建立，美国与加拿大之间的汽车产业内分工专业化日益深化，基于规模经济效应的汽车产业内贸易规模不断扩大。然而，近年来，伴随着发展中国家经济的持续高增长，尤其是东亚部分新兴经济体的迅速崛起，工业化国家与发展中国家之间的产业内分工专业化与产业内贸易也在不断发展。这里，最典型的案例是中国与日本之间规模不断扩大的电子印刷线路产业内贸易。

（二）按照产品的最终用途划分

从产品最终用途的角度可以划分为资本品的产业内贸易和消费品的产业内贸易。国际市场竞争日益加剧，为了获取和保持国际竞争力，企业用于技术创新方面的投入不断增加，用于生产的资本品功能的差异化有力地推动资本品产业内贸易的发展。与此同时，伴随收入水平的不断提高，进入消费领域的产品差异化发展和消费者需求的多样化则促使消费品产业内贸易规模不断扩大。

（三）按照三次产业划分

从三次产业的角度可以划分为农产品的产业内贸易、工业制成品的产业内贸易和服务的产业内贸易。农产品的产业内贸易主要集中在食品加工业领域，如欧盟加工类农产品贸易就是以产业内贸易模式为主。事实上，迄今为止国内外对于产业内贸易的经验分析主要集中在工业制成品产业内贸易领域，不完全竞争、规模经济及产品的差异化是工业制成品产业内贸易发展的主要动因。近年来，随着服务业在三次产业中所占比重的不断提高与服务贸易的发展，服务的产业内贸易规模也在相应扩大。

（四）按照产品加工程度划分

从产品加工程度的角度可以划分为初级产品的产业内贸易、中间产品的产业内贸易及制成品的产业内贸易。最初，由于气候差异各国在水果、蔬菜等初级产品的供求方面具有一定的时间差异，从而产生了未经加工或经简单加工的新鲜易腐水果和蔬菜等部分初级产品的产业内贸易。第二次世界大战以后，跨国公司全球化生产体系的构筑与公司内贸易的发展则大大推动了运输设备等领域中间产品产业内贸易的发展，最典型的案例就是近几十年来丰田等汽车制造商全球化生产体系的成功构筑，有效地推动了汽车零部件产业内贸易的发展。尽管如此，基于规模经济与产品差异化的工业制成品产业内贸易始终占有较大的比重。

（五）按照参加贸易主体划分

从参加贸易主体的角度可以划分为公司内部的产业内贸易和公司外部的产业内贸易。20世纪 70 年代以来，各国关税壁垒的大幅削减与各种非关税壁垒措施的取消促使跨国公司快速发展，交易费用的降低使得跨国公司纷纷在全球范围内构筑其一体化的生产体系，优化资源配置，降低成本，提升竞争力。因此，三分之一左右的国际贸易是在跨国公司内部，子公司和子公司、子公司和母公司之间进行的。跨国公司内部的产业内贸易通常是以降低成本为目的的中间产品产业内贸易为主。

（六）按照产品差异性划分

从产品差异性的角度可以将产业内贸易划分为同质产品的产业内贸易和异质产品的产业内贸易。Krugman、Brander 等学者引入相互倾销模型从理论上解释了完全无差异的同质产品产业内贸易现象存在的可能性。然而，现实生活中，人们更多接触到的是各国之间差异化产品的产业内贸易，即异质产品的产业内贸易。异质产品的产业内贸易又可以进一步细分为垂直差异化产品的产业内贸易和水平差异化产品的产业内贸易。垂直差异化产品的产业内贸易，又称垂直型产业内贸易（vertical intra-industry trade，VIIT），是指同一产品组中品质、价格及技术要素投入存在显著差异的产品之间的贸易。水平差异化产品的产业内贸易，又称水平型产业内贸易（horizontal intra-industry trade，HIIT）是指同一产品组中品牌、造型和色彩等方面存在差异，但是品质、技术要素投入及价格相似的产品之间的贸易。Fontagné 等在对 1980~1999 年欧洲贸易模式进行研究时指出不同品质产品变体之间的产业内贸易份额迅速上升，并且是欧洲区内贸易最重要的形式。

三、产业内贸易的主要特征

对于产业内贸易，不同的学者给出了不同的定义，至今学术界尚未形成完全一致的看法。Finger、Falvey 认为产业内贸易是“一国同一产品组的产品存在同时进出口的活动”；Greenaway、Grimwade 将它定义为“同一产业内产品的进出口”。这些关于产业内贸易的定义难免会使人觉得过于笼统和模糊，以至于有些人认为产业内贸易只不过是统计口径过粗而导致的一种“人为的统计假象”。因此，掌握产业内贸易的特点与客观评价标准十分必要。迄今为止，被人们广泛接受与使用的仍是由 Grubel 和 Lloyd 在 1975 年提出的产业内贸易的定义与界定标准。他们认为，判断产业内贸易的标准是消费的可替代性和生产中投入要求的相似性。也就是说，同一产品组的产品应当具备以下特征：生产要素投入的相似性或产品用途的可替代性（即具有较高的需求替代弹性）。因此，以不完全竞争为前提，用生产的可替代性、消费的可替代性或相似的技术密集度来描述产业内贸易的特征，即同一产业内具有较高消费可替代性、生产可替代性或相似技术密集度的产品同时存在进出口双向流动，更为恰当。

（一）消费可替代性

通常来说，在研究消费品产业内贸易时往往使用消费的可替代性标准，也就是说，在满足消费者相同的需求方面具有较高消费可替代性的变体之间的双向流动。以家具制造业(《国际标准产业分类》中分类号为 ISIC3610/Rev.3）为例，家具制造业中具有相同用途的家具的原料可能大相径庭，与其对应的《国民经济行业分类》（GB/T4754-2017）中则为家具制造业（GB21），具体又可以进一步划分为木质家具制造（GB2110）、竹、藤家具制造（GB2120）、金属家具制造（GB2130）、塑料家具制造（GB2140）及其他家具制造（GB2190）。例如，椅子包括藤制的、木制的、塑料的、钢制的等，尽管制造过程中使用的原料不同，但是这些不同的产品变体具有相同的用途，可以满足消费者相同的需求，因此此类产品变体之间的双向流动属于产业内贸易的范畴。

（二）生产可替代性

生产的可替代性标准更多地用于中间产品产业内贸易的研究中。例如，不论是大宇在韩国本土生产的船用发动机还是 STX 在中国大连制造的船用发动机，在使用方面都具有较高的可替代性，因此两者在中韩两国之间的跨国流动属于产业内贸易的范畴。

事实上，生产的可替代性与消费的可替代性两个划分依据之间存在交叉，同时有时也存在相互矛盾之处，因此，在具体的统计中，对于中间产品和零部件的贸易人们更多地倾向于使用生产可替代性作为判断依据，而对于消费品，则使用消费可替代性作为判断依据。

（三）相似的技术密集度

该界定标准主要适用于化学产品的国际贸易研究[①]。主要是指使用相同或相似生产技术，或者具有相同或相似成分的产品变体之间的双向流动。典型的例子就是中国和韩国之间化肥的双向流动。

四、产业内贸易水平的度量方法

由 Grubel 和 Lloyd 提出的产业内贸易水平度量指标是迄今为止最为广泛使用的度量指标，与其他指标相比，它更多地被用来解释贸易模式与比较优势，其表达式具体包括：

某一特定产品组（B）的产业内贸易指数（B_i）的表达式为

$$B_i=\frac{(X_i+M_i)-\left|X_i-M_i\right|}{X_i+M_i}\times 100\% \tag{15-1}$$

其中，X_i 和 M_i 表示 i 产品组的出口额和进口额。

一般来说，B_i 指数越大，则该产品组的产业内贸易比重就越大；B_i 指数趋于上升，则表明产业内贸易所占比重上升。产业内贸易指数大于 50%，则认为该产品的贸易模式是以产业内贸易为主要形式，反之则是以产业间贸易为主。

在给定的分类汇总水平上，考察一国跨产业（或者跨由 SITC 划分的产品组）产业内贸易的平均水平时，则要将各产业或产品组的贸易额在贸易总额中所占比重作为权重进行计算，即

$$\mathrm{IITB}=\frac{\sum_{i=1}^{n}B_i(X_i+M_i)}{\sum_{i=1}^{n}(X_i+M_i)}\times 100\% \tag{15-2}$$

这里，需要注意的是，度量产业内贸易水平时，对于产业或产品组的定义范围大小将直接影响产业内贸易指数的大小。通常来说，对于产业定义的范围越大，产业内贸易指数就越大，因此，使用时需要特别谨慎。在对各国产业内贸易发展的经验分析中，关于产业内贸易分类汇总与产品组的划分依据方面，结合生产可替代性与消费可替代性特征，经验研究中一般是用 SITC 在被选定的汇总水平上的统计数据来计算产业内贸易水平[②]。SITC 将所有贸易商品划分为十个部门，根据商品的生产替代和消费替代关系的紧密程度依次划分为四个层次，即章、组、分组和项目，划分层次越高，对产品的分类就越具体，同一代码内产品的相互替代性越高或者相互关系就越密切。尽管在经验研究中 SITC 二位数层次、三位数层次、四位数层次甚至更细的分类方法都被使用过，大多数经验研究更倾向于使用

① 国际贸易商品标准分类（SITC5），即按照化学成分划分的商品。

② 在估计时其他的分类方法还有国际标准产业分类（the International Standard Industrial Classification，ISIC）等。

SITC 三位数层次上的分类作为产品组的划分依据来度量产业内贸易的水平，在估计中使用更详细的分类体系是不必要的，因为太详细的分类体系会将那些在生产中具有良好替代性的产品分开。

进一步具体来说，随着东亚新兴经济体的迅速崛起，发展中国家与发达国家之间的垂直型产业内分工专业化与贸易规模不断扩大。越来越多的人开始关注与研究发展中国家产业内贸易的发展及其特征。20 世纪 80 年代初 Falvey 等开始探讨基于产品质量的垂直型产业内贸易，Greenaway、Hine 和 Milner 则在其基础上将产业内贸易进一步细分为垂直型和水平型产业内贸易，并提出划分水平型产业内贸易与垂直型产品产业内贸易边界的方法，即 GHM（Greenaway-Hine-Milner）测度方法，该度量方法至今广为运用。其具体划分方法可以表示为：

当$1-\alpha \leqslant \frac{UV_x}{UV_m} \leqslant 1+\alpha$时，属于水平型产业内贸易；

当$\frac{UV_x}{UV_m} < 1-\alpha$或$\frac{UV_x}{UV_m} > 1+\alpha$时，属于垂直型产业内贸易。

其中，UV_x、UV_m分别表示贸易产品的单位出口价值和单位进口价值，经验研究中通常是根据贸易产品的单位出口价格 P_x（F.O.B.，离岸价格）和单位进口价格 P_m（C.I.F.，到岸价格），并考虑运费和保费，折算得出；α 为离散因子，通常取值为 0.15 或 0.25，当取 α=0.25 时，如果$0.75 \leqslant \frac{P_x}{P_m} \leqslant 1.25$，就将其视为水平型产业内贸易；如果$0 < \frac{P_x}{P_m} < 0.75$或$\frac{P_x}{P_m} > 1.25$，就将其视为垂直型产业内贸易，进出口价格之比趋于上升则认为垂直型产业内贸易趋势增强，反之则为减弱。近年来，随着数据可获得性的增强，对于企业层面和产品层面的研究已成为国际贸易研究的前沿领域。Azhar 和 Elliott 提出了衡量产业内贸易水平的动态综合度量指标，即边际产品质量指数（MPQ 指数），可以用来度量相应的贸易产品质量变化。

第二节 产业内贸易的影响因素

总体来说，影响产业内贸易的因素可分为两大类，一类是代表国家特征的因素，另一类则是代表产业特征的因素。影响产业内贸易水平的国家特征因素主要包括各国经济发展水平、市场容量、地理区位和一体化程度等，影响产业内贸易水平的产业特征因素则主要包括各产业中的产品差异化程度、规模经济、进入壁垒及国际直接投资的类型等。

一、影响产业内贸易的国家特征因素

国家特征因素主要包括经济发展水平、市场容量、地理距离、经济一体化及贸易壁垒等。

（一）经济发展水平

通常来说，随着经济发展和工业化程度的提高，国际产业内分工与贸易的水平也在不断提高。一国经济发展水平与工业化程度越高，产业内贸易发展相应也越快。北美、欧盟等工业化程度高的地区，产业内贸易水平明显高于南美、南亚等地区。就消费者需求结构方面来说，收入水平越高，消费者的多样化需求倾向越明显，多样化需求倾向促使产品差异化生产的发展与产业内专业化程度的加深。大部分经验研究都发现尽管样本、汇总水平和估计方法不同，收入水平和工业化阶段相似性都有利于促进产业内贸易的发展。Balassa 的检验结果表明人均国内生产总值与产业内贸易水平之间都呈显著正相关关系。Forstner 等以 47 个国家的 90 个产业为样本考察国家特征因素对产业内贸易的影响时，发现国家相似性与产业内贸易高度正相关。Hummels 等引入资本/劳动比和土地/劳动力比变量，对 1962~1983 年经合组织国家进行经验分析，结果与前人基本一致，当用资本/劳动比绝对值差异和土地/劳动比绝对值差异替代人均国内生产总值差异进行回归时，土地/劳动比绝对值差异与产业内贸易水平显著负相关。表 15-1 是部分国家制成品贸易中产业内贸易所占比重。

表 15-1　部分国家制成品贸易中产业内贸易所占比重

国家	1988~1991 年	1996~2000 年	国家	1988~1991 年	1996~2000 年
法国	75.9%	77.5%	日本	37.6%	47.6%
加拿大	73.5%	76.2%	韩国	41.4%	57.5%
英国	70.1%	73.7%	墨西哥	62.5%	73.4%
德国	67.1%	72.0%	土耳其	36.7%	40.0%
美国	63.5%	68.5%	匈牙利	54.9%	72.1%
瑞士	69.8%	72.0%	西班牙	68.2%	71.2%

资料来源：OECD.“Intra-Industry Trade”. Economic Outlook（Paris：OECD，June 2002），159-163

（二）国家规模与市场容量

这里的国家规模与市场容量主要指经济方面的规模大小，可以用一国国内生产总值的大小来表示。通常来说，国内生产总值大的国家的产业内贸易水平往往高于国内生产总值总额较小的国家。在产业内分工专业化与贸易中，大的实际与潜在市场容量更易于使企业在满足国内需求的生产过程中实现规模经济效应，降低成本，获取价格竞争力，为进行产业内贸易创造条件。Helpman 对 1970~1981 年 12 年间 14 个工业化国家进行检验的结果表明，国内生产总值总额与产业内贸易水平之间都呈正相关关系。

（三）运输成本与地理特征

地理区位及由地理区位所决定的运输成本是影响国际贸易规模与贸易流向的重要因

素。通常来说，两国之间距离越近，运输成本越低，两国之间开展贸易的可能性就越大。相对于产业间贸易而言，产业内贸易中同类产品不同变体之间的价格差异要小于完全不同产品之间的价格差异。因此，运输成本对价格差距小的变体之间的双向流动影响尤为显著，地理位置接近的国家之间开展产业内贸易的可能性相对更大。20 世纪五六十年代以来，欧共体成员国之间在汽车等产业领域中的产业内分工专业化与产业内贸易的迅速发展便是最好的例子。将地理距离远近作为国家特征引入进行验证时，多数检验结果表明地理距离远近与产业内贸易水平的高低负相关。Grubel 等指出市场的地理扩展取决于运输成本、资源的可获得性及消费者的空间分布，国家边界分割出了不同产品的生产集聚地，进而导致产业内贸易的出现。也就是说，当运输成本非常高时，虽然一国国内某地区可能是一种商品的生产地，这个国家也可能从相邻国家进口这种商品，也就是我们常说的边境交叉贸易。一般来说，水泥、砖和玻璃等运输成本在总成本中所占比重较大的建筑材料往往更容易出现这种边境交叉贸易。最初，这类边境交叉贸易也是导致产业内贸易现象出现的一个重要因素。加拿大西部的企业将牛肉出口到美国太平洋沿岸各州，同时，又从美国东部进口牛肉以供应加拿大东部的需求便是农产品产业内贸易的典型案例。除此之外，加拿大与美国之间在沙、石及砾石贸易，1953 年欧洲煤钢共同体成立以后成员国之间的钢铁贸易等，都属于这种情况。

此外，地理特征相近也是导致产业内贸易发生的重要因素。地理特征主要是指气候、地形等方面的自然特征。对于两个地理特征相近的国家来说，两国居民在生活方式及饮食、穿着方面的消费习惯比较接近，需求结构的重叠部分较大，进行产业内贸易的可能性就越大。例如，俄罗斯与中国北方的辽宁、黑龙江等地区气候寒冷，羽绒服、毛皮大衣等都是当地居民必不可少的穿着类服装，两国在该领域存在产品的双向流动。

（四）贸易壁垒

通常来说，关税及非关税壁垒的削减有利于促进产业内贸易的发展。对于消费者来说，与产业内贸易相关的同类产品不同变体之间的价格差距相对更小，消费者往往对具有一定可替代性的不同变体价格的变动更为敏感，价格的小幅调整可能会影响许多消费者的消费决策。可口可乐与百事可乐之间的价格竞争便是最典型的案例。因此，关税水平的变化对于产业内贸易的影响往往比产业间贸易更为明显，小幅的关税水平调整就对产业内贸易规模产生较大的影响。对于生产者来说亦是如此，零部件产品关税的降低往往可以有效地促进中间产品产业内贸易的发展，这也是近年来东亚地区诸多国家之间机电产品及运输设备中间产品产业内贸易水平迅速发展的重要原因之一。

（五）区域经济一体化程度

旨在实现区内成员国之间在货币、财政政策方面协调一致的区域经济一体化，通过促进商品与生产要素在区内的自由流动，有力地推动区域内产业内专业化的发展，提高域内产业内贸易水平。将区域经济一体化程度作为国家特征引入进行验证时，多数检验结果表明区域经济一体化程度高低与产业内贸易水平的高低正相关。荷比卢经济共同体的建立极大地促进了成员国之间同类产品变体产业内贸易的发展，欧共体成员国之间产业内分工专业化与贸易的发展都是最典型的例子。Fontagnè 等对 1980~1994 年欧共体（欧盟）成员国之间的贸易进行分析，经济一体化水平与垂直型产业内贸易及水平型产业内贸易水平显著正相关。同样，1994 年北美自由贸易区的建立进一步推动了美国与加拿大、墨西哥之间汽车产业内分工协作的深化。从发展中国家方面来看，亦是如此。东南亚国家联盟的建立同样促进了东盟国家之间的在运输设备领域的分工与协作，推动了东盟成员国之间产业内贸易水平的提高。1965~1980 年东盟国家之间的产业内贸易水平从 39.36%上升到 49.7%，但与其他发展中国家的产业内贸易水平则从 58.3%降低到 43.8%。2006 年中国-东盟自由贸易区的建立也大大促进了中国与东盟各成员国在农副产品加工、纺织服装及机电产品生产方面的产业内分工协作的发展。

二、影响产业内贸易的产业特征因素

产业特征因素主要包括产品差异化、规模经济、集中度等。经验分析结果表明，将国家特征因素和产业特征因素结合起来研究产业内贸易的决定因素时，模型整体解释能力增强。

（一）产品差异化

产品差异化的存在是产业内贸易产生的重要原因之一。不论是李嘉图的比较优势论还是俄林的资源禀赋论等传统贸易理论都假定产品市场和要素市场是完全竞争的，不同厂商生产的产品是同质的。然而，现实中，完全竞争的市场结构根本不存在，而完全相同的产品也非常少见，即使是品质完全相同的矿泉水，仅仅是冠以不同的商标也会在消费者心目中造成差异。例如，录像机，各国生产的录像机在功能、外形、质量等方面各不相同。又如，小汽车，美国生产的豪华而坚固，日本生产的实用而节能。各国不同阶层消费者的收入水平不同，购买和使用商品的喜好也不同，因而出现了一个国家既出口小汽车，又进口小汽车的产业内贸易现象。通常来说，产品的差异化程度越高，则这类产品的产业内贸易水平也就越高。在经验分析中，人们常常使用广告支出在销售额中所占比重、专业技术人员在总就业人员中所占比重、注册商标数量、研发支出水平及利润的标准差等指标来度量产品差异化程度，这些指标越高，产品差异化程度就越高，产业内贸易水平也就越高。Caves、Bergstrand、Balassa 以及 Farrell 等对于工业化国家的经验分析结果都证明了产品差异化有利于促进产业内贸易的发展。Hughes 对 1980~1987 年经合组织国家 68 个产业的数据进行检验，同样发现产品差异化、研发支出与产业内贸易水平显著正相关。近年来，发展中国家产业内贸易水平明显提高，在对南北贸易中产业内贸易的情况进行验证时，部分学者指出南北产业内贸易都同时具有垂直型产业内贸易和水平型产业内贸易的特征，产品品质差异与产业内贸易水平正相关。对美国与30个最大的发展中国家之间以及美国与发达国家之间产业内贸易决定因素的经验研究表明，南北产业内贸易中垂直产品差异化因素十分重要。

（二）规模经济

20世纪80年代初，以Krugman等为主的西方学者开始尝试从不完全竞争和规模经济的角度对产业内贸易现象进行理论解释。通常来说，不完全竞争市场上，多家企业生产差异化产品变体，对于每个企业来说，如果集中资源仅生产其中一种或少数几种产品变体，更易于通过扩大生产规模来实现规模经济效应，有效降低生产成本，提高产品的竞争力。因此，企业对于规模经济效应的追求促进了各国之间产业内分工专业化的发展。同时，各国之间出现了不同产品变体的双向流动，能更好地满足消费者多样化的需求。欧盟建立之前，欧洲汽车生产企业往往同时生产多种不同的汽车车型，因此，生产成本高，很难实现规模经济效应，价格也比美国同类车型价格高。欧盟建立以后，随着贸易壁垒的取消及生产要素自由流动的实现，区内成员国之间产业内分工协作不断深化，汽车生产企业集中资源仅生产一种或少数几种车型，实现规模经济效应，有效地提升了产品的竞争力。

（三）集中度

集中度是衡量市场结构的一个重要指标。集中度是指规模最大的前几个厂商的产量或销售额在该产业同期总产量或总销售额中所占的比重。因此，集中度又可以分为生产集中度和销售集中度。集中度越高，市场的垄断程度就越高。通常来说，集中度相对低的垄断竞争市场上，多家企业生产差异化产品变体，对于规模经济效益的追求有利于促进分工专业化和产业内贸易的发展。而集中度高的垄断或寡占市场上，仅有少数几家企业生产同种产品或少数几种变体，产品差异化程度相对低，不利于产业内贸易的发展。Toh使用1970年和1971年美国112个产业数据进行检验，发现集中度及用来表示国际寡占市场结构的美国出口份额变量与产业内贸易水平负相关。Hughes对1980~1987年经合组织国家68个产业的数据进行检验，发现集中度与产业内贸易水平基本显著负相关。

（四）跨国公司与国际直接投资

作为企业海外市场进入的两种重要途径，国际直接投资与国际贸易两者之间存在相互替代或相互促进的关系。国际直接投资对产业内贸易的影响也是如此。事实上，成本节约型国际直接投资通常有利于促进产业内贸易的发展。近年来，发展中国家产业内贸易的发展与成本节约型直接投资密切相关，跨国公司的离岸组装活动有力地促进了中间产品产业内贸易的发展。Greenaway 等对英国和其欧盟邻国之间的贸易进行了分析，发现水平差异化产品产业内贸易检验结果也与预期一致，跨国公司活动变量与其显著正相关。相反，市场寻求型的外商直接投资通常则对产业内贸易起替代作用。Caves 对 1970 年 13 个工业化国家 94 个产业的产业内贸易决定因素进行检验，发现外商直接投资与产业内贸易水平显著负相关，Balassa 等对 38 个国家 152 个产业制成品产业内贸易进行了经验分析，发现外商直接投资和国外附属机构贸易与产业内贸易水平显著负相关。2007 年以来，韩国对华直接投资由成本节约型逐步转向市场寻求型，这对中韩两国之间的产业内贸易水平产生了较大的影响。

第三节　产业内贸易的经济效应

这里首先分析产业内贸易的经济效应，然后，分别探讨工业化国家和发展中国家产业内贸易的发展状况。

一、产业内贸易的总体利益分析

与传统国际贸易理论不同的是，在分析产业内贸易开展的总体福利效应时，除了分析对消费者剩余和生产者剩余方面的影响，还要考虑分工专业化所导致的规模经济及可供选择的产品变体种类的多样化对于一国福利水平的影响。

从生产者的生产专业化角度来看，当两国之间开展分工专业化与贸易时，基于规模经济的产业内贸易使得每个厂商都集中资源仅生产一种或少数几种产品变体，随着生产规模的扩大和专业化程度的提高，厂商的生产效率提高，平均成本降低，可以获取规模经济效益。

对于消费者来说，根据产品变体品种多样化对消费者效用的不同影响，假定消费者存在变体偏好倾向，即消费者希望可供选择的产品变体种类越多越好。当收入不变时，随着产业内贸易的开展，可供选择的产品变体种类增多，消费者获得的满足程度增大。即使支出不变，由于可供选择的消费品种类增加，同时市场竞争加剧，消费者面临的产品实际价格降低，实际购买力上升，总体福利水平上升。与产业间贸易相比，产业内贸易中消费者对产品变体价格的变化更加敏感，产业内贸易中的价格竞争更为激烈，消费者可从价格竞争中获得一部分额外的价格收益，消费者福利的增幅更大。此外，由于同类产品不同变体之间价格差异相对较小，消费者往往对同质产品和产品变体价格变化的反应更为敏感，因此，单个厂商的需求曲线更富弹性，厂商之间存在激烈的竞争，有利于提高资源的使用效率。同时，国际市场的激烈竞争也有利于厂商加快对新产品变体的开发及对现有产品变体的改进，这些都有利于总体福利的改善。

二、产业内贸易与结构调整和收入再分配

大多数经验研究均表明，与产业间贸易相比，产业内贸易降低了结构调整的成本。与产业间分工专业化相比，由于产业内生产要素投入更为相似，产业内分工专业化、厂商在产业内进行调整和转产所引起的停产、失业的损失更少，调整产品变体生产的成本相对更低。就失业时间长度来说，劳动力在产业内部的调整比产业间的调整成本更低。这就是所谓的温和调整假说（smooth adjustment hypothesis），即由于在产业内部要素密集度相似，因此产业内部调整成本要比产业间调整成本低。例如，对于一个工人来说，从女装生产厂调到童装生产厂工作，其调整适应时期要比从服装厂调到汽车生产企业工作所需要的调整适应时期短得多，工资报酬方面的变化也相对要小得多。也就是说，与产业间专业化相比，产业内专业化对收入再分配的影响也相对较小。由于产业内的生产要素投入相似，与产业内专业化相关的调整所引起的要素在产业内不同部门之间的流动对要素相对价格影响较小。Haynes 等在对1975~1998 年英国企业层面和产业层面的工资报酬进行调查时，指出产业内的调整确实比产业间的调整对工人收入造成的负面影响小，产业内部的调整成本相对更小。Haynes 等对美英两国的产业内与产业间调整成本进行了比较研究，指出就失业时间长度来说，劳动力在产业内部的调整比产业间的调整成本更低。同样，进一步分析可知，与垂直型产业内贸易相关的调整成本通常要大于水平型产业内贸易。

三、产业内贸易与经济增长

对外贸易对于一国经济增长的贡献问题一直是人们十分关注的问题。斯密的绝对成本理论、李嘉图的比较成本理论及赫克歇尔、俄林的资源禀赋理论都只是研究一般的静态均衡，即国际贸易的静态利益。其中，斯密和李嘉图的古典贸易理论是在假定不存在规模经济和技术进步的基础上，分析各国生产率不同导致的产业间专业化分工与交换，以及由此带来的贸易利益。要素禀赋理论则假定各国要素禀赋不同、不存在规模经济和技术进步，要素供给比例不同导致了各国国内要素价格比例不同，各国国内要素价格比例不同则使得各国产品的相对生产成本也相应不同，各国产品相对价格的不同使得不同国家之间存在开展专业化分工与交换的可能性。这些理论都没有分析引入时间因素后，长期内国际贸易对经济增长的影响。

事实上，第二次世界大战以后，人们开始尝试引入技术创新、人力资本等因素来分析国际贸易发展对经济增长的促进作用。美国学者 Posner 的技术差距说及 Vernon 的产品生命周期理论等动态化贸易理论都强调了参与国际贸易，从中获取先进技术，缩小与工业化国家之间的技术差距，促进本国经济增长对于大部分发展中国家来说更为重要。Romer 的收益递增的长期增长模型，以及 Lucas 的专业化人力资本积累的长期增长模型等新增长理论，分别将知识资本和人力资本积累作为决定性投入要素，并将其内生化，认为其不仅自身收益递增，还可

以实现其他投入要素的收益递增，从而使经济增长动态化。从这个角度上可以将基于规模经济的产业内贸易与经济增长联系起来。技术进步可以使平均成本曲线向右下方移动，这会增强企业通过各国之间产业内分工专业化与贸易的开展来扩大生产规模、实现规模经济效益的动力。因此，技术创新有利于促进产业内贸易的发展，同时产业内贸易的发展和产业内分工专业化的实现又有助于企业规模经济效应的实现、增强对企业进行技术创新的激励，进而有助于促进经济的增长。也就是说，产业内贸易开展所带来的动态贸易利益要高于产业间贸易。

四、工业化国家之间的产业内贸易发展

经验研究表明，产业内贸易最初主要存在于工业化国家之间的贸易中。第二次世界大战以后，工业化国家之间的产业内贸易迅速发展。Hesse 考察了 1953~1970 年工业化国家[①]之间制造业产业内贸易模式及其发展趋势，指出尽管对产品分类进一步细分会导致产业内贸易指数下降，但是工业化国家之间的产业内贸易总体上仍保持了较高的水平，1969 年与 1962 年相比，有四分之三的产业内贸易指数上升了。Grubel 等对 1967 年 OECD 十个主要工业化经济体[②]不同产业的 163 种产品的产业内贸易水平进行了度量，发现每个产业都存在产业内贸易，产业内贸易在总货物贸易中所占比重达 50%；随时间的推移，十个经济体所有产业的产业内贸易指数的加权平均值也在不断上升[③]。Finger 等对 14 个主要的工业化国家 1961~1976 年的产业内贸易水平进行了估计，发现制成品产业内贸易水平迅速提高。

五、发展中国家与工业化国家之间以及发展中国家之间产业内贸易的发展

20 世纪 70 年代末，对于发展中国家与工业化国家之间产业内贸易的研究仍处于初级阶段，部分原因是无论在经验分析方面还是在理论研究方面，当时并没有引入国际直接投资与产业内贸易关系的分析。早期的理论通常认为产业内贸易，尤其是制成品的产业内贸易，更可能主要发生在收入水平相似的工业化国家之间。然而，值得注意的是，近期内发展中国家与发达国家之间、东亚地区发展中国家之间产业内贸易发展迅速。林德尔的需求偏好相似说中关于收入水平的理论和工业化阶段相似因素在解释发展中国家之间的产业内贸易时仍然是合理的。新要素比例理论中产品品质的垂直差异在解释发展中国家和工业化国家之间的产业内贸易时似乎更有意义。总体上来说，贸易障碍的减少、区域性集团的形成、国际直接投资及地缘优势等因素对于发展中国家之间产业内贸易发展的影响似乎更为明显。Balassa 对拉美自由贸易同盟、中美共同市场国家进行研究时发现，区域集团成员国之间的产业内贸易

① 考察的样本国家包括：加拿大、美国、英国、瑞典、丹麦、挪威、奥地利、德国、法国、意大利、比利时、卢森堡、荷兰和日本。

② 加拿大、美国、日本、荷比卢经济同盟、新西兰、德国、法国、意大利、英国和澳大利亚。

③ 1958 年为 0.36，1964 年为 0.42，1967 年为 0.48。

水平要高于与其他发达国家和发展中国家，他指出第二次世界大战后地区经济一体化趋势促进了发展中国家产业内贸易的发展。Roosens 分析了 1968~1975 年 23 个 OECD 国家（分别）与发展中国家（作为一个整体）之间的产业内贸易发展，发现 1975 年美国与发展中国家之间产业内贸易总水平最高，为 33.3%，其次是澳大利亚（28.7%）、新西兰（27.4%）、加拿大（25.8%）和日本（25.6%），最低的是冰岛（0.4%）、南斯拉夫（11.0%）和土耳其（12.4%）。Roosens 的数据表明，1970~1974 年，除了英国和瑞典之外，其他样本国家与发展中国家之间产业内贸易水平超过 50%的产品种类都有所增多。

此后，对于发展中国家与工业化国家之间产业内贸易发展的研究还扩展到欧共体与东盟、韩国和中国台湾之间的制成品贸易。Van 发现欧共体与东盟之间产业内贸易发展呈上升趋势。Dochez 也指出，尽管 1970 年在 SITC 三位数层次上，欧共体与韩国产业内贸易指数大于 50%的只有 10 种产品，但是到 1977 年翻了一倍。此外，他们都发现欧共体与上述国家之间制成品双边产业内贸易指数波动很大。尽管如此，在纸或纸板、建筑材料、金属制品、办公机械、加热设备、照明设施、光学仪器、塑料制品等产品中都存在较高水平的产业内贸易。

伴随着东亚经济的崛起，近 30 年来诸多学者对于东亚区内垂直分工与贸易模式展开了大量的研究。Fuka 等研究指出东亚区内存在明显的垂直型产业内分工与贸易模式，中韩之间在机电产品、汽车等产业领域亦是如此，直接投资促进了东亚区内垂直型产业内分工与贸易的发展。Ando 使用东亚国家的贸易数据对机械产品及其零部件贸易进行分析，指出东亚区内垂直型产业内贸易比重上升，产业间贸易比重下降。Hellvin 在考察中国的市场开放对产业内贸易的促进作用时，分析了中国与 OECD 成员国之间产业内贸易的决定因素，指出要素禀赋差异使得中国与 OECD 成员国之间主要为垂直型产业内贸易。中国出口低质量变体，同时从 OECD 成员国进口高质量的变体产品。而 OECD 成员国之间则主要为水平型产业内贸易。1980~1992 年，中国与 OECD 成员国之间的产业内贸易所占比重由 12%上升至 20%以上，其中，中日、中英双边贸易中产业内贸易所占比重最高，为 19%~20%。就贸易商品结构来说，在对中国与 OECD 成员国产业内贸易中 74%的贸易商品的进出口价格进行分析时发现，其中有 75%的产品中国的出口价要低于进口价；水平型产业内贸易在总的产业内贸易中只占 7%~14%。中国对 OECD 成员国出口产品中 60%以上是服装、玩具、运动产品及鞋履，生产这些产品的部门几乎不存在产业内贸易。蓝庆新等对中国与东盟之间产业内贸易的发展进行了分析。随着收入差距的缩小、国际直接投资转型及贸易投资便利化的发展，近年来，围绕中日韩产业内贸易的研究日益增多，萧琛等采用 GHM 方法对中韩制成品贸易进行研究，指出产业内贸易为双边贸易的主要模式。2015 年中韩自贸区的建立加快推进了中韩两国之间产业内分工与贸易的发展。2020 年 11 月东盟十国与中国、日本、韩国、澳大利亚及新西兰 15 个亚太国家正式签署了《区域全面经济伙伴关系协定》，这个全球最大的自贸区的建立将有助于促进区内的成员国之间产业内分工协作的深化与产业内贸易的发展。

重要术语

产业内贸易　产业间贸易　垂直型产业内贸易　水平型产业内贸易
贸易壁垒　水平型产业内分工　垂直型产业内分工　产品差异化
规模经济　集中度　国际直接投资　成本节约型直接投资
市场寻求型直接投资

▶ 重要术语解释请扫描右侧二维码

授课录像

第十五章精彩视频请扫描二维码

客观测验题

客观测验题及答案请扫描二维码

复习题

1. 简述产业内贸易的含义与基本分类。
2. 简述产业内贸易的基本特征。
3. 产业内贸易水平的常用度量方法是什么?
4. 影响产业内贸易的国家特征因素主要包括哪些?
5. 影响产业内贸易的产业特征因素主要包括哪些?
6. 请解释产业内贸易与结构调整之间的关系。

第十六章　中国的对外贸易

导 读

回看历史，中国的对外贸易有快速发展时期，也有回调挫折阶段，中国对外贸易发展的快慢深受对外贸易体制的约束。那么什么样的对外贸易体制有利于中国对外贸易发展？加入 WTO 后中国又做了哪些？中美贸易摩擦是怎么回事？本章主要介绍和分析中国对外贸易发展的概况与特点及对外贸易体制的建立与改革。

本章首先简要梳理中国对外贸贸易发展的历史，然后分析中国对外贸易体制演变的过程及规律，最后总结中国对外贸易发展的经验、教训。通过本章的学习，可以对中国的对外贸易有更深刻的了解，对中国对外贸易体制的变迁有更深入的认识。

本章学习重点

1. 中国对外贸易发展的简要历史
2. 中国对外贸易体制的演变及规律
3. 中国对外贸易发展的经验与教训
4. 逆全球化浪潮下中国对外贸易的应对之策

本章教学要求

◀ 请扫描左侧二维码

第一节 中国的对外贸易发展

中华人民共和国成立以来的对外贸易发展跌宕起伏。总体来看，1978 年之前受旧体制的限制，外贸发展相对迟缓，改革开放是第一个转折点，之后外贸发展较快。2001 年加入 WTO 是第二个转折点，中国的对外贸易获得了迅猛的增长，取得了举世瞩目的成绩。2012 年十八大是第三个转折点，中国进入全面开放阶段，2020 年是第四个转折点，中国进入了“双循环”的新发展格局阶段。

一、中国对外贸易发展历程

（一）第一阶段（1949~1978 年）：自力更生基础上的对外贸易时期

这一时期，按照“在自力更生的基础上发展对外贸易”的基本方针，采取进口替代的贸易保护主义政策，建立了由国家统一管理、以国营外贸企业为经营主体的对外贸易体制，总体采取较为封闭的内向型发展模式，与国际市场基本隔离。

这一时期的外贸发展成绩，可以总结为：纵向自我比较发展较快，横向国际比较地位下降，进出口结构逐步升级。

首先，从中国自身看，对外贸易取得了较大的发展成绩。进出口总额由 1950 年的 11.35 亿美元增长到 1978 年的 206.38 亿美元，约增长了 18.2 倍。到 1978 年，进口 108.93 亿美元，是 1950 年 5.83 亿美元的 18.7 倍，出口 97.45 亿美元，是 1950 年 5.5 亿美元的 17.7 倍。

其次，从世界来看，我国对外贸易发展速度相对落后，在国际上的排名下降。1950 年和 1978 年我国出口在全球占比分别为 0.89%和 0.76%，位次分别为第 29 位和第 31 位；同期进口占比分别为 0.91%和 0.82%，位次分别为第 27 位和第 29 位；进出口总额占比分别为 0.9%和 0.79%，位次由第 28 位降至第 29 位。如图 16-1 所示。

最后，从进出口商品结构看，结构逐步升级。1950 年我国出口产品中初级产品所占比重高达 57.5%，到 1978 年工业制成品在出口总额中的比重上升到 46.5%，其中主要是轻工产品。1950~1978 年，生产资料在进口总额中所占比例达到 80.37%。20 世纪 50 年代，进口以国民经济急需的设备物资为主，消费资料进口很少。60 年代，除进口机械设备和原材料外，还增加了满足人民生活需要的粮食。70 年代，进口商品中增加了成套设备和技术，同时适当进口了适应人民生活和发展农业、轻纺工业生产需要的小麦、食糖、化肥、农药、化纤、毛条、电视机、录音机等。

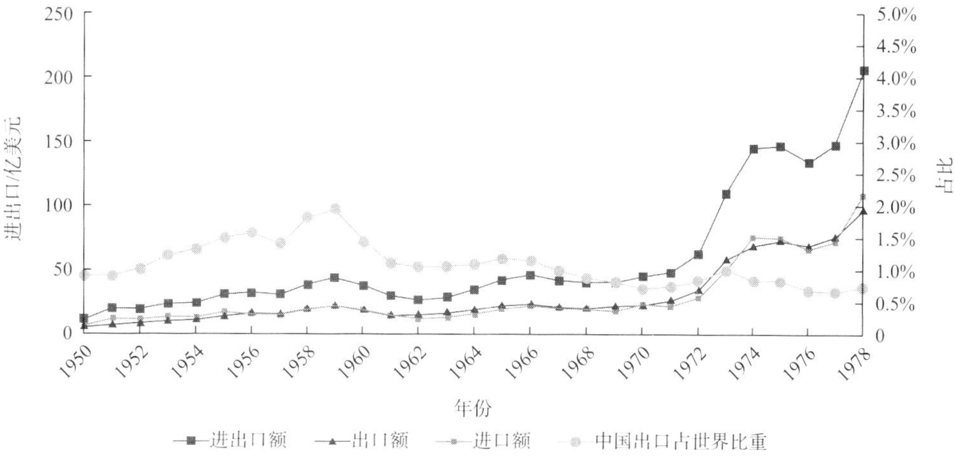

图 16-1　1950~1978 年中国进出口及世界占比

资料来源：《中国对外经济贸易年鉴（1984）》，中国对外经济贸易出版社，1985

（二）第二阶段（1978~2001 年）：全面开放的“大经贸”时期

以 1978 年改革开放为起点，中国进入了以建立经济特区和制定优惠的外资政策为主要内容的有限开放时期，对外贸易战略也相应调整为“进口替代+出口导向”。1992 年邓小平视察南方谈话以后，从外贸经营权有限下放到外贸经营承包责任制等多项改革举措全面推行，并随着市场经济的不断深入而完善，中国进入全面开放的“大经贸”时期。以符合社会主义市场经济体制要求和国际规范为主要内容的外经贸体制的确立，使中国的外经贸体制改革发生了突破性的重大变革。

与政策的放开同步，中国对外贸易开始快速增长。1986 年出口额突破百亿美元，是 1978 年的 6.4 倍。1990 年中国进出口总额 1 154.36 亿美元，占世界贸易的比重为 1.65%，位次从 1978 年的第 29 位上升至第 13 位。进而由 1991 年的 1 357.01 亿美元激增至 2001 年的 5 096.51 亿美元，占全球贸易比重达 4.02%，位次升至第 6 位。

这一阶段货物贸易的结构也持续优化，工业制成品和加工贸易开始成为中国首要的出口产品和贸易方式。1981 年，中国初级产品出口比例降到 46.6%，工业制成品首次超过初级产品，达到 53.4%。1986 年纺织品和服装取代石油成为中国第一大类出口产品，标志着出口商品结构从资源密集型为主向劳动密集型为主的飞跃，初级产品出口所占份额降到 36.4%，工业制成品所占份额上升至 63.6%。1994 年轻纺产品等劳动密集型产品出口比例达到 60.46% 的历史最高水平，此后出口产品从轻纺产品逐渐向机电产品转变。到 1995 年，机电产品超过纺织品和服装成为中国第一大类出口商品，标志着出口商品结构从劳动密集型为主向资本密集型为主转变。

（三）第三阶段（2001~2012 年）：加入 WTO 后的快速增长时期

2001 年 12 月 11 日，中国成功加入 WTO，标志着中国的对外开放进入一个新阶段。此后，借助 WTO 的东风，中国的对外贸易快速发展。2003 年，中国以 535.07 亿美元的引资额成为世界第一大引资国；2004 年，中国的对外贸易总额达到了 11 547.4 亿美元，实现了中华人民共和国成立以来的首个“万亿”对外贸易额，同时以占世界对外贸易总额 6 %的规模成为世界第三大贸易国；2009 年，又以 12 016.6 亿美元的出口额超过德国跃居世界第一。2008~2011 年，中国的外贸总额由 25 632.6 亿美元增长到了 36 418.65 亿美元，年均增长 14%；从 2009 年到 2011 年国际排名稳居世界第二，在全球贸易中的份额由 2008 年的 7.81% 上升到 2011 年的 9.85%。

货物贸易结构进一步优化。出口商品构成中资本密集型产品、高新技术产品的比重不断增加。2003 年，机电、高新技术产品等资本密集型产品出口比例首次超过劳动、资源密集型产品，达到 47.32%。2003 年，高新技术产品进出口额均突破 1 000 亿美元大关。

（四）第四阶段（2012~2018 年）：“新常态”“高质量”发展时期

进入 21 世纪，世界经济增长乏力，欧美等主要经济体连续出现经济危机、债务危机等严重问题，中国经济也进入“新常态”。习近平总书记在 2013 年 9 月和 10 月，先后提出共建“丝绸之路经济带”和“21 世纪海上丝绸之路”，不仅将中国的改革开放全方位地融入世界体系，更重新定位了中国的国际地位，中国经济与外贸进入高质量增长阶段。

2012 年到 2018 年中国的外贸总额由 38 671.19 亿美元增长到 46 230.38 亿美元，年均增速 3.02%。2013 年，中国外贸总额达 4.16 万亿美元，超越美国成为世界第一货物贸易大国，也是全球首个货物贸易总额超过 4 万亿美元的国家。此后一直保持全球货物贸易第一大国的地位。中国在全球贸易中的份额也由 2012 年的 10.35%上升到了 2018 年的 12.8%。服务进出口总额达 7 593.8 亿美元，比 1982 年增长 167 倍，居世界第二位。

货物贸易结构也发生了根本性的变化，以计算机和通信技术为代表的高新技术产品出口比重不断扩大。2012 年高新技术产品出口额达 6 011.63 亿美元，2018 年高新技术产品出口额达 7 468.66 亿美元，占我国货物贸易出口总额和工业制成品出口总额的比重分别从 29.34%和 50.97%上升到 30.11%和 51.15%。

（五）第五阶段（2018 年至今）：中美贸易摩擦与“双循环”的新发展时期

中美贸易争端（Trade disputes between China and the United States），又称中美贸易战、中美贸易摩擦，是中美经济关系中的重要问题。2018 年 7 月 6 日，美国不顾多方面反对，对中国 340 亿美元输美产品加征 25%关税，拉开了新一轮中美贸易摩擦的序幕。此后，美国 5 次宣称对中国出口美国的 5 500 亿美元的商品加征关税，中国也相应地做出了对美国出口到中国的商品加征关税的回应。直至 2020 年 1 月 15 日，经过艰苦的谈判，中美达成第一阶段经贸协议。中美贸易摩擦以及由此引起的“逆全球化”趋势，是中国对外贸易面临的新形势。

在这种形势下，2020 年，中央提出要加快形成以国内大循环为主体、国内国际双循环相互促进的新发展格局，并将之写进了《中华人民共和国国民经济和社会发展第十四个五年规划和 2035 年远景目标纲要》。

双循环新发展格局是对中国长期出口导向发展战略的修正和调整。自 20 世纪 80 年代以来，中国成功抓住新一轮全球化的浪潮，制定了依靠国际大循环开启国内市场化改革，构建内部市场化大循环的外向型发展战略，促成了中国经济的持续快速增长奇迹。但是随着全球化进程的变异和全球金融危机的爆发，这种外向型发展战略所依赖的世界经济发展模式、总体结构、治理体系和运行规律都发生了剧烈变化，依赖国际大循环的出口导向发展战略难以适应新格局、新模式和新使命的要求，开始呈现出种种弊端，主要表现在：

全球化红利的递减和分配模式的巨变导致全球化发展的动能大幅度减弱，中国经济外需出现严重萎缩，要求中国将经济发展的动能从“出口-投资驱动模式”转向“内需-创新驱动模式”；大国冲突带来的技术“卡脖子”问题要求中国技术发展从“引进-移植-模仿-消化”向自主创新模式转变；“两头在外”的贸易模式使中国难以摆脱全球价值链的约束，存在陷入“比较优势低水平陷阱”的危险，构建新的国际合作模式和国际竞争力要求中国全面升级国内分工体系，形成“以内促外”的新格局；内部经济循环的不畅通、分割化和碎片化难以支撑国际竞争力的全面快速提升，进一步开放需要内循环的全力支持；简单开放战略不仅难以肩负中国高质量发展的动力，有时还成为中国经济循环的动荡源[1]。

“双循环”新发展格局的构建。从国内大循环与国内国际双循环的关系看，两者是统一体，国内循环是基础，国际市场是国内市场的延伸。国内大循环不是自我封闭、自给自足，也不是各地区的小循环，更不是什么都中国自己做，放弃国际分工与合作。“双循环”是坚持开放合作的双循环，通过强化开放合作，更加紧密地同世界经济联系互动，提升国内大循环的效率和水平[2]。

二、中国对外贸易的发展特征

（一）外贸规模不断扩大

中华人民共和国成立后，尤其是改革开放以来，中国对外贸易发生了历史性巨变。外贸

---

① 此段观点引自刘元春：《正确认识和把握双循环新发展格局》，资料来源：求是网，http://www.qstheory.cn/llwx/2020-09/09/c_1126469689.htm。

② 此段观点引自刘鹤：《加快构建以国内大循环为主体、国内国际双循环相互促进的新发展格局》，资料来源：《人民日报》，2020 年 11 月 25 日。

总额从1978年的206亿美元增长到2018年的4.62万亿美元，增长了223倍，年均增长14.5%（图16-2）。我国对外贸易总额的世界排名也持续上升，1978年中国外贸总额在全球排名仅为第29位，2013年跃居世界第1位，此后除2016年排名为第2位，其他年份均为世界第1位（图16-3），从贸易小国逐步成长为稳固的贸易大国。

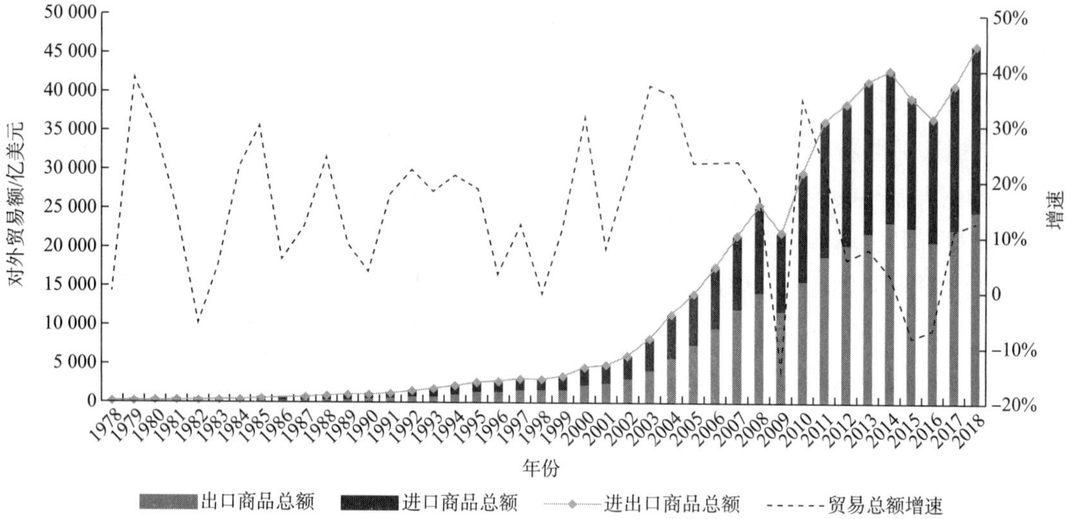

图16-2 1978~2018年中国对外贸易情况

资料来源：世界银行网站

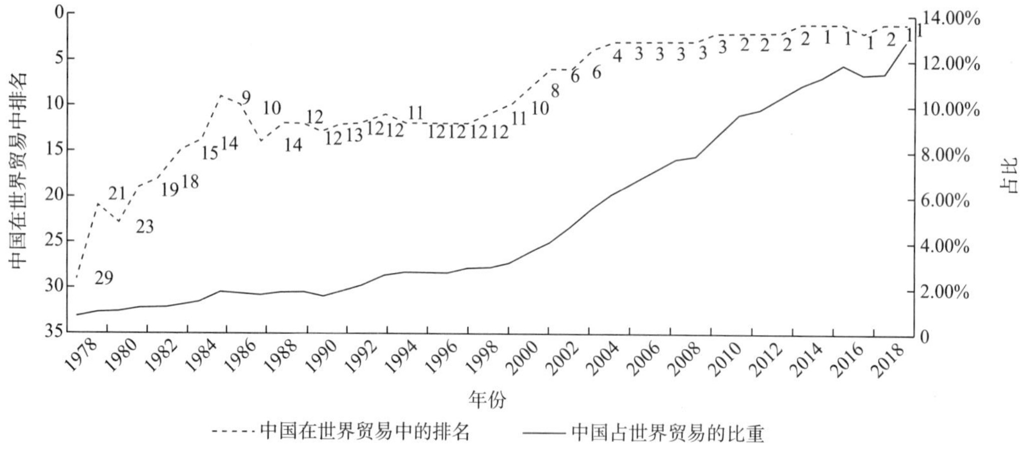

图16-3 1978~2018年中国在世界贸易中的排名及比重

资料来源：根据WTO网站数据整理

（二）货物贸易顺差不断扩大，服务贸易持续逆差

从1994年，中国改变了小幅逆差态势，货物贸易开始出现顺差并逐年扩大，2015年达到最高值5 930.09亿美元，此后波动下降，2016~2019年分别为5 097.1亿美元、4 195.5亿美元、3 509.5亿美元和4 210.7亿美元。

与货物贸易不同，服务贸易近些年一直逆差。2015~2019 年，逆差额分别为：2 169.2 亿美元、2 425.7 亿美元、2 396.0 亿美元、2 582.0 亿美元、2 178.0 亿美元。

（三）贸易商品结构不断优化

进出口商品结构的变化反映了中国经济结构的演变。从 1953 年到 1977 年，中国初级产品出口比例从 79.4%下降到 53.6%，工业制成品出口比例从 20.6%上升到 46.4%。进口方面，工业制成品始终占进口的 80%左右。改革开放以后，初级产品的贸易比例迅速下降并始终保持在 30%以下，尤其是初级产品进口比例一直低于 10%，工业制成品贸易成为对外贸易的主要商品构成。加入 WTO 后，资本密集型产品、技术密集型产品的出口比例不断提升。

（四）外贸对经济发展贡献大

至 2018 年，中国人均国内生产总值比 1978 年增长 61.27 倍，年均实际增长 10.88%。其中，对外贸易做出了巨大贡献。1978~2018 年中国对外贸易与经济增长运行轨迹基本一致。在对外贸易增长较快的时期，经济增长也较快。当对外贸易发生波动时，经济增长也随之发生波动，而且，对外贸易的波动程度要高于经济增长（图 16-4）。由此可见，我国对外贸易与经济增长之间有着显著的依存关系，对外贸易规模的不断扩大使我国更深入地参与国际分工，从而推动经济更快地增长。

外贸依存度是指一国在一定时期内的对外贸易总额在该国国内生产总值中所占的比重。中国的外贸依存度从 1978 年的 10%提高到 1990 年的 30%，2002 年为 50.2%，2003 年升至 60%，2005 年达到 64%，2007 年进一步升至 66.1%，此后开始下降。

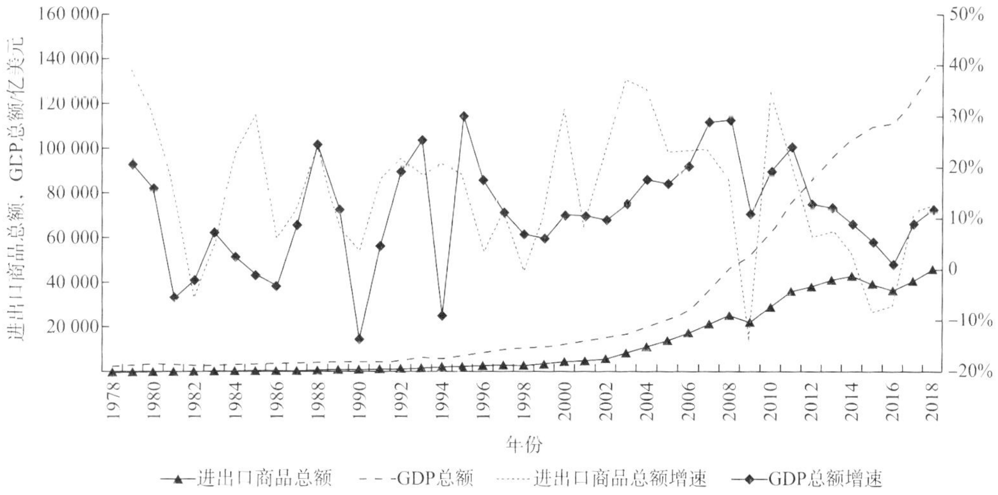

图 16-4　1978~2018 年中国 GDP 与进出口商品总额增长情况

资料来源：中国统计年鉴

世界银行认为，中国外贸依存度经过十几年的时间就赶上了发展中国家平均水平，表明了中国经济对外开放取得了显著成就。（图 16-5）

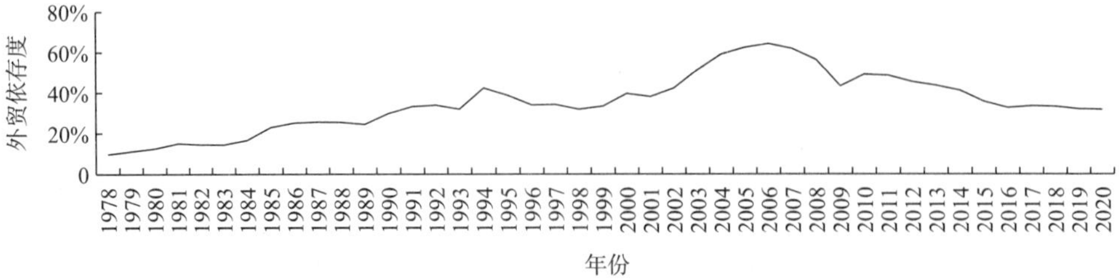

图 16-5　1978~2018 年中国的外贸依存度

资料来源：国家统计局网站

三、中国对外贸易的经验与启示

1. 根据国际环境的变化及时调整中国对外贸易合作伙伴

中华人民共和国成立后，在冷战背景下，中国重点发展与苏东社会主义国家的贸易关系。20 世纪 50 年代末中苏关系破裂后，中国对外贸易地理方向转向新独立的亚非拉发展中国家及日本、西欧国家。20 世纪 70 年代初，针对美苏争霸升级局势，打破与美国的外交僵局，从而与欧美国家贸易关系实现突破性进展；20 世纪 80 年代以来，和平与发展成为世界主旋律，经济全球化浪潮汹涌，中国对外贸易方向趋于全球化。2018 年后，美国发起中美贸易摩擦，同时逆全球化趋势开始出现，中国开始将眼光转向周边地区，2020 年，东盟成为中国的第一大贸易伙伴。

2. 不断创新对外贸易方式，拓展对外贸易渠道

中华人民共和国成立以来，国际形势复杂多变，中国对外贸易面临各种困难，为此，中国不断创新对外贸易方式，开拓对外贸易渠道。20 世纪 50 年代，在外汇严重短缺，西方国家封锁禁运的条件下，中苏贸易以政府间记账易货贸易为主。同时，设立了中国国际贸易促进委员会。中国国际贸易促进委员会（China Council for the Promotion of International Trade，CCPIT）成立于 1952 年，是全国性对外贸易投资促进机构，以民间方式主动与西欧、日本等国工商业界签订贸易协议，获得中国经济建设需要的重要物资。此外，充分利用中国香港国际贸易自由港地位，间接发展中国的进出口贸易。20 世纪六七十年代，通过民间形式的“友好贸易”和“备忘录贸易”打开对日贸易渠道，为这一时期的技术引进铺平了道路。改革开放以来，根据比较优势的变化和国际技术、产业发展的趋势，从大力发展加工贸易到推动加工贸易转型升级，从传统贸易方式到跨境电子商务、市场采购贸易等方式的创新，不断形成对外贸易的新增长点。近几年，大力发展依托互联网为基础，以数字交换技术为手段，为供求双方提供交流互动所需的数字化电子信息，实现以数字化信息为贸易标准的、创新商

业模式的数字贸易。

3. 不断加强国际经济合作，为对外贸易发展创造有利的国际环境

中华人民共和国成立伊始，对一些落后的发展中国家开展真诚援助，为中国打开外交局面进而推动对外贸易发展创造了条件。改革开放以来，通过参与国际经济组织活动、签订自由贸易协定、“一带一路”倡议的提出等，中国对外开放水平不断提高，为对外贸易创造了有利的国际环境。

4. 对外贸易与国内产业发展良性互动，推动工业转型升级

20 世纪 50 年代，与苏联和东欧国家贸易中的大规模技术引进为中国的工业化奠定了初步基础。六七十年代自西欧、日本的技术引进，促进了中国基础工业，尤其是冶金、化肥、石油化学工业的发展，使中国形成了门类齐全的工业体系。工业化的推进显著改善了中国对外贸易的商品结构。改革开放后，中国通过承接国际产业转移以及市场竞争环境的形成，不断实现技术跨越式进步，出口的支柱性产业从资源密集型转向劳动密集型，再升级到资本密集型和技术密集型。

5. 不断通过制度创新激发对外贸易的发展活力

中华人民共和国成立初期，在西方国家对中国进行经济封锁和贸易禁运的条件下，中国只能实行对苏联和东欧国家开放的“一边倒”策略，与苏联和东欧间政府记账贸易需要集中统一进行，与之相适应，中国实行集中统一管理的贸易体制。1978 年改革开放后，新的生产要素、理念与经营管理模式的出现与既有体制发生冲突，通过承包制、下放外贸经营权、股份制等对外贸易经营体制改革将企业推向市场，使它们成为市场的主体；通过降低关税、减少非关税壁垒等对外贸易管理体制改革培育了竞争性的市场环境。市场化改革释放的巨大活力创造的新成果不断为对外贸易发展壮大提供基础，由此使中国的比较优势得以充分发挥，并不断实现比较优势的动态升级，进而成功迈向国际贸易大国行列。

第二节 中国的对外贸易体制

对外贸易体制（简称外贸体制），是经济体制的重要组成部分。外贸体制包括两方面内容：一是外贸经营体制，指外贸企业的设置、分布、种类、经营方式及经营分工等；二是外贸管理体制，指外贸行政管理机构的组织形式、管理权限和利益分配等方面的制度。本节主要介绍和分析我国外贸体制的建立、改革和完善问题。

一、中国外贸体制的建立

（一）中国的对外贸易统制政策

中华人民共和国成立后，在外贸领域实行国家统制政策。对外贸易统制是指对外贸易由国家统一管理、控制和调节，因而也被称为对外贸易国家垄断制。具体包括：①国家制定对外贸易的法律、方针和政策；②国家统一设立管理外贸的专门机构；③国家统一设立对外贸易专业公司和审批其他企业的外贸经营权；④国家制订外贸的中长期指令性计划和指导性计划；⑤国家运用各种经济杠杆，包括价格、税收、利润、信贷、外汇留成、承包指标等，统一调控、管理对外贸易活动。

我国进入改革开放时期后，对外贸易统制的内容、形式和方法都发生了很大的变化。总的来看，统制的因素在减弱，市场调节的因素在增强，逐渐转向了以市场调节为主。

（二）中华人民共和国成立初期实行对外贸易统制的必要性

在中华人民共和国成立初期实行外贸统制的必要性具体表现为以下几方面：

（1）实行外贸统制，可以保证我国的政治独立和经济独立。中华人民共和国成立初期，受到了帝国主义国家的政治歧视、军事威胁和经济上的“封锁”与“禁运”。为了维护我国的政治独立，也为了使我国的经济发展不受国外势力的控制和操纵，实行对外贸易的统制政策，把这一领域中的所有活动都紧紧控制在国家手中就具有了必要性。

（2）实行外贸统制，可以保证我国经济建设的顺利进行。中华人民共和国成立后，我国实施进口替代战略，需要一系列管理性较强的外贸政策，以便能统筹兼顾地调动各种生产资源，发展进口替代产业，建立起完整的工业体系和国民经济体系。

（3）实行外贸统制，能够使我国有效地防御世界性经济危机对我国经济发展的冲击。西方国家陷入经济危机时，常会使用以邻为壑的倾销政策，把大量过剩产品销向他国，以转嫁危机。我国管制严格的进口政策使这种转嫁危机的行为得到抑制，使我国的经济发展能在较平稳的环境中进行。

（4）实行外贸统制，能够使我国步调一致地参与激烈的国际市场竞争，并获取更大利益。各个国家在国际市场中普遍采取奖出限入的外贸政策来争取利益。我国的外贸工作如果行动不统一，政策不一致，各地区和各外贸公司可能会出现竞相削价、互相拆台的现象，在获得小集体微观利益的同时，失去国家的宏观利益。因此，外贸领域比其他领域更需要国家的统一管理。

（三）中国实行对外贸易统制的主要手段

（1）对外贸易的计划管理。外贸计划是我国经济计划的一个重要组成部分，也是我国实行对外贸易统制的主要手段。通过外贸计划的制订和实施，可以把一切进出口贸易活动都纳入国家的管理范围之内。早期的外贸计划是以直接的指令性计划为主，后期则是以间接的指导性计划为主。

（2）进出口企业管理制度。这是指国家对经营进出口业务的各外贸公司进行集中管理和统一领导。它包括审批外贸公司的设置与合并，指定经营范围，制定业务活动的方针、政策。未经国家批准，任何单位和个人都不准以任何名义、任何形式进行对外贸易活动。

（3）保护性关税制度。这是指对进出入我国关境的商品，由国家统一征收保护性关税，以保护国内市场，促进民族工业的发展。我国的进口关税率一般分为两大类：对国内不能生产的生产资料和生活必需品征收较低的关税，以保证国内生产和生活的正常发展；对国内能够生产的产品及国内不能生产的非必需品征收较高的关税，以培植国内工业的发展。我国的出口关税率也分为两大类：对国内工业急需的原材料和大量出口会造成国际市场价格下跌的产品征收较高的出口关税；对其他多数产品征收较低的或不征收出口关税，以鼓励其出口。

（4）进出口许可证制度。对于某些容易冲击市场而造成供求不稳定的产品，由国家指定的机关进行许可证管理，见不到许可证，海关一律不放行。使用进口许可证是为了保护国内市场。出口许可证使用既是为了把某些重要产品留在国内使用，也是为了执行与某些国家签订的“自限协议”，即双方自动限制本国产品向对方出口的协议。

（5）外汇管制制度。这是指一国政府对外汇的收支、结算、买卖和使用，采取的限制性政策与措施，其目的是防止外汇投机活动，稳定汇率，有效地使用外汇和平衡国际收支。我国是由国家外汇管理局统一管理外汇，由中国银行统一经营外汇。

（四）1978 年之前中国的外贸体制：高度集中，统一经营

中国的外贸体制是在实施外贸统制政策下建立起来的。中华人民共和国一成立，中国政府就立即废除了帝国主义在中国的种种特权，没收了官僚资本的进出口企业，陆续建立起一批国营外贸企业。对民族资本的私营进出口企业，根据利用、限制和改造的政策，允许其经营一部分国家需要的进出口产品，限制其不利于国计民生的经营活动。

1949~1951 年，我国的对外贸易规模不大，贸易对象主要是苏联和东欧国家。我国政府采取了国内贸易和对外贸易统一管理的办法，内贸和外贸统一由贸易部领导。贸易部下设外贸司，分管全国的外贸工作。1952 年，国家正式成立了外贸部。1953 年，对原有的国家外贸公司进行了调整，成立了 15 家外贸专业总公司。1956 年，我国完成了对民族资本的社会主义改造，实现了外贸全行业的公私合营。至此，我国形成了由外贸部统一领导、统一管理，各外贸专业总公司统一经营的外贸体制。这种外贸体制在很大程度上模仿了苏联的国家垄断制度。

1978 年之前，我国的外贸体制可大致描述如下：国家外贸部是国务院领导下的、统一领导和管理全国进出口贸易的中央行政领导机关。它负责编制对外贸易计划并起草对外贸易

的基本法规和海关法，代表中国政府签订对外贸易方面的协定和议定书。各省（自治区、直辖市）外贸厅受外贸部和地方政府的双重领导，负责管理各省（自治区、直辖市）的外贸工作。各外贸专业总公司负责本专业领域内的外贸工作。除这些国家级的外贸专业总公司外，还在一些重要的口岸设立了分公司，直接经营一部分进出口业务，约占全国贸易额的40%。对这些分公司实行总公司和地方政府的双重领导。

1978 年之前，我国的进出口贸易是这样进行的：进口业务依据国家计划委员会下达的进口计划进行。各外贸专业公司负责统一对外洽谈并签订进口合同。有关部门或企业可以参加技术性的谈判，但不能直接对外签订进口合同。这一时期的出口业务则是依据国家外贸部编制的出口计划进行，同时还要与各地方、各部门协商衔接、综合平衡并报国务院批准后方能执行。各外贸专业总公司根据外贸部下达的出口计划，同各供货部门或生产单位签订购销协议或合同，并把部门计划任务布置给外贸分公司。各外贸分公司按各自的出口任务进行产品收购和对外成交。

（五）这种外贸体制的弊端

这种外贸体制在 1949~1978 年的 30 年中，除进行过一些小的调整外，基本上没什么变动。这种高度集中、以行政管理为主的外贸经营管理体制是与当时的产品经济和单一计划经济体制相适应的。其优点主要表现在：它对保证国家统一政策、统一计划、统一对外原则的贯彻执行，对顶住外国经济压力，对促进国家初期的社会主义经济建设等，都起到过积极的作用。

随着我国社会主义经济建设和外贸事业的不断发展，这种外贸体制本身所固有的各种问题和矛盾日益暴露出来。

（1）独家经营，不利于调动各方面的积极性。全国只有中央外贸专业总公司和口岸分公司有外贸经营权，经营渠道单一，各部门和地方没有外贸权，积极性难以发挥。

（2）政企不分，不利于调动外贸公司的积极性。各行政管理部门对外贸企业干预过多，统得过死，指令性计划太重，外贸企业的自主经营权过少，导致外贸企业的经营没有活力。

（3）产销脱节，影响了出口产品的市场竞争力。我国外贸业务中一直实施出口产品“收购制”，外贸企业到生产企业把产品收购来，然后销向国际市场。生产企业所生产的出口产品只面对外贸公司，不直接面对国际市场，造成了产销脱节。产品经常在性能、规格、样式及质量等方面不符合国际市场的需求，使大量产品积压或被迫出口转内销。

（4）吃“大锅饭”，使企业和职工不关心外贸经济效益。由于在财务上实行统负盈亏，企业盈利要上缴，企业亏损则由国家补贴，企业吃国家的“大锅饭”，职工吃企业的“大锅饭”，经营好坏不与企业利益和职工收益挂钩，这十分不利于企业经营状况的改善和经济效益的提高。

（5）管理层次过多，经营手续繁杂，使外贸行业官商作风严重，办事效率低下。

可以看出，这一阶段我国弊端丛生的外贸体制如同整个经济体制一样，已到了非改革不可的地步。

二、1979~1987年的外贸体制改革：简政放权，放开搞活

由中共中央党的十一届三中全会精神所推动的改革，在外贸领域中几乎冲击了旧体制的所有弊端，改革的内容涉及了方方面面。

（一）调整国家对外贸易的管理机构

1979年7月，第五届全国人大常委会第十次会议通过决议，设立进出口管理委员会和外国投资管理委员会，负责组织、协调和管理有关部门的对外经贸工作。经过两年试点，发现对外经贸活动由于分头管理、机构重叠，工作中的重复交叉现象严重，效率不高。为了改变这种状况，国家于1982年3月决定把上述两个委员会与外贸部、对外经济联络部合并，由两委、两部共同组建成我国对外经济贸易工作的管理机构——对外经济贸易部。对外经济贸易部由此成了我国对外经贸活动的主要领导与管理机构。各省（自治区、直辖市）相应设立对外经贸委（厅）。

（二）实行政企分开

为了改变外贸企业实际上是行政机关附属物的现象，外贸体制改革的一项重要内容是把行政管理权与企业经营权分开。在行政管理机构中，初步建立了宏观决策责任制和宏观决策程序，以便发挥行政机关合理的管理、服务和监督作用。这一阶段，国家经贸部及地方厅、委的主要职责是：制定和贯彻全国对外贸易的方针、政策与规章制度；制定和贯彻全国外贸的发展规划与年度计划；组织政府间的贸易谈判与签订贸易协定；审批各类外贸企业的设置和发放进出口许可证等等。在外贸企业，全面推行经理负责制，给企业以人权、财权、经营权和决策权，使企业成为相对独立的经济实体。

（三）下放部分外贸经营权，增加外贸经营渠道

以往只是各外贸专业公司有外贸经营权，为了扩大外贸业务，国务院在外贸放权方面推出了以下改革措施：①批准中央有关部委成立进出口公司，经营本部门产品的进出口业务；②陆续授予一些大中型生产企业外贸经营权，经营本企业产品的出口业务和生产所需的进口业务；③允许“三资”企业在自身生产产品的范围内经营进出口业务；④通过“加工贸易”和“补偿贸易”的方式使部分乡镇企业在一定程度上有了产品进出口权。

（四）改革单一的指令性计划体制，扩大指导性计划和市场调节的范围

通过改革初步建立起指令性计划和指导性计划相结合的新计划体制，增加了进出口产品计划的弹性，以确保国家外贸计划的落实。在出口计划方面，国家不再编制和下达出口商品收购计划和调拨计划，只下达出口总额指标和对归国家管理的少数重要产品下达指令性出口数量计划；在进口计划方面，除了用国家外汇进口的少数几种关系国计民生的大宗商品、大型成套设备和技术引进项目，以及同协定国家的贸易由经贸部下达指令性计划外，其他的进口不再下达计划，只将进口用汇指标分给用汇部门或外贸部门，自行委托和安排进口。

（五）成立经济特区，搞活对外贸易

改革开放之初，中央政府对广东和福建两省实行特殊的经贸政策和灵活措施，当时这两个省被称为"两个大特区"。广东和福建两省在国家统一的对外经贸政策和规划指导下，可以自行安排本省的对外贸易，而且出口创汇收入以 1978 年为基数，超额部分七成留省自用。这就调动了两省的出口积极性，外贸业务远远走在了其他省区市的前面。1979 年后，经全国人大常委会批准，成立了深圳、珠海、汕头、厦门四个经济特区，并陆续开放了 14 个沿海港口城市和设立了部分沿海经济开放区。这些城市和地区在对外经贸活动方面都享受较优惠的政策，对搞活我国的外贸事业起到了积极的促进作用。

（六）外贸专业公司开展代理业务

各外贸公司除了继续承担和完成国家的进出口计划任务外，还逐步开展了进出口代理业务。外贸公司应生产公司的委托，在国际市场上联系客户、洽谈业务、代签和协助履行合同。代理制的推行是对收购制的改革，目的在于调动外贸企业和生产企业两个方面的积极性，在一定程度上克服外贸行业产销脱节造成的种种矛盾。然而，我国从 20 世纪 80 年代中期就开始推行外贸代理制，但由收购制向代理制的改革步伐却一直是缓慢和艰辛的。

我国外贸行业所推行的代理制是国际上较通行的佣金代理制，是由外贸企业为生产企业开拓国际市场，受客户委托办理进出口业务，并收取一定佣金，而价格和其他合同条款的最终决定权属生产企业，进出口盈亏和履约责任最终由生产企业承担。与其他贸易方式比较起来，外贸代理制的主要优点是：对国际市场的信息了解多、反应快，能降低产品的销售成本，减少经营风险，并使产销结合得更加紧密。在外贸行业推行这种代理制，并不是要完全取代其他贸易方式，而是要使代理制与买断式的收购制及生产企业的自营出口方式结合起来实施。相比较而言，是生产企业自营出口，还是委托外贸公司代理出口，或是由外贸公司收购产品后出口，这主要取决于哪种外贸方式的效率高、效益好。因此，全面推行外贸代理制的关键，是努力提高进行代理业务的外贸公司的经营水平和工作效率。

（七）举办贸、工、农、商、技结合的联合经营实体

为了适应国内经济快速发展和国际市场竞争日趋激烈的新形势，我国开始举办工贸结合、农贸结合、商贸结合和技贸结合的联合公司。1982 年 2 月成立的中国丝绸公司，是第一家全国性的工商贸、产供销相结合的专业化联合企业。它接管了原属中国纺织品进出口总公司的丝绸出口业务，并把丝绸的生产、内贸、外贸业务有机地结合成了一个整体。组建这种带有综合商社性质的外贸实体，是我国外贸经营体制改革的重要途径之一。

通过以上改革，我国的外贸体制在合理性与完善性上有了明显的进步。但新体制中有些老问题仍然没有解决，而且又暴露出了一些新问题。老问题中主要是吃“大锅饭”的问题没有显著改进。中央政府本想通过外汇留成的改革方案（外贸企业所创外汇中央得 75%，地方得 12.5%，企业得 12.5%）冲击“大锅饭”，然而收效不明显。这主要是因为人民币汇率高估和国内物价上涨太快，使国内外价格脱节，外贸企业的自负盈亏难以实现。为了鼓励企业多出口创汇，以平衡国际收支，国家财政不得不拿出一定的人民币对外贸出口进行补贴。新外贸体制中出现的新问题，主要是下放外贸经营权造成了外贸行业中的秩序混乱。在扩大地方和企业外贸经营权的过程中，由于审批条件掌握不严，一些不具备直接经营进出口业务条件的企业也成立了外贸公司。这类公司没有高素质的外贸人才，没有国际营销网络和信息渠道，只会通过竞相降价来挤占国际市场。这不仅导致外贸经营秩序混乱，而且使本国利益无端受损。

三、1988~1993 年的两轮外贸承包制：承包经营，自负盈亏

1987 年 9 月 26 日，国务院批准对外经济贸易部制定的《一九八八年外贸体制改革方案》，同年 10 月，党的第十三次全国代表大会提出加快和深化经济体制改革的方针。国务院决定，从 1988 年开始加快和深化外贸体制改革，在全国外贸行业全面推行承包经营责任制。1988~1993 年我国外贸体制改革的核心内容就是推行承包制。搞承包制可以被看作是我国外贸行业向旧体制的痼疾“大锅饭”所进行的一次最猛烈的冲击。

（一）第一轮外贸承包制（1988~1990 年）

1988~1990 年的第一轮外贸承包经营责任制规定，各省、自治区、直辖市、计划单列市人民政府和各外贸专业总公司及各工贸总公司三个渠道分别向中央承包出口创汇额、上缴中央外汇额和经济效益三项指标，承包指标一定三年不变。完成承包指标以内的外汇收入，大部分上缴国家，小部分留给地方和企业。外汇留成比例按地区的不同、行业的不同和商品的不同而有所差别。超过承包指标的创汇额，20%上缴中央，80%留给承包单位。在创汇过程中，由于产品收购价格和外销价格的变动及经营水平的高低，承包单位会出现赢利和亏损两

种状况。承包制规定承包单位盈亏自负，只对政策性和历史性亏损给予适当补贴，减亏或增盈部分全部留给承包单位自用。

在外贸全行业推行承包经营责任制的同时，在轻工、工艺、服装三个外贸部门进行自负盈亏试点。国家对这三个部门的外贸企业全部取消补贴，给予45%的出口外汇留成（加上地方政府和生产货源单位的留成共计70%），所留外汇可以进行调剂或用来进口，将调剂或进口盈利所得人民币用来弥补出口亏损。通过这三个部门的试点，探索在外贸行业实现自负盈亏、放开经营、加强管理、联合对外的改革目标的途径。

与第一轮外贸承包制相配套而新推出的改革措施主要有三项：①适度放宽外汇管制。从1988年起，国家取消了用汇指标的控制，允许地方、部门和企业相对自由地支配和使用所分得的留成外汇。但用外汇进口的商品仍要在国家所规定的范围之内。②建立外汇调剂市场。国家在各省、自治区、直辖市、计划单列市、经济特区和沿海重要城市建立了一批外汇调剂市场，地方、部门和企业（包括外资企业）均可到外汇调剂市场买卖外汇。外汇调剂市场的建立，一方面，搞活了外汇资金的融通，提高了外汇的使用效益；另一方面，由于外汇调剂市场上的汇率依据供求关系实行有管理的浮动，外汇价格比国家牌价高一些，出口创汇单位可通过卖出外汇获得一定收益，既可调动出口创汇的积极性，也可用这种收益的一部分弥补出口创汇中发生的亏损。③实行彻底的出口退税政策。出口退税是指外贸商品出口后，税务部门将企业在生产过程中已缴纳的增值税等税款退还给出口企业，使出口商品以不含税的价格进入国际市场，以此避免出口商品被双重征税的结果，因为商品进入外国关境时还要被征收进口环节税。我国于1985年已开始实行部分的出口退税政策，1988年改为实行彻底的出口退税政策，将企业在生产过程中已缴纳的增值税等税款全额退还。出口退税所需资金全部由中央财政支出，财政部将其列入财政预算，并由国家税务总局下达出口退税计划给各地退税机关执行。出口退税政策的实施增强了我国出口产品的市场竞争力，提高了出口创汇单位的盈利水平，有利于我国出口事业的发展。

第一轮外贸承包制的实施，极大地调动了各个方面的出口创汇积极性，对扭转吃“大锅饭”体制下形成的种种弊端，对改善外贸企业的经济效益和确保国家外汇收入的稳定增长都起到了积极作用。但第一轮外贸承包制也存在着一些缺陷，如中央财政对出口的补贴所形成的不完全自负盈亏，地区间外汇留成比例不同造成的不公平竞争，为完成承包指标而过多地出口利润大的劳动密集型产品，不愿开发高新技术产品等。针对这些问题，国务院提出了一系列改进措施，并于1991年1月1日起开始实施新一轮外贸承包经营责任制。

（二）第二轮外贸承包制（1991~1993年）

1991~1993年的第二轮外贸承包经营责任制规定，各省、自治区、直辖市及计划单列市人民政府和各外贸、工贸专业进出口总公司及其他外贸企业分别向中央承包出口总额、出口创汇额和上缴中央外汇额三项指标。这次承包制的实施主要是从推行外贸企业自负盈亏入手，在调整人民币汇率的情况下，使外贸行业逐渐走上统一政策、平等竞争、自主经营和自负盈亏的良性发展轨道。

与第二轮外贸承包制改革相配套的新措施主要有以下几项：①取消出口补贴，实行全面自负盈亏新机制。在人民币汇率下调、提高外贸产品竞争力的基础上，国家取消了对出口产品的财政补贴，打破了吃“大锅饭”的体制，减轻了国家的财政负担，为外贸企业实现平等竞争创造了良好的外部条件，这使外贸企业既感到有改善经营管理的压力，又增强了自我发展的动力。②改革了外汇留成制度。新一轮承包制改变了以前主要按地区实行不同比例外汇留成的办法，改为按大类商品统一比例外汇留成的办法。这种新办法消除了因地区之间留成比例不同所造成的不平等竞争状况，为改善外贸经营秩序、促进企业提高经营管理水平创造了条件。③实施产业倾斜政策，优化出口产品结构。我国出口产品强项是劳动密集型产品，成本低、质量好、利润大，因而出口量较大；资本和技术密集型产品的情况则相反。为了扭转这种对我国产业进步不利的局面，国家结合新承包制的推行，通过外汇留成、贴息贷款、卖方信贷等差别待遇，推行产业倾斜政策，鼓励出口企业多研制、开发和出口资本与技术密集型产品及深加工和精加工产品，以优化我国的产业结构和出口产品结构。

当两轮外贸承包制结束后，我国外贸企业的经营活力已明显提高，我国产品的出口竞争力也明显增强，然而新的问题也同时出现。承包制产生的新问题主要集中在两个方面：一方面，出现了地区之间对出口货源的封锁和区域分割现象，不利于国内统一市场的形成和国家宏观经济效益的提高。例如，为了完成承包任务，我国中西部地区的棉花、矿产品等大量自营出口创汇，而不愿卖给沿海加工能力强的工业城市，致使上海、天津等城市加工工业原料严重不足，不得不用外汇从国外进口本可以从国内解决的原料。地区间的封锁还表现在落后地区宁肯自行设厂加工质次的出口产品，也不愿把原材料卖给加工能力强的工业城市，致使后者常常开工不足，造成了资源和生产力的浪费，不利于国家整体经济效益的提高。另一方面，承包制易引发外贸企业的短期行为。三年一轮的承包制和几年一换的企业领导班子，易造成企业的掠夺性经营，拼资本、拼设备，而不充分考虑企业的长远规模和长期发展。这种短期行为在一定程度上制约着我国外贸事业的持续发展。

四、1994~2001年的外贸体制改革：对接国际标准，适应市场经济

1993年11月14日中国共产党第十四届三中全会通过的《中共中央关于建立社会主义市场经济体制若干问题的决定》明确指出了我国对外贸易体制改革的目标是建立适应社会主义市场经济要求和符合国际贸易通行规则的外贸管理体制和外贸经营机制。依据市场经济和国际规则的改革目标，我国1994年之后的外贸体制改革进展较快，主要内容可归纳为下面几点。

（一）建立单一的、以市场为基础的、有管理的浮动汇率制

我国 1994 年 1 月 1 日前的汇率制有三种：官方汇率、市场汇率和调剂汇率。这种复汇率制既不符合市场经济的要求，也受到世界贸易组织和国际货币基金组织的批评。从 1994 年 1 月 1 日起，我国开始实施单一的、以市场为基础的、有管理的浮动汇率制，使人民币汇率机制走向市场化。这种新的汇率制度使人民币汇价大幅度贬值到 8.7 元人民币兑换 1 美元的较合理价位，这不仅对我国的出口贸易有利，更重要的是有利于消除市场扭曲，为我国按比较利益原则更好地参与国际分工和国际贸易创造了条件。

（二）取消外汇留成，改批汇制为银行结售汇制

以往外汇留成制的做法是，外贸企业出口所创外汇少部分由企业留下，大部分要无偿或有偿上缴。当外贸企业进口需用外汇时，除了能自由使用企业留成外汇外，其他所需外汇要由有关部门审批。1994 年外汇留成制和计划批汇制同时被取消，代之以银行结售汇制。这种新制度要求企业把所创外汇结售给指定银行，当企业需要进口国家允许范围内的商品时，可以凭合同、支付通知单等有效凭证从银行购得外汇。这种银行结售汇制的实施，在全国形成了统一的、规范的外汇市场，并为实现人民币经常项目下的有条件可兑换创造了条件。1996 年 12 月 1 日，我国正式宣布接受国际货币基金组织协定第八条款，实现了人民币经常项目可兑换。外贸企业以往实行的有偿或无偿上缴外汇被取消，取而代之的是按统一的税收制度上缴企业所得税，外贸企业向着现代企业制度改革的方向迈进了一大步。

（三）取消指令性计划，依靠指导性计划实现国家的进出口预定目标

在市场导向的外贸体制改革中，国家对外贸计划体制进行了重大改革，取消了进出口指令性计划，对外贸的进出口总额、出口收汇和进口用汇制定指导性计划。国家利用经济手段和法律手段对外贸活动进行宏观调控，将其导入国家预定的运行轨道之中。

（四）保持对外经贸政策的统一性，提高透明度

保持外贸政策的统一和透明，也是世界贸易组织向中国提出的要求。我国政府对此做出了积极的响应。一方面，我国政府已明确指出，在全国范围内实行统一的对外经贸制度和政策，以促进全国统一大市场的健全和完善。另一方面，为了提高透明度，今后我国只实施正式公布的法律、法规和政策，外经贸部将统一对外公布最新通过的有关外经贸的法规、制度和政策。对以往所有制定的各种外经贸内部条文，除了极少数的仍需保密外，其他的或者废除或者向外公布。例如，1994 年初，我国外经贸部废除了四批有关外经贸政策的内部文件，共 744 件，同时还向外公布了四批内部文件，共 93 件。

（五）建设法制化的外贸管理体制

市场经济的发展需要相对完善的法律制度，外贸行业亦是如此。我国于 1994 年 7 月 1 日正式实施《中华人民共和国对外贸易法》，使我国的外贸行为有法可依。1997 年 3 月 25 日我国又正式公布了《中华人民共和国反倾销和反补贴临时条例》，全面系统地规定了关于反倾销和反补贴的若干法律问题。在加强法制建设的同时，我国政府还以各种措施制止和纠正外贸行业有法不依、执法不严和以罚代法的错误倾向。

（六）利用计算机网络技术加快外贸管理现代化

外经贸部为顺应国际贸易电子化迅猛发展的趋势，积极利用计算机网络技术，大力推动外贸管理现代化。外经贸部参与的国家信息化重点工程——“金关工程”，在外经贸信息化工作中具有重要地位。经过多方努力，“金关工程”建设取得了很大进展，如电子招标实际运用良好。1998 年，外经贸部在纺织品配额招标中成功地采用了电子招标这一全新的招标方式，利用中国国际电子商务网上的电子招标系统进行投标、截标、开标和评标，摒弃了传统手写标书、人工截标、开标和评标的招标方式。电子招标加快了贸易管理现代化的步伐，提高了招标的工作效率，减轻了企业负担。据测算，1998 年实行招标的 37 种出口商品配额如果全部采用电子投标和电子缴费的方式，全国企业一年仅差旅费就可至少节省 3 000 万元。在外经贸部实施电子商务取得很好的经济效益和社会效益的基础上，积极与海关、银行和外汇管理等相关部门密切配合，共同推动 21 世纪我国外经贸管理的现代化体系建设。

（七）实施“大经贸”战略

实施“大经贸”战略的构想，是我国外贸体制改革努力实现的重大目标之一。“大经贸”的概念是在 20 世纪 90 年代中期商务部提出来的，其基本含义是指对外贸易、利用外资、对外经济技术合作等各种对外经贸活动相互融通、相互结合、优势互补和共同发展。它着力体现我国对外经贸工作与宏观经济发展的关系，体现社会主义市场经济条件下发展开放型经济的要求，体现我国经济与世界经济接轨的大趋势。

通常认为，“大经贸”战略主要包括以下基本内容：①外贸、外资、外经管理体制改革的视点应跳出本行业的局限，在全国建立外经贸活动的统一管理体制和实施统一管理政策与手段；②加快对外贸易、利用外资、对外投资、对外劳务承包和其他对外经济技术合作业务的大融合，实现外经贸业务综合化协调发展；③各类外经贸企业实行“一业为主、多种经营”，在搞好外贸出口、对外承包劳务等主业的前提下，发展相关业务，拓展业务领域，实现经营的多元化；④加强外经贸行业与相关产业的结合，发挥外经贸对国民经济的导向功能，促进国内产业结构、产品结构调整和技术进步，使对外经贸业务成为我国国民经济腾飞的重要推动力量。

五、2002~2011 年的外贸体制改革：以 WTO 规则为基础的全面改革

2001 年 12 月 11 日，中国正式加入 WTO。2002 年以来中国在市场准入、国内措施等各个领域均较好地履行了自身的承诺和义务，得到了 WTO 的高度评价和赞扬。这一阶段改革的最明显特征，就是中国的贸易体制与国际贸易体制接轨。

（一）以法律形式规定外贸经营权完全放开

我国在加入 WTO 时承诺 3 年内放开外贸经营权，即在加入 WTO 三年后的 2004 年 12 月 11 日之前应对各类企业（包括自然人）放开外贸经营权，除在特定的贸易领域内从事国际贸易的专营权或特许权外，所有在中国依法注册登记的企业都可以享有外贸经营权。我国遵守承诺，于 2004 年 7 月 1 日起正式实施新修订的《中华人民共和国对外贸易法》，其中修改的重要内容之一是规定个体企业、私营企业可以不再通过进出口贸易公司做外贸，有权自行开展进出口贸易。外贸经营权的完全放开，是中国外贸体制改革的一项十分重要的成果。外贸权高度垄断是过去中国计划经济的特点，不仅制约了中国国内体制的改革，影响中国融入全球化，同时也严重妨碍了公平竞争，给中国很多产业带来了损害，特别是发展机遇上的损害。经济全球化是这一时期世界的大潮，经济全球化重要的一部分就是贸易高度的自由化，我国向这个方向迈出了重要的一步。

（二）进出口经营权由审批制改为登记制

进出口经营权由审批制改为登记制的试点工作是从 1998 年开始的，当时只在部分行业和企业中试行。加入 WTO 后，我国对企业进出口经营权的审批制度被取消，代之以进出口经营权的登记备案制度。虽然政府仍对登记进出口经营权企业的资格作了一些规定，但绝大部分的生产企业都能方便地获得进出口经营权。实行进出口经营权登记制后，国内流通企业，包括合资或独资的流通企业，只要符合条件都能得到进出口经营权。

（三）对进出口企业和进出口业务进行市场化管理

加入 WTO 后，政府逐渐不再使用行政管理的方式对进出口企业和进出口贸易进行管理，而是采用非歧视性的、符合国际贸易组织规则的调控方式来进行市场化管理。例如，在对一些被动配额的分配上，政府不再沿用过去的硬性划分给一些特定企业的做法，而是使用国际上认可的游戏规则，使所有企业都能在同等的条件下进行公平竞争。另外，政府制定贸易政策的出发点也已着眼于所有从事进出口贸易的企业，而不再针对进出口企业中的一些特定板块。在我国相当长的时期内，国有外贸公司作为外贸行业中的主要力量和板块，享受国家制定的具有倾斜性的贸易政策和优惠措施。加入 WTO 后，国家不再制定和采用这种明显带有

行政管理色彩的政策。

（四）进一步深化外贸企业改革

国有外贸企业改革是我国外贸体制改革的中心工作之一。国有外贸企业改革集中在两个重点上，即推行大企业、大集团战略和走股份化道路。

在对外贸易中推行大企业、大集团战略，是为了能在竞争日趋激烈的国际市场中站住脚和获取规模效益。各国的发展经验表明，要在国际市场上取胜，必须要组织本国的“航空母舰”，仅靠传统的“小舢板”，是无法与“大军舰”抗衡的。例如，这期间我国建立了一些综合商社式的大型企业集团。这种大企业集团，既做现货贸易，也做期货贸易；既搞自营贸易，也搞代理贸易；既做进出口贸易和转口贸易，也做国内贸易；既投资于贸易领域，也投资于与贸易相关的生产和技术开发领域。这种以贸易为主全面发展的综合贸易公司，在国际竞争中既能降低贸易成本和实现规模效益，也能较好地分散和避免风险。

进行股份制改造是国有外贸企业转换经营机制的有效途径。它将促使企业按市场经济的要求对旧的用人制度、分配制度、劳动制度等进行一系列根本改革，以股东投入资本价值最大化为目标，使企业真正转到以经济效益为核心的轨道上来。

除了发展和改造国有外贸公司外，我国也开始建立中外合资外贸公司。建立中外合资外贸公司，既可以调动各种力量迅速扩大我国商品在世界市场上的份额，也可以建立竞争机制，促进国有外贸企业的改革和发展。

（五）大幅度削减贸易壁垒，向自由贸易方向快步前进

按照入世承诺，我国到 2005 年要把进口商品关税率降到 10%左右。1991 年底中国的关税率高达 43%。经过 10 年调整，到入世时的 2001 年底已经降到了 15.3%。2005 年 1 月 1 日我国进一步把关税降到 9.9%，完成了“入世”的承诺。2008 年 1 月 1 日起我国关税总水平降为 9.8%。在非关税壁垒方面，我国也按照入世承诺不断地减少使用许可证和配额制的商品管理范围。中国加入 WTO 不久，外经贸部、海关总署就于 2002 年 2 月 8 日公布了《外商投资企业自动进口许可管理实施细则》；2002 年 12 月，国务院外经贸主管部门公布了《2003 年进口许可证管理商品目录》和《2003 年自动进口许可证管理货物目录》；2004 年商务部和发改委又联合公布了《农产品进口关税配额管理暂行办法》等。这些改革和调整措施，既减少了使用许可证和配额制的商品管理范围，也使进口商品管理制度更加公开、透明和制度化。

六、2012 年至今：以实现外贸高质量发展为目标的体制机制创新阶段

2012 年 11 月 8 日中国共产党第十八次全国代表大会的召开，标志着我们对中国特色社

会主义的认识达到了一个新高度。在这一阶段，支撑我国外贸高速发展的国内外有利条件发生了根本性变化，“提质增效”成为外贸发展的重要目标。

十八大报告中对开放型经济有了更完整的表述：“全面提高开放型经济水平……坚持出口和进口并重，强化贸易政策和产业政策协调，形成以技术、品牌、质量、服务为核心的出口竞争新优势，促进加工贸易转型升级，发展服务贸易，推动对外贸易平衡发展。提高利用外资综合优势和总体效益，推动引资、引技、引智有机结合。”

这一阶段，按照十八届三中全会通过的《中共中央关于全面深化改革若干重大问题的决定》精神，围绕构建开放型经济新体制，以简政放权、营造良好营商环境、转变政府职能为重要内容，外贸体制机制改革纵深推进，在引导、监管、服务等机制方面不断取得创新发展，出台了一系列外贸扶持政策，包括完善出口退税分担机制、加大信保支持力度、支持保险机构按照商业化原则扩大保险覆盖面、减轻企业负担、提高贸易便利化水平、加快外贸新业态发展、探索建立“六体系、两平台”为核心的跨境电商政策体系等。主要包括：

（1）加强进口调控，进一步减少了自动进口许可措施及禁止进口和限制进口管理措施；下放货物自动进口许可权限，以暂定税率方式大幅降低进口关税税率；培育国家进口贸易促进创新示范区试点。

（2）支持跨境电商、外贸综合服务平台、市场采购贸易等新型贸易方式发展，对电子商务出口建立新型海关监管模式，对符合条件的电子商务出口货物实行增值税和消费税免税或退税政策。

（3）加大简政放权力度，进一步减少外贸事项行政审批，加强外贸行政审批事项下放后的监管体系建设，强化事中事后监管。

（4）推动贸易便利化改革，推进国际贸易“单一窗口”建设，推动通关智能化、一体化、无纸化和信息化建设，完善口岸管理体制，开展查验机制创新和综合执法试点；组建国家贸易便利化委员会，截至 2017 年，各省（自治区、直辖市）已经建立了贸易便利化工作联席会议制度。

（5）建立起加工贸易产业转移合作机制，培育和建设一批加工贸易梯度转移重点承接地和示范地。探索海关特殊监管区域监管制度创新。

（6）深化财税体制改革，调整完善出口退税政策，调整消费税税收返还政策企业出口退税机制，减免规范部分涉企收费，完善出口退税中央和地方负担机制，自 2015 年起出口退税（包括出口货物退增值税和营业税改征增值税出口退税）全部由中央财政负担。

（7）加强自贸试验区等建设。2013 年 9 月，中国（上海）自由贸易试验区正式挂牌成立，此后，2013 年 9 月至 2020 年 9 月，分多批次批准了 21 个自贸试验区，形成了东西南北中协调、陆海统筹的开放态势，形成了我国新一轮全面开放格局。

在区域合作方面，中国提出“一带一路”倡议、成功主办 20 国集团杭州峰会、签署《区域全面经济伙伴关系协定》，中日韩自贸区、中国—以色列自贸区、中国—斯里兰卡自贸区等谈判取得新进展，为中国外贸发展营造了良好的制度环境。